政治文化与政治文明书系 ·《政治思想史》十年精选

中国政治思想史的
重读与新思

刘学斌 ◎ 编

天津出版传媒集团

天津人民出版社

图书在版编目(ＣＩＰ)数据

中国政治思想史的重读与新思 / 刘学斌编. -- 天津:
天津人民出版社, 2023.5
（政治文化与政治文明书系.《政治思想史》十年精
选）
ISBN 978-7-201-15781-8

Ⅰ.①中… Ⅱ.①刘… Ⅲ.①政治思想史—中国—文
集 Ⅳ.①D092-53

中国版本图书馆 CIP 数据核字(2020)第 018675 号

中国政治思想史的重读与新思
ZHONGGUO ZHENGZHI SIXIANGSHI DE CHONGDU YU XINSI

出　　版	天津人民出版社	
出 版 人	刘　庆	
地　　址	天津市和平区西康路35号康岳大厦	
邮政编码	300051	
邮购电话	(022)23332469	
电子信箱	reader@tjrmcbs.com	

策划编辑	王　康
责任编辑	郑　玥
封面设计	春天·书装工作室

印　　刷	天津新华印务有限公司
经　　销	新华书店
开　　本	710毫米×1000毫米　1/16
印　　张	19.75
插　　页	2
字　　数	290千字
版次印次	2023年5月第1版　2023年5月第1次印刷
定　　价	86.00元

引　言

　　中国政治思想史是一个融合了历史与思想、考证与思辨、事实与价值、观念与社会的复杂领域，具有鲜明与独特的魅力，吸引了许多学者投身其中。中国政治思想史自成为一个学科以来，经历了上百年的发展。在一代又一代中国政治思想史学人的勇敢探索和辛勤耕耘之下，已经积累了大量的研究成果，取得了令人瞩目的成就。可以说，中国政治思想领域中的许多问题和方面都已经被研究过了，甚至被反复研究过了。但这并不意味着中国政治思想史将被终结，再无继续研究发展的可能。相反，中国政治思想史研究仍然蕴含着勃勃生机，有着光明的发展前景。中国政治思想史虽然面对的是已经存在的政治思想，但其研究范围并不是封闭的，研究内容也不是一成不变的。与对政治思想史内涵的理解、定位相关，中国政治思想史的具体研究范围是不固定的。同时，新材料的发现，新理论、新研究方法及范式的引入等，都可能产生新的议题，或使旧的议题有重新讨论的必要。此外，中国政治思想史研究作为一种人文性质很强的研究，与当时的社会政治条件，特别是社会思想意识状况有密切的关系，同时，也与研究者自身的理论立场、价值观念、政治偏好、知识背景、学科定位，甚至人生阅历息息相关。所以中国政治思想史研究必然是仁者见仁，智者见智，同时也是常论常新。中国政治思想史研究也永远不会缺乏可供探讨的议题、可以争辩的观点。本质上，中国政治思想史是古人和今人之间、今人和今人之间利用中国政治思想史材料，就共同关注的社会政治议题展开的对话和讨论。这一对话和讨论是没有终结的。每一个时代的人都有权利也有责任,考察历史上人们就那些重要的社会政治议题作出的回答,并给出自己的回答。本书就是当代中国政治思想史学人就时代性、历史性问题作出的一次回答。虽然他们在年龄、偏好、学术背景、方法取向等方面不尽相同,但都秉持着严肃的学术态度、严谨的治学精神、强烈的求知愿望,故而其成果也应当值得学界一观。本书主要聚焦于当代中国政治思想史学界探讨较多的几个方面。

本书关注的第一个方面是关于儒学的新认识。儒学既是一种学术也是一种思想观念。儒学产生于春秋时代,在汉代上升为官学,之后受到历代王朝的推崇。在儒学和官方的共同努力下,中国传统社会之中,儒学既是官方哲学,也是社会主流意识。最终,儒学及相关思想的文化成为了中国传统思想和文化的主干,深刻影响了中国历史的发展。儒学内容广泛,涉及政治、经济、文化、教育、历史、哲学、人生、自然、社会、宇宙等诸多方面。但由于中国传统社会的特殊性质,儒学本质上是一种政治学说,儒家思想本质上是一种政治思想。政治是儒学和儒家思想的核心特质。所以儒学和儒家思想理所应当成为中国政治思想研究的重要内容,同时,如果脱离政治、政治思想的视角,也不可能真正、全面、深刻把握儒学儒家思想的内涵和本质。与传统时代儒学备受尊崇不同,近代以来,伴随着社会政治的剧烈变动,人们关于儒学和儒家思想的政治观念和学术观念都发生了变化,而且产生了长期的、激烈的争论。当代的中国政治思想研究,同样需要关注儒学形成新的认识,同样也会存在分歧和争论。三纲五常是儒学的核心主张,也是传统时代主流的社会观念。近代以来,对三纲五常的批判较多。但人们关于三纲五常的学术思考并没有终结,仍然在探索如何更准确、客观、全面地认识和评价三纲五常。

本书中《如何认识和理解三纲五常的历史含义》一文反对脱离社会历史语境孤立地解读三纲五常,也反对只以今人的眼光来诠释,主张将之放在周秦之际政治体制演变,以及中国伦理人文思想演进的整体脉络中进行诠释和理解。文章认为三纲五常成为帝制时代中国文明的核心价值观念是国家与儒教或者说政与教互动整合的必然结果。《钱穆的"明夷待访录"》一文认为,钱穆围绕立国宪制的一系列学术和政论作品相当于现代儒者的明夷待访录,并认为钱穆在对黄宗羲《明夷待访录》的诠释中,既继承和发扬了黄宗羲的儒家理想精神,又克制了其中的激进趋向。《儒学与民主关系的再思考——以黄宗羲政治思想之"民主性"问题为中心》一文提出了由平等、同意及政治参与三个维度构成的理解黄宗羲政治思想民主性的框架，并进行了具体分析。文章认为，《明夷待访录》所主张的虽然并非民主政体，但是在这三个维度上都体现出对民主价值的趋近。文章还主张在传统政治思想与现代政治理论之间建立一种双向反思关系。《秩序重建的政治之维——黄宗羲与近世政治思维的突破》一文认为，黄宗羲的思想既具有相对连续性，又具有突破性。认为黄宗羲主要思考了政治秩序重建问题，涉及了精神秩序的重建、法原重构以及政制更革。《叶适与浙东学派：近世早期政治思维的开展》一文认为，叶适的思想超出了理学批判的范围，并认为叶适的思想既保留了儒学的一些经典特征，又产生了一些面临近世新问题、新形势的新思想观点，从而显现出介于古典和现代之间的近世特征。

　　本书关注的第二个方面是历史与观念研究。中国政治思想史是中国政治思想产生、发展和演变的历史，但中国政治思想史并不是政治思想孤立存在和演变的历史。相反，中国政治思想史只是整个中国历史的一个组成部分，并且是一个有机组成部分。所以中国政治思想史研究并不能孤立地、割裂地、抽象地讨论政治思想及其变化。而必须在具体的社会历史条件下，在社会的运行和变动中，在政治思想与其他方面的联系和互动中讨论政治思想。可以说，中国政治思想史的历史性质决定了中国政治思想史研究的历史学属性。将政治思想观念与历史联系起来考察是中国政治思想史研究的基本立场和当然选择。《章太炎与辛亥革命——以清学史的政治困境为线索》一文揭示了戴震、俞樾、章太炎之间在政治思想上的继承和发展关系，认为对内在于清学史之政治困境的生命体验，成为章太炎政治诉求的动力。《厉始革典——中国专制君权之萌生》一文认为，周厉王对周礼的变革是中国历史上建立君主专制体制的第一次尝试，他的这一变革虽然失败了，却对中国历史产生了深远的影响。《试论"熙丰变礼"及其思想史意义》一文认为北宋神宗朝对礼制的变革具有重要的历史和思想意义，此次变革既是将礼的经典性、权威性和实用性统一起来的一次尝试，又是将经学学术和治理实践相结合的努力，其中蕴含着高远的政治人文理想。《制度与思想互动视角下的汉末清议》一文应用卡兰德曼斯的集体行动理论解释了汉末的清议。认为汉末的清议始于不满，实际是一场士大夫群体的集体行动，同时，士大夫群体的松散组织、社会其他人员的支持、参与人数的众多又使士大夫们获得了信心和能力。

本书关注的第三个方面是重要政治思想家与观念研究。中国政治思想史体现为历史上一个个具体的政治思想家和他们的政治思想观念。具体地、集中地研究某个或某些政治思想家、政治思想观念是中国政治思想史研究的传统做法和主流做法。这种个案性的研究有利于系统、全面、深入地梳理、解析、评估特定政治思想家及政治思想观念，有重要的学术价值。当然，中国历史上这样的思想家和政治思想观念众多，只有其中那些重要的才会受到更多的关注。本书涉及了其中几位。《孔子仁政、德治、礼范的治国之道》一文用马克思主义的观点分析了孔子的政治思想，认为孔子的政治思想主要讨论了治国之道，具体包含三个互相连接、渗透和支撑的要点：天下归仁，即在天下建立仁政统治；为政以德，即认为德治是治理天下的具体方案和方法；齐之以礼，即以礼作为约束人们行为的基本规范。《梁启超的公民民族主义及其困境》一文认为梁启超新民说的要旨是民族认同的建构与公民精神的启蒙。其中，公民身份是民族认同的关键要素，也是建构中国民族主义的中心目标，并指出梁启超的思想徘徊于卢梭民主主义与伯伦知理国家主义之间，体现了后发展政治理论的深刻困境。《公德与对抗力：张东荪对民初共和政治的反思》一文指出张东荪反思民国初年共和实验的失败后认为，共和政治需要建立在具有内在一致性的公民道德基础上，但这与流行的公德私德二分说存在矛盾。张东荪认为，社会由以自治为根本原则的各分子互相对抗而成，这种社会性对抗构成共和政治的基础。文章既肯定了张东荪思想的价值，也指出了其局限。

本书关注的第四个方面是政治思想经典作品研究。政治思想是人的思想观念，是人精神活动的产物。政治思想只有被记录下来，才能被后人研究。所以有关篇章著作就是前人政治思想的承载者。后人正是通过对包含政治思想的作品进行研究，发现前人的政治思想，并与之进行对话。所以关注并研究政治思想作品也是中国政治思想研究的基本工作。同样，一些重要作品会受到更多关注。本书涉及其中一些有代表性的作品。《帝国的政治哲学——〈春秋繁露〉的思想结构与历史意义》一文研究了在中国政治思想史上有重要意义的《春秋繁露》一书。文章认为，以往对董仲舒政治哲学的研究都是以儒学与权力的关系为中心，以民主–专制为价值预设，因而存在严重不足。文章认为董仲舒的政治哲学针对汉帝国初期文化断裂、国家社会对峙等问题，提出了理论解决方案，即以儒教之天为信仰、以圣为体天制度者、以王为循制治事者。《推原治道——程伊川〈尧典〉解引义》一文研究了程伊川对《尧典》的解释，认为程伊川的解释勾勒了治道的全景轮廓，比较有代表性地体现了儒家对于治道的理解，并认为经由儒家士大夫的努力，历代政治治理实践或多或少地体现了其中的治道原则。《重塑"不变之道"：甲午战后严复四篇时评研究》一文研究了严复在甲午战后的四篇时评，指出严复既批评清流，又批评西学；又指出严复主张放弃圣人之治，并废除八股取士，引入西方格致之学，最终实现了个人和国家的双赢。

刘学斌

天津师范大学政治与行政学院

目 录

▼ 儒学新认识

如何认识和理解三纲五常的历史含义

林存光 *

三纲五常可以说是中华文化中对中国人影响最为持久而深远的核心价值观。它在中国历史上是如何形成、传衍并不断得到强化的,它是在什么样的社会政治—历史文化语境下形成、传衍并不断得到强化的,其具体意涵究竟应如何理解, 所有这些问题都直接关系着如何理解和把握中国政治文化传统、伦理文明形态及其人文精神特性的问题。反之,如何理解和把握中国政治文化传统、伦理文明形态及其人文精神特性,也直接关系着对三纲五常之核心价值观在中国历史上如何形成、传衍并不断得到强化及其具体意涵的问题。甚至可以毫不夸张地说,我们完全可以套用陈寅恪在为冯友兰两卷本《中国哲学史》所作"审查报告三"中的那句话讲,[①]中国自秦以后,迄于今日,其政治体制架构和政治文化传统、伦理文明形态和人文思想观念及其精神特性之演变历程,至繁至久,要之,只为一大事因缘,即三纲五常之教的产生及其传衍而已。

---

* 林存光,中国政法大学政治与公共管理学院教授。

① 陈寅恪先生说:"佛教经典言:'佛为一大事因缘出现于世。'中国自秦以后,迄于今日,其思想之演变历程,至繁至久。要之,只为一大事因缘,即新儒学之产生,及其传衍而已。"参见陈寅恪:《审查报告三》,载冯友兰:《中国哲学史》(下册),中华书局,1961 年,第 612 页。所谓"新儒学",即指宋明程朱理学。据萧公权先生的说法,宋代理学特点有五,其一便是"重三纲五常之教",其他四个特点分别为"究天人性命之理""明天理人欲之别""严王霸义利之辨""谨君子小人之防"。参见萧公权:《中国政治思想史》,新星出版社,2005 年,第 377 页。

一、中华文明演进的共同特性与独特道路

中华文明衍生与进化之形态和过程，既有人类的共同性特点，亦有民族性的独特历史路径。人类是一种社会性的群居动物，群体的生活需要维持一定的秩序，具备某种组织的形式，具有共同的人类性特质。然而群体与群体之间差别和殊异的发生也是不可避免的，乃至在长期的历史演化发展过程中，不同群体的社会生活方式及其组织形式便逐渐形成了形态上的千姿百态和文化上的千差万别，血缘的亲疏、族群的不同、地域的远近、宗教信仰和道德观念的分化，以及地理生存环境的殊异等各种错综复杂的主客观因素和条件的差别，共同塑造了一个国家和民族所特有的文明形态和演进道路。

大体而言，中华文明的衍生亦大体经历了一个从由血缘关系组织起来的社会（氏族—部落社会）向有国家组织形式的社会过渡、发展的历史进化过程。这一过渡和发展意味着社会或集体的同一性的根本性变化，即"要求把部落的同一性相对化和建立一种抽象的同一性，这种抽象的同一性不再把个人的成员资格归结为共同的血缘关系，而是归结为对一个领土上受限制的组织的共同的从属关系"①。不过，也正是在这一过渡、发展和变化的过程中，不同地域、族群和文明开始逐渐走上殊途分异发展的不同道路，当然，到发展形成其各自不同的真正成熟而完备的国家组织和文明形态时，还仍然有漫长的道路要走。

就中华民族而言，究竟是如何由血缘关系组织起来的部落社会向有国家组织形式的社会过渡发展的，有关中国早期国家形成的研究虽然还难以为我们提供最终的结论性的明确答案，但有一点却是相当明确的，就是早期国家的形成（不管是通过部落联盟的和平合并的方式还是通过部落战争的武力征服的方式）并未造成由血缘关系组织起来的社会生活方式的完全断裂，相反，早期国家或早期的高度文明社会与此前的古代部落社会之间在由血缘关系组织起来的、以家庭和宗族为纽带和中心的社会生活方式及其组

---

① ［德］尤尔根·哈贝马斯：《重建历史唯物主义》，郭官义译，社会科学文献出版社，2000年，第23页。

织形态方面呈现出明显的连续性。①当然,中国早期国家的统治者为了维持国家或集体的社会同一性,也不得不借助于超越于共同的血缘关系之上的某种神秘力量来维持人们对统治者的统治权威的认同和"对一个领土上受限制的组织的共同的从属关系","这种情况的出现最初是由于把一个领土上受限制的组织视为与统治者相同一,而这个统治者能够实现同神秘的原始权力的紧密联系以及能够用特权去占有神秘的原始权力"②,而在早期中国便是"原始巫术被直接利用、改造为酋邦和早期国家的意识形态,成为逐渐强化的酋长权力及早期王权的主要支撑力量"③,《周书》所谓古帝颛顼之时使重、黎"绝地天通"④即昭示了这一点。降至夏、商、周三代,这一趋势应该说是逐渐得到了强化的,而且"在神秘的世界观的范围内,不同部落传统的一体化,是通过神的世界的大规模的融合和扩大来实现的"⑤,三代对作为至上神的上帝或天的共同信仰便充分体现了这一点。然而借助于垄断占有巫术权力和对神的信仰的融合与扩大,来维持"不同部落传统的一体化"、强化人们对统治者的统治权威的认同和"对一个领土上受限制的组织的共同的从属关系",并不意味着就排斥或摈弃血缘关系及宗族组织在社会生活中的支配或主导地位,恰恰相反,后者也同时不断得到了延续和强化。在三代时期,以一个族群统治整个天下的国家形态及其家天下观念之完全不同于古希腊城邦国家形态及其公民观念正是由于此,特别是商周时期,对上帝和天的信仰与对祖先的崇拜亦是并行不悖的,甚至是可以合二为一的,而君位的继承虽然由殷人的尚"亲亲"的兄终弟及方式而逐渐过渡演化为重"尊尊"的嫡长子继承制,但在"尊尊"之制下的周人的社会形态和生活方式中也始终贯彻着一种"亲亲"的伦理情谊,正所谓:"周之有懿德也,犹曰'莫如兄弟',故封建之。其怀柔天下也,犹惧有外侮,扞御侮者莫如亲亲,故以亲屏周。"⑥正是在维持"尊尊"与"亲亲"之调和互济的平衡作用下,周人逐渐建

---

① 参见杨阳:《文化秩序与政治秩序——儒教中国的政治文化解读》,中国政法大学出版社,2007年,第67页。

②⑤ [德]哈贝马斯:《重建历史唯物主义》,第23页。

③ 杨阳:《文化秩序与政治秩序——儒教中国的政治文化解读》,第69页。

④ 《国语·楚语下》。

⑥ 《左传·僖公二十四年》。

立和发展完善而形成了一整套高度成熟的文明社会形态的宗法、封建、礼乐制度。

早期中国独特的国家起源与文明生成路径对后世产生了相当深远的历史影响，然而降至春秋战国之世，中华文明经历了一场涉及社会、政治、道德、文化和精神等各个方面的全方位的激烈而深刻的变革与转化，蜕变与提升，西周典型的宗法封建制及礼乐文明制度遭到破坏而崩坏，作为"天下共主"的中央王权的权威趋于式微而没落，列国纷争的特殊时代境遇造就和激发了士人阶层的崛起及其具有"精神觉醒"意义的思想创造和理论建构活动，从而形成了诸子百家异说蜂起的思想争鸣与中华文明的"轴心突破"。列国纷争的严酷现实和追求天下一统的强烈诉求，迫使思想家和政治家"必须采用一种同神秘的思维相决裂的方式"①来寻找文明的出路，确保国家的治理和社会的同一性。"突破"或"决裂"并不意味着完全彻底的断裂，而是基于"精神觉醒"或自觉的理性思维而"对传统重新予以认知和选择"，毋宁说是在自身与传统之间构造一种"再生的关系"，并"透过心智活动超越传统"。②无论是儒家对周代礼文传统的自觉继承与弘扬，还是墨家对尧、舜、禹、汤、文、武等古圣先王之道所做的与儒家相反不同的取舍；无论是道家对超越世俗生活的自然之道的向往和追求，还是法家顺应时代变革的现实需要而力主彻底摆脱传统的羁绊和束缚，他们的努力有一个共同的目标，就是走出周文疲敝的困境，再造中华文明的新生。这其中，突破中有延续，继承中又有超越。

仅从古代礼乐传统的变迁而论，余英时先生的下述说法无疑是相当深刻而有道理的，即"中国轴心突破的真正对象其实是礼乐背后的巫文化"，这可以从"天""人"关系方面更好地展示和阐明"巫文化怎样在轴心突破后为诸子的哲学思维所取代"。具体而言，"轴心突破以前的'天'通指神鬼世界"，"但是轴心突破以后，当时新兴的诸学派建构了（也可以说'发现了'）一个截然不同的'天'。这是前所未有的一个超越的精神领域，各派都称之为'道'"。③这一点似乎同样适用于儒、墨、道诸家，然而，从中华文明的演进意义上讲，

① ［德］哈贝马斯：《重建历史唯物主义》，第 23 页。
② 韦政通：《人文主义的力量》，中华书局，2011 年，第 4 页。
③ 余英时：《论天人之际：中国古代思想起源试探》，中华书局，2014 年，第 32 页。

诸子各家的"精神觉醒"或"轴心突破"的意义也不局限于此,事实上,我们同样不能轻忽法家及其所发动和领导实施的变法改革运动在结束列国纷争,促成和造就大一统帝国上所发挥的关键作用。大一统帝国和集权官僚制的建立,制度上变封建为郡县的周秦丕变以及统一的非人格化的行政管理方式的全面推行,可以说对中华文明的演进历程产生了深刻而难以估量的影响。按照弗朗西斯·福山的说法,说到底,这意味着"政治上现代国家的早熟出世",这使"中国政治发展的模式不同于西方",而"早熟现代国家"的出现,使帝国的统治者可以"全凭政治权力"建立起"强大现代制度",并改变中国社会,乃至"在事实上定义了中国文明"。①

然而中华文明内部的复杂性却也并非是单一性的"强大国家"所能完全决定的。因此,福山同时还指出:"中国在秦汉时期所创造的,除了强大国家,还有共同文化。这种文化不能算所谓的现代民族主义的基础,因为它仅存在于中国统治阶级的精英阶层,而不存在于广大老百姓。但产生一种很强烈的感情:中国的定义就是共同的书面语、经典著作、官僚机构的传统、共同的历史、全国范围的教育制度、在政治和社会的层次主宰精英的价值观。即使在国家消失时,这种统一文化的意识仍然炽热。"②在塑造这种统一的共同文化上,儒教传统发挥了至关重要的作用。

在定义中国或中华文明的意义上,还必须强调指出的一大特点就是,在强大国家的支配和共同文化的影响下,中国的传统社会形态更具有其鲜明而独特的长期延续性特点。根据刘泽华先生有关社会形态的分层观或三分法,我们主要可以从三个层次来把握一个社会的结构形态:"其一是基础性的社会关系形态问题;其二是社会控制与运行机制形态问题;其三是社会意识形态与范式问题。这三者既有联系又有区别。"③就秦汉以后帝制中国的情形而言,以强大国家或王权为中心的社会控制与运行机制,以共同文化为根本诉求的社会意识形态与思想范式,再加上基础性的社会关系,三者在事实

---

① [美]弗朗西斯·福山:《政治秩序的起源:从前人类时代到法国大革命》,毛俊杰译,广西师范大学出版社,2012年,第92、125~126页。

② [美]福山:《政治秩序的起源:从前人类时代到法国大革命》,第144页。

③ 刘泽华:《分层研究社会形态兼论阶级—共同体综合分析》,载刘泽华:《洗耳斋文稿》,中华书局,2003年,第671页。

上共同定义了中国或中华文明。不过，从历时性的发展演变的角度而言，这三者的实际形态及其相互关系无疑经历了或大或小、或显或微的无数变化，特别是在战国秦汉之际，法家推行的反宗法家族的意识形态和社会政策使西周典型的宗法宗族制遭到严重破坏，不仅造就了一个强大的国家，同时也促使中国基础性的社会关系形态发生了时代性的根本改变。但从长期来看，在此后传统中国社会的历时性的动态变化过程中，亦一直试图恢复、强化并延续着某种恒久的基础性的社会形态特点，即"血缘组织之为中国最重要的社会团体形态"①。

二、中华人文精神的历史演化及其根本特征

根据唐君毅先生的说法："所谓人文的思想，即指对于人性、人伦、人道、人格、人之文化及其历史之存在与其价值，愿意全副加以肯定尊重，不有意加以忽略，更决不加以抹杀曲解，以免人同于人以外、人以下之自然物等的思想。"而在"此相续不断的人文思想发展历程中，便显出一种人类之精神的向往"，这种精神，也就是所谓的"人文精神"。②历史地讲，中华人文精神的起源和发端实可上溯至周初，如唐君毅先生所说："中国文化乃是一在本源上即是人文中心的文化。此文化之具体形成，应当在周。……夏殷之较重祀鬼神，表示中国人之先求与神灵协调。此时之礼乐，当主要是和神人之礼乐。至周而后礼乐之意义，更重在通伦理，成就人与人间之秩序与和谐。故文之观念之自觉，亦当始于周。文王之谥为文王，与后来公羊家之说'人统之正，托始文王'、《礼记》之说'三年之丧，人道之至文也'、《易传》之说'观乎人文，以化成天下'，都当是指周代礼乐之盛所表现之人文中心的精神。"③徐复观先生亦曾指出，中国的"道德的人文精神"发端于周初，具体而言，在周初对天和天命的宗教信仰中，跃动着一种新的人文精神，因为殷周之际天命（政权）

---

① 许倬云：《传统中国社会经济史的若干特性（代序）》，载许倬云：《求古编》，新星出版社，2006年，第9页。

② 唐君毅：《中国人文精神之发展》，广西师范大学出版社，2005年，第2~3页。

③ 同上，第6~7页。

转移的"革命"性事件引发了周人基于"从当事者对吉凶成败的深思熟考而来的远见"之上的深切"忧患意识",他们对于"吉凶成败与当事者行为的密切关系,及当事者在行为上所应负的责任"遂有了一种自觉的精神,[①]并由此而"建立了一个由'敬'所贯注的'敬德'、'明德'的观念世界,来照察、指导自己的行为,对自己的行为负责",徐复观先生认为,"这正是中国人文精神最早的出现","而此种人文精神,是以'敬'为其动力的,这便使其成为道德的性格"。[②]

如果说周初宗教中的"道德的人文精神之跃动"乃是中国人文精神的"第一波"之觉醒的话,那么,春秋时代和战国诸子之道德意识与人文思想的涌现则可以说是中国人文精神的"第二波"之觉醒与勃兴;如果说"第一波"的中心人物是周公的话,那么,"第二波"的中心人物便是孔子。孔子和儒家虽然生活在一个礼崩乐坏的时代性生存困境之中,却自觉地选择维护和发扬周代的礼乐文明与斯文传统,致力于以伦理道德为根基和本位来为人类文明生活开辟道路、寻找方向。要而言之,孔子和儒家之人文思想与精神追求主要体现在如下几个方面。

其一,强调人为"天地之心""万物之灵",充分凸显以人为贵的人文思想,然而,这一人文思想并非意在将人与天地万物截然二分对立起来,相反,强调的是人类因其禀赋了卓越灵秀或优异特出的德性与心智而应尽其参赞天地化育之积极责任与道德义务,《中庸》"与天地参"、孟子"仁民爱物"、《易传》天地人"三才"、荀子"明于天人之分"的"天人协调"[③]的思想观念,等等,无不说明和体现了这一人文思想的特点。

其二,重视人之文化传统及其历史之存在与其价值,尤其推崇周代之斯文传统和礼乐文明,认为它们代表了人类所能创造的美善完备的社会生活

---

① 徐复观:《中国人性论史》(先秦篇),上海三联书店,2001年,第18~19页。

② 同上,第21页。

③ 荀子既强调发挥人的能动性而又主张遵循顺应自然规律,其实质是一种"天人协调"的思想,诚如方克立先生所言:"荀子的天人观是一种以'明于天人之分'为前提的'天人合一'论。他主张'明于天人之分'是为了反对认为'天'有意志,可以决定人事吉凶祸福的宗教天命论,他的'天人合一'论则表现为肯定人能'与天地参'而又必须尊重自然规律的'顺天'思想。"参见《方克立文集》,上海辞书出版社,2005年,第553页。

与文化行为的形式,体现了人类生活区别于动物的本质特征。

其三,关注现世的人生目标,致力于在现世的社群人伦关系中实现人生的价值与意义,重视亲亲之伦理情谊,推崇把人当人看的人道主义的仁爱原则,[1]视仁义或礼义为人之所以为人的本质特征。

其四,主张学以致其道以及以文化人和成人以德,向往"富贵不能淫,贫贱不能移,威武不能屈"的意志独立与人格尊严,追求人生向上、成圣成贤的人格理想与人生目标,关注和反思人性善恶问题,并深切期望通过人自身道德修为的努力来实现和提升人生的价值与意义。

其五,具有强烈的积极入世的忧患意识和家国情怀以及进德修业、自强不息的刚健有为精神,以经世济民为职志,以行动弘扬道义,始终坚守和维护人文价值理想和尊贤使能的政治原则,以实现民生安乐、大同小康的社会理想愿景。

当然,在先秦诸子人文思想的世界中,并不止有孔孟儒家之一种人文思想,与之同时兴起、相竞争立的还有墨子的次人文思想、庄子的超人文思想和法家的反人文思想。据唐君毅先生所言:

> 所谓"超人文的思想",是指对人以上的,一般经验理解所不及的超越存在,如天道、神灵、仙佛、上帝、天使之思想。
>
> 所谓"次人文的思想",是指对于人性、人伦、人道、人格、人的文化与文化的历史之存在与其价值,未能全幅加以肯定尊重,或忽略人性、人伦、人道、人格、人文与其历史之某一方面之存在与价值的思想。
>
> 所谓"反人文的思想",是指对人性、人伦、人道、人格及人之文化历史之存在与价值,不仅加以忽略,而且加以抹杀曲解,使人同化于人以外、人以下之自然生物、矿物,或使人入于如基督教所谓魔鬼之手,使人沦至佛家所谓俄鬼道、地狱道之思想。[2]

---

① 参见郭沫若:《十批判书》,科学出版社,1956年,第88页。

② 唐君毅:《中国人文精神之发展》,第1~2页。

  显然,先秦诸子各家之思想内涵并不单一而纯粹,如儒家之人文思想具有鲜明的上达于天道天命的超越性[1]而墨子"忽略礼乐之重要,儒家所重之孝悌之重要"的次人文的思想则具有强烈的"尊天事鬼"的宗教信仰色彩;而庄子"'以天为宗',尚自然而薄人文的超人文思想"不仅具有反世俗人文的特征,亦同时具有关切社会政治的人间性;唯法家之商鞅、韩非的反人文思想相对比较单纯,他们反封建反宗法,蔑弃伦理情谊、人伦德性,是绝对的现实主义者和纯粹的权力主义者,单纯地追求实现君国本位、富国强兵的政治目标。但正是诸子各家思想在相互激荡、彼此冲突的语境中,既相依相涵又相反相成,共同推动和促进了中国人文思想的发展演化。[2]

  关于秦汉以后之人文精神的发展演化,唐君毅先生还逐次梳理和论述了"汉人之通古今之变之历史精神""魏晋人之重情感之自然表现""佛学之超人文思想之兴起""宋明理学中之立人极之精神""清代学术之重文物、文字及人文世界与自然世界之交界"等。[3]然而不管如何演化,其中占据主流地位的核心价值观念和人文精神,其根本特征乃是儒家的那种重人伦义理的道德的、伦理的价值观念和人文精神。如《礼记·礼运》曰:"何谓人义? 父慈、子孝、兄良、弟悌、夫义、妇听、长惠、幼顺、君仁、臣忠。十者谓之人义。"明儒薛瑄曰:"人之所以异于禽兽者,伦理而已。何谓伦? 父子、君臣、夫妇、长幼、朋友五者之伦序是也。何谓理? 即父子有亲、君臣有义、夫妇有别、长幼有序、朋友有信五者之天理也。于伦理明而且尽,始得称为人之名。苟伦理一失,虽具人之形,其实与禽兽何异哉! 盖禽兽所知者,不过渴饮饥食、雌雄牝牡之欲而已,其于伦理则蠢然无知也。故其于饮食雌雄牝牡之欲既足,则飞鸣踯躅、

---

  [1] 据杜维明先生所言:"儒家人文主义的一个明确特征:在我们人类境况的创造性转化中信仰是作为对天道的一种集体式行为和对话性回应。这涉及人性的四个向度,包括自我、社群、自然和天道的有机整合。"参见杜维明:《东亚价值与多元现代性》,中国社会科学出版社,2001年,第120页。或者也可以说,儒家人文主义其实是一种"有涵盖性的人文主义","所谓有涵盖性就是与启蒙以来以人类中心为导向的人文主义有很大不同,后者是与精神世界、自然相分裂的。儒家有四个基本向度,个人、社群、自然、天道,个人与社群的健康互动,人类和自然的持久和谐,人心和天道的相辅相成,这是儒家的人文视域"。参见《儒家与自由主义——和杜维明教授的对话》,载哈佛燕京学社、三联书店主编:《儒家与自由主义》,生活·读书·新知三联书店,2001年,第96页。

  [2] 参见唐君毅:《中国人文精神之发展》,第3、9~10页。

  [3] 同上,第11~20页。

群游旅宿,一无所为。若人,但知饮食男女之欲,而不能尽父子、君臣、夫妇、长幼、朋友之伦理,即暖衣饱食,终日嬉戏游荡,与禽兽无别矣。"①此于中国人的伦理观念和人文精神所作的阐述再清楚明白不过了,唯吾人所当注意者,矗立在这种伦理观念和人文精神之上的,还有一个更为重要、更具支配性和纲领性的核心价值观念,那就是由董仲舒明确提出、在后世不断得到强化的"三纲"观念。

三、作为一种核心价值观的三纲五常

汉儒董仲舒通过将人事人伦与天道阴阳相互比拟而明确提出了一套系统而条贯的伦理纲常观念。董氏不仅认为"仁义制度之数,尽取之天","天之亲阳而疏阴,任德而不任刑"②,故王者应以德教化民,而"仁义礼智信五常之道"便是"王者所当修饬"的德教内容,③而且认为"王道之三纲,可求于天",或者说"君臣、父子、夫妇之义,皆取诸阴阳之道"④。具体来说,就是:

> 凡物必有合。合,必有上,必有下,必有左,必有右,必有前,必有后,必有表,必有里。有美必有恶,有顺必有逆,有喜必有怒,有寒必有暑,有昼必有夜,此皆其合也。阴者阳之合,妻者夫之合,子者父之合,臣者君之合。物莫无合,而合各有阴阳。阳兼于阴,阴兼于阳,夫兼于妻,妻兼于夫,父兼于子,子兼于父,君兼于臣,臣兼于君。君臣、父子、夫妇之义,皆取诸阴阳之道。君为阳,臣为阴;父为阳,子为阴;夫为阳,妻为阴。⑤

不管人们如何理解董仲舒所谓"合"和"兼"的含义,问题的关键是,董仲舒所抱持的是一种强烈的阳尊阴卑观念。有学者以为,所谓的"兼"和"合"强调的只是一种分工而合作、覆持而配合的关系。这显然并不完全符合董氏阳

---

① 薛瑄:《文清公薛先生文集》(卷十二),"戒子书",载《薛瑄全集》(上册),山西人民出版社,1990年,第661页。

②④⑤ 《春秋繁露·基义》。

③ 《汉书·董仲舒传》。

尊阴卑的观念。《春秋繁露·阳尊阴卑》篇曰："君不名恶,臣不名善,善皆归于君,恶皆归于臣。臣之义比于地,故为人臣者,视地之事天也。为人子者,视土之事火也。……是故孝子之行,忠臣之义,皆法于地也。地事天也,犹下之事上也。地,天之合也,物无合会之义。"显然,相对于"合"而言,董氏在此明确强调,更重要的是臣子应尊事君父——如天尊地卑、地之事天。因此,所谓的"兼"和"合"说到底乃是一种主从和支配的关系,也就是一种命令一服从的关系,故又曰:"天子受命于天,诸侯受命于天子,子受命于父,臣妾受命于君,妻受命于夫。诸所受命者,其尊皆天也,虽谓受命于天亦可。……臣不奉君命,虽善,以叛言。"①正因为如此,董氏事实上是将"先秦儒家相对性的伦理关系"改造转变为了"绝对性的伦理关系"。②

　　与"绝对性的伦理关系"相应相符的两大最重要的德行便是忠与孝,故董氏又结合五行观念,来论证忠孝之德的根本重要性及其正当合理性,所谓:"五行者,乃孝子忠臣之行也。……事君,若土之敬天也。……是故圣人之行,莫贵于忠,土德之谓也。"③又说:"下事上,如地事天也,可谓大忠矣。……五行莫贵于土。……忠臣之义,孝子之行,取之土。土者,五行最贵者也,其义不可以加矣。"④说到底,所谓的忠孝,与"三纲"一样,维护的是现实生活秩序和人伦关系中的君父的绝对权威。正如有的学者所评价的那样,"这种观念,对传统社会和专制政治,都产生了积极稳定的作用"⑤,但其在历史上所造成的负面社会影响和政治弊害亦是"不可胜言"的。⑥

　　董氏明确提出并予以形而上论证的以三纲、五常和忠孝之德为核心的纲常伦理观念,其实并非空穴来风,即并非由董氏本人独创臆造,而是前有所承,后有所继的。孔子和古典儒家深感"礼崩乐坏"之世风日下,认为,"臣弑其君,子弑其父,非一朝一夕之故,其所由来者渐矣,由辩之不早辩也"⑦,

---

① 《春秋繁露·顺命》。
② 徐复观:《两汉思想史》(第二卷),华东师范大学出版社,2001 年,第 232 页。
③ 《春秋繁露·五行之义》。
④ 《春秋繁露·五行对》。
⑤ 韦政通:《中国哲学辞典》,台北水牛出版社、世界图书出版公司北京公司,1993 年,第 78 页。
⑥ 参见徐复观:《两汉思想史》(第二卷),第 232 页。
⑦ 《周易大传·乾文言》。

故力主正名、复礼以矫治人伦变乱之局。孔子特重君臣、父子二伦,视"君君,臣臣,父父,子子"①为治国理政之要务,其中,关于君臣关系,则强调:"君使臣以礼,臣事君以忠。"②孔子之意当然是要通过正名、复礼的方式来实现拨乱反正的目的,以便重建正常而理想的人伦关系秩序,不过,正名、复礼的方式既可以被用来肯定和维护现世的人伦关系秩序,亦可以被用来批判和反思现实人伦关系秩序的失范及其不合理性。孟子则激烈批评贼仁贼义的独夫民贼,所谓,"贼仁者谓之贼,贼义者谓之残,残贼之人谓之一夫。闻诛一夫纣矣,未闻弑君也"③,并强调指出:"君之视臣如手足,则臣视君如腹心;君之视臣如犬马,则臣视君如国人;君之视臣如土芥,则臣视君如寇仇。"④显然,对孔孟而言,君臣相交之际实则应维持一种以道事君、⑤以义而合(所谓"君臣有义")、交互对待的相对性的关系,而明确反对一味顺从迎合君主权力意欲的"妾妇之道"⑥。荀子亦明确倡导"从道不从君,从义不从父,人之大行"⑦的人伦关系原则,而视一味顺从、"偷合苟容"为"国贼"⑧。故"先秦的儒家没有绝对君权的思想"⑨。当然,先秦儒家从不否定君主体制之存在的绝对正当合理性,倡导民贵君轻的孟子甚至还曾严词批评主张"为我""兼爱"之杨朱、墨翟为"无君""无父"之"禽兽"⑩,并以君主为中心来思考治国理政的问题,正所谓:"君仁莫不仁,君义莫不义,君正莫不正。一正君而国定矣。"⑪因此,先秦儒家虽没有绝对君权的思想,但君臣一伦在儒家人伦思想中却处于非常重要的核心地位,如孟子认为,学校教育的根本目的即在"明人伦",而人伦之教主要包括五项基本内容,即"父子有亲,君臣有义,夫妇有别,长幼有序,朋友有信"⑫。而郭店楚简《成之闻之》篇则更突出强调了"君臣之义""父

---

① 《论语·颜渊》。

② 《论语·八佾》。

③ 《孟子·梁惠王下》。

④⑪ 《孟子·离娄下》。

⑤ 《论语·先进》。

⑥⑩⑫ 《孟子·滕文公下》。

⑦ 《荀子·子道》。

⑧ 《荀子·臣道》。

⑨ 张岱年:《中国伦理思想研究》,江苏教育出版社,2005 年,第 106 页。

子之亲""夫妇之辨"三者之为天之常道的理念,所谓:"天降大常,以理人伦。制为君臣之义,著为父子之新(亲),分为夫妇之辨。是故小人乱天常以逆大道,君子治人伦以顺天德。"刘泽华先生认为,这便是后来"三纲"说的雏形。①这是有一定道理的。

墨子亦认为,君臣父子相交之际必须遵循君惠臣忠、父慈子孝的道德规范与行为原则,所谓"君臣相爱则惠忠,父子相爱则慈孝"②,他在主张"上之所是必皆是之,所非必皆非之"的同时,也强调"上有过则规谏之,下有善则傍荐之"③,所以并不"主张绝对服从"④。不过,虽然墨子的兼爱主义崇尚无差等的"兼相爱、交相利之法"⑤,其节用尚俭的思想原则亦倾向于上下尊卑无别,但他对人民能否遵奉天志仪法或自觉地修德向善并不抱持一种充分信任的态度,故其尚贤的主张又具有鲜明的精英主义色彩,其尚同主义更偏重于运用自上而下地劝诱利导与强制性惩罚手段来"使民尚同"⑥,这又易于导致"集权压倒理性"的不良后果。⑦

相对于墨子对君臣上下关系充满自相矛盾的看法,道家老庄则并不"怎么看重君臣关系",如张岱年先生所说,"老子主张虚君政治",其理想中的"太上之君,无为无言,下知有之而已",而"杨朱鼓吹'为我',孟子批评他是'无君',为我确有不为君主服务的意义",庄子则更明确地否认和抨击"世俗的贵贱的区分"。⑧在先秦诸子中,唯有法家"宣扬绝对君权",他们基于"君臣异心"的心理假设,⑨力主"为君之道就在于凭借权势,运用赏罚,来迫使臣民为自己服务"⑩。《韩非子·忠孝》篇有言:"臣之所闻曰:'臣事君,子事父,妻事

---

① 参见刘泽华:《中国政治思想通史》(先秦卷),中国人民大学出版社,2014 年,第 168 页。

② 《墨子·兼爱中》。

③ 《墨子·尚同上》。

④ 张岱年:《中国伦理思想研究》,第 106 页。

⑤ 如《墨子·兼爱中》曰:"视人之国,若视其国;视人之家,若视其家;视人之身,若视其身。"

⑥ 如《墨子·尚同下》曰:"凡使民尚同者,爱民不疾,民无可使。曰:必疾爱而使之,致信而持之。富贵以道其前,明罚以率其后。为政若此,唯欲毋与我同,将不可得也。"

⑦ 参见林存光:《政治的境界——中国古典政治哲学研究》,中国政法大学出版社,2014 年,第 173~178 页。

⑧⑩ 张岱年:《中国伦理思想研究》,第 107 页。

⑨ 《韩非子·饰邪》。

夫，三者顺则天下治，三者逆则天下乱。此天下之常道也，明王贤臣而弗易也。'则人主虽不肖，臣不敢侵也。"所谓"顺"，实即"绝对服从"。

综合而言，在我看来，就观念演化和思想融合的基本脉络而言，由董仲舒明确提出的"三纲"观念主要是儒家人伦观念和法家绝对君权观念综合汇流的必然结果。汉家太史公司马谈《论六家要旨》尝言："儒者博而寡要，劳而少功，是以其事难尽从；然其序君臣父子之礼，列夫妇长幼之别，不可易也。……法家严而少恩；然其正君臣上下之分，不可改矣。"并解释说："夫儒者以六艺为法。六艺经传以千万数，累世不能通其学，当年不能究其礼，故曰'博而寡要，劳而少功'。若夫列君臣父子之礼，序夫妇长幼之别，虽百家弗能易也。……法家不别亲疏，不殊贵贱，一断于法，则亲亲尊尊之恩绝矣。可以行一时之计，而不可长用也，故曰'严而少恩'。若尊主卑臣，明分职不得相逾越，虽百家弗能改也。"[1]兼取儒、法之不可改易者，正可做观念综合的工作，而董仲舒所做的综合性工作就在于通过推演阴阳五行的思维方式，或从天道阴阳或阳尊阴卑的角度，对君臣、父子、夫妇三种人伦关系的尊卑顺逆秩序加以系统的神圣化的理论论证，赋予其绝对政治正确的神圣性和毋庸置疑的至上合理性，正所谓"王道之三纲，可求于天"或"君臣、父子、夫妇之义，皆取诸阴阳之道"。[2]

"三纲"的观念及其内涵和意义在《礼纬·含文嘉》与《白虎通》中得到进一步明确的阐述和神圣化论证。《白虎通·三纲六纪》篇曰：

> 三纲者，何谓也？谓君臣、父子、夫妇也。六纪者，谓诸父、兄弟、族人、诸舅、师长、朋友也。故《含文嘉》曰："君为臣纲，父为子纲，夫为妻纲。"又曰："敬诸父兄，六纪道行，诸舅有义，族人有序，昆弟有亲，师长有尊，朋友有旧。"何谓纲纪？纲者，张也。纪者，理也。
>
> 大者为纲，小者为纪。所以张理上下，整齐人道也。人皆怀五常之性，有亲爱之心，是以纲纪为化，若罗网之有纪纲而万目张也。《诗》云：

---

① 《史记·太史公自序》。
② 《春秋繁露·基义》。

"亹亹我王,纲纪四方。"

君臣、父子、夫妇,六人也。所以称三纲何?一阴一阳谓之道,阳得阴而成,阴得阳而序,刚柔相配,故六人为三纲。

《五行》篇曰:

地之承天,犹妻之事夫,臣之事君也。其位卑,卑者亲视事,故自同于一行尊于天也。

子顺父,妻顺夫,臣顺君,何法?法地顺天也。

显然,"六纪"主要阐述了儒家的社会人伦和家族伦理观念。然而比"六纪"更重要的是"三纲",即君臣、父子、夫妇三大人伦关系。它们之间是一阴一阳、刚柔相配的关系,同时,亦如同天之与地,是一种尊卑、顺承的关系。

无论是三纲五常,还是三纲六纪,说到底,都是旨在维持一种尊卑上下各安其分、稳定有序的社会关系秩序。这当然是就其主流的观念而言,事实上,并非所有的儒家学者都完全认同和接受强调善皆归于君父而恶皆归于臣子或一味顺承性质的"君为臣纲,父为子纲"的片面观念。如汉儒刘向在《说苑·建本》篇中就曾对于君臣、父子关系有过如下一番论述:

天之所生,地之所养,莫贵乎人。人之道莫大于父子之亲、君臣之义。父道圣,子道仁,君道义,臣道忠。贤父之于子也,慈惠以生之,教诲以成之,养其谊,藏其伪,时其节,慎其施。子年七岁以上,父为之择明师,选良友,勿使见恶,少渐之以善,使之早化。故贤子之事亲,发言陈辞,应对不悖乎耳,趣走进退,容貌不悖乎目,卑体贱身,不悖乎心。君子之事亲,以积德。子者,亲之本也,无所推(推,疑当为"往"——引者注)而不从命,推而不从命者,惟害亲者也,故亲之所安,子皆供之。贤臣之事君也,受官之日,以主为父,以国为家,以士人为兄弟。故苟有可以安国家,利人民者,不避其难,不惮其劳,以成其义。故其君亦有(有,通"佑"——引者注)助之,以遂其德。夫君臣之与百姓,转相为本,如循环无端。夫子亦云：

> "人之行莫大于孝。"孝行成于内，而嘉号布于外，是建之于本，而荣
> 华自茂矣。君以臣为本，臣以君为本，父以子为本，子以父为本，弃其本
> 者，荣华槁矣。

东汉思想家荀悦亦曾说：

> 天下国家一体也。君为元首，臣为股肱，民为手足。下有忧民，则上
> 不尽乐。下有饥民，则上不备膳。下有寒民，则上不具服。徒跣而垂旒，
> 非礼也。故足寒伤心，民寒伤国。①

由上述引文可知，姑且不论历史上佛、道二教的某些背人伦、谬纲常的
宗教教义、思想信条与价值观念，即使在一些儒家学者的心目中，理想的君
臣、父子关系，其实也不一定非要讲善皆归于君父，恶皆归于臣子，也不一定
非要讲以某为纲，也是可以讲"君以臣为本，臣以君为本，父以子为本，子以
父为本"或者是君、臣、民三位一体的。这种有别于三纲的思想观念与先秦儒
家相对性的人伦关系观念其实更为致，具有一脉相承性。然而，"三纲"的观
念却逐渐压倒和淹没了先秦儒家相对性的人伦关系观念而成为中华文化的
核心价值观，尽管"三纲"的观念是与"五常"或"六纪"的观念相配合而流行
的，而后者即使在今天着来也还包含着更多的合理内涵，但"三纲"观念的主
导作用和支配性影响无疑在定义帝制中国时代儒家文化或儒教身份的自性
特质上扮演了关键性的文化角色。

在此，我们无须将儒家学者论述、表彰三纲五常或三纲六纪之人伦价值
观念的言论加以详引胪列，②有一点是不争的事实，即宋明儒者通过将之自
然天理化、将之视为国之所以为国、人之所以为人的本质属性所在而大大强
化了三纲五常或三纲六纪的观念，正所谓："父子君臣，天下之定理，无所逃

---

① 《申鉴·政体》。
② 参见方朝晖：《为"三纲"正名》，华东师范大学出版社，2014年，第115~124页。

于天地之间。"①当然,天理的概念还是要求君臣各尽其道的,而决不希望拥有崇高至尊之权位的君主恣意妄为,故曰:"为君尽君道,为臣尽臣道,过此则无理。"②换言之,理学家也并未完全放弃儒家道尊于势的道义原则,他们也深切期望君父能够"以身作则"③,能够"知道畏义"而不是骄肆妄为,也希望君臣父子以礼相待、相亲相和,并强调臣子应尽其谏诤而"格君心之非"的职责义务。然而,他们也从不怀疑和否认在由秦制所奠定和确立并不断得到加强的君主专制政治体制架构下,专制君主拥有至尊无上的权势地位、独占绝对性、支配性的统治权力。尤其是他们越来越倾向于从观念上强化绝对服从性质的片面性的"三纲"观念,开始明确提出"天下无不是底父母"乃至臣下之于君主不可见其不是处或"天下无不是底君"的观念。④南宋大儒朱熹更反复申论说:"三纲、五常,虽衰乱大无道之世,亦都在。且如继周者秦,是大无道之世。毕竟是始皇为君,李斯等为臣;始皇为父,胡亥为子。三纲、五常地位占得大了,便是损益亦不多。至秦欲尊君,便至不可仰望;抑臣,便至十分卑屈。""看秦将先王之法一切扫除了,然而所谓三纲、五常,这个不曾泯灭得。如尊君卑臣,损周室君弱臣强之弊,这自是有君臣之礼。如立法说父子兄弟同室内息者皆有禁之类,这自是有父子兄弟夫妇之礼,天地之常经。"⑤又说:"如君臣之间,君尊臣卑,其分甚严。若以势观之,自是不和。然其实却是甘心为之,皆合于礼,而理自和矣。"⑥

从上述朱子关于三纲五常即使在大无道之世终究不曾泯灭或磨灭不得的观念来看,他明确肯定了在纲常的普遍意义或"公共底道理"的意义上讲,暴秦之世的无道君臣仍然是君臣,无道父子依然是父子,反之,认为,"'臣之

---

①② 程颢、程颐:《河南程氏遗书》(卷五),载程颢、程颐,王孝鱼点校:《二程集》(上册),中华书局,2004年,第77页。

③ 宋儒真德秀曰:"即三纲而言之,君为臣纲,君正则臣亦正矣;父为子纲,父正则子亦正矣;夫为妻纲,夫正则妻亦正矣。故为人君者,必正身以统其臣;为人父者,必正身以律其子;为人夫者,必正身以率其妻。如此则三纲正矣,参见《大学衍义》(卷六),"格物致知之要一·天理人伦之正"。方朝晖按语曰:"此段极论'纲'为'以身作则'之义。"参见方朝晖:《为"三纲"正名》,第121页。

④ 参见朱熹:《孟子集注·离娄上》。

⑤ 《朱子语类》(卷二十四),《论语六·为政篇下》。

⑥ 《朱子语类》(卷二十二),《论语四·学而篇下》。

视君如寇仇',孟子说得来怪差,却是那时说得"①,孟子的话被看作是特定时代才可说得的怪话。如此说来,朱子所抱持的君臣纲常观念显然与先秦儒家的人伦君臣观念是大为不同的,因为先秦儒家更加强调君父不道便不配称为君父,君不君臣不臣、父不父子不子便不得以君臣父子论之,而朱子虽然认为秦为大无道之世,但仍然以君臣父子论始皇、李斯和胡亥,正所谓"君臣依旧是君臣,父子依旧是父子",而且相信"臣子无说君父不是底道理,此便见得是君臣之义处"。②可见,朱子所谓"君臣之义处"与孟子所谓"君臣有义"已是迥然有异,不是强调君臣父子之间相对性的人伦观念及其良性的双向互动关系,而是将不管什么样的现实君臣父子关系都绝对化和神圣化了,而且强调的是臣子对于君父的片面的绝对服从。自兹以后,君、父、夫至尊如天的伦理观念逐渐普遍流行起来,甚者公然主张:"君虽不仁,臣不可以不忠;父虽不慈,子不可以不孝;夫虽不贤,妻不可以不顺",而"君要臣死,臣不得不死;父要子亡,子不得不亡"也竟成了最堂而皇之的真理信条。

不管怎样,无论是董仲舒、《白虎通》阴阳五行化的思维方式,还是程朱绝对天理化的理念,他们都试图将上述有关儒教纲常名教、忠孝伦理的观念永恒合理化,视之为亘古至今永恒不变的绝对真理,这些观念对帝制中国时代的中国文化和文明理念产生了难以估量的广泛而深远的历史影响。如果说汉武帝"独尊儒术"之后逐渐"发展出了一整套建立在儒家社会政治学说基础上的文明秩序"③的话,那么纲常、名教、忠孝等便构成了这一文明秩序的核心价值理念。

---

①② 《朱子语类》(卷十三),《学七·力行》。

③ 金耀基:《全球化、多元现代性与中国对新文化秩序的追求》,载周晓虹主编:《中国社会与中国研究》,社会科学文献出版社,2004年,第43页。

四、诠释与批评：一种整体理解的视角

三纲五常究竟何以会成为中华文化的核心价值观的呢？在我们看来，将其抽离于社会历史语境而孤立地来训释和解读"三纲五常"的字面含义，甚至只是以今人的眼光来理解并试图将其含义诠释得合情合理，似乎很难得出一个完全令人满意的答案，反而有可能将人们引入一种以己意任意曲解其含义的认识谬误。[①]林安梧先生尝言，我们对儒学的理解，"不能外于整个历史社会总体，不能外于政治经济结构"，必须把儒学"放到一个宽广的生活世界里、放到整个历史社会总体里面来理解"。[②]这一点同样适用于我们对"三纲五常"之作为儒家根本教义或中华文化核心价值观之含义的理解。我们必须将其放置于周秦之际整个政治体制架构的变革和中华伦理文明及人文思想演进的整体脉络中来理解和诠释，才能更恰当而准确地阐明古人关于纲常伦理之整个论说的根本意旨。

萧公权先生尝言："吾国政制自商周以来，凡经三变。商周之际，部落社会渐进而成封建天下，此为一变。始皇并吞六国，划天下为郡县，定君主专制之制，此为二变。晚清失政，民国开基，二千年之君制遂告终止，此为三变。"[③]此论断大体是不错的，就商周之际的政制之变，王国维先生在《殷周制度论》中有更为精审的论述，他说："周人制度之大异于商者，一曰'立子立嫡'之制，由是而生宗法及丧服之制，并由是而有封建子弟之制，君天子臣诸侯之制；二曰庙数之制；三曰同姓不婚之制。此数者，皆周之所以纲纪天下。其旨则在纳上下于道德，而合天子、诸侯、卿、大夫、士、庶民以成一道德之团体。周公制作之本意，实在于此。"[④]"且古之所谓国家者，非徒政治之枢机，亦道德之枢机也。……是故天子、诸侯、卿、大夫、士者，民之表也。制度典礼者，道

① 参见林存光：《儒家思想的多重面相——评方朝晖〈为"三纲"正名〉》，《中国哲学史》，2014 年第 3 期；《破坏"三纲说的死躯壳"仍是当下历史任务》，《中国社会科学报》，2015 年 6 月 29 日评论版；《道义和权威是否完全一致——与方朝晖教授商榷》，《探索与争鸣》，2015 年第 6 期。

② 林安梧：《我的学思历程：中国哲学研究方法的一些反省与思考》，《学术界》，2014 年第 7 期。

③ 萧公权：《中国政治思想史》，第 7 页。

④ 王国维：《殷周制度论》，载王国维：《观堂集林》（卷十），中华书局，1959 年，第 453~454 页。

德之器也。周人为政之精髓实存于此。"①周代宗法封建之制度典礼贯注着一种道德的精神和伦理的情谊,此正是宗法封建制的根本特征所在,这是一套政治体制与宗族伦理一体而不分的制度架构。然而,较之之前的君主神权体制,周天子作为"天下共主"的权威在拥有了更为强烈的伦理色彩和天命合法性的同时,事实上在金字塔型的封建政制之尊卑关系和权力结构的秩序架构意义上也获得了更加尊崇的权力和地位,正所谓:"溥天之下,莫非王土;率土之滨,莫非王臣"②;而"诸侯不命于天子,则不成为君"③。周天子与封建诸侯确立了一种严格的君臣关系,天下王有的王权观念得到极大强化。

但是宗法封建体制自身内部又蕴含着严重的中央集权与地方分权、天下王有与贵族分权的矛盾,王权的衰落式微和内部矛盾的发展最终导致了春秋战国之世的列国纷争,宗法封建体制下严格的世袭等级与阶级分化以及贵族阶级的身份特权与政治统治不仅在思想观念上遭到质疑与挑战,而且逐渐被新崛起的士阶层的政治参与和新建立的郡县行政体制下的官僚政治所打破和取代。在这一体制转化与政制变革的历史进程中,日渐疲软的诸侯君权却又奇迹般地得以重生和加强,而随着大一统帝国的建立,趋于衰落的中央王权也最终得到再建和恢复。由于变封建为郡县,诸侯君权和贵族特权也最终在秦汉之际走向了历史的终结而成为历史的陈迹。这是人所熟知的历史事实,而真正耐人寻味的是,处在这一历史变革进程中的思想家们究竟是如何作出其自觉的意识回应的,其意识回应尽管不可能逆转历史发展的进程,但却可以深刻地影响这一历史的进程,或促进,或阻碍,而且更重要的是能够赋予这一历史进程某种自觉的意识特征和意义背景。

关于先秦诸子各家的君臣父子之人伦关系观念,我们已在上文作过简要分析和论述,其中最值得我们重视的莫过于儒、法两家有关君臣、上下、父子等人伦关系观念的差异及其冲突和对立了。在战国秦汉之际的政治体制变革进程中,法家在加强专制君权,并努力创建一个统一的强大国家方面发挥了关键性的历史作用。在这一过程中,旧的宗法世袭贵族的特权及作为宗

---

① 王国维:《殷周制度论》,第 475 页。

② 《诗·小雅·北山》。

③ 《诗·唐风·无衣》之《毛传》。

法社会最重要的社会组织的宗族势力最终走向了衰落，而国家成为了"塑造中国文明的决定性因素"①。然而儒家却一直致力于延续和维护西周宗法社会的礼乐文明及其建立在亲亲原则基础上的家族伦理，他们只是视君臣为整个人伦关系中的一种，尽管是很重要的一伦，但并不代表全部，这与法家的君臣观念有着重要的区别，而且儒家始终坚持家国一体同构的理念，更倾向于以家庭关系为理想模本，或者以扩大化的拟家庭生活的社群关系伦理和人际交往网络为标准尺度，来构想整个国家的合理生活方式与治理秩序状态。宗族势力与国家政权、家族伦理与国家统治、儒与法二者之间的对立和紧张是毋庸讳言的，由此而造成了观念与现实之间的脱节和背谬，诚如谭嗣同早已尖锐指出过的那样：

> 封建世，君臣上下，一以宗法统之……宗法行，而天下如一家。故必先齐其家，然后能治国平天下。自秦以来，封建久湮，宗法荡尽，国与家渺不相涉。家虽至齐，而国仍不治；家虽不齐，而国未尝不可治；而国之不治，则反能牵制其家，使不得齐。于是言治国者，转欲先平天下；言齐家者，亦必先治国矣。大抵经传所有，皆封建世之治，与今日事势，往往相反，明者决知其必不可行。②

谭嗣同所言深刻揭示了秦汉以后"国与家渺不相涉"的历史事实，然而颇为吊诡的是，占据中国文化主流的儒家重家族、明人伦、尚亲亲的伦理人文思想在强大国家的统治下却也可以说同样构成了"塑造中国文明的决定性因素"。

历史地讲，中国文明在秦汉以后正是在强大国家和儒家伦理、政与教这两大决定性因素既彼此紧张和对立而又相互合作和维系的辩证互动关系状态下动态地向前演化发展的。在我看来，三纲五常之所以能够成为帝制中国时代中华文化或中国文明最持久一贯的核心价值观，正是国家与儒教或政与教互动整合的必然结果。"三纲"的观念用来强化和维护君、父、夫的片面

---

① ［美］福山：《政治秩序的起源：从前人类时代到法国大革命》，第 147~148 页。
② 《仁学》(四十七)。

性的绝对权威,五伦五常的观念用来维系和构建以德性为根本的双向互动、彼此依存的基础性人伦关系秩序。其中,"君为臣纲"的观念尤其适合于维护君主专制政体的生存、稳定和延续。这是毋庸讳言的。因为历史地讲,毕竟"历史是不可超越的。对于一个以自然经济为基础而拥有广土众民的封建大国,君主专制政体是唯一有效的凝聚力量"①,任何一个具备真正历史眼光的现代学者都不会否认这一点,诚如刘泽华先生所说,"君主专制在中国的历史上的某个时期和某些方面有过重要的建树和历史的功绩",但是承认这一历史事实,并不等于说我们现代人就不能对历史上的君主专制提出自己的价值评判,因为"当中国步入世界性近代化之路时,君主专制无论如何都过时了"。②

其实,即使在帝制中国的时代,由过度集权和专制暴政所引发和导致的政治弊端与社会祸害也早已为历史上的杰出思想家所清醒地认识到,并引发了他们的合理反思和激烈批判。如东汉末思想家荀悦讲秦行郡县而使专制君主"以一威权,以专天下",其结果为"人主失道则天下遍被其害,百姓一乱则鱼烂土崩,莫之匡救"③,王符讲"国之所以治者,君明也;其所以乱者,君暗也"④,南宋思想家叶适讲宋家"尽收威柄,一总事权"的"纪纲之专"的弊端,⑤以及明末清初思想家黄宗羲"为天下之大害者,君而已矣"⑥,唐甄讲"治天下者惟君,乱天下者惟君。治乱非他人所能为也,君也"⑦等。尽管只是极少数思想家有如此自觉清醒的政治认识,但足以说明历史上的君主专制政体在一些思想家的心目中并非绝对合理的政治体制架构。正是基于这样的历史反思和政治认识,黄宗羲在其《明夷待访录》一书中把批评的矛头直指狭陋之小儒所抱持的"君为臣纲"的僵化片面观念,其言道:

---

① 任继愈主编:《中国哲学发展史》(秦汉卷),人民出版社,1985年,第732页。

② 刘泽华:《困惑与思索》,载萧黎主编:《我的史学观》,广东人民出版社,1997年,第126页。

③ 《荀集·列侯论》,转引自萧公权:《中国政治思想史》,第217页。

④ 《潜夫论·明暗》。

⑤ 张义德:《叶适评传》,南京大学出版社,2011年,第231~234页。

⑥ 《明夷待访录·原君》。

⑦ 《潜书·鲜君》。

古者天下之人爱戴其君，比之如父，拟之如天，诚不为过也。今也天下之人怨恶其君，视之如寇仇，名之为独夫，固其所也。而小儒规规焉以君臣之义无所逃于天地之间，至桀、纣之暴，犹谓汤、武不当诛之，而妄传伯夷、叔齐无稽之事，使兆人万姓崩溃之血肉，曾不异夫腐鼠。岂天地之大，于兆人万姓之中，独私其一人一姓乎？是故武王圣人也，孟子之言，圣人之言也。后世之君，欲以如父如天之空名禁人之窥伺者，皆不便于其言，至废孟子而不立，非导源于小儒乎！①

盖天下之治乱，不在一姓之兴亡，而在万民之忧乐。是故桀、纣之亡，乃所以为治也；秦政、蒙古之兴，乃所以为乱也；晋、宋、齐、梁之兴亡，无与于治乱者也。为臣者轻视斯民之水火，即能辅君而兴，从君而亡，其于臣道固未尝不背也。……君臣之名，从天下而有之者也。吾无天下之责，则吾在君为路人。出而仕于君也，不以天下为事，则君之仆妾也；以天下为事，则君之师友也。②

另如王船山说：

《孝经》云："资于事父以事君而敬同，资于事父以事母而爱同。"则君之与父，不得合敬而又同爱矣。"天下无不是底父母"，延平此语全从天性之爱上发出，却与敬处不相干涉。若论敬，则陈善闭邪之谓也。苟不见邪，更何所闭？潜室套着说"天下无不是底君"，则于理一分殊之旨全不分明。其流弊则为庸臣逢君者之嚆矢；其根原差错则与墨氏二本同矣。

君之有不是处，谏之不听，且无言易位，即以去言之，亦自须皂白分明。故汤、武、伊、霍之事，（既）[概]与子之事父天地悬隔，即在道合则从，不合则去，美则将顺，恶则匡救。君之是不是，丝毫也不可带过，如何说道"无不是底"去做得！若人子（见）[说]道"无不是底父母"，则谏而不从，终无去道也。

……假令君使我居徘优之位，执猥贱之役，亦将云"天下无不是底

①② 《明夷待访录·原君》。

君",便欣然顺受邪?

　　韩退之唯不知道,故其《拟文王操》有云"臣罪当诛兮,天王圣明",显出他没本领、假铺排匀当,又何曾梦见文王心事来!朱子从而称之,亦未免为其佞舌所欺。

　　……

　　圣人人伦之至,不是唇舌卖弄底。君之当敬,岂必圣明而后敬哉!故曰"不以舜之所以事尧者事君,不敬其君者也",而岂得以舜之所以事瞽瞍者事君乎?

　　圣人一诚而已矣。为臣而尽敬于君,诚也。君之不善,不敢以为圣明,己之无罪,不敢自以为罪,亦莫非诚也。"臣罪当诛,天王圣明",则欺天欺人,欺君欺己,以涂饰罔昧冥行于人伦之际,而可以为诚乎?①

　　黄氏之论纯粹基于一种真正的、明确的历史眼光,旨在阐明从无君之世到君出为天下兴利除害的历史过程中,首先出现的是一种"天下为主,君为客"的理想君主体制。在这一体制下,"凡君之所举世而经营者,为天下也",故"古者天下之人爱戴其君,比之如父,拟之如天,诚不为过也"。但是秦汉之后,君主反客为主,视天下为一己私有之物,并以"天下之利害之权尽出于我"②,后世小儒更"规规焉以君臣之义无所逃于天地之间"而将这一体制绝对合理化,乃至于"欲以如父如天之空名禁人之窥伺者"。这一批判可以说针对的正是"君为臣纲"的观念本身。依黄氏之见,"君臣之名"实"从天下而有之者",无论是君主还是臣下都应据此来承担其共同的治理天下的职分和责任,而不应"规规焉以君臣之义无所逃于天地之间"相辖制,只要求臣下遵循"君臣之义"或"君要臣死,臣不得不死"的信条而绝对服从君主的权力意志,真正的天下之大义,"不在一姓之兴亡,而在万民之忧乐";不在"君为臣纲",而在君臣皆应"以天下为事"、相为师友。

　　船山先生则从理一分殊的角度将父子与君臣的关系明确加以区分,认为父子之间虽不宜较是非,但君臣之际却必须皂白分明地较是非,正所谓:

----

　　① 《读四书大全说》(卷九),《孟子·离娄下》。

　　② 《明夷待访录·原君》。

"君之是不是,丝毫也不可带过,如何说道'无不是底'去做得!"当然,为臣当"尽敬于君",但是,这决不意味着"君之不善"竟也"以为圣明","己之无罪"竟也"自以为罪",正所谓:"臣罪当诛,天王圣明。"船山先生的批评所直接针对的是"天下无不是底君"的观念,事实上,这也正是"君为臣纲"的另一种表达方式。

五、走向未来:建构一种新的现代中国文明秩序

晚清西学东渐以来,西方新思潮、新观念涌入,传统的纲常名教、伦理政治观念受到了极大的冲击和挑战,固守传统纲常名教者有之,激烈批评者亦有之。维新派领袖康有为、梁启超、谭嗣同等倡孔子太平大同之教以融会吸纳西人自由平等民权之义,激起了顽固守旧分子的强烈反应。据清人苏舆所编《翼教丛编》,守旧分子仍然顽固坚持纲常名教为我国立国之根本、中外华夷之界防,所谓,"我中国以名教立国者也,强弱势也,因国弱而忘君父之伦,践土食毛者万不容作是想"①,"孔子之制在三纲五常,而亦尧舜以来相传之治道也,三代虽有损益,百世不可变更"②,"吾人舍名教纲常,别无立足之地,除忠孝节义,亦岂有教人之方?"③洋务派代表人物张之洞亦在其《劝学篇》一书强调说:"三纲为中国神圣相传之至教,礼政之原本,人禽之大防,以保教也。"④又说:"圣人所以为圣人,中国所以为中国,实在于此。故知君臣之纲,则民权之说不可行也;知父子之纲,则父子同罪免丧废祀之说不可行也;知夫妇之纲,则男女平权之说不可行也。"⑤可见,他们仍然偏狭地固守着纲常名教的意识形态偏见而不放,甚或沾沾自喜于"中国君权至尊"或"中国以名教立国"等。

亟欲冲决对传统纲常名教之网络,而对之批判深切著明且攻之最为不遗余力者,当属谭嗣同氏。其言道:

① 《翼教丛编》(卷三),《王干臣(仁俊)吏部〈实学平议〉》。

② 《翼教丛编》(卷四),《〈读西学书法〉书后》。

③ 《翼教丛编》(卷五),《宾凤阳等上王益吾院长书》。

④ 《劝学篇·序》。

⑤ 《劝学篇·明纲》。

俗学陋行,动言名教,敬若天命而不敢渝,畏若国宪而不敢议。嗟乎! 以名为教,则其教已为实之宾,而决非实也。又况名者,由人创造,上以制其下,而不能不奉之,则数千年来,三纲五伦之惨祸烈毒,由是酷焉矣。君以名桎臣,官以名扼民,父以名压子,夫以名困妻,兄弟朋友各挟一名以相抗拒,而仁尚有少存焉者得乎? ①

君臣之祸亟,而父子、夫妇之伦遂各以名势相制为当然矣。此皆三纲之名之为害也。名之所在,不惟关其口,使不敢昌言,乃并锢其心,使不敢涉想。……三纲之慑人,足以破其胆,而杀其灵魂,有如此矣。……独夫民贼,固甚乐三纲之名,一切刑律制度皆依此为率,取便己故也。②

五伦中于人生最无弊而有益,无纤毫之苦,有淡水之乐,其惟朋友乎。顾择交何如耳,所以者何? 一曰"平等",二曰"自由",三曰"节宣惟意"。总括其义,曰不失自主之权而已矣。兄弟于朋友之道差近,可为其次。余皆为三纲所蒙薛,如地狱矣。……夫朋友岂真贵于余四伦而已,将为四伦之圭臬。而四伦咸以朋友之道贯之,是四伦可废也。……夫惟朋友之伦独尊,然后彼四伦不废自废。亦惟明四伦之当废,然后朋友之权力始大。今中外皆侈谈变法,而五伦不变,则举凡至理要道,悉无从起点,又况于三纲哉! ③

像康有为一样,谭嗣同认为,圣人孔子的根本教义在太平大同而非在纲常名教,因此,他在为圣人孔子辩诬的同时,激烈批评"三纲"之义最便于君主专制,而专制之君主亦乐于以"三纲"为用,"三纲"之义与"五伦"之名教,交互联贯,而用皆归于压制,并认为五伦之中,唯朋友之义最无弊而有益,若以朋友之道融贯人际关系而为之圭臬,则其余四伦可废。要而言之,谭氏对两千年来君主专制与纲常名教交互为用、联袂而行的整个政教传统,进行了彻底的理论上的批判与解构。同样,梁启超也将孔子之教与所谓三纲剥离区

---

① 《仁学》(八)。

② 《仁学》(三十七)。

③ 《仁学》(三十八)。

分开来加以评价和看待。他认为，孔子的根本教义乃是"人格的平等主义"，而非"君为臣纲父为子纲夫为妻纲"的"片面的伦理学说"，故孔子之教并非一般所讲的是"三纲五伦"，究其实，"五伦说是孔子所有，三纲说是孔子所无"。①

20 世纪初，排孔批儒的声音日趋强烈而尖锐，而且开始将纲常伦纪或圣人孔子与君主专制联系结合起来一并加以抨击，最能代表这种声音的有所谓"三纲革命"或"孔丘革命"等。后来，陈独秀等新文化运动的领袖在提倡西方科学与民主的同时，亦对孔教和纲常名教展开猛烈攻击和批判。陈氏在其《吾人最后之觉悟》②一文中，曾发出一种文化上和伦理上"最后觉悟之最后觉悟"的强烈呼声。在陈氏看来，"欧洲输入之文化，与吾华固有之文化，其根本性质极端相反"，"儒者三纲之说，为吾伦理政治之大原，共贯同条，莫可偏废。三纲之根本义，阶级制度是也。所谓名教，所谓礼教，皆以拥护此别尊卑、明贵贱制度者也。近世西洋之道德政治，乃以自由、平等、独立之说为大原，与阶级制度极端相反。此东西文明之一大分水岭也"。正因为"共和立宪制，以独立、平等、自由为原则，与纲常阶级制为绝对不可相容之物，存其一必废其一"，故"伦理的觉悟，为吾人最后觉悟之最后觉悟"。③而且陈氏认为，"三纲说不徒非宋儒所伪造，且应为孔教之根本教义。何以言之？儒教之精华曰礼。……尊卑贵贱之所由分，即三纲之所由起也"，"儒教经汉、宋两代之进化，明定纲常之条目，始成一有完全统系之伦理学说。斯乃孔教之特色，中国独有之文明也"。④显然，陈氏反对孔教、排诋纲常礼教的言论采取的是一种非此即彼的极端论式，不免有矫枉过正、偏颇过激之弊。然而吾人须将问题放置到中国文明和中华文化演化发展的整个脉络中来审视和反省，才能真正认清问题的实质。

纯粹从思想史的角度来讲，简单地将孔子之教和儒家思想仅仅等同于片面性的纲常名教或伦理学说，或者简单地认为二者渺不相涉，恐怕都不尽

---

① 梁启超：《孔子》，载张品兴主编：《梁启超全集》，北京出版社，1999 年，第 3129 页。
② 陈独秀：《吾人最后之觉悟》，《青年杂志》第 1 卷第 6 号，1916 年 2 月 15 日。
③ 吴晓明编选：《德赛二先生与社会主义》，上海远东出版社，1994 年，第 30、33~34 页。
④ 陈独秀：《宪法与孔教》，载吴晓明编选：《德赛二先生与社会主义》，第 54 页。

符合事实。不过,问题的实质在于,面对西学、西方文化和西方文明极具颠覆性的冲击和挑战,中国文明和中华文化究竟应何去何从,应作出怎样的选择和回应。我们并不认为只存在唯一正确的答案,或者只有一种单一合理的选择和单一的可能性,然而有一点是肯定无疑的,那就是无论是消极被动还是积极主动,它都必须作出自我调整和转化以便维持自身的健康生存和良性发展。近百年来,中国传统的社会政治理念与文明秩序在来自西方文化和西方文明极具破坏性的冲击与挑战下日趋于瓦解和衰落,帝制的推翻、科举制的废除、家族主义的破坏乃至对整个传统的蔑弃,使中国人日益"激进化"地走上了一条脱离自身价值观体系和文明路径的连贯的变革和革命的道路。诚如金耀基先生所言,这是一条"现代转向"的"长期革命"的道路,而"放在历史的视角下,中国的'现代转向'是一个文明的转变,而且中国的现代化目标绝不仅限于建设一个现代化的中国。换句话说,一种新的中国文明秩序"①。这一"现代转向"的历史过程是异乎寻常地艰难曲折的,其中既有革命成功的宝贵经验,也有文化失调的惨痛教训。然而我们相信,有着博大、精深、悠久之传统的中华文化和拥有可大可久之丰富资源的中国文明必将逐渐走出困境,走向未来,必能通过对自身文化价值观的创造性转化与创新性发展,将自由、民主、平等、法治等现代价值化为己有,从而实现文明蜕变,完成蝶化转生的文化使命和历史任务,成功建构一种新的现代中国文明秩序。

---

① 金耀基:《全球化、多元现代性与中国对新文化秩序的追求》,第44页。

钱穆的"明夷待访录"

任　锋*

2017 年 7 月,狄百瑞(William Theodore de Bary)先生魂归道山。大约 5 年前,因为校对《亚洲价值与人权》一书,笔者围绕狄先生的道学在《读书》发表过一篇评述,也顺带澄清坊间流传的一些误读。①斯人已逝,在追思文字中,方知狄先生的另外一个中文名字"狄培理",乃是二战期间钱穆先生所取,颇合其一生弘扬理学的志趣,也更为本人认可。

在《中国的自由传统》这本极具争议之代表作的引言中,狄培理坦言钱穆对他研究中国思想的影响为时最早也最深。钱穆的卓越成就,在狄氏看来,是与 17 世纪的儒者黄宗羲联系在一起的。梨洲在晚清是中国人接引西方民主思想的主要中介。继起的革命浪潮则否定儒家传统与现代转型的正向关联,而这种文化态度正是钱穆一生致力抵抗的。狄氏盛赞:"钱先生是极少数能与当代流行的思潮相抗衡的杰出学人。……他继踵了黄宗羲的典型,保存(虽然不是绝无批判地保存)了新儒家的遗产。"②

狄氏认为,钱穆晚年所作《朱子新学案》,好比《明儒学案》之于晚年梨洲,均是"为往圣继绝学"。黄宗羲的《明夷待访录》,在狄氏看来,是传统儒者对中国政治提出的最全面而系统的批判。狄氏在行文思考中虽不断向钱穆

＊　任锋,中国人民大学国际关系学院教授。

①　参见任锋:《雪泥鸿爪自留痕》,《读书》,2013 年第 12 期;另收入任锋:《鸿飞那复计东西》,载任锋:《道统与治体》,中央编译出版社,2014 年,第 365~375 页。

②　[美]狄百瑞:《中国的自由传统》,李弘祺译,香港中文大学出版社,1983 年,第 1~6 页。

致意,汲取灵感,却没有注意到宾四先生自身的"明夷待访录"。与此对应的作品,最典型者就是向为论者所忽视的《政学私言》一书。该书稍早于狄氏向钱穆问学,发表于 20 世纪 40 年代中期。①

一、明夷待访:立国之道的终生追寻

抗战时期的国难危机深深刺激了一代学人,钱穆广为人知的《中国近三百年学术史》《国史大纲》都是此环境中的发愤之作。《政学私言》中作品多成于 1944 年—1945 年间,其时作者方辗转病榻,感痛于内忧外患。除了抗战,此书还与另一大事因缘交会,那就是抗战后期逐渐展开的多党共商国是、谋求宪制重构。国民政府在 1945 年 8 月确定拟召开政治协商会议,隐然开启现代国史上的又一个制宪时刻。时值梁漱溟先生来访,钱穆以此书相赠,梁先生认为书中所言似为政协会议进言。清末民初以来的历次制宪时刻,如康有为、张謇、宋育仁、汪荣宝、章渊若等人不绝如缕地促动人民注重宪制的传统维度。梁漱溟有此观感,亦不足为怪。

不过,钱穆并不认同这一意见。他把这本依据中国政治传统论述五权宪法及"五五宪草"的文集称为"私言",实在是意味深长。

"私言"的显性缘由,在钱穆自序,是自谦不谙政情、不隶属活跃于公共时潮的政党,也远离构成时代主流意见的党论和主义。这只是意识形态浪潮下的书生论政,一个儒者努力与时潮保持距离的孤寂言说。他向梁漱溟解释,不求当政者必从,亦不在意一时之获称。当时,他更有兴趣的是梁先生关于合作创办文化研究所的倡议,且主张不必执着等待政协结果而定,独立耕耘讲学才是影响深远的根基大业。

从这一定位看,《政学私言》恰似《明夷待访录》,并不必将政治理想寄托于所在世。结合书中《道统与治统》一文提出"百家言"论说,"私言"之谓,其实还蕴藏着作者的某种微言大义。钱穆认为,自西周王官学解体,来自民间学术的某一"家言"(私言)往往透过竞争逐渐成为社会新主导思想,进而影响政治发展。在上之"主义"易于教条僵化,势必不能阻遏新思想上升并扩

① 参见钱穆:《政学私言》,九州出版社,2016 年。

展。而新思想初起，往往边缘且微弱，但只要与中国传统大精神趋向相呼应，就有望成为新的公论。私言，还是公论，关键在与中国文化大传统能否赓续融汇，而不在于是否风行一时、当令于时潮。①谈论中国政治，揭示政理精神，若根植于外来主义，终非长远之计。这一点，在钱先生1988年初刊定《谈当前学风之弊》（收于《学龠》）中，有系统畅发。同样，在这篇极为重要文章之终尾，钱穆仍谈及抗战期间与梁漱溟的分歧，并为后者不能脱离政治纠纷、深耕讲学大业而慨叹。②由此反观《政学私言》之立意，一时一地的政局固然有其影响，却不必拘泥于此，更须体会作者着眼长期政学演变的"待访"意向。

与《明夷待访录》相似，《政学私言》基于现代语境提出了对中国政治传统的系统性诠释和评价。前者论题涵括原君、原臣、原法、置相、学校、取士、建都、方镇、田制、兵制、财计等。《政学私言》针对五权宪法，论述了其与中国传统政治的关系、选举与考试、元首制度、道统与治统、人治与法治、地方自治、首都问题、农业国防、政治家与政治风度等主题。这种结构上的趋同，本是中国政治传统自身内在延续性的反映。钱穆与黄梨洲一样，内在于整个大传统展开审视，不因天崩地解而自毁自弃。不同之处可能是，钱穆所处的文化政治氛围，较梨洲时期陷入了更大的自我否定。钱穆依据其文化智识与信念，试图延续并激活中国政治传统的内在生命力，面对的是更为决绝和狂热的反传统时代狂澜。

"中国传统政制，虽为今日国人所诟詈，然要为中国之传统政制，有其在全部文化中之地位，无形中仍足以支配当前之中国。"③由政制问题而进一步否定文化传统、乃至文化、国族身份者，是中国现代智识的一大病灶。钱穆在《政学私言》中恰恰是要直面传统政治的现代潜能问题。诸如道统与治统、人治与法治、建都和自治、元首与国民这类大论题，不仅针对宪法理论和方案而阐发时论，更围绕现代立国议程而开拓关乎一国根本构成的宪制论域。现代中国的宪制言说可谓代有不穷，花样纷呈，于其间能审慎而精到把握文明与政治这两层传统大义关联的努力，则难能可贵，尤显珍稀。

---

① 参见钱穆：《道统与治统》，载钱穆：《政学私言》，第77~78页。

② 参见钱穆：《谈当前学风之弊》，载钱穆：《学龠》，九州出版社，2011年，第217页。

③ 钱穆：《中国传统政治与五权宪法》，载钱穆：《政学私言》，第11页。

正如钱穆在《国史新论》自序中陈言："要之，根据已往史实，平心作客观之寻求，决不愿为一时某一运动、某一势力之方便而歪曲事实，迁就当前。如是学术始可以独立，而智识始有真实之价值与效用。"①钱穆此处乃就《政学私言》在通史、文化思想史上的意义而表明旨趣。这也是学者解析钱穆学术贡献的惯常视角，对于钱穆思想之历史文化向度的关注远远超过对其宪制法政论说的再思。钱穆的通史、学术思想史、经学子学，乃至文学著述，都可置于较为超然的学术范畴加以评析，其经世论政一面反倒黯然不彰。即如钱氏弟子戴景贤先生所著《钱宾四先生与现代中国学术》，对于后一面也主要就《国史大纲》《国史新论》《中国历代政治得失》侧重政治传统的学术解读。②而二者究其实乃不可割裂分视，严正申论现代宪制大义的《政学私言》值得我们认真对待。

以立国宪制的中心视角来看，钱穆对于历史传统与现实政治的审读本来一以贯之，《政学私言》也深深内嵌于他自身的学思脉络，绝非横空出世，应付光景。1983 年，他在《现代中国学术论衡》的序中，明确点出自己关心的一"大问题"："试问此五千年抟成之一中华大民族，此下当何由而维系于不坏？若谓民族当由国家来维系，此国家则又从何而建立？若谓此一国家不建立于民族精神，而惟建立于民主自由。所谓民，则仅是一国家之公民，政府在上，民在下，无民族精神可言，则试问西方国家之建立其亦然乎？抑否乎？此一问题宜当先究。"③国家从何建立，这一立国的根本问题紧密联系着对于现实国运的忧思，又须耐心从历史传统中寻求其线索。

作为民族"心史"的《国史大纲》，其"引论"从中西比较视野彰显中国作为政治共同体的演进之道，着重揭明立国规模，申明对于现代中国未来发展的基本观念。钱穆认为，中国共同体的文化—政治建构机制，乃由社会整体中涌现出的优秀力量形成一个中心，向四周涵化融合，强调公忠和容、尊贤重文、不尚党争。他指出，"我民族文化常于和平中得进展，欧洲每常于斗争中著精神""我中国此种立国规模，乃经我先民数百年惨淡经营，艰难缔构，

① 钱穆：《国史新论》，九州出版社，2012 年，第 2 页。
② 参见戴景贤：《钱宾四先生与现代中国学术》，东方出版中心，2016 年。
③ 钱穆：《现代中国学术论衡》，九州出版社，2012 年，第 5 页。

仅而得之"。立国规模,从形式上,是民族、文化、历史传统的演进积累之结果,其内涵机制自有精义。①

稍后的《政学私言》更积极地强调政治立国须正视传统条件,开端明言:"作者草为此文,先有一甚深之信念。窃谓政治乃社会人生事业之一支,断不能脱离全部社会人生而孤立,故任何一国之政治,必与其国家自己传统文化民族哲学相沕合,始可达于深根宁极、长治久安之境地。"②更为人熟知的《中国历代政治得失》作于 20 世纪 50 年代,辨析现代革命意识形态对于秦以后政治传统的过度贬损("专制黑暗"论),针对辛亥以来唯西方是瞻的制度决定论,在"前言"特概括出七点内容强调制度心智的复杂性。③

若以立国宪制为中心,这些多方审视且蔚为体系的论说可视为广义的"明夷待访录"。在钱穆的《中国历史精神》《中国学术通义》《宋明理学随书三札》及一系列文化学论著中有不同形式的体现。上文提及的《现代中国学术论衡》,在《略论中国政治学》一文特别提出系统反思,彰扬政治学的文化自觉意识。与《谈当前学风之弊》同调,钱穆批评现代学术由传统通人通儒之学变为专家之学,逐渐丧失通学旨趣与政治立国之间的关联视野。康有为、章太炎、胡适等人改造传统,以不同进路催化这一断裂过程,由求进而主新、主变,且加重意识形态竞争的门户党伐意气。学术传统趋于破碎支离,荒腔走板,最终反噬自毁,没能萃取精华而谋一善变。

其间,钱穆对于晚期梁启超颇致敬意,推许其发抉礼治精义,由新民转重国风,晚年沉潜学术,若非天不假年,当更有惠于学术传统。而孙中山先生将革命共和大业引归中华道统,在实践反思中提出三民主义、五权宪法,钱穆盛赞其在尊重政治传统的前提下审慎吸取现代因素,提出现代立国的初步宪制架构,有待来者完善。按戴景贤先生之说,孙先生于钱宾四,乃为经世济民之学的近代同调,钱穆对其乃参酌式辨思,而非信仰式尊崇。④

钱穆慨叹:"吾国家吾民族四五千年来相传之治平大道、政治大规模,惟

① 钱穆:《国史大纲》(修订本),商务印书馆,1996 年,引论,第 14 页。

② 钱穆:《政学私言》,第 1 页。

③ 参见钱穆:《中国历代政治得失》,九州出版社,2012 年,前言,第 1~5 页。

④ 参见戴景贤:《论钱宾四先生研究历史之角度与其建构史观之过程及方式》,载戴景贤:《钱宾四先生与现代中国学术》,第 333 页,注释第 48。

有学步西方，作东施之效颦，其他尚复何言。中山先生已早有知难行易之叹，又谓中国乃一次殖民地，更次于殖民地，亦可谓言之沉痛矣！"①晚清以来奉民主平等为圭臬，生搬硬套外国政制架构，并迷信体制解决的神妙伟力，轻视政治背后的文明体系差别，是钱穆强调政治发展须深根宁极、政治理论应自根自生的时代缘起。除了学理思考的被动处境，上述心智还导致国内政情常随国外形势而流转，国本不能独立自定。政治实践与学术因此应先重视传统造就的国情、尊重民族社会的文化民风，在此基础上损益维新。这一点，经过一百多年的曲折探索，国人渐已自觉，而钱穆无疑是这个思路最有洞察力的先行者之一。

《政学私言》质疑思想界论政动辄援引欧美先例的做法，易造就现代政治理解的"死格式"。钱穆声明不反对民主潮流，他认为，适合中国的乃是一种公忠不党的民主政治（"全民政治"）。对于五权宪法理论，他的贡献在于依据深邃广博的政治传统智慧，为其提供更富学理价值的阐释、修正与推进。五权宪法理论被置于一个绵延不断的中国政治传统中加以理解，历代政治经验中的先例和法度构成优先注重的资源。《中国传统政治与五权宪法》《选举与考试》《论元首制度》《人治与法治》《法治新诠》对于宪制架构中的五权、元首、政党、国民作出深入剖析。钱穆强调宪制架构内在的平衡，激活君主制、贤能士人对于民主共和的现代意义，"一切当从全部政治机构中意见与权力之衡平着眼"②。

国人以为民主政治即张大民众势力、推行政党竞争，钱穆主张用更具衡平性的宪制权力架构来弱化这一冲力。一方面，提升国民大会代表的构成异质性，加大区域选举、职业选举、学术选举与名誉选举的比重，并使政党活动主要限制于国会和行政机关；另一方面，确保总统的超然地位与考试、司法和监察权的政党中立性，落实对政治参与者、被选举人的筛选和监督，强化总统与五院的指导协调关系。总体上，避免元首过弱而国会过强，二者各自有其位能，联络而成上下一整体，五院之间则相维相制。

钱穆认为："倘能于旧机构中发现新生命，再浇沃以当前世界之新潮流，

① 钱穆：《现代中国学术论衡》，第 194 页。
② 钱穆：《选举与考试》，载钱穆：《政学私言》，第 26~27 页。

注射以当前世界之新精神,使之焕然一新,岂非当前中国政治一出路。"①五权宪法吸取三权分立的启示,从中国政治传统提炼出考试和监察两权,克服旧政制里王室世袭与缺少国会这两个弊病,可为现代宪制思考的活法。五五宪草未得其精义,五权宪法还有待提升完善。另外,钱穆立基于传统政治经验,试图为法治抽取出更为普遍性、根本性的说明。《法治新诠》借传统政体中君、臣、司、吏四个要素论证优良政体在于最大程度地激励各构成部分的运作,透过"官尽其职"实现"人尽其才"。无论中外,好政制有两个要素,即如何选拔贤能并避免其滥权济私。②

钱穆预料时论必讥:"近贤言法治,皆指欧、美民主宪政,此独举汉、唐职官制度。古之人言之曰:'贤者识其大,不贤者识其小。'中西政制虽异,亦或有精义之相同。此虽小节,不失为法治之一端。"③若转换视角来看,古典政体(包括君主制、贵族制、混合政体,等等)因其蕴含生成根基而为我们预备了理解和反思现代的必要视角,古今统贯的会通心智有助今人化解割裂自大的心智蔽障。④

二、概念化、论题开拓与理论新创发

《政学私言》借宪制架构的申论契机,还为重估重构政治传统开辟出了极为珍贵的空间。在基本原理层面,钱穆基于中西对比而提出了一系列原创概念,包括"政民一体"与"政民对立"、"信托政权"与"契约政权"、"自然(单一)国家"与"人文(复式)国家"、"尚理政治"与"尚力政治"、"外倾型"与"内倾型"政治意识、"学人政治(学治)"、"士人政府"。

在论题开拓上,钱穆也是由政制权力架构出发,将宪制体系深层次的主题揭示出来,显示出宪制思考的广袤与深邃。

钱穆指出,被国人视为西方政治典范的英伦宪政,其文化体系对应以阶

①　钱穆:《政学私言》,第11页。
②　参见钱穆:《政学私言》,第231~232页。
③　钱穆:《政学私言》,第237页。
④　参见任锋:《钱穆的法治新诠及其启示:以〈政学私言〉为中心》,《西南大学学报》(社会科学版),2018年第5期。

级和民族斗争为中心的社会演进，政党精神构成其柱石。中国自有安顿群体生活的大经大法以解决优良政制问题，可视为中国传统之宪制。但论者需要辨识不同宪制所处文化体系之精神同异。这必然涉及到狭义政制以外的深层次问题，如政教关系、人法关系、共同体型构及其中心，等等。

钱穆的相关论析极具历史纵深感与理论复杂性。这里撮要言之。首先，"一统"与"多统"问题。作为对梁任公论点的回应，钱穆指出，一统构成中国政治主导精神，以全部整体荟萃产生一个中心，进而涵化扩展，形成可大可久的立国传统。西方即便文化同源，在政治上始终多头林立，缺乏整合力。这一点构成相异的基本政治事实。它还透露出中外国家观念的差异，中国文明以国家为修齐治平序列的中间一环，国家观念深具道义性，运之以教以化，而西方文明率以国家为工具性、功利性的存在，持之以斗以争。前者一统的趋向乃为天下普世，后者终难超越国族限制。

其次，政教关系方面。中国政教合一，然非宗教与政治合一，而是文教与政治相维制。中国的文教学术传统主张通天人、合内外，将超越性存诸经常，以大群同心共识为天道，通学通人包含其中。这是构建超大规模共同体的精神根基。钱穆扩展了近世儒学的道统概念，用以指称文化大传统。王官学渐为百家言取代，政府内专设主持文化教育的机构，社会民间每每成为思想文化精神更新的动力机制，政学之间形成较为良性的循环与制衡。

道统意识在近世尤其体现出来自平民社会的精神进取力量，成为民气民心的传达渠道。在现代政治社会，政党力量与市场资本极易形成权势垄断，要确保人民真正享有自由，须在立教原则上尊重道统，在权力架构上优礼贤良，以形成有效制衡。

总之，中国政教、政学合一，内置互动张力，不似西方政治与宗教在根本取向上入世、出世相分，宗教难以真正提摄涵化政治，终有颉颃之势。"中国政治之终极责任在教，中国政治之基础条件，亦在教。故学校与教育，其地位意义，常在政府行政之上……中国传统教育，常主于超民族超阶级而为人类全体大群文化进向辟康庄示坦途，而政府亦受其指导。"①文教道统，亦是宪制权力（如考试、监察、司法）的精神基石。

---

① 钱穆：《中国传统政治与儒家思想》，载钱穆：《政学私言》，第125页。

再次,钱穆引入法治视角,对传统资源进行再解释,指出礼法传统的宪章性质,从中国作为大国的现实角度揭示传统重视法治的本来面相。并在区隔政治实践与言论的意义上,对于诸子如儒法道各家的理论理想作出辩证评价。

要言之,作为广土众民的传统大农业社会,民众与政府事务的长治久安有赖于法度秩序的安排,历代关于食货、赋税、选举、职官、督察形成了深具稳定性的典章制度,汉、唐、宋、明等取得非凡治理成就的历代王朝尤其如此。在实在法、成文法基础上,又能灌注以强调风俗教化、情感相通的礼治精神,整体上形成久远丰富的礼法传统。相对于此,儒家发挥主张礼乐、道德清议的提撕作用,法家护卫督核国家体制,道家反思讽喻,各有长短。

针对现代中国片面迷信政制的唯制度论趋向,钱穆先生还提出政治风度的学理范畴,指出政治事业兼具群体性与领袖性之两面的复杂本相,从政治事业的实践维度对政治风度进行义理解析,彰明领导人物、政治精英群体、社会民众之间的互动关系,为我们从政治人(治人主体)角度理解精神价值、行为、组织与制度的宪制构成逻辑开辟了极具创新力的论域。[1]如唐太宗、宋神宗等政治家,如何以其理想抱负,尊贤容众,形成进取包容的政治风气和法度,凝聚形成影响长远的政治贤能群体。"故观察一理想上大政治家之风度,断不当着眼在其个人,而首当着眼在其集团,与相从共事之政府","其风力所感靡,格度之所检正,常使此一群体一社团同时响应,有不自然而然者,遂以形成一共有之趋势,与共认之局面。惟如此,乃始得谓政治事业之完成"。[2]法度之外,尚有风度,可谓对于人法关系的辩证多面处理,为现代政治研究别开生面。

又如首都问题,"虽非一种政治制度,而实与其一切政治制度有精神上内在甚深密之关系"[3]。一个政治共同体,如何抟聚多样态的地理形势、民情风俗、经济社会力量,而形成具备凝聚力与进取精神的整合机制,钱穆就是在这样的宪制视角下思考建都问题的。他赞同孙中山定都西安的建议,以衡

---

① 参见钱穆:《政治家与政治风度》,载钱穆:《政学私言》,第 238~249 页。此篇时间较早,发表于 1942 年 5 月《思想与时代》月刊。

② 钱穆:《政治家与政治风度》,载钱穆:《政学私言》,第 238~239 页。

③ 钱穆:《论首都》,载钱穆:《政学私言》,第 62 页。

平现代中国的区域、族群差距,从经济、社会、立国精神导向上激励国民进取。《论首都》《战后新首都问题》为这一决断提供了基于国史传统演变的纵深分析,也展示出钱穆对于现代立国精神的一种期盼,"我们要返老回童,要在逆势与动态下重新从低下温暖的所在,爬上高峻寒冷的故乡。我们依然要从小地面复归到大地面去。这是我们的奋进与迈上,这是民族之再生"①。

三、重续近世立国思维议程

钱穆在其"明夷待访录"中也不断向黄宗羲致意。狄培理在他发掘的新儒家自由传统中审视梨洲及其作品。除了帝制批判,他还表彰梨洲治法论的宪制含义,尤其是学校制度设计在新儒讲学传统中的集成意义。狄氏特别批驳费正清关于黄宗羲所论乃"儒家政治的陈腔滥调"之意见,指出不能以自由主义民主作为标准,而应在近世传统中看到人性成长和更新的潜力、个人或群体讲习的秩序活力,②不知是否受过钱穆影响。宾四先生实则在《政学私言》中已从更纵深的宪制传统视野对此有所掘发,揭示出被现代激进浪潮遮蔽的近世议程。

从近世政治思维的长程视野观察,黄宗羲在《明夷待访录》里对于宋代理学和经制事功学所代表的两大思想模式的治体论进行了具有高度创造性的整合。治体论是自汉代贾谊以来经历了长期演变的中国政治思想传统,随着近世宋学蓬勃繁兴,治体论所蕴含的治道、治法和治人三要素架构得到了长足发展。③其中最重要的一个演进,是从北宋诸儒推动形成的变革思维逐渐转型到由南宋经制事功学大力促成的立国思维,同期南宋理学则大体延续了北宋变革思维。

变革思维与立国思维的主要区分,在于是否以现实立国政治传统为基

---

① 钱穆:《战后新首都问题》,载钱穆:《政学私言》,第 184 页。

② 狄百瑞在黄宗羲政治思想研究中率先引入宪法视角,触及近世儒学对于治法、纪纲法度高度关注的一脉。钱穆先生更早从治法角度审视中国政治传统及黄梨洲,这既是针对西方现代法治论说挑战下的回溯,也是对于中国自身近世政学传统的接续和重启。关于狄氏贡献的意义,参见孙宝山:《返古开新:黄宗羲的政治思想》,人民出版社,2008 年,第 25~27 页。

③ 参见任锋:《中国政学传统中的治体论:基于历史脉络的考察》,《学海》,2017 年第 5 期。

础,来思考经世秩序问题。前者主要依据经学典范和诸子资源张扬"法三代"的理想,由此导出对于现实政治传统的变革变法,后者经历王安石大变法运动的反思,逐渐发展出以现实立国政治传统为本位的思考模式,在"法三代"与"法祖"之间形成了良性关系。南宋浙东群儒代表的经制事功学与理学共享天理世界观,彰显治道原则的公共性和实践性,更重要的贡献则在对于纪纲法度、宪章成宪的高度注重,以此为中心来重构治人、治道与法度体制之间的宪制关系。以纪纲法度为中心的治体思考牢牢扎根在对于现实立国传统的阐释研究上,重视立国时刻开国政治家的政略法度及其精神,辩证思考开国政治家与后世传统之间的关系,强调君主政治家与士大夫双重治人主体的挺立,对于现实法度传统能够审慎地分析批评,在肯定和改善现实法度传统的前提下来思考儒家治道原则的落实和治人主体的实践。[①]

南宋经制事功学推动了治体论的近世成熟,这一历程也是在由变革思维向立国思维转变的精神洗礼中完成的。他们开放包容地继承了北宋诸儒中司马光、苏轼、理学家们的政治思考智慧。理学在南宋后逐渐成为宋明儒学的主流,义理修身本位的治体论将治道和治法分别视为体用本末,也继承了北宋变革思维的主要秩序取向。经制事功学的传统除了一部分汇入理学被更具有事功精神的理学家们吸收,它的思想遗产仍不断得到后世学者的重估和汲取。黄宗羲《明夷待访录》就显示出理学和经制事功学的双重影响。

《明夷待访录》的主旨精神是理学式的,将"三代"与后世分作两段看,肯定前者,否定后者,高扬"法三代",抨击"法祖"。这一点,使得其表面形式上看似追究原理、探讨理想立国原则的论述,蕴藏着极强的变革思维能量。它与前述立国思维有明显不同,不似陈亮、叶适贴紧历史政治脉络来讨论君主、大臣、士人、诸纪纲法度,《明夷待访录》对于"三代"以后的法度进行了激烈否定,对于君主这一角色依据自私自利的人性论进行了最恶化的批评和解构,立国思维中那种辩证处理君主政治家的方式变为否定为主导的论断。在这一点上,黄宗羲弘扬了理学家公私对峙、"三代"后世对峙的思维二元论,认定"三代"大公而后世陷于利欲罪恶。后世君主,完全被限定为追求利益最

---

① 关于这一思想演变,参见任锋:《治体代兴:立国思想家与近世秩序思维》,中国社会科学出版社,2018 年。

大化、妨害公共福祉的最恶化形象,虽然仍保有其共治分工地位,却极大地被祛魅化、呆板化。在这个意义上,《明夷待访录》虽未弑君,却无异于开启了放逐君主的序曲。

连带地,《明夷待访录》对于与君主紧密相关的传统体制,如宰相、经筵、科举等,在批判现实体制弊病的基础上,趋向于超越现实法度、返向"三代"模式。这就形成梨洲在另一向度上的思考重心,即学校为代表的治法创制。梨洲在书中的法度宪章意识,其实承继了经制事功学对于纪纲法度的重视。没有经制事功学对于法度成宪的高度关注,"有治法而后有治人"的提出是难以想象的。只是梨洲的治法思考取向主要受理学传统影响。理学有力张扬了道统与治统、理与势相维制的二元权威理念,这推动梨洲对于公法公论的思考越出既有君相体制的宰相、经筵和台谏,直接付诸一个与君相权力并行制衡的新系统创建,以学校而综合养士、表达公论和组织基层社会治理的多重功能。[1]近世秩序思维不断批评法度繁密对于治人主体的束缚,使得"以儒立国"成为空论文具。梨洲的这一学校创制,可以看作在放逐君主之后,以纪纲法度重构的方式去确保"以儒立国"这一士人共治原则的挺立。

要言之,《明夷待访录》显示出放逐君主和"以儒立国"的双重精神趋向。这是对于近世政治脉络中君权不断强化和共治理念沉浮抑扬的思想反应。由于这本书在现代共和革命中发挥了巨大功用,对于现代政治思维也产生了深远影响。就上述两个趋向来说,一方面影响了我们对于传统政治历史的基本态度,偏于抨击批判,趋于解构和虚无化。比如认为"三代"之后没有法度传统,片面强调君主制弊病而连带削弱了人们对于现代元首制度的思考力度。另一方面,学校的治法创制为现代国人接引西方现代秩序理念提供契机,民主法治、国会、公共舆论等要素易于由此而舶入。前者是古非今的趋向,在文明传统一步步被打倒之后,实际上极易形成对于历史文明的整体消解,便于进一步引入古典典范的替代品,即现代西学流行论说。在这个意义上,《明夷待访录》对于现代乌托邦意识的滋生颇为紧要,解构"法祖"型立国思维与历史虚无精神暗通款曲。而梨洲的学校论则又为大力模仿现代西方

---

[1] 参见顾家宁:《儒家经典政制中的政教关系——以黄宗羲之学校论为中心》,《政治思想史》,2014年第3期。

政制提供了接引。

晚清以来,朱一新、宋育仁、章太炎等人对《明夷待访录》纷纷提出了批评,体现出与近世立国思维颇为相近的思绪,如正视现实立国法度而非一概否定、辩证看待学校公论、士权和党争、警惕政治思考的去元首化取向。这构成了钱穆先生对待《明夷待访录》的思想脉络。

从这个视野看来,钱穆先生理解《明夷待访录》,既首肯其理想精神,将其接续到孙中山的共和宪制思想,更是基于一种深沉的立国思维,强调在其理想义之外正视两千年来的"三代"后立国传统,对梨洲论思潜含的乌托邦精神进行了现实保守化的克制。

一方面,在探讨中国法治传统时,钱穆引用并反思《明夷待访录》,肯定梨洲对传统政制法弊的批评,进一步则指出梨洲"三代"有法、后世无法的激论,是"求痛洗涤、尽摆脱之以为快",乃"中国儒生之积习,一寄其理想于三代"①。钱穆在法度评价上,接通的是近世立国思维。他指出,就史实而论,中国传统尚法,实出历史环境所限。这一点,钱先生乃纠偏梨洲秉持之近世理学二元历史意识("三代"与后世乃天理与人欲的公私之别),更合于近世浙东学术代表的经制事功精神("三代"、后世乃程度而非本质差异)。②在《中国近三百年学术史》中,钱穆提点朱一新《无邪堂答问》对于《明夷待访录》的批评,也可看到这一批评的学术伏线。③

另一方面,钱穆高扬以教导政理想,盛赞"晚明黄梨洲著《待访录》,欲以学校寄天下是非之公。此皆有见于我民族抟群建国之大体者……使学校得超然独立于政治之外,常得自由之发展。民气借之舒宣,政论于以取裁,此亦发挥中国传统文化精神一要目"④。近世宋明儒推动的第二次社会自由讲学,被视为"我民族永久之元气""我民族国家数千年文化正统"。⑤他对于黄梨洲

---

① 钱穆:《人治与法治》,载钱穆:《政学私言》,第93页。

② 全祖望称乃师:"公以濂洛之统,综会诸家:横渠之礼教,康节之数学,东莱之文献,艮斋、止斋之经制,水心之文章,莫不旁推交通,连珠合璧,自来儒林所未有也。"[《梨洲先生神道碑文》,载全祖望撰,朱铸禹汇校集注:《全祖望集汇校集注》(上册),上海古籍出版社,2000年,第220页。]

③ 参见钱穆:《中国近三百年学术史》,商务印书馆,1997年,第700页。

④ 钱穆:《中国传统教育精神与教育制度》,载钱穆:《政学私言》,第204~205页。

⑤ 钱穆:《国史大纲》(修订本),商务印书馆,1996年,第27~28页。

学校制度的致敬，可见于《政学私言》"地方自治"一文提出的"国家文化学院"构想，其方向是以学代官，"以学术关系代替官僚组织，此始为理想的民主政治之极致"①。只有在这种宪制视野下，所谓自由儒学的启发才能有合乎历史感与文明精神的妥当定位。

钱穆还结合对于中国文化历程长期演变的剖析，指出梨洲《明夷待访录》是第三大阶程文化演进的"最要宗旨"，体现了平民社会代表的中下层兴起，其学校是政统中公议的发源地，对于现代政治转型尤其有启发。具体就是，为孙中山先生的五权宪法提供了一个宪制的元基础。五权宪法中的考试权，需要有自由教育提供贤良人才来源，这也是由训政进化到宪政的预备，合于现代民主政治的大趋势。②

章太炎在《非黄》中批评梨洲的学校论会造成士权对于官吏权力的侵占，并且是朋党政治的温床。太炎此论本是出于对晚清立宪法治论的忧思（"举世皆言法治，员舆之上，列国十数，未有诚有以法治者也。宗羲之言，远西之术，号为任法，适以人智乱其步骤，其足以欺愚人，而不足称于名家之前，明矣"）。背后的思考点是对于行政权力系统基本权能的保卫，与近世陈傅良、陈亮、叶适等人的立国思维遥相呼应。③

宾四先生 1937 年在《余杭章氏学别记》中对太炎此篇有专论，指出《非黄篇》意在批评晚清民初士人借尊黄来主变法。政治措施，不必都在变法，也在于除弊。"以法救世"，夸大了体制变革如模仿代议制度的神效。这个批评，应该是指向梁启超等人赋予《明夷待访录》《原法》的法治精神。④宾四于太炎志业忧思，回真向俗之转折，殆戚戚然。⑤

然而大体上，钱穆先生基于五权宪法理念，对于太炎的学校论批评，似

---

① 钱穆：《地方自治》，载钱穆：《政学私言》，第 60~61 页。

② 参见钱穆：《中国文化演进之三大阶程及其未来之演进》，载钱穆：《宋明理学随书三札》，生活·读书·新知三联书店，2002 年，附录，第 224~227 页。

③ 参见章太炎：《非黄》，载《章太炎全集》（第 4 册），上海人民出版社，1985 年，第 124~129 页。

④ 参见梁启超：《论中国学术思想变迁之大势近世之学术》（1902 年），载沈鹏等主编：《梁启超全集》（第二册），北京出版社，1999 年，第 607 页。

⑤ 参见钱穆：《中国学术思想史论丛》（五），载《钱宾四先生全集》（第 22 册），台北联经出版事业股份有限公司，1998 年，第 535~536 页。钱先生 1978 年对太炎的传统文化态度又有严厉批评，参见同册书，第 539~560 页。

未全然肯定。考其原因,一者在于钱穆对于元首代表的政治家、政治精英问题予以充分重视,批评民元共和以来国人对于元首问题的轻忽,从而在宪制结构论述中强化了元首地位,强调政治贤能的养成,即治人主体的挺立。[1]一者,钱穆对于与朋党问题相关联的政党政治持抑制态度,主张尽量限制政党在宪制体系中的作用,使其局限于国会和行政院。即使在国会,也利用多元选举制度去抑制政党。他竭力推崇的是元首带领下的五院体制,其中的考试、司法和监察尽力体现相对于政党的政治独立性。[2]在这样的宪制架构支撑下,我们或可理解钱先生对于学校的乐观信念,更看重其秉持道统的自由活力和传统精义,其中蕴藏的清议或横议可能是不得不承受的相应代价,而其培植风俗("诗书宽大之气")、培养贤良的秩序功能更值得肯认。

梨洲在《明夷待访录》中突显了治法层面纪纲法度的宪制重构视野,这一关怀主要继承了近世经制事功学的治体论取向,并在理学批判精神的引领下将其重构精神提升至共治原理的至极处。宾四先生直面现代危机,接续梨洲遗脉,揭明了近世立国思维这一渐被遗忘的宪制议程,借由五权宪法重新激活了关于治道、治人和治法的系统思考。这一理论转进,值得我们多面审视。

四、余论:新传统政治学的发端

生逢转型时代开启,殁当冷战长剧谢幕,钱穆一生学思因国家后发现代处境而不得不与中西问题周旋不已,也受惠于传统信知而洗炼了困觉中的思维从容,直面传统利弊长短而不至于方寸失据。狄培理认为钱穆的中西比较立场偏保守,突显二者差异,肯认中国传统的优越性,而他自己追求发现二者之间的相通处,如古典文教性的自由精神,其实更贴近钱穆所表彰的中国文明特质,即推崇会通融合,不主割裂对立。

平允地说,钱穆的思索努力避免固步自封与邯郸学步两个极端,他主张:"欲完成建国大业,端在自本自根,汲出政治新理论,发挥政治新精神,使

---

① 参见钱穆:《论元首制度》《政治家与政治风度》,载钱穆:《政学私言》,第34~46页。

② 参见钱穆:《选举与考试》,第18~33页。

政局有安谧之象,而后凡百改进有所措手。"①政治上的保守主义、自由主义,此类现代意识形态标签,并不有益于界定这个立学不标门户、力求独立自主的现代儒者(观其拒签张君劢等人"中国文化宣言"可知)。他强调传统对于政治心智的根本地位,在现代语境下先驱性地推进了比较宪制下的传统再诠释,接续近世以降的经制事功学脉,同时汲取现代法治新观念。较之现代港台新儒,对于政治传统展现出更多肯认,将其称之为新传统政治学,或许较为恰当。

此种尊重传统、究心宪制的学思探索,表现出兼具政治现实主义与道德理想主义的混合气质,如其论中国政治实践重法治,论政制利弊兼有、各求自适,批评传统中国"重法过于重人,重职过于重权,重安定过于重动进,重限制过于重放任"②。中国传统本位的视角也为中西比较提供了难得的原创洞见,如言西方宪政精义在听于人不听于法,西方多统非理想政治模式。

钱穆及其所抵抗的时代风潮已然逝去,但他的很多思索并未过时,譬如农业、陆地空间秩序对于大国根基仍有首要意义、国营经济和公益事业人才的参政优先权与社会文教的独立价值,这些并不适宜时下意识形态光谱的教条定位。其间,社会政治中心的重建是他一再强调的转型大挑战,如何重置内倾型政治意识(重职责胜任而非争权分利)的"稳定性"则关系到政制改革的成效。

在《国史新论》"中国传统政治"末尾,钱穆反思:"若论政治本质,在近代中国,始终是一张空白,待向外国去套板印刷。始终是用外国的理论,来打破自己的现实。现实重重破坏,而外国理论则始终安放不妥帖。"③他在转型困境中的探索,提醒我们于文明体系的传统脉络中去"触及政治的本质"。套用狄培理《中国的自由传统》论黄宗羲一章的最后一句,或者可以说:"真的,他特别让我们对于传统成长与更新潜力因此有更为开扩与更为多面化的认识。"④箕子、梨洲隔世有知,声气相应否?

---

① 钱穆:《中国传统政治与儒家思想》,第 132 页。
② 钱穆:《国史新论》,第 112 页。
③ 同上,第 120 页。
④ [美]狄百瑞:《中国的自由传统》,第 107 页。

试论朱子经世思想中的"公论"观念

苏鹏辉 *

南宋朱子处于近世道学脉络①之中，以理学名家，尤重道德心性对于维持此在世界的根本重要性。同时，朱子对于纪纲法度亦怀浓厚兴趣，在其经世致思中，从来不低估制度施为的实际作用。由此两方面并观，使得民国政治学家萧公权先生笔下顿生了一个深切的"朱子悖论"，即在直斥一般理学家政治思想为迂腐的同时，却对于作为理学宗师的朱子之某种制度性关切大为赞叹。②萧先生的这个突兀之笔，尤启后学之疑窦，到底朱子是理学经世致思的特异？抑或在朱子这里才能一睹这一脉政治思考的全体大用？在中国古典时代，道德心性与纪纲法度究竟可能会如何关联？它只是先秦贵族时代不切实用的陈旧遗迹，抑或体现了古典时期早已为现代人所漠视的深邃政治智慧？此是笔者面对朱子这样"致广大，尽精微"的思想人物所尤其萦怀之处。

晚近朱子学中，余英时先生《朱熹的历史世界》，手法熟稔地将朱子复归于两宋之政治文化的历史脉络，由此产生的学界争论，恰恰显示了此书对于重新理解近世儒学的学术冲击力。其中，余先生对于北宋熙宁变法以降围绕

* 苏鹏辉，陕西师范大学哲学与政府管理学院讲师。

① 广义的"道学"，指涉北宋兴起的以求道为共同旨趣的新儒学，它包括齐鲁学术、两浙学术、福建之学、江西学术、湖湘学术、蜀地学术、关中学术、河朔学术、洛中学术、中原学术等。本文正是在这一意义上使用"道学"概念。参见关长龙：《两宋道学命运的历史考察》，学林出版社，2001年，第35~91页。

② 萧公权：《中国政治思想史》(第2版)，新星出版社，2010年，第331~338页。

"国是"而产生的朝野纷争之钩沉、发覆,尤其颇见史识。作为士大夫的朱子在南宋孝宗朝如何激切痛辩国是之非,愤而与之相抗争,在余先生书中更是跃然纸上。①也正是围绕着两宋政治实践中如此重大的"国是"问题,"公论"的政治意涵也见其端绪。在朱子那里,"公论"就是批判"国是"的思想利器。

对于"公论",余先生发起端绪,任锋则在《公论观念与政治世界》以及近期的《公共话语的演变与危机》两文中揭其渊源、梗概与深层义理,在近世政治思潮的脉络中来审视"公论"之重要意义,且将之与晚清民国现代公共舆论之生成形态相关联而讨论,提出了许多颇具启发性的论点。②而对于朱子之公论思想以及其理学的公共性旨趣,两文究心其间而多有发覆。

在学界既有研究的基础上,本文所尝试的,就是对于"公论"观念在朱子经世致思中的形态进行更为细致的勾勒与呈现,着重理解其中的政治理论内涵,而稍稍希冀由此能够为今人重新思考古典政治智慧与治理经验提供些许参考。

一、朱子视野中的宋代中枢政制

就儒家理想而言,君位本就为维持名教之必要一环,其上以天为根源,其下有民为依归,环环相扣,殊无穷极无疆之权威。以政治现实立论,君权维系,必须借助实际的社会力量,否则"一王孤悬于上",难免秦隋二世而亡的局面。汉唐之间,君主大致倚重世家贵族为国本,引用儒生、法吏而行政令。③北宋开国,世家凋零、谱系散乱,不足为依凭,再加裁抑武人之须,故而大兴文教,由科举而大规模登用士人,酝酿、育成近世中最为鲜活、光彩的士大夫政治实践。士人群体作为君权的统治基础,也自然取得了宋代帝国体制之下

---

① 参见余英时:《朱熹的历史世界——宋代士大夫政治文化的研究》,生活·读书·新知三联书店,2011年,第250~288页。

② 参见任锋:《公论观念与政治世界》,载许纪霖主编:《知识分子论丛》(第10辑),《何种文明?中国崛起的再思考》,江苏人民出版社,2012年,第197~231页;任锋:《公共话语的演变与危机》,《社会》,2014年第3期。

③ 参见朱志昊:《"白马之盟"与汉初政制——以政治正当性为线索》,《政治学研究》,2014年第2期。

不容低估的权力地位,形塑着宋代君主政治的运作形态。而于中枢政治体制层面,朱子亦有着顺应于士大夫群体的思考与表述。

朱子认为:"一家有一家之纲纪,一国则有一国之纲纪。若乃乡总于县,县总于州,州总于诸路,诸路总于台省,台省总于宰相,而宰相兼统众职,以与天子相可否而出政令,此则天下之纲纪也。"①由此可见,在中枢体制中,朱子视宰相之重不次于君主。而且由于宰相之责在于"兼统众职",故而实际上要担负更多的政治责任,为天下政务出入之枢机。深言之,宰相与君主分处中枢政制之一体而各自承担不同的政治功能,并由此形成了特定形态的政府首脑与国家元首之分工。②

要使中枢政治结构得以完善,又必须在君主、宰相之外引入另一种制度化的政治力量,这也就是朱子政论中所屡屡提及的台谏。中枢政局只有在维持君主、宰相与台谏三极制度化政治角色之共生的结构,使之按照各自位分职守充分发挥自身的政治功能时,宋代的中枢政治体制才能够端正。

具体来讲,但凡中枢政令之发布、人事任免等日常政治事务,都应当首先由宰相群体③共同商讨并负责制定具体的政策方案;然后将具体政策方案上报君主,由君主作为国家元首依例批准宣行,从而使相关政策获得政体形式上的合法性;再次,具体政策一旦在中枢公布,台谏等有审议之责的部门与官员则可以按照政务流程分别对政策方案的不当之处进行缴驳、提出反对;最后政策的出台,如果宰相行政部门与台谏监察部门经反复形成一致方案,则方案通过,并交由相应部门执行。而如果具体方案在宰相与台谏两部门之间争执不下,则再由君主临时主持召开御前会议,有关行政官员与监察官员在君主面前进行开放的政策辩论,最后由君主根据双方理据"择其善者

① 朱熹:《庚子应诏封事》,载朱杰人、严佐之、刘永翔主编:《朱子全书》(第20册),上海古籍出版社、安徽教育出版社,2002年,第586页。

② 参见朱熹:《己酉拟上封事》,载朱杰人、严佐之、刘永翔主编:《朱子全书》(第20册),第623~624页;黎靖德编,王星贤点校:《朱子语类》(第130卷),中华书局,1986年,第3121页。

③ 按照通行的理解,宋代的宰辅执政群体大致包括中书门下(元丰改制后为三省)、枢密院之长贰。对于宋代宰相在政治体系中的实际地位的重要性问题,参见王瑞来:《宰相故事——士大夫政治下的权力场》,中华书局,2010年,第20~21页。

称制临决",从而使得相关政策最终通过政治过程而得以实行。①

实际上,朱子在此对宋代中枢政制的敷陈,体现着其对宋代政制运行精义的总结,反映着特定时期的历史现实,也代表着宋代士人乃至君主对国家治体的主流认知,此即所谓"委事执政而台谏实参议论"②。在这样一种权力架构之中,君主只有在特例情况下方行使对具体事务的"最后之决断权",此外一切大小事务,都围绕着宰相群体之行政,台谏机构之监察而实行。张其凡教授以宋仁宗朝为个案对北宋中枢政治架构进行探索,其研究结论也强调君主、宰相与台谏三种权力在宋代政制中的体制重要性。③虞云国教授更是认为:"君主端拱于上的中书行政制与台谏监察制的分权制衡,是宋代政治制度成熟的主要标志。"④

但回到朱子这里,其对于宋代这种中枢政制结构的论证,则主要基于"天理之自然"与"体制之正当"两点。所谓"天理之自然",是说天下道理万端而层出不穷,非一人所能独知,更非一人所能独治,故而君主委任大臣、大臣分工百官执事,从而共治天下,实乃事理之必然。⑤所谓"体制之正当",即"纲纪立而责有所归"⑥,政令出入得以制度化,朝野士人可公议政务是非。其所非者皆有责任司掌者可以追溯,故君主威信不必受损,而士气已然得以凝聚。这种制度化尤其可以避免君权旁落带来的政治震荡,从而保障国家体制的稳固与端正。

所以究竟而观,朱子主要是基于优良政制致思而对于权力合理分工精心措意,权力制衡的意思反而并不显著。依笔者之见,防范"权力为恶"仅仅体现在朱子制度致思中防微杜渐、防范未然的层面,其紧要关键处却是在如此政制架构之中使得作为"自然贵族"的士君子精英群体成为帝国治理的政

---

① 参见朱熹:《经筵留身面陈四事札子》,载朱杰人、严佐之、刘永翔主编:《朱子全书》(第20册),第682页。

② 林駉:《源流至论》(第2卷),《宰相台谏》;朱熹:《三朝名臣言行录》(第11卷之1),转引自虞云国:《宋代台谏制度研究》,上海社会科学院出版社,2001年,第94页。

③ 参见张其凡:《"皇帝与士大夫共治天下"试析——北宋政治架构探微》,《暨南学报(哲学社会科学版)》,2001年第6期。

④ 虞云国:《宋代台谏制度研究》,第97页。

⑤ 参见朱熹:《延和奏札二》,载朱杰人、严佐之、刘永翔主编:《朱子全书》(第20册),第640页。

⑥ 朱熹:《答程允夫》,载朱杰人、严佐之、刘永翔主编:《朱子全书》(第22册),第1885页。

治主体,并能够充分施展其政治才干。与此同时,再从制度上防范其内部的骄横与自大,保证帝国政教之长治久安的局面。故与现代权力制衡学说迥然不同而独具旨趣。

二、维系于中枢政制内外的"公论"形态

在《壬午应诏封事》中,朱子将"正朝廷"与"公论"相系连,即认为,中枢政制的运行实态与公论之浮沉密切相关。①君主、宰相与台谏相维相制的中枢政制是宋代士林所公议公论而认可的崇大治纲,而公共商讨的程序与公共舆论的形态已然内外维系于这一崇大治纲之中。在朱子试图将宋代君主政治实践义理化、规范化乃至典宪化的思想努力中,公论乃是其寻求将中枢政制由静态之政治体制落实为动态之政治机制的关键。

朱子赞赏有"圣相"之称的真宗宰相李沆,认为其主张"镇浮"所体现的质朴力行之执政风格令人钦佩。但朱子又认为,以李沆为代表的宋初政治一味寻求宁静,轻视士林舆论的倾向绝非寻求善治的最优选择。他惋惜李沆,认为若此公明"道理之学"而"广求有道贤德"以公心商讨、治理政务,就必然能"做三代事",更加有一番大的事功作为。②而在有宋历代贤相中,朱子最为推崇者实为仁宗宰相范仲淹。③朱子之褒扬范氏,是因为"至范文正时,便大厉名节,振作士气"④,是因为"本朝忠义之风,却是自范文正公作成起来"⑤。士气之振作、忠义风尚之兴起,指的是这一时期士大夫空前高涨的参政热情,以及由此而日渐兴盛的宋代公论政治。⑥朱子对范氏的频繁赞扬,其实也是对于宋代政治精神体现于公论中的肯认。神宗执政张方平指责范氏庆历之政变乱宋代直道之政治风气,朱子则视张氏之言为混淆是非的苟且之论,

① 参见朱熹:《壬午应诏封事》,载朱杰人、严佐之、刘永翔主编:《朱子全书》(第20册),第577页。

② 参见黎靖德编,王星贤点校:《朱子语类》(第129卷),第3086页。

③ 关于范仲淹在宋代士大夫政治风潮中的发动性作用,参见王瑞来:《"宁鸣而死,不默而生"——范仲淹〈灵乌赋〉发覆》,《文史知识》,2011年第11期。

④ 黎靖德编,王星贤点校:《朱子语类》(第129卷),第3086页。

⑤ 黎靖德编,王星贤点校:《朱子语类》(第47卷),第1188页。

⑥ 参见任锋:《公共话语的演变与危机》,第163~184页。

而对范氏予以积极的支持与捍卫。①

至于神宗时期的熙宁变法②，朱子的态度就更为复杂。在与门人的讨论中，朱子强调当时二程夫子与时相王安石就是否变法并无分歧，双方争论的焦点在于具体措施以及施政原则。在具体措施上，朱子批评王安石执经而不通史，欲以《周官》变天下，对于制度渊源、是非利弊不能精细考察，且在实践中最终滑向申韩法家以理财而求富国强兵的路径上去。在施政原则上，朱子则批评荆公道德之学不正，不但不能正视公论机制的程序正义性，反而在其主张得不到公议支持的情况下以释氏翻倒世界的独断之心强制推行，颇失天下公心。③朱子进一步推论，若熙宁变法由二程夫子主持，必然能够以大公无私之心性坚持公共商讨之机制，从而使得士君子之间心志协同，以公议推明具体制度之是非利弊，进而付诸施行，必无后来许多纷扰，取得更为有效的政治事功。④

此外，从朱子理学内在的认识论层面来看，对于文辞语言与相互讨论在澄清天理、充实知性上所能起到的作用也持积极肯定态度。这也使朱子理学就其学术形态本身对公议政治构成了知识奥援。在《近思录》的第 10 卷中，朱子分别摘录了如下两条熙宁时期的故事。

> 明道先生与吴师礼谈介甫之学错处，谓师礼曰：为我尽达诸介甫，我亦未敢自以为是，如有说，愿往复。此天下公理，无彼我。果能明辨，不有益于介甫，则必有益于我。⑤
>
> 刘安礼云：王荆公执政，议法改令，言者攻之甚力。明道先生尝被旨赴中堂议事，荆公方怒言者，厉色待之。先生徐曰："天下之事非一家私议，愿公平气以听。"荆公为之愧屈。⑥

---

① 参见黎靖德编，王星贤点校：《朱子语类》（第 52 卷），第 1273 页。

② 对于熙宁中王安石之执政风格与变法机制的研究，参见刘祚昌：《论王安石的政治品质与政治作风》，《东岳论丛》，1986 年第 2 期。

③⑥ 朱熹、吕祖谦编撰：《朱子近思录》，上海古籍出版社，2000 年，第 114 页。

④ 参见黎靖德编，王星贤点校：《朱子语类》（第 130 卷），第 3095~3096 页。

⑤ 朱熹、吕祖谦编撰：《朱子近思录》，第 110 页。

这两条记载所反映出的是程朱学派对于公共道理的孜孜以求。朱子特地选择这两条材料,以及他在诸多书信中讨论学问的一贯态度,都是希望能够会通诸说,从而成就真正的道理。①所谓"能公天下之心以观天下之理"②而已。而这样的一种为学的态度,也直接影响到了其对于政治生活中之公论的积极支持。朱子对王安石的批评之一,恰在于其学术上不能析明道理,而"以己意穿凿附丽",发用到政事上则曲解先王之政,"违众自用"而"杜塞公论"。③可以说,朱子是公议机制在政治实践中的作用的最坚定的捍卫者。

(一)落实于中枢政制中的"公论"

落实在宋代中枢政制的结构之内,"公论"主要体现为公共商讨的程序与公共舆论的形态,而在君主、宰辅与台谏之政治行动的展开、政治权力的行使中都有所体现,成为政制结构中三个维度都必须共同依据、循守从而发挥各自政治功能的一种现实机制。

就君主之维度而言,其权责尤重于宰辅与台谏之任免,在关键人事更迭中有着更为积极的政治作用。但是,君主却不能单凭一己之意而颁布任命。对执政官等重要人事的任命,往往需要考虑现任宰相以及将卸任执政的意见;对台谏官的任免亦尤其需要参考士林公论。而这些任命又必须要在程序上经过中书行下方才合乎体制。④对此,宋代君主也有很自觉的认同。朱子于淳熙十五年(1188年)入朝奏事时曾批评当时朝廷将领任免权被内廷近侍所左右,孝宗则自我辩解,认为由自己颁布的人事任免"尽是采之公论"⑤,以此作为自身行使权力合法性的证明。正因为君主的任免要因应于公论之动向,所以宋代政治实践中一个特异的现象就是,士林公论常常能够成为影响宰相执政进退的关键因素,由于舆论弹击而导致相位不保的例子,在当时屡有

---

① 参见朱杰人、严佐之、刘永翔主编:《朱子全书》,第 1821、1905、2266、2525、2542、2769、2862 页。
② 朱熹:《答周叔谨》,载朱杰人、严佐之、刘永翔主编:《朱子全书》(第 23 册),第 2551 页。
③ 朱熹:《读两陈谏议遗墨》,载朱杰人、严佐之、刘永翔主编:《朱子全书》(第 23 册),第 3384 页。
④ 参见朱熹:《经筵留身面陈四事札子》,第 682 页。
⑤ 黎靖德编,王星贤点校:《朱子语类》(第 170 卷),第 2658 页。

出现。①

此外，君主对于台谏言官的合乎公论的亲擢选拔，在政制架构内还有着确保台谏作为监察权力监督以宰相为代表的行政权力的意义。确保宰相不会将权力触角渗透到台谏，保持两种权力的分立，是使台谏作为监察机关发挥作用的重要前提。②

就宰相群体而言，在具体行政过程中，公论机制体现在两个层面。在第一层面上，朱子强调宰相群体在行政过程中应当"日夕谋议"③，"反复辩论"④，"反复较量"⑤，即宰执应当通过相互间精细的公共商讨来草拟乃至最终决定具体的政令措施。实际上，这一要求对应着南宋政治中的中枢宰辅会议等制度设施，并将公共商讨作为其基本政治程序凝练而出。⑥朱子将之作为宰相执政的基本规则。在第二层面上，宰相群体在具体行政尤其是重大政务处理过程中，又应当广开言路，"酌取公论"⑦，即对士君子群体的公共舆论应足够重视与充分回应。⑧由此既能够凝聚士气、深固国本，亦能够合众智而成事功。

值得注意的是，尽管朱子对于熙宁新法多有不满，但在议论熙宁时期同为执政的韩琦与富弼之反对新法的不同做法时，对韩琦通过"论列"方式而表达政见不同的做法颇为赞同，而对于富弼依靠自身职权孤意抵制新法径行己法的做法则不认同。因为在朱子看来，尽管富弼的反对有道理，但方式刚愎，不合于执政公论政务之大体；而韩琦公开辩论、提出异议的方式则合乎体制之正，也往往能得到朝廷的部分回应，于政务亦更见改良之实效。⑨

《宋史》有言："宋之立国，元气在台谏。"⑩作为一种政治制度，台谏既是中枢政制内公共舆论的生成之源，也是朝野士林舆论的汇聚之地。所以，在

---

① 参见黎靖德编，王星贤点校：《朱子语类》（第83卷），第2170页。
② 参见黎靖德编，王星贤点校：《朱子语类》（第170卷），第2659页。
③ 朱熹：《论灾异札子》，载朱杰人、严佐之、刘永翔主编：《朱子全书》（第20册），第685页。
④ 朱熹：《经筵留身面陈四事札子》，第684页。
⑤⑦ 同上，第682页。
⑥ 黎靖德编，王星贤点校：《朱子语类》（第128卷），第3070页。
⑧ 参见朱熹：《答史太保别纸》，载朱杰人、严佐之、刘永翔主编：《朱子全书》（第21册），第1198页。
⑨ 参见黎靖德编，王星贤点校：《朱子语类》（第129卷），第3093页。
⑩ 脱脱等编：《宋史》（第390卷），中华书局，1977年，第11963页。

宋代的政治实践中,台谏被普遍视为公论的代表与象征。北宋苏轼就有"台谏所言,常随天下公议。公议所与,台谏亦与之。公议所击,台谏亦击之"①的看法。朱子看法与之无异,亦认为,"台谏,天子耳目之官,于天下事无所不得言"②。不但台谏可以依据对公论的把握而分别言事,而且台谏内部通过集议的方式来寻求公论之所在,也为朱子所认可。③

为了补充台谏的议政力量,朱子认为,学官与馆职虽然没有具体的政治责任,但在有关国家利害得失的重大政务面前,也应该有权向君主表达自己的看法,参与国家政务的讨论,并且引用"祖宗之法"来为自己的这一看法寻求政治惯例之支持。④

(二)维系于士林网络内的"公论"

除了嵌入到中枢政制结构的各个维度,体现为一种制度化的形态;"公论"其实还能够在非正式的士林网络中得以维系。日本学者近藤一成认为,宋代是一个典型的"科举社会",平田茂树更进一步认为:"在宋代社会存在着一个被叫做因共有某种缘的'同学'、'同舍'、'同年'、'同乡'、'同姓'、'同官'等,即以'同'为纽带的科举——官僚制式网络。"⑤

宽泛而言,宋代士大夫往往有着广泛的社会交际,这几乎成为了士之为士的标志。在进退属员、举措政务的过程中,具体的政治人物应当充分依凭其私人交游所涉及的士林网络,通过与之商讨或者参酌其议论的方式,将其对于人物才德、地方形势、政务得失的议论与舆论考虑进来,作为带有公论

---

① 苏轼:《上神宗皇帝书》,载曾枣庄、舒大刚主编:《三苏全书》(第 11 册),语文出版社,2001年,第 454 页。

② 转引自束景南:《朱子大传》(上册),商务印书馆,2003 年,第 146 页。

③ 参见朱熹:《与临江王倅书》,载朱杰人、严佐之、刘永翔主编:《朱子全书》(第 21 册),第 1270 页。

④ 参见朱熹:《答石子重》,载朱杰人、严佐之、刘永翔主编:《朱子全书》(第 22 册),第 1928 页。

⑤ [日]平田茂树:《日本宋代政治史研究的现状与课题》,《史学月刊》,2006 年第 6 期。

性质的施政根据。①所以朱子在《与刘共父》一书中，对于大臣应该如何与士人维持频繁之交际，从中发现人才，并且在任事时加以听用，有着极为详细的说明。②宋真宗时期的贤相王旦，在通过私人交际来考察、荐举、任用人才方面，更是朱子所推崇的典范。③

恰恰通过这种广泛的、多层次的士林社会网络，权力的形态得到了塑造，不仅在中枢政制层面直接或间接影响君主、宰相与台谏官员的权力行使，也能够在地方各个层面起到一种以士林意志、儒家义理规范政务运作，遏制各级政治人物利用权力肆意妄为的作用。这种基于社会网络的公论形态，由此与制度形态的公论相辅相成，共济善治。

在现代权力制衡学说中，能够有效运作的制衡性的权力设计，除了不同性质权力的必要分立之外，同样重要的是分立的权力之间有着适度交叉与相互关联的机制安排。这样才能够避免出现所谓的"林茨悖论"④。虽然古今异趣，相互制衡非朱子制度致思之主旨，但毕竟权力运作之性质有中西相通处，如何使分立之权力得以和合共济，是异代之思想家所普遍面临的问题。故而在朱子对于宋代政制的致思中，作为君主、宰辅与台谏都必须加以引用与重视的商议程序与舆论机制，公论就发挥着弥缝中枢三维之间分歧的作用，从而使得中枢政制的这种分工在运作中更为良性，不同性质的权力分支

---

① 黎靖德编，王星贤点校：《朱子语类》（第170卷），第2672页；朱熹：《答詹帅书》，载朱杰人、严佐之、刘永翔主编：《朱子全书》（第21册），第1204页；朱熹：《答卓周佐》，载朱杰人、严佐之、刘永翔主编：《朱子全书》（第23册），第3119页；朱熹：《五朝名臣言行录》（第3卷之3），《尚书张忠定公》，载朱杰人、严佐之、刘永翔主编：《朱子全书》（修订版），上海古籍出版社、安徽教育出版社，2010年，第91~92页。

② 参见朱熹：《与刘共父》，载朱杰人、严佐之、刘永翔主编：《朱子全书》（第21册），第1621~1623页。

③ 参见朱熹：《五朝名臣言行录》（第2卷之4），《太尉魏国王文正公》，载朱杰人、严佐之、刘永翔主编：《朱子全书》（修订版），第68~69页。

④ 作为比较政体研究的著名学者，林茨教授强调，"三权分立"在输出拉美的过程中往往是有分立而无法形成有效制衡，总统与议会的权力冲突最终会颠覆分权体制本身，从而造成噩梦。参见 Juan J.Linz, "Presidential or Parliamentary Democracy: Does It Make a Difference?"in *The Failure of Presidential Democracy*, Juan J.Linz & Arturo Valenruela eds., Johns Hopleins University Press, 1994, pp. 3–87.

相互侵削、龃龉的程度被控制在政治体系可以承受的范围之内。①因此，其实际的政治效用非常可观。

三、澄明"公论"以应"天理"的精细致思

尽管朱子对于公共商讨的程序以及公共舆论的机制持极为鲜明的积极态度，然而却也并非毫无保留。同时代的陈亮、叶适等浙东诸公，对于公共舆论在政治实践中之流弊的剀切分析开启了晚明王船山对于公论政治的彻底反思。②而尽管不如浙东学者激烈，朱子这里却同样有着对于公论之消沉的忧思。

无论是公共商讨抑或公共舆论，尽管是公论落实到制度上、现实中的最佳形态，然而，仅仅有着程序与制度的设施，并不足以确保公论的完全呈现。因为"公"蕴含着价值指向，要求善恶正邪的实质区分，且具有"几乎与天理等同的社会规范性"③。在这一意义上，公论就体现出其作为"道德理性共识"的根本性内涵。在朱子的思路中，能够最终判别公论与否的"道德理性共识"大体要在公共商讨程序与公共舆论机制中来体现，然而二者之间并非完全一致，程序与制度不能始终如一维系"道德理性共识"。

因为公共舆论一旦落实到现实，就有可能受到权势力量的左右与操纵，从而沦为权势力量的"私意"。即便是作为公论之制度性体现的台谏言官制度以及人事公选制度，作为法度也存在为势所夺的危险。④此外，士大夫的公共舆论也可能存在着盲从性的特征，因群体的好恶丧失判断是非善恶的本

---

① 在当代审议民主的理论视野内，主题之一即重新审视审议性因素在美国最初宪制格局中的关键作用，并以此理解分权体制的运作基础。作为一种士绅政治的惯常偏好，寻求共识、讲究审慎以及理性商讨在政治生活中的核心作用，就是理解其具体的政制结构机理难以忽视的要点。参见[美]杰夫雷·杜利斯：《制度间的协商》，载[美]詹姆斯·菲什金、[英]彼得·拉斯莱特主编：《协商民主论争》，张晓敏译，中央编译出版社，2009年，第214~226页。

② 参见任锋：《公论观念与政治世界》，第197~231页。

③ [日]沟口雄三：《中国的公与私·公私》，郑静译，孙歌校，生活·读书·新知三联书店，2011年，第15页。

④ 参见黎靖德编，王星贤点校：《朱子语类》（第170卷），第2658~2659页。

性,从而也由此无法体现为正大宏阔的公论。①最后,如果说参与公开议论的各方缺乏真正的对于相关事务的认知,对相应道理辨析不明,也会将公共商讨与公共舆论导向纷纷纭纭、无果而终的状态。②

正是在这一层面,朱子的"公论"观念有着极为复杂的意涵,从而十分不易浮现。天理恒存于宇宙,"公论"由此根源而确保了不易而有常的性质。天理又隐显于具体时空,故而,"公论"之最终浮现,也必须在一系列相互缠绕的思想观念中不断推求。它始终面临着所谓流俗、浮论、虚论的困扰,面临着在特定时间中之"推迁无常"③的时论之纷扰。

(一)措意君子:涵泳议论主体之德性与才质

公论所根本要求的"道德理性共识",意味着只有在议论主体具有公心的前提下才有可能真正浮现。④在朱子语境中,能够参与政治议论的主体其实就是士人群体,唯于士林之中才有浮现出合乎天理人心的公论之可能。故而,确保士人立论之公心,不为私心邪意所驱使就成为了维系公论的根本之途。理学经世之对于君子小人之分的特殊热衷,由此可以得到部分解释。面对宋代之积弊,朱子大更张的要点之一就是于政事上充分引用君子而摈斥小人。所以他虽称许荆公经世之志,却对于其熙宁之政不能谨守君子小人之大防激烈批判,认为王荆公"所用者尽是小人,聚天下轻薄无赖小人作一处"⑤,以致酝酿出要求独断的有损国家体制的思想倾向而遗祸深远。正因为此,朱子坚决反对自北宋晚期以来调和君子与小人的论调,认为在政治体系中,重要的职务、势位只有君子担当才有可能发挥善治的效果,小人只有处于君子之下, 在不很重要的势位上才能够因为君子的熏陶与挟制而自制其私邪之心,发挥其政治上的才干。⑥在评论北宋元祐及之后的政局演变时,他

① 参见朱熹:《四书章句集注》,中华书局,1983 年,第 220~221 页。
② 参见黎靖德编,王星贤点校:《朱子语类》(第 170 卷),第 2668 页。
③ 参见朱熹:《答范伯崇》,载朱杰人、严佐之、刘永翔主编:《朱子全书》(第 22 册),第 1773 页。
④ 参见黎靖德编,王星贤点校:《朱子语类》(第 13 卷),第 228 页。
⑤ 黎靖德编,王星贤点校:《朱子语类》(第 55 卷),第 1320 页。
⑥ 参见黎靖德编,王星贤点校:《朱子语类》(第 180 卷),第 2684 页。

不是如浙东诸先生更多批评元祐诸公热衷政治议论并缺少真正的政治才干。在朱子看来,浙东的这一议论是从利害上立论而不是从是非上厘正。朱子捍卫了元祐之时公议政治的正当性,并且将之后北宋政治的纷扰与衰退归咎于其时宰相的"调停之说",调和熙宁、元祐,在朱子看来也就是调和君子、小人,从而使得政治上的是非不明、公正晦暗。朱子认为,这才是北宋公议机制走向衰落,进而国势倾颓的真正原因。①

在此,朱子通过将君子小人之分列为政治实践之原则性要求,从而使得坚持公义的道德本心能够通过君子在势位上的优势而成为政治体系的主导氛围,进而减少小人恃才为乱的可能,并将君子的才干转化为达至善治的积极能量。更重要的是,公论的清明本相由此才更加具有浮现的可能,并最终反过来成为维系中枢政制之运作效能的根本。

不仅要从仁义道德上判别士人,从中遴选德性彰明、公心执事的君子式精英作为参政议论的政治主体,而且朱子对于士君子政治实践中的操守与素养都有着极为精心的措意。

关于理学之经世意旨,仅从朱子所谓"修身养性,与致君泽民只是一理"②中已可稍窥端倪。在他看来,士君子之进退出处尤当慎重,因其作为主导社会风尚的精英群体,对于民众风俗之厚薄,影响极为迅敏。如若士风尚苟简,未能从身心上理会是非,则天下终究无缘太平。③面对宋代急剧变迁的社会形势以及风云莫测的政治局面,朱子推崇刚毅自立的政治品格,强调:"人须是气魄大,刚健有力底人,方做得事成。而今见面前人都恁地衰,做善都做不力,便做恶也做不得那大恶,所以事事不成。……人须有些狂狷方可望。"④而事实上,朱子在孝宗朝就有着清正刚毅的为政声誉。

在与晚年高足陈淳讨论性理之学时,朱子强调:"学者须是立定此心,泛观天下之事,精粗巨细,无不周遍。"⑤这一方面是理学工夫论的必然要求,另

---

① 参见黎靖德编,王星贤点校:《朱子语类》(第 123 卷),第 2963~2964 页。
② 黎靖德编,王星贤点校:《朱子语类》(第 132 卷),第 3181 页。
③ 参见朱熹:《答韩尚书书》,载朱杰人、严佐之、刘永翔主编:《朱子全书》(第 21 册),第 1129 页。
④ 黎靖德编,王星贤点校:《朱子语类》(第 43 卷),第 1109 页。
⑤ 黎靖德编,王星贤点校:《朱子语类》(第 117 卷),第 2824 页。

一方面是因为儒者要有对天下的担当,必须从格物穷理中认知、把握到事事物物的至当处,从而育成其举措庶务的政治才干,以仁之发用成就圣贤气象之事功。在此需要稍加强调的是,通过对才德之辨①与经权之辨②的发挥,朱子认为,德性之修为是一切才具的根本,唯持守仁义常道之圣贤,方可于无穷事变中权衡而不失中。这种对于才德与经权的辨析,恰恰基于对天理恒存宇宙、规范古今的确信。朱子理学之对德性的关切,由此指向洽切圆融的天人秩序。其中,个体的心灵秩序与宇宙秩序、政治秩序息息相关,并且实际上成为宇宙秩序与政治秩序优良化的枢机。③在此,朱子并不是在普通意义上关注于世俗性的政治秩序,也绝非追求一个孤悬苍宇的终极的价值本体。天理呈现于个体,发用涵泳于政教之中,最终流行化成于天下,从而宇宙、人心与政治贞定于价值性的一贯,而秩序得以条畅繁茂。也正是在此种宏阔辽远的理学式秩序构思中,公论之功用得以施展。

(二)引君为党:士人集体政治行动的展开

作为精英治理群体,于交接切磋的社会网络之中、于百官执事的政制架构之间,士君子群体如何展开其集体性的政治行动,关涉到公论的表现形态及其在政治生活中的效用,故亦为朱子所关切。④

在此,朱子继承北宋欧阳修"君子为党"的思想,反对君主对于士人集体政治行动的权术式猜忌。士君子出于辅君济民的经世抱负而参与政治生活,所谓独力不支天下,和合众贤以辅成世教乃是士君子群体参政的内在逻辑。故而从士君子群体一方立论,非但不应担忧君主对于其集体政治行为的猜忌与限制,反而应当更加坦荡与公开,争取君主的政治信任,甚至应当"引其君以为党"⑤,将君主纳入士君子群体的集体政治行动中。此一大胆设想,与

---

① 参见黎靖德编,王星贤点校:《朱子语类》(第 134 卷),第 3205~3206 页。

② 参见朱熹:《与张敬夫论癸巳论语说》,载朱杰人、严佐之、刘永翔主编:《朱子全书》(第 21 册),第 1373 页。

③ 参见如朱子言:"古人纪纲天下,凡措置许多事,都是心法从这里流出,是多少正大!"参见黎靖德编,王星贤点校:《朱子语类》(第 123 卷),第 2962 页。

④ 对于宋代"党派政治"的研究,参见姚中秋:《国史纲目》,海南出版社,2013 年,第 371~374 页。

⑤ 朱熹:《与留丞相书》,载朱杰人、严佐之、刘永翔主编:《朱子全书》(第 21 册),第 1244 页。

朱子的君道思想、君臣关系构思等相互呼应,堪谓宋代士大夫政治实践中最为自信的思想宣言。

在此仍须强调的是,为了对士林网络加以整合,使之更为充分、自觉的组织化,从而在中央、地方的实际政治事务中发挥集体性的政治活力,朱子"引君为党"的观念已经是围绕君主权威而展开的政党性思想。[①]但在其中,核心命题是对"君子党"与"小人党"的道义区分,前者对于后者具有绝对的优势,"君子党"围绕君主已然足以代表天下正道而经纶世务。所以,这一政党思想又并不具备现代政党中的"竞争性"特征。同时,它也绝不以某些社会集团的利益表达者自居,而是强调本身对于天下道义的担当,由于道义本身所蕴含的功利性质,也就可以说它意图的是对政治共同体之整体利益的代表与表达。

但是朱子在此的致思并非没有波动,而是比较复杂。君子小人之分,是对政治精英之德性才质素养的精细剖判,这一点从根本而言不可动摇。"君子为党",即特定品性的精英在政治实践中如何组织、如何取得领导地位的问题。[②]但一方面,作为具备实际才干的政治精英,"小人"在政治生活中不可尽除,而应当在君子党的领导、熏陶下发挥具体功用。[③]另一方面,"君子小人"涉及名实之争,这一命题一旦从对政治德性的关切与析辨堕落为对君子名相的希附与争夺,在政治实践中就容易导向党争的恶化,沦为不同派系相互倾轧的斗争工具,而真正的贤人君子往往会在这种斗争中遭受沉重打击。[④]

(三)宰辅之道:在领袖群伦与决断政事之间

恰恰在朱子这种理学式的政党思想中,宰辅大臣的政治角色得以凸显。

---

① 尽管平田茂树先生视宋代政治中"党"之现象类似于"派阀",而不具备现代"政党"之性质。但依据其"以共同的社会观和政治观为基础,以制定和实现特定的政策为目的而组织起来"的政党标准而言,朱子之思想反而应与"政党"相比而与"派阀"不类。参见[日]平田茂树:《日本宋代政治史研究述评》,载包伟民主编:《宋代制度史研究百年(1900—2000)》,商务印书馆,2004年,第47页。

② 参见黎靖德编,王星贤点校:《朱子语类》(第170卷),第2659页。

③ 参见黎靖德编,王星贤点校:《朱子语类》(第180卷),第2684页。

④ 参见朱熹:《朱文公论吕范交隙》,载范能濬编集,薛正兴点校:《范仲淹全集》(下册),凤凰出版社,2004年,第1062~1064页。

宰辅大臣作为士君子群体性政治行动的中心，既是疏导、汇集公论的领袖，在必要时刻亦为衡准公论的决断者。

作为士君子群体的政治领袖，"延纳贤能，黜退奸险，合天下之人以济天下之事者，宰相之职也"①。宰相和合士君子群体，"格君定国"，从而成就政治事功，其效验亦在于"使群邪屏伏而众贤汇进，奸言熄灭而公论显行"②。由此可见，宰辅大臣应当成为士君子群体之公论的代表以及汇集者。③他们不仅要在具体行政过程中参考士君子舆论，选拔人才进入政府系统，还必须与士人群体保持广泛的交往，并且代表士君子群体与君主共同主政。正因为宋代士人政党政治渐具形态，宰辅作为集体政治领袖的身份日益突出，故而从二程到朱子都极为重视其在士大夫政治中的作用。

与此相应，作为政治领袖的宰辅大臣与士君子群体之间的礼仪规范也成为维持士人政党政治的内容。执政者与士人群体之间的礼仪不当将损害士君子政治团体内部的凝聚力，进而妨碍集体性政治行动的充分展开。针对当时执政者轻易将论政士人逐出朝廷的事件，朱子认为，如果朝政有缺失，宰执、台谏都不能进行补救的话，士人上书言事是应该"优容奖励"的行为，对这种直言敢谏的行为进行压制，是对士人政治参与积极性的打击，甚至有损于国家政事。④同时，即使宰相以"出位犯分"为由对之进行贬谪，也应该对其有必要的礼敬，应该首先待其主动请辞，如若轻易地斥退士人，有失大臣之体，也有损其士人领袖的威信。⑤此外，作为大臣，更应当修习良好的交接仪范，熏陶"德盛礼恭、乐取诸人、不难舍己"⑥的气质，由此顺畅政治领袖与士人群体之间的政治互动，为公论的汇集与上行奠定一重礼仪性的基础。

《朱子语类》中曾经记载了朱子与人讨论宋朝宰相之得失的一段问答，其内容如下：

① 朱熹：《与留丞相书》，第 1244 页。
② 朱熹：《与留丞相札子》，载朱杰人、严佐之、刘永翔主编：《朱子全书》（第 21 册），第 1230 页。
③ 参见朱熹：《答史太保别纸》，第 1198 页。
④ 参见朱熹：《答林择之》，载朱杰人、严佐之、刘永翔主编：《朱子全书》（第 22 册），第 1964 页。
⑤ 参见朱熹：《答汪尚书书》，载朱杰人、严佐之、刘永翔主编：《朱子全书》（第 21 册），第 1103 页。
⑥ 朱熹：《答留丞相》，载朱杰人、严佐之、刘永翔主编：《朱子全书》（第 21 册），第 1692 页。

赵几道云:"本朝宰相,但一味度量而已。"曰:"'宽裕温柔,足以有容',固好;又须'发强刚毅,足以有执',则得。"①

按照上文的分析,所谓"宽裕温柔,足以有容",即是强调宰相作为士君子群体之政治领袖所应有的政治品性。而"发强刚毅,足以有执",则是强调宰相作为政治人物所必须具备的衡准公论、决断政事之能力,即成为一个权威性的决断者。

执政者在体认公议机制重要性的同时,对广泛意义上的公共舆论应该有分别善恶、判断是非的决断能力,而不能"徇俗雷同",一味迁就众人之论。② 宰相等政治人物必须具备使得清明的公论不被流俗之论所混淆的政治实践素养,由此才能使得舆论政治保持其合理有效的限度。在舆论倾向流于私意,议论盲从混淆是非之时,政治人物依据其深远的识见而审查纠正舆论,以必要的决断而拨除纷乱复现公论,就成为了寻求公论的必须。在朱子这里,公共舆论之发用与政治人物之决断之间是主次分明的,前者为常态而后者更多体现在处置大事的关键时刻。然而二者之间的内在张力亦是同样处于朱子在此的深层致思之中,难于轻易纾解。③

(四)格正君心:提撕秩序、嵌入公论的根本之地

理学经世所标举最高的"正君心",亦有着维护公论的意义。如果说朱子承续儒学一贯之旨,注重从普通民众中选拔堪任政务的治理精英,而尤其措意于士人群体之心灵秩序,将之作为确保政治秩序优良化的根本之地。那么,事实上,为士人群体所簇拥、涵泳的所谓"君心"亦尤其有着特殊的地位。

因为君主所处的"天位",恰恰是具有着以典礼感格天地、以政教下化万民的中心位置,是乃天下之皇极。它是一个维系天人秩序的"神圣的位置"

---

① 黎靖德编,王星贤点校:《朱子语类》(第129卷),第3085页。
② 参见黎靖德编,王星贤点校:《朱子语类》(第72卷),第1817~1820页。
③ 参见黎靖德编,王星贤点校:《朱子语类》(第127卷),第3043页。

（sacred space）。①君心能够彻底规正，就意味着政治秩序在与心灵秩序切合的开始之起点以及完成之终点都得到了圆满。而如果君心不正，天人秩序就会在这个特殊的位置发生难以弥合的断裂，天理在政治秩序的落实愈发幽微难明，政治世界就有可能由此陷入价值虚无的深渊，陷入一个以权谋诈术把持天下的霸道之衰世。②这就是为何朱子一再赞叹苏辙《古史》序论中的"古之帝王，其必为善，如火之必热，水之必寒；其不为不善，如驺虞之不杀，窃脂之不谷"③一言。

在朱子看来，只要君心归正，则公论的政治形态就有了根本性的保障，④而在这种公论的体制形态的运转、发挥作用中，即便君主希图"乾纲独断"，也难以成为政治现实了。⑤

（五）小结：天理、历史与公论

从终极的意义上，所谓公论与天理相贯通，对于公论的浮现需要议论主体的德性才智的发用，需要从君心上奠定基础，需要落实于一系列的纪纲法度之中，需要关键时刻政治人物超脱于流俗的"深谋远虑"、刚明决断。这些因素在朱子的公论观念中各为必要的因素，然而，最终能达成的公论却可能以这些因素不同的结构形态而实现。朱子理学明体达用的气质形象由此呈现，亦由此而内含着极为复杂、值得玩味的政治思想旨趣。

而无论具体的这些因素维持何种关系，公论的确定性体现在天理的永恒性，以及这种永恒性在时间维度上的展开，即无论舆论如何纷扰、事务如何错综，最终意义上的公论都能够在历史的展开中浮现。在时间的无所止息的流变中，确切的道理能够借助于后世君子而得以实现，⑥成为对特定时空

---

① ［美］本杰明·史华慈：《中国政治思想的深层结构》，王汎森译，载许纪霖、宋宏编：《史华慈论中国》，新星出版社，2006 年，第 25 页。

② 参见朱熹：《经筵讲义》，载朱杰人、严佐之、刘永翔主编：《朱子全书》（第 20 册），第 703 页。

③ 黎靖德编，王星贤点校：《朱子语类》（第 122 卷），第 2951 页。

④ 参见［美］包弼德：《历史上的理学》，王昌伟译，浙江大学出版社，2010 年，第 134 页。

⑤ 参见黎靖德编，王星贤点校：《朱子语类》（第 130 卷），第 3096 页。

⑥ 参见朱熹：《答周益公》，载朱杰人、严佐之、刘永翔主编：《朱子全书》（第 21 册），第 1688 页。

中就具体政治事务参与议论各方之是非善恶的最终的评。此即是朱子喟叹"后世之公论有不可诬者"[1]的意味所在。

四、余　论

从二程到朱子，其经纶天下之致思，无不以周旋天地之易理推导于人事，强调"天下事未有不与人共而能济者"[2]，"事无有自做得成者"[3]，以此作为君主与士大夫共治天下的原理性依据。故而推之于庙堂，君主、大臣以及百执事，均须以此作为举措政事的基本原则。由此在和合天下人才、辅相而成善治的过程中，呈现、维系与落实"公论"就是极为重要的，毕竟言辞说理是士人参与政治的主要方式。"公论"亦成为理解宋代"士大夫政治"之真实运作形态的思想关键，而值得后学究心推敲其中义理。

具体于朱子之政治致思，"公论"体现为三或四重含义。作为公共商讨的程序或者公共舆论的机制，它可以体现在中枢政制之中，亦可以维系于士林社会网络之内。但无论是公共商讨抑或公共舆论，其是否能够体现为"公论"，尚且需要以其是否能够体现为"道德理性共识"作为根本依据，由此"公论"成为极为复杂的义理性概念。而作为补充的是，当"公论"指向一种具体的结果或者说"正论"的时候，那么君主、宰辅与台谏相维相制的中枢政制本身就被视为是合乎公论的。

就"公论"之制度性体现而论，大致可将中枢政制与士林网络理解为正式制度与非正式制度形态。依据笔者所理解之文本来看，二者之间相辅相成，共同确保士大夫群体之言论的流行、施用。但二者之间究竟如何互动，关涉着朝野之间的公论运作机理，仍缺乏足够的材料加以厘清与阐明。

由于"公论"必须以指向天理的"道德理性共识"作为依据，商讨与舆论体现着公论却未必能够始终体现公论，在一些情势下，"公论"就可能恰恰并不表现为士林主流之舆论，而径直由"深具识见、析明道理"的少数政治人物

---

① 朱熹：《答周益公》，第 1689 页。

② 黎靖德编，王星贤点校：《朱子语类》（第 131 卷），第 3152 页。

③ 黎靖德编，王星贤点校：《朱子语类》（第 135 卷），第 3229 页。

来体现。极不同于王荆公崇扬政治人物之"刚明决断"来抑压士林舆论的致思方向，朱子却强调士林舆论与政治人物之决断之间的一致性，大臣之政治决断更像是在具体事务中浮现公论的诸环节中之最后一环，有着衡准公论的味道。然而制度设施与政治家品性如何协调，似又无一定之准，要依据具体的政治形势而定。

"公论"观念之所以缠绕，是因为在"道德理性共识"之背后是终极性的天理，所以对之的把握就必须通过具体议论者的心性感通，而达至一种心体澄明、德性沛然的境界，此是"公论"所蕴之天理落实于心性之上。而这天理尚可落实于实理之中，所以一切制度文为，莫不有天理，无不以天理自然为断其是非之依据。[1]于是，"公论"落实为实理就是相应的制度设施的铺陈与展开。而朱子之义，必要坚持"纪纲法度皆从心法流出"，故而议论主体之清明、之察理、之刚断与商讨程序、舆论机制相绾合，真实的公论才浮现出来，成为君臣之间经纶事务的道理基础。这种超越秩序、心灵秩序与政治秩序相互贯通的思想特质，如沟口雄三先生所言，恰恰是中国近世区别于欧洲近代之处。[2]

超越之维的逐渐隐退，心灵秩序与政治秩序之间的日益分离，是源起欧洲之现代性的特征，泛科学观所带来的虚妄的进步理念、道德相对主义泛滥、功利主义最终导向虚无主义等弊病由此而起，价值无序与社会失范几乎司空见惯。[3]而如果要救治此种现代性，开启多元化的现代化之路，就有必要返回古典资源，重新审视古典儒学之内在的精神极致，以此作为启沃现代人之心智的思想基础。朱子之经世致思，在本文中其实是作为宋代士大夫群体中的思想典型，就因此非但不该轻易菲薄而且应该善加求索。

最后，笔者亦深感在理解朱子之政治思想的过程中，很难与其时代的政治实践、制度现实相脱离。由于儒学在汉代以后既是帝国政治实践之意识形态，亦为各代政治思想家致思之本原，故而思想、制度与政治实践的关系尤为密切，虽不能混淆为一，更不能分裂彼此。故而此一论题的深入研究，就必

---

① 参见冯友兰：《中国哲学史新编》（下卷），人民出版社，1999年，第206页。

② 参见［日］沟口雄三：《中国·道统·世界》，第114页。

③ 参见张灏：《传统与现代化——以传统批判现代化，以现代化批判传统》，转引自张灏：《幽暗意识与民主传统》，新星出版社，2010年，第118~133页。

须考究宋代之典章制度与参酌朱子时代之政治情境。而由思想史向政治史、制度史的深入,将能够裨益于对士大夫政治形态下的宋代政制运作中之审议性政治过程实现更加深入的理解,如果在此对审议或协商的界定恰为"以说服为基础的言说"①的话。"公论"观念中蕴含或指示着的丰富的沟通理性、话语伦理现象有待发掘,而就不得不承认何包钢教授的看法,即在中国传统的政治实践中包含着许多协商性的政治成分,而这本身作为古代治理理论与实践之一部分,对其心怀敬意的回顾与追溯,"或许能够为当代国家治理的改善提供一种新视角和解决思路"②。

---

① 何包钢:《儒式协商:中国威权性协商的源与流》,黄徐强译,刘学斌校,《政治思想史》,2013年第 4 期。

② 何包钢:《现代政治语境中的传统王道理想》,《人民论坛·学术前沿》,2014 年第 15 期。

秩序重建的政治之维

——黄宗羲与近世政治思维的突破

顾家宁 *

宋明新儒学是近世道德和政治思潮的主流。就宋代而言,由朱、陆集其大成的理学与吕祖谦、陈亮、叶适代表的浙东学术确立了此后数百年新儒学政治思维的基本构架。宋明两代儒学的发展具有其内在连续性。宋代诸子为近世新儒学政治思维确立了基调,相比之下,以黄宗羲为代表的明末儒者身处华夏陆沉、天崩地解之变局,故而对政治体的精神根基、根本法度以及政制构造进行了较之前贤更加深入的思考,以期基于儒家精神而对权威、权力主体予以合理的安顿与规约。这一基于华夏文明秩序重建之整体考量而展开的政治思考,无疑意味着近世新儒学政治思维的进一步展开。本文拟从以下诸方面梳理黄宗羲立足于政治维度的秩序重建论题,以期在勾勒近世新儒学政治思维之连续性的同时,发掘其自我更新之蕴含与潜能。

一、精神秩序:道德事功之辨

对于明末士人而言,明朝覆亡所带来的心灵震撼与思想冲击无疑是至为深刻的。在众多清初学者看来,阳明心学风行天下导致的操守荡然、空言心性之世道与学风,实为明亡之祸根。政治秩序的崩溃源于伦理精神的解

---

* 顾家宁,北京航空航天大学人文社会科学高等研究院副教授。

体,在这一点上,黄宗羲的认识与清初诸老并无二致,[①]然而不同于顾亭林、颜习斋放弃心性之学而转向实践实用主义,[②]他依然立足于心学传统而对秩序重建抱持更为宏通高远之理解,正如钱穆所论:"梨洲所谓儒之大全,将以经世植其体,事功白其用,实践以淑之身,文章以扬之世。其意趣之宏大,规模之恢伟,固足以掩顾、颜而上之矣。"[③]

诚如学者指出的, 如何在社会观念与秩序日趋齐整的情形下为个体的价值确认保留必要的多元化空间,乃是南宋以来社会发展自然生长出的问题。王学的崛起,使这一问题以相反的形式呈现出来,即在价值主体挺立、多元化明显的环境中,如何追求共同的社会观念与秩序。[④]明亡的政治历史背景,更凸显了这一问题的重要性。由此,对于王学的批判与修正,构成了明清之际思想的主流。作为广义上的王学传人,黄宗羲在思想上立足王学而力图修正之。基于心学立场,他批评那种认为"本原性命"无关乎"修齐治平"的观点。[⑤]可见其重塑心性之学的首要向度,正在于塑造一种作为政治秩序之根基的精神秩序。

在王门后学中, 黄宗羲对于泰州派的批评态度是十分明确的。在他看来,泰州末流与禅门的合流,乃是将王学精神引入歧途的罪魁。因此,黄宗羲修正王学的一个重点,就在于对上述二者的纠谬与批判。儒释之判本是宋明儒学史上的老问题,然而在黄宗羲那里,辟佛的角度却与先儒有所不同。在他看来,释氏之弊不在偏于内不足以经世,而在汲汲经世却不以正道。在晚明禅门中,黄宗羲认为为害之大者并非遁隐出世之如来禅,而在纵横功利之祖师禅。[⑥]对于祖师禅之横行,黄宗羲有如下批评:

---

① 在《诸敬槐先生八十寿序》中,黄宗羲指出,明亡之根本原因在于"数十年来,人心以机械变诈为事。士农工商,为业不同,而其主于赚人则一也。赚人之法,刚柔险易不同,而其主于取非其有则一也。故镆铘之藏于中者,今则流血千里矣"。参见沈善洪、吴光主编:《黄宗羲全集》(第十一册),浙江古籍出版社,2005 年,第 66 页。

② "实践实用主义"为梁启超之概括,参见梁启超:《中国近三百年学术史》,人民出版社,2008年,第 120 页。

③ 钱穆:《中国近三百年学术史》,商务印书馆,1997 年,第 33 页。

④ 参见何俊:《西学与晚明思想的裂变》,上海人民出版社,1998 年,第 374 页。

⑤ 参见黄宗羲:《明儒学案》,卷四十九《诸儒学案三·何瑭传》,载《黄宗羲全集》(第八册),第 473 页。

⑥ 参见黄宗羲:《与友人论学书》,载《黄宗羲全集》(第十册),第 155~156 页。

今之为释氏者，中分天下之人，非祖师禅勿贵，递相嘱付，聚群不逞之徒，教之以机械变诈，皇皇求利，其害宁止于洪水猛兽哉！①

显然，在这里辟佛已远非个体修为层面之事，而是一个"关乎治乱之数"的秩序问题了。②至于泰州末流之颜钧、何心隐等辈，皆与祖师禅授受甚深。黄宗羲在《明儒学案》中明确指出了二者的学术关联。其对泰州的指摘，亦与上述释氏批判一脉相通。③

泰州与禅门合流，根源在于二者之学皆以空为底蕴，从而消解了儒家治道之本原。"空"是对宋明新儒学之道德形上本体的消解，"夫释氏以作用为性，其所恶言者体也"。④体之存否，意味着社会政治秩序是否需要根据儒家道德伦理精神展开。黄宗羲指出，释氏但求放纵无碍，其实质乃在鼓吹一种迥异于儒家气质的"散漫无纪"的精神理念：

今观流行之中，何以不散漫无纪？何以万殊而一本，主宰历然？释氏更不深造，则其流行者亦归之野马尘埃之聚散而已。⑤

但求流行无碍，则不能不将是非善恶一扫而空，"其流之弊，则重富贵而轻名节"⑥，瓦解整个社会精神秩序，而人心之失范，正是政治秩序崩塌的根源。

禅门与泰州之病，根本上在于功利意识脱离了道德精神之轨范。因之对治的关键就在于重新树立道德本原，并使之能够发用于经世实践。以朱熹、陈亮关于王霸义利的论争为标志，近世政治观念中呈现出两条脉络的分化，

---

① 黄宗羲：《明儒学案》，卷三十三《泰州学案二·赵贞吉传》，载《黄宗羲全集》（第七册），第874页。

② "今人不识佛氏底蕴，将杨、墨置之不道，故其辟佛氏，亦无关治乱之数，但从门面起见耳。"黄宗羲：《明儒学案》，卷五十五《诸儒学案下三·郝敬传》，载《黄宗羲全集》（第八册），第654页。

③ 参见黄宗羲：《明儒学案》，卷三十二《泰州学案》，载《黄宗羲全集》（第七册），第820页。

④ 黄宗羲：《明儒学案》，卷十七《江右王门学案二·聂豹传》，载《黄宗羲全集》（第七册），第428页。

⑤ 黄宗羲：《明儒学案》，卷三十四《泰州学案三·罗汝芳传》，载《黄宗羲全集》（第八册），第4页。

⑥ 黄宗羲：《明儒学案》，卷三十六《泰州学案五·陶望龄传》，载《黄宗羲全集》（第八册），第130页。

一边是个体修为本位的道德主义,一边是客观功效为主的事功主义。^①某种意义上,明末政治秩序之崩溃,正是以上两条路径终未绾合一致、甚至渐行渐远的结果。从黄宗羲对于明亡的反思中,亦能看出这一点:一方面,空谈道德性命者"析之愈精,逃之愈巧",至于危难,则"天崩地解,落然无与吾事";^②另一方面,功利之说脱离了道德轨范,则一转而为"机械变诈、皇皇求利"之人心世风。黄宗羲指出,明亡的深层原因,正在于"数十年来,人心以机械变诈为事"^③。因此,如何在道德事功之间开出新局,就是秩序重建的首要问题。

对于黄宗羲而言,重新收拾世道人心,首先自然需要贞定儒家道德之体,而贞定道体,又在于确认其与天道的关联:

> 盖心体即天体也。……天无一息不运,至其枢纽处,实万古常止,要不可不归之静。故心之主宰,虽不可以动静言,而惟静乃能存之。^④

心体本乎天体,天体之枢万古常止,为人间秩序确立根本。黄宗羲将心体连属于天体,其意义在于为个体精神乃至人间秩序确立起恒常不易的天道本原。

其次,道体并非空悬,必于经世实践中呈现:

> 夫道一而已,修于身则为道德,行于言则为艺文,见于用则为事功名节。^⑤

在他看来,先儒各执道体一偏,使道德事功判然分途,不免误入歧途。事实上,道德事功理应统一于道体之全。由此体现的,实际上是一种融合心性与事功之学的道体观。一方面,深广之事功必本诸道德:

---

① 参见任锋:《叶适与浙东学派:近世早期政治思维的开展》,《政治思想史》,2011年第2期。

② 黄宗羲:《留别海昌同学序》,载《黄宗羲全集》(第十册),第646页。

③ 黄宗羲:《诸敬槐先生八十寿序》,第66页。

④ 黄宗羲:《明儒学案》,卷十七《江右王门学案二·聂豹传》,第427~428页。

⑤ 黄宗羲:《重修余姚县学记》,载《黄宗羲全集》(第十册),第134页。

> 人唯志在事功,则学无原本,苟可以得天下,则行一不义,杀一不辜,亦且为之矣,其成就甚浅。①

另一方面,道德亦必于事功中获其真正之实现:

> 道无定体,学贵适用,奈何今之人执一以为道,使学道与事功判为两途。事功而不出于道,则机智用事而流于伪;道不能达之事功,论其学则有,适于用则无,讲一身之行为则似是,救国家之急难则非也,岂真儒哉!②

离仁义而言事功,则事功必定浅陋;废事功而谈仁义,则仁义必成空言,就此而言,"古今无无事功之仁义,亦无不本仁义之事功"③。由此,经由天体贞定道体,进而将道德事功涵摄于道体之全,黄宗羲完成了对于道德事功之辨的理论回应,前者重在重树道体之本原,而后者则意味着道体的经世实践之展开,意在将事功内化于道德之中。

道德事功之辨,本质上是一个实践性重于理论性的问题,因此除了理论融合之外,更重要的是如何以具体的方式呈现道德对于事功的指引。在此问题上,黄宗羲的努力主要在于如下方面。

首先,道德发而为事功,必须经由政治世界的转化。透过与潘平格的辩难,黄宗羲批评了后者将经世治平视为良知扩展的思路。④在他看来,"治心"与"经世"固不可判然二分,然而其间的距离亦不容抹煞:精神修养必"合外于内,归用于体",重内在之收摄;至于经世事业,则必须在客观的"时位"中展开,需要外在法度之介入,但凭世人良知,并不足以塑造良好政治:

---

① 黄宗羲:《孟子师说》,载《黄宗羲全集》(第一册),第 107 页。
② 黄宗羲:《姜定庵先生小传》,载《黄宗羲全集》(第十册),第 623~624 页。
③ 黄宗羲:《国勋倪君墓志铭》,载《黄宗羲全集》(第十册),第 498~499 页。
④ 在黄宗羲看来,潘平格论学之旨在于以天地万物一体为性,以触物而物我一体为良知,以致其物我一体之知为工夫,故学者必从家国天下事上致其良知,如是则将致知与经世打并为一事。参见黄宗羲:《与友人论学书》,第 150 页。

> 使举一世之人，舍其时位而皆汲汲皇皇以治平为事，又何异于中风狂走？即充其愿力，亦是摩顶放踵利天下为之之事也。①

由此，客观的法度政制构成了融通道德事功、治心经世的关键要素，而政治世界亦获得了相对于精神世界的独立价值：后者之于前者，毋宁是"规矩之于方圆"的体用关系，而非一线贯通打并为一。②此种对于"政治之客观意识的体察显示出与同出浙东的南宋事功经制之学的授受之迹"③。

其次，黄宗羲从天下公私的角度着眼，对三代—汉唐之事功作出了进一步辨析：

> 三代以上之事功，与汉、唐之事功迥乎不同。当汉、唐极盛之时，海内兵刑之气，必不能免。即免兵刑，而礼乐之风不能常浑同。胜残去杀，三代之事功也，汉、唐而有此乎？其所谓"功有适成，事有偶济"者，亦只汉祖、唐宗一身一家之事功耳。统天下而言之，固未见其成且济也。④

此段论述直承朱熹、陈亮王霸义利之辩而来。在他看来，朱陈之辩的一大问题在于二者皆将道德、事功截然二分，而未就三代、汉唐事功中蕴含的不同道德属性作出辨析，结果自然难分高下，"夫朱子以事功卑龙川，龙川正不讳言事功，所以终不能服龙川之心"⑤。倘若将三代、汉唐之事功置于天下公私的角度进行辨析对照，那么三代事功意义在于成济天下；至于汉唐，家天下格局既定，政体皆出一姓之私，其事功只在帝王身家，无论从道德凝聚力还是事功之正当性而言，二者均不可同日而语。由此，对道德事功的辨析

---

① 黄宗羲：《与友人论学书》，第 152 页。
② "夫吾心之知，规矩也，以之齐家治国平天下，犹规矩以为方圆也，必欲从天下国家以致知，是犹以方圆求规矩也。"参见黄宗羲：《与友人论学书》，第 151 页。
③ 牟宗三指出，南宋叶适、陈亮之事功经制之学，体现了"政治之客观意识"。参见牟宗三：《政道与治道》，广西师范大学出版社，2006 年，第 186 页。
④ 黄宗羲：《宋元学案》，卷五十六《龙川学案》，载《黄宗羲全集》（第五册），第 225 页。
⑤ 黄宗羲：《宋元学案》，卷五十六《龙川学案》，第 225 页。

已经与对家天下的批判相合辙。因之,若欲真正熔道德事功于一炉,那么一套体现天下公义的客观政制法度的建立就是势所必需。

二、重建法原:"天下之法"与秩序意向

秩序重建的努力自然离不开一定的秩序意向作为支撑。[①]在黄宗羲那里,秩序意向的塑造主要表现为对于法原,亦即法治精神的重构。通过三代"天下之法"与后世"一家之法"的对勘,黄宗羲试图扭转秦汉以来以君主私利为取向的法度原则,转而建立一套以天下公义为旨归的根本法度。

在《原法》开篇,黄宗羲即指出了"三代之法"与"后世之法"的根本区别:

> 三代以上有法,三代以下无法。何以言之?二帝、三王知天下之不可无养也,为之授田以耕之;知天下之不可无衣也,为之授地以桑麻之;知天下之不可无教也,为之学校以兴之,为之婚姻之礼以防其淫,为之卒乘之赋以防其乱。此三代以上之法也,固未尝为一己而立也。后之人主,既得天下,唯恐其祚命之不长也,子孙之不能保有也,思患于末然以为之法。然则其所谓法者,一家之法,而非天下之法也。[②]

三代立法的用心在于天下公义,后世之法则着眼于一姓祚命。法度之正当性源于其公共性,三代良法意在保障民财民命、教化风俗,体现天下公义,所谓"藏天下于天下",故法虽疏而乱不作;后世法制精神败坏,法度堕落为君主把持天下、攫取利欲之具,"利不欲其遗于下,福必欲其敛于上",故虽文网周密,亦难免勾起天下人之觊觎,故法虽密而乱愈生,是为"非法之法"。[③]

至此,黄宗羲的批判视野业已深入到秦以来君主视天下为私产,进而以力把持的基本秩序格局:君主凭借统治权力维护私利,故而法度规则并不具备完整的公共属性,政权亦始终无法成为一种恒常不易之公共存在。此种

---

① 此处"秩序意向"(ordering inclination)概念,借自姚中秋先生,指推动秩序之生成与维系的精神取向。详见姚中秋:《华夏治理秩序史》(第一卷),海南出版社,2011 年,第 57~61 页。

②③ 黄宗羲:《明夷待访录·原法》,载《黄宗羲全集》(第一册),第 6 页。

"家产国家—集权政治"①的秩序结构的内核是一种私利与强力二者相互扭结而成的秩序意向:在上者欲以力保其私利,在下者则欲以力夺之,所谓"既以产业视之,人之欲得产业,谁不如我?"②因此政治秩序之重建,必然要求秩序意向的扭转,此即以公天下理念还原三代法治精神,以具有宪制意义的根本法度体现公平正义,保障民财民命,使之成为共同体安全、秩序与伦理的保证。

三代之治与后世政治的对比,构成了近世新儒学政治论说的经脉。如学者所指出的,在近世经制儒学的政治思维中,三代之法所标举的乃是客观法度的超越意义。③如果说南宋浙东诸子在三代之法与宋代祖宗之法所表征的当世立国精神之间尚能采取一种兼收融合的态度,承认后者所体现的国家宪制意义,那么黄宗羲回向三代的批判意识显然更加彻底。这种彻底性,一方面由于其与现实政治权力的疏离,另一方面,亦缘自家国亡痛所激发的更加深入的反思。在黄宗羲眼中,后世所谓祖宗之法,皆出于开国之君的利欲之私,空有宪章之余名,而并不具备真正的宪制意涵,④唯有以六经所表征的礼乐秩序为根底,并因时损益,方能塑造共同体的根本宪制:

> 六经皆先王之法也。其垂世者,非一圣人之心思,亦非一圣人之竭也。……后王第因而损益之而已,奈何后世以为一代有一代之制度?汉世以杂霸自名,晋人以宽和为本,唐任人,宋任法。所谓先王之法,皆废而不用,人徒见其享国苟安,遂谓无所事此,幸而保守一家之富贵,其四海之穷困,虽当极盛之世,未之能免也。岂不忍人之政者?故曰:不以三代之治为治者,皆苟且而已。⑤

---

① "家产制"之概念出自马克斯·韦伯(Max Weber),指支配者将政治权力当做其私有财产的有用附属品加以利用的制度。参见[德]马克斯·韦伯:《中国的宗教》,康乐、简惠美译,广西师范大学出版社,2004年,第53页。黄宗羲对秦以降政体的诊断显然与韦伯有着高度的相似性,正因君主"利不欲其遗于下,福必欲其敛于上",故而必惧其刑赏之权旁落。因此,笔者以"家产国家—集权政治"概括黄宗羲所描述的三代以后之君主政体。

② 黄宗羲:《明夷待访录·原君》,载《黄宗羲全集》(第一册),第3页。

③ 参见任锋:《宪政儒学的传统启示》,《开放时代》,2011年第6期。

④ 参见黄宗羲:《明夷待访录·原法》,第7页。

⑤ 黄宗羲:《孟子师说》,第87页。

因此，优良政治秩序的确立，关键不在于杂霸还是宽和、任人抑或任法之类治术层面的小小更革，而在于必以六经为根底确立起根本法度。由此，以法度之公共性为核心的法原精神对于后世私利与强力相扭结的家产制秩序意向的取代，无疑意味着一种由"家产国家"向"宪制国家"的转变。①就此而言，根本大法（治法）作为政治共同体的基石，其相对于政治领袖（治人）的首出意义是确然无疑的。《原法》篇末"有治法而后有治人"的点睛之论，②其意义正在确立共同体根本宪制相对于执政者个体意志的优先性。

三、政制重构：混合政体与共治共和

以天下公义为悬鹄的法原精神一经确立，那么政治体制的正当性无疑源自对它的循守与契合。正如天下之法不为一姓而设，政治权力同样不应集中于一人。宋代以降的政治发展凸显出两种内含紧张的力量：一方面是君主集权的强化，另一方面则是士大夫政治兴起，形成了与君主"共治天下"的格局。黄宗羲的政制重构设想，既是对君主集权趋势的反拨救正，也是对共治格局的新生转进。通过天子—宰相二元君主制的确立，以及朝廷—学校二元权威的建构，他试图塑造一种权力、权威各自得到平衡制约与妥善安顿的混合均衡政体，而贤能之治与公议精神，则构成了维系其运作的基本原则。

较之传统中国的制度实践，黄宗羲的政制设想其实更加明显地体现了混合均衡政体的特征。由于中西古代社会政治结构的差异以及近世以降世族式微、平民社会兴起的特征，在以混合均衡政体描述黄宗羲的政制构想时，笔者将着重分析透过朝廷、太学、郡县学等不同政治机关而分别体现的政治领袖（君相）、知识精英（太学儒生群体）以及普通士庶之作用，而非着眼于一种固化的社会各阶层政治作用的考察。

黄宗羲的政制设计依然保留了君主制的成分。不过，新体制中的君主制因素已经不同于传统集权政治结构中的世袭皇权。这种差异主要体现在两

---

① 此处"宪制国家"之提法，取自"宪章"与"经制"两个黄宗羲论著中固有之词汇，指建立在一套限制绝对权力、保障民产的基本法度之上的国家形态。

② 参见黄宗羲：《明夷待访录·原法》，第7页。

方面：首先是对世袭君主性质与作用的重新定位，其次是对宰相地位与权力的大幅提升。其中所体现的，实际上是一种君、相二元君主制结构。

具体而言，首先，世袭君主不再具有绝对权力与神圣地位。在黄宗羲看来，天下既非君主一姓之私产，那么君臣之间绝非主仆关系，自不应有悬绝的位势之别。他援引孟子"天子一位"之说，指出君臣之别只在于治权意义上的层级高低。君臣作为共治者，其政治身份一致，所谓"名异而实同"①，君主并不拥有超出共治者身份之外的绝对权力与特殊地位。另一方面，就君权之神圣性而言，宋明儒者多注重君主道德化人格的养成，认为君主理应体现圣王人格。②而在黄宗羲看来，这种圣化君主的做法并不可取。借由朱熹、陈亮三代汉唐之辩，他批评二者之失在于"必以天理全然付于汉唐之君"。在他看来，天理原本是公共之物，即便君主不贤，那么历代名臣贤相，如诸葛亮、陆挚、范仲淹、方孝孺等人，同样可以成为天理在人间的至高担当者，是为"以天理把捉天地"③。如此，则从以天理衡量君统转变为以天理自身来把握历史。此一转折，无疑意味着新儒学政治思维中一个值得注意的变化，即对于"圣""王"之分的明确指认，从而剥落了世袭君主身上的神圣性位格。

其次，宰相分有君主之最高决策权，世袭君主不再具有独断专行之能力。在黄宗羲设计的决策机制中，天子、宰相、六卿每日便殿议政，各类章奏均由天子、宰相同议可否，然后天子批红；天子不能尽，则宰相批之，下六部施行。④如此便消解了君主宸纲独断的程序空间，宰相不但有与天子同议之权，甚至可以在天子缺席的情形下通过与六卿的会商而独立决策，其权力更是提升到了极致。宰相所起到的，已经是类似君主的政治领袖作用，正所谓"分身之君"⑤。由此，君、相二者共同执掌最高统治权，构成了混合政制中的君主制因素。

---

① 黄宗羲：《明夷待访录·原法》，第5、8页。

② 如朱熹对"皇极"的解释："皇，谓君也；极，如屋脊，阴阳造化之总会枢纽。极之为义，穷极极至，以上更无去处。"《朱子语类》，卷七九《尚书二·洪范》，中华书局，1986年，第2045~2046页。

③ 黄宗羲：《破邪论·从祀》，载《黄宗羲全集》（第一册），第193页。

④ 参见黄宗羲：《明夷待访录·置相》，载《黄宗羲全集》（第一册），第9页。

⑤ 黄宗羲：《明夷待访录·置相》，第8页。此外，《置相》篇云："天子之子不皆贤，尚赖宰相传贤足相补救，则天子亦不失传贤之意。"可见在其眼中宰相很大程度上承担了君主之职能。

有必要指出的是,黄宗羲设计的天子、宰相二元君主结构,一方面包含了分割、平衡最高统治权的用意;另一方面,也包含了对政治体制之决断能力的重视。这种重视,源于其对宋代士大夫政治的反思。黄宗羲指出,明代政治的病根固然在于"君骄臣谄,上下隔绝"①,需要限制君权以矫枉,然而士大夫政治亦有其弊端。明人杨铸曾作《过臣》一文,批评宋代士大夫之文弱无断、迂徐寡效,"急于分黑白而缓于课功能,怯于当事机而重于畏清议"②。黄宗羲将该文收入《明文海》,并指出其说"深中弱宋之病"③。由此亦可看出,黄宗羲之所以保留世袭君主在政治决断中的作用,并在恢复宰相制的问题上采取唐宋以前的独相制设计,其用意亦在确保混合政体拥有必要之政治决断能力,避免书生政治、舆论政治所可能导致的效率与决断力上的弊病。

混合政体中的贵族因素,主要体现在学校制度之中,尤其是中央太学。在他的设计中,太学不但是全国最高学府,更是重要的政治机构。首先,从其成员构成来看,太学以祭酒为首脑。祭酒由当世大儒担任,或以致仕宰相为之,朝廷无权委派。④至于太学之生员,一方面来自每年从各地郡县学中选拔而出的佼佼者,另一方面也包括天子之子以及三品以上大臣之子。⑤可见,太学成员的组成具有相当浓厚的精英意味。如果说致仕宰相以及贵胄之子代表了政治元老、政治世家的政治经验之传承,⑥那么当世名儒以及郡县秀异无疑体现了德行与智慧扮演着自然贵族的角色。⑦

---

① ③　黄宗羲:《明文海评语汇辑》,载《黄宗羲全集》(第十一册),第 109 页。

②　杨铸:《过臣》,收入黄宗羲编撰:《明文海》(卷一百),中华书局,1987 年,第 987 页。

④　参见黄宗羲:《明夷待访录·学校》,载《黄宗羲全集》(第一册),第 12 页。

⑤　参见黄宗羲:《明夷待访录》之《学校》《取士》篇,载《黄宗羲全集》(第一册),第 12、18~19 页。

⑥　黄宗羲从政治经验的角度肯定了政治世家的作用,他指出:"六朝以门第相高,人物最为近古。盖父兄之渊源,师友之讲说,朝典国故,是非邪正,皆有成案具于胸中,犹如巫者,见证既多,至于医病,不至仓皇失措。单门寒士,所识不过朱墨几案间事,一当责任,网罗衣钵之下,不觉东西易置。"黄宗羲:《五军都督府都事佩于李君墓志铭》,载《黄宗羲全集》(第十册),第 306 页。

⑦　埃德蒙·柏克(Edmund Burke)论述了"自然贵族"的概念,他把具有良好品行与才能的社会精英都称做"自然贵族"。真正的自然的贵族由一个具有一些合理预设的品质的阶层构成,如自我尊重、知书达礼、乐于接受公众的批评与监督、关注舆论、富于远见、审慎坚毅,等等。[英]埃德蒙·柏克:《自由与传统——柏克政论论文选》,蒋庆、王瑞昌、王天成译,商务印书馆,2001 年,第 89 页。

就太学之政治功能而言,除了培养政治人才之外,其职责首先在于根本宪制之议定,所谓"出治天下之具"①。如前所述,黄宗羲认为国家的根本宪制在于对六经所蕴涵的"三代之法"的因时损益,那么在太学这一最高学术机构之中,以祭酒为代表的儒生群体显然掌握着解释经典,进而损益宪制,更革法度之权。其次,作为众论汇集之地以及是非判断的最终场所,太学对朝廷起着舆论监督作用,所谓"天子之所是未必是,天子之所非未必非,而公其非是于学校"②。就学校与政府之关系而论,太学对于朝廷、地方学校对于地方政府均具有其独立性。这种独立性体现在祭酒、学官人选的确定方式(公议推举而非朝廷任命)以及学校生员的考绩升黜之上。同时,学校与朝廷的关系乃在师道伦理的框架中展开:君相六卿以及郡县长官每月定期前往太学、郡县学,就弟子列听祭酒、学官南面讲学,接受其对政事的批评建议。③

祭酒对于君相、郡县学官对于郡县长官的指导,凸显了权威在政治中的指导作用,而有别于权力之间的分割制衡关系。在西方政治思想史上,权威的产生源自罗马的政治经验。在罗马政制中,权威存诸元老院,其作用大于咨询、小于指令,它并非政治权力,但负责公众事务的人们不会忽视它的作用。④汉娜·阿伦特对权威概念进行了明确界定,在她看来,权威指一种"不令而行"的能力,其成立必以等级秩序为前提,且等级秩序中的双方对此均无异议。至于权威的来源,则必定是某种超越性的存在,如自然法、上帝、祖先等。⑤以此衡诸黄宗羲的学校理论,不难看出在太学与朝廷的关系中非常清晰地体现了政治权威的作用。就等级关系而言,君主以弟子礼师事祭酒,意味着对师道高于君道的等级确认;就权威来源论之,太学之权威显然源自儒生群体对儒家道统、天理之担当,因而具有其超越内涵。正如张灏所指出的,

---

①② 黄宗羲:《明夷待访录·学校》,第10页。

③ 参见黄宗羲:《明夷待访录·学校》,第12页。

④ 参见[美]肯尼斯·米诺格(Kenneth Minogue):《政治学》,龚人译,香港牛津大学出版社,1998年,第22页。

⑤ 参见陈伟:《阿伦特的权威理论》,载郑永流主编:《法哲学与法社会学论丛》,北京大学出版社,2008年,第14页。

在黄宗羲那里,学校是传承与维持天道的地方,是人极秩序的中心。①

君、师二元权威的确立,实乃黄宗羲政制建构中的核心理念。学校制度涵盖了从中央到地方的整个政治体系。郡县学校同样具有教化、议政之职能,其与郡县官的关系亦同于太学——朝廷之关系。由此,道势、君师的分立以及道高于势、师尊于君的理念,已经作为政治结构的基本原则获得了制度性确认。儒家传统中,道势、德位之二元区分源自孟子,②而在宋明儒学中,理势、君师在理念上的二元分立,在朱熹、陆九渊以至明代王学那里皆有展现。③至此,由黄宗羲最终全竟其功的政教制度化二元分立,实为儒家近世政治思维中酝酿已久的一个重要突破。

最后,平民因素亦在黄宗羲的政制设计中占有一席之地。④一是郡县学校每月朔望均有大会,一邑之缙绅士子皆参与其中,其内容除切磋学术之外,还包括对郡县官政事之评论。倘其政有缺失,小则于会中予以绳纠,大则"伐鼓号于众",动员郡邑庶民群起攻之。二是行乡饮酒礼之时,缙绅士子尽皆到场,凡年龄 70 以上、生平无玷清议之士人,以及年龄 80 以上、未曾犯过之庶民,学官、郡县官皆北面尊事之,向其乞求善言以供效法。⑤

经由以上描述,大体可以看出黄宗羲所设计的混合政体中君主(朝廷君相)、贵族(太学儒生群体)、平民(郡县士庶)三种因素各自发挥的作用。就以上三种因素的关系而言,朝廷君相主要处理中央日常政务,所谓"章奏进呈,

① 参见张灏:《政教一元还是政教二元?——传统儒家思想中的政教关系》,载《思想》(第二十辑),台北联经出版事业股份有限公司,2012 年,第 128 页。

② 参见《孟子·万章下》:"以位,则子君也,我臣也,何敢与君友也?以德,则子事我者也,奚可以与我友?"《孟子·尽心下》:"古之贤王好善而忘势,古之贤士何不然?乐其道而忘人之势。"

③ 如朱熹以天理为准绳而对三代、汉唐高下所作的明确指认,参见朱熹:《与陈亮第八书》,载《陈亮集》,中华书局,1979 年,第 303~307 页。陆九渊则指出理、势常处在对立之中,有道之世则必"势出于理""理为势主",参见陆九渊:《与刘伯协》,载《陆九渊集》,中华书局,2010 年,第 168 页。王学对于师道的推尊与复兴,参见邓志峰:《王学与晚明的师道复兴运动》,社会科学文献出版社,2004 年,第 179~310 页。

④ 在黄宗羲那里,政治中的平民因素主要体现于下层士人以及一般庶民。在其定义中,士人大体指通过多种方式选拔出来的具备一定文化教养或专门技能的知识人群体。然而士人并非官员,由士人升为官员士大夫,仍须经过进一步的选拔。未通过选拔的下层士人,在身份上仍属平民。参见黄宗羲:《明夷待访录》之《取士》《学校》诸篇,第 10~19 页。

⑤ 参见黄宗羲:《明夷待访录·学校》,第 12~13 页。

便殿议政"。太学儒生群体的职责则在根本法度之议定,并在重大问题上对朝廷起到权威指导与监察作用。与上述两个层面相比,平民的作用主要体现在地方治理层面,从郡县学集会的频繁程度(每月朔望两会)以及"小则绳纠,大则伐鼓号于众"的政治参与形式上看,普通士庶的意志对于地方政事无疑具有重要影响。就此而言,地方治理中的平民参与实际上已经蕴含了某种直接民主的意味。可见混合政体中的三种因素既是一个有机整体,同时亦各有其侧重:太学儒生负责立制与清议,朝廷君相主司中央政务,普通士庶则在切近己身的地方事务中发挥作用。

就政制运作的原则而言,"贤能"与"公议"构成了其中的两个基本要素。[1]首先,以士人为主体的政制构造蕴含了贤能政治的内在要求。所谓贤能,包含了德行与能力两方面的要求。在黄宗羲那里,士人之德主要体现为一种"至公血诚,任天下之重"[2],勇于为共同体事业献身而成就伟大功业的品质:

> 古之君子,有死天下之心,而后能成天下之事;有成天下之心,而后能死天下之事。[3]

因此,德行与成就事功之能力,实为一体之两面。在这里,黄宗羲所强调的德行,着重于政治领域的担当、审慎、节制之品质,而不同于以往理学家注重的那种个体化、内在化的心性修养。这种转变,同样源自其对近世士大夫政治所呈现的舆论化、朋党化特质的反思,尤其是晚明党争的历史教训。在《黄氏家录》中,黄宗羲委婉批评了以魏大中为代表的部分东林士人在政治行动中徒逞意气,求名之心重于社稷之念,认为天启党祸之成,东林诸君子实难辞其咎。相反,他赞扬其父黄尊素在政治行动中能够"弥缝其间,先事绸缪",具有审慎节制之品质,指出后人不应仅仅表彰其刚直之气,更应借鉴其

---

① "贤能"与"公议"均为《明夷待访录》之既有词汇。参见《取士下》篇,载《黄宗羲全集》(第一册),第 16 页;《学校》篇,第 11 页。

② 黄宗羲:《破邪论·从祀》,第 193 页。

③ 黄宗羲:《〈明名臣言行录〉序》,载《黄宗羲全集》(第十册),第 52 页。

在政治实践中展现的成熟审慎与责任伦理。①

　　其次,公议精神构成了混合政体运转的另一基本原则。在黄宗羲的设计中,公开的讨论辩难说服构成了学校议政的基本方式以及产生祭酒、学官的主要途径。②如前所述,学校是政治权威之载体,然而此种权威性格主要体现在"学"对于"政"的制衡关系中。至于学校内部之讲学研讨,则遵循辩难会商、理性说服之原则,所谓"师弟子各以疑义相质难"③。祭酒、学官之权威,亦由此证成。公议之风影响所及,庶民亦不再是政治过程中的旁观者,在郡县官执政出现重大缺失的时刻,学官可以"伐鼓号于众"④,通过在大庭广众之中的宣示来取得庶民的支持,迫使其改过。此种公议精神,很大程度上源自晚明泰州、东林士人讲学集会之实践。通过学校这一平台,公议精神从一种学术风气演进为政治规则,并获得了制度化的保障,成为维系混合政制良性运作的重要原则。

　　经由上述政制结构与运作原则的梳理,不难看出,一方面,黄宗羲的政制构想脱胎于近世士大夫与君主"共治天下"的既有格局,另一方面,通过由君相二元君主制以及朝廷—学校的政教分立而确立的混合政体,以及将公议纳入维系政制运作的基本原则,其气象显然已非共治格局所能范围,而是在其基础上进而演进为某种共和政治之雏形。⑤

　　对于"共治"和"共和"的差异,笔者尝试从以下诸方面进行论述:首先,共治理念侧重治权的分享,对于政道层面的公私之分则较少致意。而共和政治则强调政治共同体的公共属性。其次,就政治身份而言,共治体制中的君

---

① 参见黄宗羲:《黄氏家录·忠端公黄尊素》,载《黄宗羲全集》(第一册),第416页。

② 《学校》篇谓:"太学祭酒,推择当世大儒,其重与宰相等"。"郡县学官,毋得出自选除;郡县公议,请名儒主之。"载《黄宗羲全集》(第一册),第11~12页。

③④ 黄宗羲:《明夷待访录·学校》,第12页。

⑤ "共和"一词在中国传统语境中的含义,本指王位空缺之时公卿协作共同治理的状态。《史记·周本纪》:"召公、周公二相行政,号曰共和。"而就西方思想史上的共和政治而言,其特征大致在于混合政体的制度框架以及对公民美德、公共辩论等因素的强调。因此,笔者此处所使用的"共和"一词,既包含其在传统语境中的含义,也包括了部分西学语境中的意涵。

臣关系未尝不可以主仆定义。①而在共和政治之中,基于公天下之理念,共治者之间理应保持一种较为平等的关系,正如传统语境中"共和"一词的原初指向。②最后,共治理念比较缺乏明确的制度化保障,且更多出自士大夫对于皇权的诉求。相比之下,共和政治则必具备一套混合均衡政体的客观制度架构,并且能够对公民之间以及政治家之间的公共辩论予以制度化的容纳,以之作为共和政体的重要基础。③

因此,共和政治相对于共治格局,无疑存在着某种跃迁。从共治到共和的转变,需要对以上三个方面的跃迁作出回应。在黄宗羲的思想中,我们不难寻绎出这种演进的迹象。首先,"天下之法"所标举的法原精神的重构,意味着政道层面的公天下理念的确立。其次,对于君主性质以及君臣关系的重新界定,体现了共治者政治身份的平等化趋向。最后,以二元君主制以及政府—学校二元结构为核心的新型政体,容纳了君、士、庶等多种政治因素,并为公议政治提供了系统的制度保证。

需要指出的是,近世政治思想从共治到共和的演进,某种意义上亦是对三代古典政治理念的回归。如论者所言,"君子共和"实为封建时代重大公共事务决策的基本机制。④因此就政治传统而言,黄宗羲的新制度论绝非无源之水,而应视作在郡县制取代封建制成为基本秩序格局、科举士大夫取代世袭贵族成为政治主体的近世背景下,试图通过政体的改进而接续古典政治理念的一种尝试。由此,宋明儒者回向三代的政治蕲向,可以说得到了至为

① 如宋儒张载在《西铭》中对君臣关系的论述:"大君者,吾父母宗子;大臣者,宗子之家相也。"《张载集》,中华书局,1985 年,第 62 页。

② 西方共和主义理念同样强调政治身份的平等,这种平等指向一种参与公共生活机会的平等,而不排斥君主、贵族、平民之间基于自然的等级区分。参见陈伟:《试论西方古典共和主义政治哲学的基本理念》,《复旦学报(社会科学版)》,2004 年第 5 期。

③ 尼德尔曼(Cary J.Nederman)指出,这种公共辩论往往被视为共和政体的重要基础。参见[美]卡里·尼德尔曼:《修辞、理性与共和——古代、中世纪以及现代的共和主义》,载复旦大学思想史研究中心主编:《共和主义:古典与现代》,上海人民出版社,2006 年,第 160 页。

④ 姚中秋指出,封建制下之"君子共和",指共同体中包括国君、公卿在内的两个以上的君子,同时拥有决策之参与权,通过面对面协商、审议的方式寻求共识,对公共事务做出决策。姚中秋:《华夏治理秩序史》(第二卷),海南出版社,2011 年,第 358~369 页。

完整的展现。①

四、余论:黄宗羲研究的视角转换

至此,经由以上精神、法原、政制三个层面的论述,庶几可以在明末秩序重建的整全视野中勾勒出黄宗羲政治思想的纵深向度。不难看出,无论就思想渊源还是思维方式而言,黄宗羲均受到近世新儒学传统的深刻影响,如道德事功的交汇融通,三代后世的批判对比,师道君道的高下分合。同时,由于其身处明清之际"天崩地解"的历史环境之中,故而比较能够摆脱现实政治权力的束缚,以一种更加深入的批判意识对近世思维进行集成性总结与进一步展开,从而提出某些极具突破性的新见,诸如对以天下公义为中心的法原重构、以朝廷—学校为核心的混合政体塑造,以及在政体运作中对于公议精神的强调。就此而言,黄宗羲政治思想中的种种创见,实乃基于近世新儒学政治思维传统的"调适上遂",而非"另开歧出"。②

因此,就以黄宗羲政治思想研究为代表的明清之际政治思想研究而言,一种研究视角上的调整或许是必要的。一方面,以往的研究往往着眼于黄宗羲与西方近代启蒙思想家的比照,抑或其对晚清变革运动的影响,而较少从近世新儒学政治思维的发展脉络本身来理解黄宗羲思想的渊源与新变。事实上,无论从问题意识还是论说方式上看,在黄宗羲那里都体现出了近世儒学政治思维在宋明两代数百年的时势变迁中保有的相对连续性。无论是法原的重构、根本法度宪制的确立,还是混合政制的构筑,都是因应近世政治中的新问题——诸如君主集权的强化、士大夫政治效能的缺弱、政治舆论的合理安顿——而给出的一种具有综合性深度的思考。在其秩序重建的整体视野中,精神、法原、政制三个层面的重建最终所指向的,乃在于从"家产国家—集权政治"转向"宪制国家—共和政治"这一根本目标。

---

① 黄宗羲《破邪论·题辞》云:"余尝为《待访录》,思复三代之治。"[《黄宗羲全集》(第一册),第192页]可见其对古典政治理念的传承当有自觉。

② "调适上遂"与"另开歧出"二词,借自牟宗三先生。所谓"调适上遂",指顺本有者引申发展而为本有者之所涵;所谓"另开歧出",指于基本处有相当之转向,歧出而另开一套以为辅助。参见牟宗三:《心体与性体》(上册),上海古籍出版社,2007年,第14页。

　　另一方面,就西学资源的借鉴而言,西方政治学资源的引入无疑有助于我们将传统政治思想中一些潜在、隐性、分散的教诲凝聚为一种显豁、积极而充分的理论表达,然而以往的研究往往将比较的视野集中于启蒙视野中的自由、民主等西方现代思想,而忽略了与中国传统政治思想或许更为切近的共和主义、宪政主义等西方古典资源。其结果是难以从一种最恰当的视角来观照传统政治思想,从而最大限度地发掘其潜在价值。同时,将自由民主理念奉为评判传统思想价值的唯一标准,亦限制了在传统与现代、本土与西方的各种思想资源的交相资引中塑造未来中国政治文明的可能性。

　　而黄宗羲的思想史地位,正在于以一种批判吸收的双重视野将近世儒家政治思维予以充分展开,从而在儒家传统的同一性、延续性中展现出时代的鲜活感。因此,就对黄宗羲政治思想的研究而言,基于现代政治的后视视角与着眼于儒学政治传统的前视视角或许有着同样重要的价值:前者有助于确认儒家政治传统经受现代自由民主政治理念之充分洗礼的可能与必要,后者的意义则在于将"开新"建立在"返本"的坚实基础之上。就前视视角而言,黄宗羲无疑是宋明儒学政治思维充分展开的高峰与终点;而就后视视角观之,那么他又是清末接引西方资源而引领政治改革运动的始点。现代中国的政治转型,离不开传统资源的重新发掘与创造转化。就此而言,在上述两种研究视角的交汇融合中斟古酌今、借鉴中西,重新审视以黄宗羲为代表的近世新儒学政治思想的价值,无疑是一项充满潜力而极富意义的工作。

叶适与浙东学派：近世早期政治思维的开展

任　锋 *

宋明新儒学是近世道德和政治思潮的主流，其间事功学与理学对于我们了解早期现代中国的政治心智至关重要。在前者而言，南宋叶适叶水心（1150—1223 年）及其身处的浙东学术群体堪称荦荦大者，对于透视近世政治思潮的涌动和激荡提供了十分有益的视角。本文拟从以下几个方面，对其中论题进行勾勒与发掘，以增进我们对自身思想传统的了解。[①]

一、欧阳批判：士大夫政治的反省与成熟

让我们先从叶水心晚年所作的《习学记言序目》开始。[②]自卷四十七至卷五十，水心根据吕祖谦（1137—1181 年）的《皇朝文鉴》对宋朝历代的政治和文化进行了评论，构成此书历史评论的当代部分，也是压轴遒文。通读这四卷内容，及其他相关部分，令人印象深刻的一条线索是对于北宋大儒、士大夫领袖欧阳修的评论。这一点少为现在的研究者措意，其间实则包含了理解水心思想的一个根本面向。

* 　任锋，中国人民大学国际关系学院政治学系教授。

① 　笔者旧作曾对水心政治思想进行了初步探讨，参见任锋：《近世儒学思想的政治维度：以叶适为中心》，《国学学刊》，2010 年第 2 期。

② 　参见叶适：《习学记言序目》（上、下），中华书局，1977 年。以下凡引此书，只在正文中注明卷号、页码。

这些意见大致有 30 多条,我们先将其分作思想学术与政治文化两个主要方面稍作概介。

首先来看思想学术方面。欧阳修可以说是宋学形成期的枢纽人物,在经学变革、古文运动、史学编纂等多个领域都有开辟天地、奠立巨构的贡献。这一点两宋之际已有言及,水心也予以确认。然而,他更侧重点评其中的不足和消极影响。

如在经学方面,水心指出:"以经为正而不泥于章读句读,此欧阳氏读书法也。然其间节目甚多,盖未易言。以其学考之,虽能信经,而失事理之实者不少矣。且笺传杂乱,无所不有,必待战胜而后得,则迫切而无味,强勉而非真,几案之间,徒见其劳而未见其乐也。"(第 703 页)一方面肯定欧阳以经为本、超越传疏的基本立场;另一方面认为他仍然囿于汉唐樊篱,对于经典的研究多不能符合"事理之实"。

在文学方面,水心认为:"文字之兴,萌芽于柳开、穆修,而欧阳修最有力,曾巩、王安石、苏洵父子继之始大振。故苏氏谓'虽天圣、景祐,斯文终有愧于古',此论世所共知,不可改……"(第 696 页),自国初"柳开、穆修至欧阳氏,以不用世之文,欲捄回机括,虽不能独胜,然后世学者要为有用力处"(第 703 页)。欧阳修被视为古文运动的最关键人物,后世所谓"唐宋八大家"中的宋代其余诸子都得到欧阳的灌汲荐引。然而,水心同时指出欧阳修所推动之古文运动表现出多层缺陷:首先,欧阳氏提倡"欲复训诰于三代之文",而所撰训诰之文,如《尊皇太后册》,被水心认为多处不合体例,又云:"余尝考次自秦汉至唐及本朝景祐以前词人,虽工拙特殊,而质实近情之义终犹未失;惟欧阳修欲驱诏令复古,始变旧体。王安石思出修上,未尝直指正言,但取经史见语错重组缀,有如自然,谓之典雅,而欲以此求合于三代之文,何其谬也!"(第 709~710 页)其次,古文运动虽然强调文以载道,可是过分注重文词也导致偏离了对实理的追求。如水心在批评继欧而起、对斯文高度自诩的苏轼时说:"独苏轼用一语,立一意,架虚行危,纵横倏忽,数百千言,读者皆如其所欲出,推者莫知其所自来,虽理有未精,而词之所至莫或过焉,盖古今论议之杰也……嗟夫!古人岂必有此文而后有此论哉?以文为论,自苏氏始,而科举希世之学,烂漫放逸,无复实理,不可收拾矣。"(第 744 页)最后,欧阳修晚年语云"文学止于润身,政事可以及物",被水心讥为"修犹为此言,始悟人之穷力苦心于学问文词者，徒欲藻饰华泽其身而已，圣贤之事业，非所以责之也"。(第752页)终以文士视欧阳，惜其悟道之晚。另外，古文运动中所包含强烈的论政维度也遭到水心的激烈批评，这一点放在政治文化里谈。

在史学方面，水心批评欧阳修不懂史法，没能够继承先古以史书监督君主的精神，误以为君主不须观史。(第719页)而其用春秋笔法修撰唐和五代帝王纪传，对《尚书》《春秋》经传和《史记》的体例规则不甚明了。于人事本末不能具备，陷入以空言主断的公羊式误区，从而不能发挥据实事惩劝的功能。(第559页)

再来看水心从政治文化角度对于欧阳的评论，具体涵盖了政治思想、政治行动模式、政治人格和角色等论题，与其思想学术存在密切的内在关联。在实际政治见解上，欧阳修的朋党论一反传统抑制党论的言调，为士大夫群体的正当组织化("君子有党")大声疾呼，反对保守派借朋党名目对改革立场的士大夫进行污名。而这一点，在水心看来，却是"欧阳氏迫切之论，失古人意，徒使人悲伤而不足以为据也"(第743页)。

另外一个水心反复致意的欧阳论调，是对于三代之法和汉唐之法的比较。在欧阳所撰的《策问》七首以及《新唐书》中，都曾对二者的长短优劣进行体制意义上的对比。水心指出，《策问》中欧阳看似言语上肯定三代周礼，意向中却是倾向秦汉唐代之法。前者以礼乐为本，后者以刑权为本。"欧阳氏之学，非能陋汉唐而复三代，盖助汉唐而黜三代者也。"(第753页)水心又指出，欧阳在《新唐书》中以三代之法为烦重粗疏，汉唐之法为简易精密，这种看法完全失去了对于现实政制的批判视野，不明古人之道，误导后世学者和政治。(第584~585页)对于承载三代法度的经典《周礼》，欧阳修不能知其中的"道德性命之要言，经治揆物之成迹"(第754页)。疑经言似凿凿，却只是知识浅薄的表现。比如"欧阳氏言，'古者山泽之利，与民共之'，此谓盐铁金锡之类可也，若茶则民所自种，官直禁而夺之尔，何共之有！"(第708页)

在政治行为模式上，水心抨击最为严厉的当属欧阳对于舆论政治的极大塑造。"盖韩、范之所以攻人者，卒其所以受攻而无以处此，是以虽有志而无成也。至如欧阳，先为谏官，后为侍从，尤好立论，士之有言者，皆依以为重，遂以成俗。及濮园议起，未知是非所在，而倾国之人反回戈向之，平日盛举，一朝堕损，善人君子，无不化为仇敌，至今不定。然则欧阳氏之所以攻人者,亦其所以受攻而不自知也。"(第709页)另外,欧阳修虽然好发议论,却不明白致谏大体,"修之学未能进此,而抗然为争议之主,余惧后世之忘其本也"(第720页)。宋初三先生之一的石介撰写《庆历圣德颂》,激化了朝野党争。石介去世后,欧阳修哀悼石介的遭遇,也被水心讥为"然则修所见亦与介同者耶?"(第732页)

水心对欧阳的政治生涯有一个基本的论定,十分激切,也衬托出其判准之理想高远。"欧阳修既执政,人有贺之者,答以'惟不求而得与既得而不患失',然余病其侵寻于官职矣,而吕氏(祖谦——作者按)嫌余此论太高,余亦不敢竟其说而止……然则虽不求得,不患失,而卒与庸众人同归于温饱者,无异以尽民财为能,以尽民命为功,至其他刀笔毫末之巧拙而夸竞不已也。呜呼!此有志者之所当深思也!"(第749~750页)另外,在一处关于包拯评论宋庠的文字中,也曲折透射出水心对于此等执政大臣的使命期许,与上述激语交相辉映。"包拯论宋庠,'且云无过则又不然','执政大臣不能尽心竭节,灼然树立,是之谓过';及'近岁方乃捃拾细故,托以为名'。并举权德舆事。此一项议论,虽非卓卓关系,然亦从古流通,至其时未断绝者,自后无复有矣。欧阳修谓'拯素少学问',观此,是其天资能近大体,不待问学也。"(第719页)

水心为什么如此重视欧阳,花费这么多笔墨对其进行批评?最直接的理由,当然是如论者曾指出的,欧阳本人在北宋中期这个诸多新趋势兴起的枢纽时期扮演了至关重要的角色,而"北宋的盛期确是创立中国近千年来典型的一个关键"。①如水心多次称其为"本朝议论之宗""争议之主",对宋代新儒学的文化与政治至为攸关。其间所谓"议论",既指欧阳在经学、文学、史学方面开启的自由抒解、超俗特立的风格和意见,也指以上述学问为基础的政治论述与播扬此种论述的政治实践。而水心的强烈关注,不仅为此不世出之精英领袖而发,亦含有对于其所代表的近世文明潮流的深层体会。就前者来说,水心的部分批评可以说就事论事,有理有据,尚称公允。如欧阳对于三代与汉唐法度的比较。而有些批评则属于借题发挥,由欧阳而引申至宋代整体政治和文化的评论,以此阐发水心个人的见解。这类评论中,一些的确触及争议性较大的历史疑难问题,如朋党论和舆论政治,而一些则显得苛刻和偏

---

① 刘子健:《欧阳修的治学与从政》,台北新文丰出版公司,1984年,引言,第9页。

颇,引申过度,未为得当,如欧阳与石介的政见同异问题。

这里着重要指出的是水心之欧阳批判的第二层意义,即对于欧阳代表的近世文明潮流的深沉关注。因为如前文所言,这尤其涉及我们对水心思想面向的一个根本把握。

现代学者研究叶适以及浙东学术的一个常见路数,是将其置于与南宋道学或理学相对抗的思想语境中,显示其功利主义或经世事功的基本特征。水心或者陈亮等人的思想往往需要在理学批判的对镜中来定位自身。这一点自有其合理之处。然而这种做法转相承袭,不断重复,也容易使人忽略对思想史实况的进一步还原。本文所指出的欧阳批判,相对于理学批判,就促使我们正视叶水心思想论说的一个更广大视野,即对于近世新儒学推动下的士大夫政治的反省。这个视野,更能体现出水心对于近世政治、社会和文化变动大潮的全面观照。相比较,理学批判只是这个视野的部分之一,并不足以表达水心的整体关切。

水心这四卷评论,围绕欧阳批判这根线索,背后其实张悬着士大夫政治评判这样一张网络。在士大夫群体展现出来的问题中,欧阳修或者扮演着问题的有力推动者,或者就是问题的典型体现,或者以不同方式与这些问题交涉勾连,以个体言行及其影响而呈现出问题的一般共性。水心批判的触角,上溯中晚唐的韩愈、宋初王禹偁,中涉王曾、王旦、范仲淹、韩琦、富弼,下及司马光、王安石、苏氏程氏,辞锋鞭及南宋当世,寓意深切锐利,几若树新儒学之叛帜,让人有抽薪破釜之感。

我们可将评判的内容划分为政治智识、政治能力、政治风气、政治志向、政治体制几个方面,来了解水心的意见。

政治智识关注的是士大夫政治精英的知识思想基础,所谓平素讲学的大旨应该为何。比如军事外交问题,在批驳杨亿代表的士大夫弃地论时,水心指出"然则见利害不尽,设策画不精,泛滥缀缉,以空言误后人,乃今世儒生学士大病也"(第715页),韩琦阴营洛阳以备敌的建议,则被视为肤浅的"书生意貌之论"(第718页)。再如评价吕大钧的恢复封建井田论,"若存古道,自可如此论;若实欲为治,当更审详尔"(第699页)。这里的区分显示,实际政治的考量与纯粹学术或者道学激情的议论应该有所不同,而杨、韩二例正在于对于实际政治的思考谋划明显不足,落入空言空想,被水心看作是宋代儒家士大夫的重大病症。回到欧阳批判，水心批判他过于注重文词学问，对于事关实物实理的政治重视较晚，政治见解和做法也因而问题多多。比如名义上尊古批今，实际上既不知古，也不能知今。在法度上偏向汉唐，不能把握三代精华。

古文运动教条地模仿三代，对于秦汉后训诂合乎实情实理大体的地方又不能汲取。流风所及，"后世以经术起之，无不欲上继尧禹而鄙陋汉唐；然古人论议断绝皆尽，而偏歧旁径，从横百起，莫觉莫知，而皆安之以为当然也，岂不可叹哉！"（第719页）再如欧阳的朋党论，水心文中虽仅言及欧苏，实则触及宋代政治的大关目。君子可以成党，以战胜小人之党，这一论调自王禹偁以来，范仲淹、司马光、苏轼以至秦观等人都有阐发推进。其中包含了士大夫与君主共治天下这个格局下新的组织发展问题，政治利益和意见的分化寻求得到客观形式的表达。欧阳此论最能代表以正义自许的士大夫之政治进取意向。然而水心却从君主制前提出发，直陈这种论调在实际政治中只能增加君主的猜忌疑惑，不利于进取人士的立足，因此"徒使人悲伤而不足以为据"（第743页）。水心秉持的是"小人为党，君子不为党"的古训。另外，借用水心对石介《庆历圣德颂》的批评，这样也会"明发机键以示小人，而导之报复……宜若不足以助治，而徒以自祸也"（第732页）。水心的立场虽没有欧阳等人的道义激情，却颇体现出实际运筹中的冷静审慎。衡之以庆历以后宋代政治的发展，变法派和反对派之间、以及各个派别内部的斗争多以正邪互相构陷，党争恶化循环，耗尽了北宋政治的元气精神。水心立场虽嫌保守和无奈，却揭示出当时政治格局之基本逻辑的致命限制。

政治能力强调的是士大夫在政治实践过程中形成处理各类事务的技艺策略、意志度量和战略谋划。比如水心批评寇准在澶渊之盟中，既不能知人善用，也不具备军事和外交谋略，而挟君冒险，以和约为己功。（第716页）又批评范仲淹庆历变法对于改革事项的轻重缓急安排失当，轻率激化了既得利益集团的反弹，有志而不成。（第716~717页）再如神宗初年，对于冗兵冗费问题，执政大臣不能"公共为上别白言之，图其至当而决于必行，事既广远，非十数年功绪不就，则人主之志已定，而其他纷纷妄言改作者不复用矣"（第721页），未能形成可行的战略规划。再如批评元祐诸人在元祐初"不能以轻改祖宗政事为熙、丰小人正名定罪，治其尤无良者，倒戈以授仇人，此大失也"（第728页）。水心希望在元祐期间稳固确立"尊祖之义"，从政治合法性上杜绝王安石变法的反复。这个假设性建议是否能够奏效是另外一个问题，不过从中可见水心的长远战略意识。

政治风气侧重于士大夫精英在政治活动中个人作风和群体行动特征以及由此生成的政治社会氛围与情势。这方面最令人瞩目的就是水心对于欧阳代表的、弥散于近世士大夫群体中的好议论风气的激烈批判。前文已述及庆历变革中韩范等人因此而受制、欧阳作为议论宗主而在濮议中被攻击。还有一处，是在评论王禹偁上奏真宗语"简直不回护"时，指出："禹偁受知太宗，夫世有直道自有直气，而为真宗言此不疑，真宗亦未尝以为谤者，直道素明也。自庆历后，议论浮杂，直气空多，直道已散，至治平熙宁，纷争于言语之末，而直道荡灭无余矣！"（第713页）结合水心的多处分析，庆历之后的风气恶化之始作俑者自是欧范等人。这部分也是欧阳代表的士大夫在学问思想上面的病症有以致之。在水心看来，思想议论不能合乎事理，夸张求奇，而又纷纷以正道自居，遇到异议则攻击不遗余力。在现实中经庆历而成为动员舆论、挑战权威的舆论政治风气。挑战者固然可以借助它赢得政治空间，而成功掌权后又得面对新一轮的舆论政治风潮。水心痛心不已的，就是政治淹没在言语和意气的纠缠中日渐沉沦，和衷共济、实事求是的政治作风难以重现。[①]这也是伴随北宋党争恶化循环出现的一个重症。

政治志向则关乎士大夫精英的政治意志、政治理想和目标以及贯彻的精神。前文述及欧阳时已有涉猎。王曾中第后称"平生之志不在温饱"，水心认为类似的欧阳之志最后都与庸众的温饱无异。他指出，士大夫应当有建立事功的使命感，"而况沈酗势利，以玉帛子女自厚，在世俗最为浅下"（第734页）。他肯定范仲淹的改革志在开济，批评富弼晚年无为益昏。也称许司马光面对王安石的强势变法，始终不挠地予以反对，坚持主张恢复祖宗旧法。水心对于理想政治和实际政治目标都有深思熟虑，这里只是从政治人格的角度揭示他对于政治志向的重视。"尽心竭节，灼然树立"，在这个标准下，宋代士大夫群体中鲜有能符合者。

最后一项是政治体制，包含对于这个问题的思考与实践两个方面。这是

---

① 关于近世以降儒家公论观念及其政治蕴含，可参见拙作：《公论观念与政治世界》，载《知识分子论丛》(第十辑)，江苏人民出版社，2011年，即刊。

本文重心,具体内容放在以下部分。这里只提出一条线索。1178 年,29 岁的水心在获得进士第二名的《廷对》策中,曾经指出:"且夫祖宗之盛,盖尝有意于礼乐矣;屡举而不遂,欲行而辄止者,陛下知之乎?汉唐苟简之说杂乎其中,旧臣元老未能深识礼乐之意以有所论建也。故臣愿陛下以兴礼乐以为出治之本,而无求乎汉唐之陋,则天下之士必有出而赞陛下者矣。"① 30 多年后,他在《习学记言序目》中对于欧阳以及其他士大夫精英的批评,正是具体阐发了早年的这个意见。欧阳"助汉唐而黜三代"的思绪,正是所谓"旧臣元老"的代表,对宋代政治变迁的影响可谓深远。

综合上述几个方面,在水心看来,近世士大夫政治呈现出书生政治、舆论政治、朋党政治等特征,从政治志向到政治智识、能力和作风,都有比较严重的弊病。那么就水心的自身意向来说,这种批判由何而来、如何指向积极性的纠弊和重建,而不是简单的否定与颠覆,这就需要我们结合其思想渊源与一生的思想努力来作通盘了解。

二、统纪之学的提出

叶水心的思想渊源,最得益于师友群中三个方面的启发,首先是南宋永嘉学中经制之学的代表人物薛季宣和陈傅良,其次是婺学中的理学与浙学重镇吕祖谦,最后是永康陈亮。受这三方面的传承点拨,水心思想中的政治性逻辑得以充分衍化,并建立起对于近世士大夫政治的批判视野,提出统纪之学的标帜。

先来看薛季宣(1134—1173 年)。季宣与水心之间虽无深入的交流,然而季宣却是南宋浙学转向事功学的关键人物,对于其时的郑伯熊、吕祖谦影响很大,并经过陈傅良引导了水心的思想演变。②首先,季宣在南宋早期暗哑低迷的政治和思想情境中坚持儒者经世事功的精神指向,既反抗秦桧执政的政治和学术压制,就教于洛学传人袁溉,又批评士人群体中遁世自利与清高

---

① 叶适:《叶适集》(下)(卷九),中华书局,2010 年,第 749 页。

② 关于薛季宣,可参见拙作:《薛季宣思想渊源新探》,《中国哲学史》,2006 年第 2 期;《儒学与经世:南宋儒者薛季宣的事功精神》,《孔子研究》,2007 年第 5 期;《南宋儒者薛季宣的中庸观》,《深圳大学学报(人文社会科学版)》,2007 年第 4 期。

避位的消极取向，同时不满于实际政坛中缺失儒学价值维度的法家功利之风。这种精神基调奠定了日后浙学的思想方向。

其次，季宣的思想渊源与北宋新儒学的政治和文化紧密关联，已开启了对于新儒学传统的反思路向。笔者曾经指出，季宣不仅继受发展了二程的洛学，而且与北宋盛期的苏氏蜀学、荆公新学有着思想联系。不仅对于王安石变法及其反对派的政治和思想多有反思，而且将思路回溯到宋学开端。

对于王安石变法，他从政治志向上肯定王氏的理想动机，认为荆公乃卓荦之士，得时得位，可以施展抱负。然而在变法的政治智识、才能和作风上都有严重问题。比如君臣关系的看法上有明显的法家色彩，诱导君主享受富贵，任用权术。在理财问题上，对于冗兵和冗政问题没有体制性的变革，反倒侵削民众的社会财富。并且独断固执，不能认真对待舆论意见，加重其危害。

相对地，季宣对于苏轼持十分肯定的态度。他把苏轼看作是儒者人格的典范，一身兼通经术、文章和政事，并不是时人狭隘认知中的文士。在思想上，季宣也汲取了蜀学的不少因子，譬如道体论上的具象与实践特征、人性论上的回归孔子与政治哲学上的重视理势结合。在洛学渊源上，季宣一方面继承了理学的一些基本观点，如天理观、中道观，重视四书的义理基础地位；另一方面，实现了天理观的实践转向，主张由当然以即本然，不鼓励对于性理的言辩探讨，而重视政治和道德的实践，关注政治制度和历史、治术的探究。在政治体制见解上，季宣已体现出向立国之初汲取资源的思路，譬如部分恢复方镇制的做法。

季宣对于北宋新兴的新儒学，基本上还持积极的评价立场。他的学思关注主要集中于熙宁、元祐时期，对于新儒学的道学特征也有体认，褒扬从范仲淹到理学这一路的发展。而在晚年，因应于儒学尤其是道学发展的形而上化，对于北宋新儒学的后期发展产生了反思意识，由此向上回溯，透过对于胡瑗的解读试图返本开源。他着重指出胡瑗对于成己成人之笃实践行的强调，重视小学的根本功能，以此克治儒学过度义理化、崇尚高明而忽视中庸的不良走向。①这种对于道的实践本位的强调被认为是新儒学道德和政治理

---

① 日后水心指出："古之人以小养大，今之人以大遗小。以小养大者，未有不大者也；以大遗小者，未有能大者也。"[《叶适集》(下)(卷七)，载《进卷·大学》，第730页。]可以说继承了季宣这方面的思绪。

想的根本。①

水心曾指出，"薛士隆愤发昭旷，独究体统，兴王远大之制，叔末寡陋之术，不随毁誉，必撼故实，如有用我，疗复之方安在……"②这段评价点出了季宣开拓风气的先驱性贡献。在南宋前期思想界的荒原旷野上，季宣的"体统"探索指向了儒者，尤其是关注国家宪制的北宋儒者反复言及的纪纲法度，探究三代之后历代政治的变与不变，涵盖了儒家政治义理的道法二层。他一方面继受洛学和苏轼的天理观、道论；另一方面强调道和理的器物事为基础与实践指向，体现出对于政治领域特性的自觉意识。相对于儒家传统和新兴的人格本位政治观，他的经制主张毋宁可以概括为"道法合体，事功为用"，兼重儒家道的原则、价值与各种制度治术，而归结到持久稳健的实践。③

陈傅良（1137—1203 年）是水心长期请教就学的师长，他在季宣与水心之间扮演了重要的承上启下角色。④

在政治和文化传统上，傅良相对于季宣的研古，在知今的现实感一面有了进一步推进。他一方面深化了对于王安石变法的理解批评；另一方面更能够结合宋代整体的政治历史和传统进行评论。他在政治上的恢复论，一方面是回归三代代表的儒家理想政治模式；另一方面是回归宋代立国之初的政治根本精神。这二者在他看来乃是贯通的。因此，体现了三代古典理想精神的宋代立国基础成为傅良不断发掘的资源。这个基础在国家宪制的意义上以深仁厚泽、宽大简易为原则。后来的王安石变法最为严重地背离了这个立国精神，国家不断破坏民众社会的秩序，削弱了根本。南宋建立之后的政制沿袭了变法确立的成宪，没能够进行变革反正，反映出士大夫群体政治智识和意志上的弊病。

傅良努力从宋代政治传统中提炼出有益的经验教训。比如尝试树立公

---

① 关于这一点，笔者曾从儒学实践意识的角度予以专论，可参见拙作：《胡瑗与南宋儒学的实践意识》，《汉学研究》（第二十五卷），台北汉学研究中心，2007 年第 2 期。

② 《叶适集》（上）（卷十），载《温州新修学记》，第 178 页。

③ 关于南宋经制学的政治思想，笔者曾作过简要概括，参见拙作：《秩序关怀与体制实践：南宋经制学者的政治观》，载《中西政治文化论丛》（第六辑），天津人民出版社，2007 年。

④ 关于陈傅良的政治思想，参见笔者专论：《陈傅良政治思想的厚与薄》，《政治思想史》，2010年第 3 期。

法和公论的宪制地位,约束君主的独断意志。在政治形态特征上,特别指出"窃迹本朝家法之详,究观列圣心传之要,规模一以经术,事业付之书生","方今功业,当付儒者",肯定以经术奠造国家宪制的书生政治。他大体上积极肯定近世新儒学的发展,指出欧阳修塑造的一代士风善于文学议论和政事,强调事物之知,胡瑗尤其精于治道,后来引出理学诸贤。值得注意的是,他点出了宋代国家传统的保守倾向与士大夫进取政治之间的紧张,统治者不愿更定立国以来的宽厚政策以至于问题积压严峻,论议之臣每每对此感到忧愤不快,最终引出王安石的激进变革。另外,针对论议之臣在宋代的特殊地位,傅良特别指出宋代官制设置上过于抬高了他们的待遇地位,没有实现与治事行政力量的良性均衡。结合后来水心对于士大夫舆论政治的批评,可以说傅良的回顾中已蕴含了这一面的种子。此外,除了批评王安石变法,傅良也批评反对派领袖司马光缺乏变通精神,耽于修史而对政治事务缺乏历练体验,显示出政治智识和能力的缺陷。

在思想特征上,傅良能够博采众家,同样延续了季宣的多面色彩。他身处理学发展的黄金期,除了季宣的影响,吕祖谦和张栻都曾经有教于他,他一度与心学派陆九渊及其弟子也有深入交流。早期思想的理学色调很明显,特别体现在道论方面的形而上学理解上,成熟期虽有淡化,却主要以德性论和政治论的形式表现出来。与季宣相近,他也强调道与事物形器的紧密联系,特别在认识论上强调道的实践性与理性之知的局限性,对于透过语言辩论探寻道理持保留态度。这一倾向日后在水心思想中有更充分的发挥。傅良的政治观继承了季宣兼重道法的立场,进一步强调政治体制的重要性,并能结合现实政治传统来解读其价值和变革,依据现实情境主张对于儒者定论习见的突破。这也影响了水心反对教条主义的思想心智。在历史观上,他不同意理学道德立场下的"天理—三代"与"人欲—汉唐"对立的二元判断,更强调同一政治逻辑的贯穿古今,讲求其间的精粗高下之缘由。

除了薛、陈的永嘉学脉,婺学中的吕祖谦和陈亮对于水心的影响也十分重要。水心在《习学记言序目》结尾《总论》中阐发心曲:"吕氏既葬明招山,亮与潘景愈使余嗣其学;余顾从游晚,吕氏俊贤众,辞不敢当,然不幸不死,后四十年,旧人皆尽,吕氏之学未知其孰传也!并追记于此。"(《序目》(下),卷五十,第756页)隐然含有传承吕氏学问的意向。水心在《习学纪言序目》中有好几处记载与东莱论学的情景，比如论范祖禹《听政疏》，"此十数语，可为流涕，盖国家存亡，从是决矣。余尝与吕氏极论累日，终无救法"（第727页）。祖谦继有家学，所谓"中原文献之传"尤精于本朝政治和文化的传统。他高度重视儒者学识中的"通达国体（治体）"，对于宋代治体特征也有反复论及。①在他看来，宋代治体的长处在于"宽大忠厚""礼逊节义"的文治主义精神，统治者重视儒学，人物文化繁盛，风俗淳厚。他对于宋代新儒学的发展基本持肯定的态度，认为宋初学问质朴笃实，虽然对于统纪渊源还未深究。

到了庆历、嘉祐时期，豪杰并出。陈傅良在祭祀吕氏的文字中指出"推公之志，欧富韩范"，在政治上是"缉熙宁之坠绪，振元祐之余算"。在人格典范上肯定欧阳修等人，比如编订《欧公本末》，在《少仪外传》中多处褒奖韩魏公的宰相度量和人际手段，指出抗言直谏是造就宋代政治精神的美德。政治上则以元祐为基本立场，在祖宗之法的前提下主张温和渐进的改良。

不过，祖谦对于宋代治体的不足一面也已经开始了反思，对于水心有引导之功。在政治能力上，他指出宋代儒者明显比不上汉唐谋臣，干略不足，事功难成。在对付边患一事上，表露无遗。以范仲淹、韩琦这样的大贤，最终对于西夏问题难有大作为。欧阳修喜谈政事，被祖谦认为有"不足则夸"之病，隐略指向欧阳之学的体用不足，政事之学欠缺，与前文所揭水心的讥讽相近。在政治风气一节上，祖谦对于宋代舆论政治的兴起有清晰勾勒，水心在《序目》中直接引述："国初宰相权重，台谏侍从莫敢议，朝士不平，屡有攻击，如卢多逊、雷德骧、翟马周、赵昌言、王禹偁、宋湜、胡旦、李昌龄、范讽、孔道辅，更胜迭负，然终不能损庙堂之势。至范仲淹空一时贤者而争之，天下议论相因而起，朝廷不能主令，而势始轻矣。虽贤否邪正不同，要为以下攻上，为名节地可也，而未知为国家计也。"（第708页）其中，士大夫对于自身名节和国家治体的权衡问题，在范仲淹那里其实已有反思的端绪。熟稔本朝文献的祖谦在此把问题继续展示出来，水心也延续了同样的问题意识，从而能对士大夫政治有深入辨证的反思。再如，在君子小人的问题上，儒家中道究竟是除恶务尽还是妥协兼容，在朝廷内外远近如何任用。祖谦针对元祐政治指出建

① 关于吕祖谦的政治思想，可参见拙作：《秩序、历史和实践：吕祖谦的政治哲学》，第一届北京政治学青年论坛参会论文，2010年（未刊稿）。

中兼容是错误的。其次，近处重处用君子，远处轻处可任小人，方为通达治体。水心对于元祐党争的基本态度也延续了祖谦的观点。

祖谦学风淹博尚综合，事功学外还是理学大宗师。在思想上极为重视历史传统的梳理辨明，在其中讲求通达治体的学问，强调士大夫的实践历练。他的实践意识非常突出，认为如果儒者不能把儒学修养与关于军事、财政、行政等事务的能力综合一体，将不能免于武人和俗吏的嘲讽，变得与"闾巷人""常人""老成人"无异，无法彰显自己的政治文化特质。在政治规模上，他指出"盖君臣父子兄弟是内治，制度纪纲是外治。内外相维持，皆不可欠缺"[1]，这一点对应于他对于理学道德治术和事功学经制的兼重，其中蕴含了一种饶有意味的多重张力结构。

陈亮（1143—1194年）与水心保持了终生的友谊，在思想上都重视事功、强调经史不分，相契甚深。龙川对有宋200多年的学术文章和政事术业评价很高，认为并不比两汉逊色。他对于宋代新儒学的兴起发展也持基本肯定的态度，在思想上受到北宋诸儒的不少启发。比如对于欧阳修，他指出欧阳的古文配合政府尊崇古道的意向而成为一世师法，欧阳大力提倡恢复先王法度，并且深明治道基础在于士大夫内部在政治上的团结。陈亮特别褒奖欧阳在范仲淹和吕夷简捐弃党见一事上的宽宏识量。另外，对于北宋理学诸贤，陈亮也表示出很高的敬意，并且从自己关切的视角对其思想有所梳理。他特别编订《三先生论事录》，择取张载和二程关于法度的言论，以彰显理学经世致用的体制关怀。

另一面，陈亮也对于士大夫政治进行了辩证的反思。他根据对于宋代立国政治的国势分析，来评价变法得失。另外，还指出宋代士夫有"以议论为政"的风气，也即水心特别措意的舆论政治。宋代立国的一个军事外交限制是与少数民族政权的和约，承认不能从实力上彻底战胜对手。在内政上，因此特别重视立国之势的厚重坚实，表现为树立中央和地方各级政府的权威，优待天下富商巨室与豪杰之士。而庆历变法中，士大夫争相议论变革法度，削弱了中央权威，按察使制度又动摇了地方权威，这在根本上违背了立国之势，难以成功。至于王安石变法，陈亮认为正是在欧阳修提出的恢复先王法

---

① 吕祖谦：《左氏传续说》（卷一），载《吕祖谦全集》（第七册），浙江古籍出版社，2008年，第4页。

度的志向下,鉴于庆历改革不成而激发起来。实际上推行的却是法家霸者功利之说,打击富民商贾与异议士大夫,加重了宋代政体中的集权主义弊病。南宋以来,基本上仍延续了北宋的规模,没有值得一提的改变。孝宗实政仍落入王安石变法的思维窠臼,因此勤政乏效,国势日困。

对于宋代政治传统,陈亮还非常敏锐地指出,在以儒道立国的同时,现实政治却表现出任法的法家特征,所谓"本朝以儒道治天下,以格律守天下","本朝以绳墨立国,自是文法世界",士大夫"以议论为政,以绳墨为法",孝宗"以绳墨取人,以文法莅事"。他呼应季宣、傅良等对于纪纲法度的注重,从历史演变的角度提出汉代任人,唐代人法并用,宋代则演变成为高度依赖法度的任法之世,"举天下皆由于规矩准绳之中",乃至于"宛转于文法之中,而无一人能自拔者",具体又有"任法""定法"、法度繁密、"恃法""持法深"等各种消极现象。而士大夫对此,或者不敢一毫走作,循墨固守,或者高谈道德,以法为绪余,或者争论变革却莫衷一是。"夫法制一定,子孙世守之,小弊则为之损益,大弊则度德顺时,一易而定矣。纷纷而争言之,扰扰而迭易之,上下汩乱,不知所守,此岂为国久长之道邪!"正确的变法之道,在于"大概以法为定,以人行之,而尽去其使法自行之意,上合天理,下达人心,二百年变通之策也"。①

水心于1208—1223年期间村居撰写《习学记言序目》时,他的这些前辈师友都已不在人世。宋代的国政国势经过开禧北伐、嘉定和议,又不复如前,朝政为史弥远把持,更步入颓唐。而思想界中的分化竞争还在继续,理学、事功,诸家角逐。水心在其间提出统纪之学的标帜,可以说是有感于此时的政学流向,期望能开拓一条更为可取的道路。

他继承了季宣、祖谦和二陈经世事功的根本志向,继续对政事治道和文化思想进行全面和深入的思考。政治文化传统所代表的经验现实,成为水心的关注重心。对于北宋以来的政治传统和儒学传统,一方面肯定其有益经验,发扬诸贤提出的纪纲法度、国势和治体之视角,集中于政治活动和体制的剖析,展开对现实法家政治的批判;另一方面尤其将上述诸贤提出来的批评端绪进一步推展,提出了更为深切的反思,比如季宣、祖谦侧重的实践意

---

① 关于陈亮,可参见拙作:《时势与公理:陈亮政治思想中的法度观》,《浙江学刊》,2009年第2期。

识,傅良、祖谦和陈亮对于舆论政治的批评。在儒学传统方面,应对日益流行的理学话语,重归周孔本源以求启示,透过经史之学塑造自己的知识论系统,同时保持了诸贤开放多样的思想气质,讲求政事、经术和文学追求的合一。在儒者典范上,类似于季宣向胡瑗的追溯,水心更越过道学谱系,提出"今人欲景行前辈,须是于明道、景祐以前更接上去看,方得"(第713页),如王禹偁体现的直道风气。

了解水心思想的大致渊源之后,再让我们剖析其统纪之学的具体思想内容。

三、体制正义与政治素养

"古之治足以为经,不待经以为治;后世待经以为治,而治未能出于经。其事宏大广远,非一人之故,一日之力,而儒者欲以一二而言之,此其所以漫然而莫得其纪者也。"这是水心在《进卷·总义》中开端明义的话,论述政治与经典的关系,已预示其晚年重点关切的儒者政治之统纪问题。①其中触及的问题是,理想的政治如何能够实现? 经典是否能够提供实现理想政治的充足根据? 而水心的立场可以说旨在超越历代儒者"待经以为治"的教条主义心智,提出"古之治足以为经",提出以政治实践为本、直面政治世界的经验。

以治为经的含义耐人寻味。首先,它试图破除儒家政治千余年来的心智传统,指出儒者所倚重的经典本身只是理想政治的纪录载体,背后更值得重视的是活生生的政治经验和实践;其次,这个治严格限定在三代典范上,是寄托了儒学规范理念的特定政治。稍加思索,这个提法似含悖论之处:即一方面要强调三代政治本源相对于儒家经典的本源性,可是另一方面,三代政治本身并不是后人儒者可以直接面对的, 它基本上还是透过经典记载才得以呈现出来。水心要以治为经,最后是否还要归于儒者传统的经典套路?

这就需要我们把握到水心的政治学视野,把握构成这一视野的知识学和实践论特点。水心常常强调一个重要的区隔,即所谓帝王事业与书生之学的不同。前者代表了政治实践者的视野,要直接处理宏大广远而丰富复杂的

---

① 参见《叶适集》(下)(卷五),第693页。

现实经验，而后者往往重视经典、文教的基础，所依据乃语言文字寓含的二手知识。从儒者经世的视角来看，前者相较后者，更应成为政治学的重点关切。

三代政治如周公之治是前者的典范，孔子建立的儒家学派从事经典编撰，努力保留前者代表的政治经验。而政治经验一旦逝去，囿于其实践特点，很难完全传承下去。经典记载在此意义上只是线索头绪，启导后世之人努力理解背后的政治经验，而非固守文字教条。①

可是，水心认为孔子之后的儒者大都固守经典，以经为治，实际上则是经且不明，治更难期。直至宋代新儒学兴起，重新注重儒学经典的经世指向，情形有所改观，"盖至于今百有余年之间，豪杰之士相因而起，始能推明其说，务合尧舜三代之旧，以无失于孔氏之遗意"②。然而宋代统治者"欲因儒者之学以求三代之旧而施之于政事之际"，士大夫政治兴起，仍然未能很好处理政治与经典的关系。③这就引出前文所揭欧阳批判所代表的士大夫政治反思。水心身处新儒学脉络之中，对其不足痛下评语，而欲彰明儒者经世的根本要义，领会古典政治的真精神。

我们可以根据水心的洪范皇极论来进一步了解他对于理想政治的观点以及相应的知识论构建。《尚书·周书》中的《洪范》历来被视作儒家政治哲学的大纲，在宋代经世精神的观照下得到高度关注。④水心于《大学》《中庸》外，独重此篇，前期和晚年都对此进行了不断深入的探讨，阐发对于理想政治本身的理解围绕物、极、道与王权、秩序等命题。从中我们可窥测到水心政治哲学的核心构造。

首先，水心从经典诠释的角度指出，《洪范》九畴虽然晚出于武王访箕，

---

① "先王以礼乐施于上下，自朝廷至乡党日用之物也，王政不作，则礼乐因以不举，浸衰浸息而遂亡。孔子以身习礼且正乐，考论虽多，然文字不可得而具，而亦非文字所能具，故《诗》《书》《春秋》可传而礼乐不可传者，治之兴废在人故也。然而因孔子之论，使后世知礼乐为治在政刑之上，有王者起，必从之矣。"（参见《习学记言序目》，第 316 页）。

② 《叶适集》（下），第 694 页。

③ 参见《叶适集》（下）（卷九），第 746 页。

④ 关于近世洪范思想传统，可参看拙作：《经世精神和皇极观念：宋儒的洪范思想传统》，《汉学研究》（第二十三卷），台北汉学研究中心，2005 年第 1 期；《近世思想传统中的政治正当性理论及其启示：以儒学"洪范模式"为视角》，《学海》，2007 年第 5 期。

实质内容却与陈述六府三事九功的《尚书·大禹谟》一脉相承,都记载了三代"经世之成法""先圣之治法"。(第55页)汉儒以阴阳灾异说主导《洪范》的义理解释,流入神秘诡怪,背离了儒家政治"顺五行之理以修养民之常政"的基本精神。

其次,水心发扬宋代洪范学的主题,以第五畴皇极为政治中心,特别将其视作王道标识。而其皇极论实际蕴含了一套关于政治秩序构造的基本看法。[1]这个构造的基础是水心的道—物论述。重视物的具象实践性,这是薛季宣、陈傅良、陈亮以来的思想基本取向,在他们的皇极论中也已有部分体现。水心在《习学记言序目·皇朝文鉴一》中进一步指出:"……物之所在,道则在焉;物有止,道无止也。非知道者不能该物,非知物者不能至道;道虽广大,理备事足,而终归之于物,不使散流,此圣贤经世之业,非习为文词者所能知也。"(第702页)如何使物不至于散流,这就关系到经世成法的秩序原理。以道的秩序关切为根本,水心强调对于物性的认知,提出极对于物之为物的关键价值。"极"作为根本的构成法则指向物之存在的正常状态,以物本身内在秩序的优良为表征,轮之为轮,室之为室,人之为人,国之为国,都有自身的所谓"极"。而皇极作为天下万物的整体秩序,是指这样一种优良的治理秩序:在其间,人的各种生存层级及衍生团体,由一人至家国天下以及职业族姓,都能保持自身的存在特性,并且相互之间能够存异和谐。[2]那么如何落实这样的秩序理想? 这就需要有进一步的体制建设与政治素养予以保障。

首先,君主代表的最高政治权威与民众之间以极之有无为纽带建立起"锡民"和"锡君"这样带有契约意味的关系。"人君有极,则能敛福以锡民,民亦能锡君以保极;人君不极,则与民同受六极之罚,此洪范之正义也。"(第315页)民众的福祉是政治权威确立的条件,是政治人物致力的理想。水心据此批评"然则千有余岁,覆载之广,合离成坏之多,求其能调和血气志虑以整顿当世者,不曾一二而得,况欲望其宣聪明,备道德,为百姓请命上帝而保佑之

---

① 参见《叶适集》(下)(卷七),《进卷·皇极》。

② 水心在现实政论中,向宁宗指出:"治国以和为体,处事以平为极","善调味者,必使众味不得各执其味;而善制器者,必能消众不平使皆效其平。"[参见《叶适集》(上)(卷一),《上宁宗皇帝札子一》,第2页。]

乎！"（第562页）大部分政治人物最终的事业"无异以尽民财为能，以尽民命为功"（第750页）。可见，保障民众的财产、生命和福祉是对于政治权威的要求，是具有超越意志维度的政治使命。

其次，水心着重强调皇极理想的关键不仅在于正确的理解，更在于广大宏远的实践，即所谓"建极"。三代理想政治显示，建极并非最高政治权威一人的行动（"独建"），而是一种具有公共面向的事业，需要联合一定时期内对于政治社会事务做出重大贡献的精英人物，进行"共建""众建""大建"。这种共治实践也符合皇极秩序的深层构成逻辑，要在民众群体的各类组织、职业和族群之间形成包容和谐，势必需要在各方面具有卓越才能智慧的人们协作共和。这种思考也引向对于实际权力格局的敏锐判断，从整体秩序之维持运行的目的不断进行权力体制的调整。水心的现实政论就反映出这一点，下文再作交代。另外，政治实践的广阔性、丰富性也得到强调，皇极一畴需要五事、八政、稽疑等其他范畴的政治具体活动来充实，不同于理学家对于五事修身养性的过度倚重。

再次，皇极代表的政治领域在儒家大道中固然处于枢纽位置，然而并非绝对一元的独断地位。这牵涉到水心对于政治与文教在三代前后的关系之认知。三代理想中政治能够很好地兼任共同体的教化文明任务，皇极与大学、中庸之间和合不分；三代王政衰落后，教化文明随之败坏。孔子儒家以恢复周文自任，在现实政权下遂产生政治与文教的实际分野。牟宗三先生批评水心提倡统纪之学、本原三代政治乃是绝对推崇王者事功的"皇极一元论"。其实，水心虽然批评儒者书生在政治智慧上的缺陷弊病，强调政治实践的重要特性，在道之基本秩序形式上却并非要取消儒家文教的相对独立性，而是承认其间的分际张力是必要的、有益的。[1]水心思想中存在着一定程度的二元权威意识。在三代之后的现实政治中，儒者维系着文教渊源，具备政治智慧的儒学更是指导理想政治不可或缺的。

最后，上述经世成法的几个特征，使得皇极代表的理想政治秩序内在地生成了对于政治权力进行规范制约的宪制因素。水心早年着重从正面阐发

[1] "人主亲经术，未论所知正伪浅深，而能使儒者风动，以其好恶予夺为是非。如此等类，于学者义理无所增益，更令不分晓而已。"［《习学记言序目》（卷二十一），第300页。］

皇极秩序的积极实践意义,而在晚期的《习学记言序目》中则频频从批判王权主义的视角强调理想秩序的宪制精义。比如批评王权自作正义,不注重自修而强调威权,君臣不能共治,待民狭薄,违背天听民听的古道,衍生出后世法家王权主义的端倪。理想秩序应该是具有公共面向而宽广仁义的,民众与精英人物都能获得应有的尊严与自由,最高政治权力与之形成仁厚共治的关系。(《序目》卷五,第55–57页)水心据此批评王权意志的独断,"古人立公意以绝天下之私,捐私意以合天下之公;若夫据势行权,使物皆自挠以从己,而谓之如意者,圣贤之所禁也"。(《序目》卷四十九,第735页)物能由其自性,合乎其极地在秩序中生存,免于政治权势的压制,才是皇极理想的根本目的。三代理想蕴含的宪制因素,生发出对于王权主义的批判维度,"盖秦汉以后,执权当位者皆有一种操切裁制之习,虽亮(诸葛亮——作者按)亦不免也"(《序目》卷三十一,第451页)。另外,就是认识到秩序构成复杂性中的多样和特殊,反对一元主义的化约处理,据此对于儒家习见中的"一道德、同风俗"理想保持警惕态度,这一点具有宽容、妥协的多元主义潜能。

接下来我们分别从政治体制和政治素养两大方面来概述水心的主要政治见解。

皇极之秩序原理,落实到政治体上,可见于水心的国家观。国家的存在有自身的义理逻辑。水心重视其中之势,以之为表征政治权威的综合秩序机理,在体智相对平等的人类中间形成一种客观的关系模式,发挥凝聚、动员与发展的功能。势又进一步转换为法,落实为政治体制。季宣、傅良不断强调的纪纲法度,陈亮、祖谦思想中的法度和治体,都以此为重心。比如傅良在《唐制度纪纲如何》中指出唐代虽有法有道,在制度纪纲上却还存在根本不足,未能对君主最高权力进行伦理和制度的约束。水心的唐论继承这一观点,多次指出唐代的制度纪纲不足以"凭借扶持"。(《序目》卷三十八,第564页)并指出像唐玄宗的开元之治只能算作盛世,不能称作治世,距离儒家善治的理想尚远。"盛与治相近而不同",根本区别在于政治体制的建设有高低不同。"治而后盛,故可保矣。"(同上,第565页)

政治体制建设需要注意如下几方面:首先,国家实力的基础在于以民众共同体为根本的活力之发展。国家应按照是否有利于保护和鼓励社会的积极活力,实现秩序中的发展,恰当处理利害关系,为自身确立之基础。这就导向上文提及的现实权力格局的体制性安排。水心对于有宋近世以来的力秩序之变动具有一种极为敏锐、深刻和通达的意识。比如批评宋代祖宗家法为了防范权力旁落而"矫失以为得",防弊太甚,对于疏导发展社会活力反倒没有积极正面的制度关怀。他希望透过与封建制的比较,增强宋制的公共性和开放性。另外,水心肯定士大夫参与的积极价值,重视宰相权、史官的制衡监督作用,主张君主与士大夫的和衷共治,统纪之学的目的之一就是着眼于士大夫政治才能智慧的提升。他还积极肯定工商阶层与富人等社会精英的政治重要性,指出权不再垄断于上的时代客观趋势,主张在政治上予以吸收、支持和认可。比如他对于仇富反富论调的反驳,对于"宗"作为社会治理精英的新解,对于社会公共事务自治的承认,都体现出对于现实秩序构成的客观理解与更新推动,蕴含了许多具有历史远见的洞识。①

其次,水心在树立理想秩序理念的前提下,指出政治体制建设的历史经验性,强调传统在其间的重要性。他坦陈宋代立国乃是处于军事外交方面与外敌缔结和约的前提下,这一点很难根本改变。然而不能因此无所作为,而应着手于内部体制的变革,逐渐增强国势,扭转国力对比。②三代治法传统和宋代政治传统构成他政治运思的两重视野。前期思想中,他汲汲于沟通二者,以前者指导后者改革的意向更为主动明确。比如从积极层面指出宋代国家的根本在于百年来逐渐确立的礼臣和恤刑,立国之初的重大政治行为在具备一定时期的延续性后成为国家政治的本原法则,显示出与傅良、祖谦等人相同的当代政治传统意识;③从消极方面试图改革宋代的中央集权制、官制、科举制等方面的弊病。晚期思想中,虽仍坚持三代理想相对于后世政治的优越性,现实政论则从三代治法逐渐颓败的视野中指出宋代体制改革之难成,立场上更偏于认同司马光代表的元祐士人,渐同于祖谦式的保守温和立场,对于再现三代之治不似早期之积极乐观。

再次,水心重视政治权威的角色,认为政治权威应该具有回应性、法度

---

① 分别参见《叶适集》(下)(卷二),《民事》;《习学记言序目》(卷五十),第746~747 页;《叶适集》(上)(卷十),《东嘉开河记》。

② 参见《习学记言序目》(卷四十八),第723 页;《叶适集》(卷十二),第789 页。

③ 参见《叶适集》(下)(卷二),《国本》。

性。然而和陈亮一样,他认为士大夫诉诸舆论推动变法,又加以党争循环,这大大削弱了宋代中央政府的权威基础,也对变法形成掣肘,无益于公共权威的树立,实在是宋代政治的重要病灶。在法度化方面,他遵循三代之法的公共性原则,坚决批评法家或儒法合流的政治权威。以汉宣帝为例,水心批评他以家事的态度处理国政,"以天下为私,侍中尚书终身不迁"(《序目》卷二十一,第300页),不能从天下为公的立场举任贤良。水心指出"前于孔子,固已纯任政刑矣"(《序目》卷八,第103页)。法家者流以刑赏为理想政治原则,宣帝声称王霸杂用,法度严格主义中渐失宽大和平之意,后世却"皆以王道儒术缘饰申韩之治"(《序目》卷二十一,第301页),不能明了儒家礼乐政治的体制内涵。而"今以礼乐刑政融会并称,而谓其不二,则论治之浅,莫甚于此。其终礼乐不用而以刑政为极功,儒者之过也"(《序目》卷八,第103页)。与陈亮一样,水心尖锐地揭示宋代同样用儒术正论来包装君主专权下的法度主义,并不合乎基于人情事理之上的三代大法。①

政治素养则包含了政治志向、政治智识才能、政治作风等主体性多方面的素质养成,这也是水心对于儒者平日讲学的期望重心。它们共同指向一种政治意义上的伦理美德,要在长期知行中砥砺修磨,以政治实践及功业为归向。在儒者人格上,水心屡屡称扬"豪杰",以别于"庸众人",这在浙东学统中其来有自。如薛季宣曾提倡:"故须拔萃豪杰,超然远见,道揆、法守,浑为一途,蒙养本根,源泉时出,使人心悦诚服,得之观感而化乃可为耳。此事甚大,既非一日之积,又非尽智穷力所到,故圣人难言之。"②水心指出:"夫有贵于儒者,其所立所识非必高出流俗,要使不堕于流俗,而后可以振俗矣。"(《序目》卷五十,第745页)他在易学解释中特别强调乾卦代表的阳德,将其视作本体论和伦理学意义上的宇宙主导精神,努力在南宋世风中唤起阳刚进取的德性。③陈龙川批评当世士大夫的弊病之一是固守文法绳墨,不敢一毫走作,未能对其超越反思进而更新变革。龙川不取理学家的醇儒模样,主张发挥原

① 参见《叶适集》(下)(卷十二),第789页。

② 薛季宣撰,张良权点校:《薛季宣集》,上海社会科学院出版社,2003年,第304页。此处与前揭水心所言"其事宏大广远,非一人之故,一日之力,而儒者欲以一二而言之,此其所以漫然而莫得其纪者也"十分接近,应有渊源承接。

③ 参见蒋伟胜:《叶适的习学之道》,中国社会科学出版社,2009年,第1章第2节。

始儒家仁智勇品德的成人理想,呼唤有所作为的变法者、立法者建立事功。这些与水心超越世俗的理想都是相合的。

政治智识和才能方面,水心强调深刻认识现实经验中事物的质实情实,周全考量相关的利害关系,以为谋划策略、建立事功的基础。明末李贽称赞叶适:"此儒者乃无半点头巾气,胜李纲、范纯仁远矣,真用得,真用得!"①出于一种深刻的客观秩序意识,水心指出对于政治实践中的力量对比与政策要有均衡、包容的把握,积极引导其间要素力量的生长发展。这种尊重物自性的秩序心智,对于儒者中常见的道德理想主义和经典教条主义是一味有效的消解剂。比如他指出政治权力不能简单草率地对于社会政治格局进行善恶、强弱和本末的区分,进而制定带有明显偏向性的指导政策。这一方面可以避免破坏既有秩序内部的平衡机理;另一方面防止政治权力借此牟取私利,异化成压制性或者掠夺性的力量。这种对于政治异化的警觉,也是其秩序观之宪制因素的体现。

在士大夫政治批判中提及的舆论政治与朋党政治,水心也视为政治素养的重点问题。舆论政治问题涉及到宋代政制、变法党争和士人文化风气多方面因素。在水心思想中,则关联到对于儒道、政治与广义语言之关系的看法。政治的道理是否能够透过语言得到阐明?语言探讨的政治形式如议论、舆论之类是否可以作为积极推展的实践方式?它与其他儒学实践路径的优先性如何处理?概要而言,水心继承了季宣、傅良对于此类问题的怀疑和低调态度,展现出知识论和政治论上的审慎。"盖自庆历、元祐以来,著而为书者,何其众也!其于天下之治乱、军旅、钱谷之大计,常先为之画而以意处之者,何其敢决而不疑也!其言之多,思之深,岂无一二足用于世哉?而后进之士,耳剽目习,以为语言文字之流,使之运奇于异说之余而求夸于陈言之外,足以败天下之定势,则夫朝廷之上,于其发谋举事之际,而何以为守!"②最低限度上,水心认可政治中议论批判力量的必要性;进一步,他指出治道难言,既有言论修辞方式自身的问题,也有舆论场域中体制性的因素。在后者,特

---

① 李贽:《藏书》(卷六),《名臣》之《叶适》,转引自周梦江、陈凡男:《叶适研究》,人民出版社,2008年,第121页。

② 《叶适集》(下)(卷一),第631~632页。

别是君主王权的存在，往往成为众论的操纵力量，真正的公论意志难以体现。在朋党问题上，水心同样是鉴于君主最高权力对结党的猜忌，不同意欧阳等人的君子有党论，以远祸自保并避免党争恶化。"仁宗初年,尝有党论。至和、嘉祐之间,昔所废弃,皆复湔洗,不分彼此,不间新旧,人材复合,遂为本朝盛时。"①研究者曾指出水心未能对于士大夫的批评权进行制度化的良好安排。②依同样的逻辑，水心也未能对于士大夫的党群论进行组织化、制度化的积极设想。从现代政治的立场来看，这固然显示出水心立场的古典与保守倾向，也未能彻底贯彻其整体思想从秩序关切到体制发展的积极路向。然而水心对于王权主义政制的警觉怀疑与对于儒者政治的实践偏好，在当时的背景下也自有其合理处。这一点我们不能苛求古人。

最后，谈一下水心的知识论特征。统纪之学讲求治道统绪、兼重体制与素养，水心却屡屡指出治道难言、法度难革、豪杰难求。③正视政治经验与实践的儒家道问学之不易得，是水心遍视古今、亲历实政之后的大感慨。在先后同出的时贤中，他继承浙东学脉，对于朱陆等道学则持异议。检视起来，他的浙东俦侣在思想上仍然表现出来自早期理学的深刻影响，于经制事功之外杂以程度不等的道德形上学色彩。这一点至水心晚期，可以说洗刷殆尽，以统纪之学的政治中心论对理学进行了鲜明彻底的批评。而这种批评的根本视野是上文不断指出的儒者政治之成熟、近世士大夫政治之反省。在知识论上，他继承了新儒学关于道与主体能动性的基本看法，并不否认心的明道角色。不同于理学的是，他对于心和物能够持一种大体均衡的立场，并且更注重物对于道的实践论含义。④在此意义上，古文运动、道学思潮都有偏失，对于儒者的道德和政治实践都有蔽障之见。⑤水心提出的"内外交相成"，可

---

① 《叶适集》(上)(卷一),《上宁宗皇帝札子一》,第 2 页。

② See James T. C. Liu, *Ou-yang Hsiu: An Eleventh Century Neo-Confucianist*, Stanford University Press, 1967, Ch.5, pp.63-64.

③ 参见《叶适集》(下)(卷十五),第 835 页。

④ 蒙培元先生从德性之学的角度对水心有较为深入的探讨,参见蒙培元:《叶适的德性之学及其批判精神》,《哲学研究》,2001 年第 4 期。

⑤ 水心从理想政治的角度,指出"其文则必皆知道德之实而后著见于行事,乃出治之本,经国之要也"[《习学记言序目》(卷四十八),第 711 页。]。所谓"道德之实",就是正文皇极部分指出的物、道、极的恰当关系。

以说为季宣的道法合体、祖谦的内外维持等论述赋予了知识论的成熟基础。

叶适的统纪之学是南宋浙东学术中政治性逻辑的充分展开，也展示出对于近世士大夫政治乃至传统儒家政治的一种批判性视野。这一思想史谱系的展开，不同于古典儒学政治思维，面临近世政治的新问题、新形势产生出很多具有早期现代意义的思想观点，同时又保持了儒学的一些经典特征，从而显示出介于古典与现代之间或曰居中转型的近世特征。从现代的后视角度观察，这一脉络可以说是早期现代中国宪政转型的思想先驱，与之后的明清之际、晚清形成了此种转型的三波浪潮，仍然值得我们认真地清理发掘。

▼历史与观念研究

章太炎与辛亥革命
——以清学史的政治困境为线索

杨际开 *

一、俞樾在晚清思想界的地位

俞樾(1921—1907)1881 年作《三大忧》,认为"中国之号将替""孔子之道将废""天地之运将终"[1]。这"三大忧"直接来自所谓"西方冲击"——在政治、文化、环境三方面中国将陷入全球性"公地悖论"不能拔。清朝因无法应对俞樾从文明安全的角度提出的全球化课题而退出历史舞台。史学家章钦(1880—1930)在《中华通史》中认为清代是民国的胚胎期。章太炎等浙江籍革命党人原先的想法并非要在中国打造出一个"政治民族"或将"天下"转变成为"国家",辛亥革命原先的目的是要实现从君权向民权的典范转换,这是其正当性的所在。太炎的思想是从俞樾的思想中推演而来,宋恕认为"德清之识,文中子后一人,非纪、阮所及"[2]是有其根据的。

俞樾在同光年间,关心东亚的前途,也受到东亚人士的关注。俞樾与日本文人自竹添渐鸿(1842—1917)交结。在与他的笔谈中,俞樾了解到日本明治维新以后,"列国学宫,多用西学,以谋仕进之快捷方式。孔孟之道,几乎扫

地，一时殆有焚书之议"。俞樾在《春在堂随笔》中写道："味其言，盖亦彼国有志之士矣。"俞樾还记录了竹添有一同乡上田休"不喜新政，雅慕中国，常曰：'身死禹域，于愿足矣'"①。俞樾1875年曾在西湖三潭印月彭雪琴处见到过到访的上田休（王半田）留下的诗，主人还向俞樾介绍了来客的长相："时日本变从西洋之服，而客所衣犹褒衣博带也。"②"褒衣博带"当是形容日本男子穿着的和服，从这个词汇可以感到东亚文明圈人的文化连带感，赵翼（1727—1814）在《二十二史札记》卷三十四《天主教》中写道："孔教仅中国之地，南至交趾，东至琉球、日本、朝鲜而已。"显然，这里的"中国之地"是以"孔教"为标识的文明版图，俞樾赞同变法，却不主张全面西化是出于对保存文明的主体立场，宋恕日后主张"易西服"，认同的是明治维新的另一个侧面。

在同光年间，东亚文人对自己归属的文明有行将不再的忧虑感。俞樾为竹添渐鸿的《左传会笺》与《栈云峡雨日记》写了序，他的《三大忧》也是对东亚文明前景的忧虑。1882年，俞樾受岸田吟香（1833—1905）之托，编纂了《东瀛诗选》正编40卷，补遗4卷，并为其中150余人作了记录。本来，日本人士让俞樾来选《东瀛诗选》，寓有文化交流的意图，俞樾确实也通过这次选诗，对江户时代的儒学史有了一定的了解，增进了对东亚文明的一体感，俞樾对日本儒学思想的关心后来为他的弟子宋恕、章太炎等所继承。

俞樾在《秦始皇帝论》（收入《宾萌集》一）中为秦变法以及荀子辩护，可谓开太炎变法思想先河。他在《丹朱·商均论》中写道："后世之君以百战而得天下，天下既定，中外无复异志，而争夺之祸常起于门内。"③这一专制体制的权力法则也是一种公地悖论，称赞放弃王位继承权的丹朱、商均表现了俞樾的民主思想。对中国政治史上权力法则的反思具有东亚文明的整体意义，也成为太炎思想的出发点。

在《自强论》中，俞樾认为："盖亦反其本矣！窃谓当今之世，欲行仁政莫急于吏治。"④官吏在既存体制中与民争利，全国上下沉溺于争权夺利，俞樾欲将这种"公地悖论"式的生存样态转换成"仁政"的建设。基于这种思想，他

① 俞樾：《春在堂随笔》，江苏人民出版社，1984年，第108~109页。
② 俞樾：《春在堂随笔》，第102页。
③ 俞樾：《春在堂全书》（第三册），第780页。
④ 同上，第852页。

在《弭兵议》《弭兵余议》中提出了自己的和平构想,并要将他所描述的"仁政"推广到全世界:"南皮公(张之洞)之说,各治其国;以吾之说,治天下万国,一国治,万国治,而天下乃无乎不治矣。"①这种秩序构想仍然出自儒家"修、齐、治、平"的思维方式,但已与西方民主思想接通。

葛士浚(1848—1895)在上海出版了《皇朝经世文续编》120 卷,俞樾在1888 年写的序中说:"愚尝谓:孟子之书言法先王,荀子之书言法后王,二者不可偏废。"这是一个取代程朱理学的思想典范,提出了道德与政治并重的变法观,从此,俞樾关于政治改革的文章成为晚清经世思想的主流,阮元对畴人的表彰,出现了一个新的关心领域,"习礼、习乐、习诗,皆可谓之畴人"②,最后导出了宋恕的变法思想与章太炎的革命思想,上海遂成为近代中国革命的策源地之一。

从君民两权之消长的角度来看,欧美国家的近代革命、明治维新,以及辛亥革命的性格是全球化进程在不同文明与地域的展开。这为理解章太炎的思想提供了新的视角。

俞樾以清代朴学的后殿为世人所知,但他也是同光年间的一位有影响的变法论者。他在《春在堂随笔》中收录了诂经精舍高材生潘鸿写给他长子绍莱的一封论学的信,俞樾认为,"洋洋千言,颇有所见",信中写有,"素不愿如东原一流人,句栉字比,钩考一名一物,耗心竭神,仅成数卷废纸"③。俞樾虽没有直接言及过祖师戴震(1724—1777),但对潘鸿的这句话,应是有同感的。俞樾在《说治》(上)中认为:"治天下而惟无事之求,其不至乎乱者,未之有也","周之子孙则岂有如桀纣之无道者欤? 不过因循苟且以无事为安,日复一日,天下之权因而去之而不自知也"。这可以说是对清朝体制为什么到晚清会出现乱象的反思,内含对变法的诉求,在《说治》(下)中,俞樾针对魏源的"以夷攻夷"主张,认为:"今明告之曰:'吾将以尔为羿,而求其尽术以予我,必不可得之数也。'"进而提出了"制巧者拙也"的变法思想。

关于俞樾的经世思想,他在给时任福建巡抚的亲家王凯泰的信《又与补

① 俞樾:《春在堂全书》(第三册),第 866 页。
② 阮元:《畴人解》,载阮元等:《畴人传汇编》,广陵书社,2009 年,第 5 页。
③ 俞樾:《春在堂随笔》,第 52 页。

帆》(收入《春在堂尺牍》卷三)中写道:

> 又承示于书院常课外,别设一课,专考经济有用之学。美哉! 斯举
> 也。夫通经而不足致用,何贵通经? 经意、治事固胡定安之成法也。使士
> 子知上之所求,不徒在八股试贴而孜孜讲求于其大者、远者,洵为国储
> 才之要务矣。……尝谓:师儒之教,总以经史、实学为主,苟于经史并通,
> 即于体用兼备。今于书院增此一课,鄙意请以史事命题,凡政治得失之
> 由,形势成败之迹,理财治兵之策,建官取士之规,或统筹全局,或试论
> 一事,观其断制乎古者不谬,则其施设于今者。可知数年以后,父子兄弟
> 互相研究,人才辈出,必由此途矣。

在同治年间,胡瑗(993—1059)提倡的"明体达用"学风重又抬头,而"经
史并通"是浙东学风,"体用兼备"则是浙东学风所承传的政治伦理学说,晚
清为黄式三(1789—1862)所提倡。式三在其《儆居集·经说》中有《阮元仁论
说》,谓阮元《论语论仁》《孟子论仁》《性命训诂》诸作,皆根本段玉裁之说推
衍而来。①在式三眼里,阮元是戴学的第三代传人。他还著有《申戴氏气说》
《申戴氏理说》《申戴氏性说》三文来专门发明戴氏的理学思想,又著《叶氏经
学辩》,指出叶适的武断,为朱子学辩护,并认为:"明儒薛敬轩、罗整庵皆宗
朱子,理不事外,必依薛而始实;中和存发、理气分合,必依罗而始实"②,提出
了宋明理学之内在发展变迁的观点。立足于戴震对理学意理的批判,式三还
在其《变法说》中指出:"道有偏而不起之处,政始有眊而不行"③,揭开了晚清
变法思想的序幕。

俞樾主讲杭州诂经精舍期间,黄氏入祀精舍先觉祠(另有遗爱、正气二
祠)。④太炎在《清儒》中说:"定海黄式三传浙东学,始与皖南交通。"⑤这是说,
浙东学术自黄宗羲、章学诚以后,通过黄式三与戴震的思想对话,发展出了

---

① 参见张舜徽:《清人文集别录》,华中师范大学出版社,2010年,第393页。

② 黄式三:《汉宋学辩》,载《儆居集·经说三》。

③ 贺长龄、盛康编:《清朝经世文正续编》,广陵书社,2011年,第136页。

④ 参见俞樾:《春在堂随笔》,第62~63页。

⑤ 傅杰编校:《章太炎学术史论集》,云南人民出版社,2008年,第390页。

一个新的学术典范。式三在《汉宋学辩》中指出："汉学所宗仰于今者元和惠氏、休宁戴氏，而读两家之书，于汉师郑君之说有不能强通者与宋儒之说多同"[①]；而在继承了俞樾提倡的朴学学风的章太炎看来，"又有戴震，则实为宋学家，非汉学家"[②]。这是说，戴震所传承的清代朴学的问题意识是从宋学发展而来。

俞樾在《井上陈子德西行日记序》中表露过自己的抱负："苟窃宋元之绪论虚谈心性是欺世也，余弗为也；苟袭战国策士之余习，高语富强是干世也，余又弗为也，故尝与门下诸子约惟经史疑义相与商榷，或吟风弄月抒写灵性而已。"[③]通过与门生讨论"经史疑义"来寄托对现实的关怀正是他作为一个学者的姿态。

二、戴震学的发端

侯外庐指出："东原的平等思想，是还原于哲学而言，尚非具体的平等理想，但他已经说到若无此平等的社会关系之'认识'，便是'任其意见而祸斯民'，'意见'二字在政治学便为'朕即国家'的专制。"[④]侯氏认为，戴震的批判思想是在预设一种"平等的社会关系"，而笔者认为，太炎的革命思想源于从戴震的"哲学"向"政治学"的转移。太炎对程朱理学的批判虽然仍然继承了清代汉学的传统，但却以理学传统由"明心见性"向"修己治人"的价值转换为切入点，展示了一种入世关怀。

太炎从清代汉学的传统出发，对戴震的反理学思想进行表彰而被目为中国现代学术的发端。如钱穆认为："近儒首尊东原者自太炎，特取其排程、朱，以清末治程、朱者率恶言革命也……然其分辨欲当即理，乃隶政之言，非饰身之典，实旨言也。"[⑤]这暗示太炎对程朱理学的攻击只是一时的权宜之计。侯外庐同钱穆一样，虽然也同意太炎是"近代首先评论戴学的人"[⑥]，但他

①　黄式三：《汉宋学辩》，载《儆居集·经说三》。
②　章太炎：《清代学术之系统》，载傅杰编校：《章太炎学术史论集》，第401页。
③　俞樾：《春在堂全书》（第四册），第341页。
④　侯外庐：《近代中国思想学说史》（上册），生活书店，1947年，第418页。
⑤　钱穆：《中国近三百年学术史》（上册），商务印书馆，1997年，第396页。
⑥　侯外庐：《近代中国思想学说史》（上册），第348页。

认为:"然此实并非权言,正太炎的真认识。"①钱氏从回护程朱理学的角度,而侯氏从反理学的角度来理解太炎对戴震思想的解读,分别道出了真相的一个方面,其实,太炎针对的是学术与权力的关系,主张学术对权力的相对中立,也就是说,太炎在围绕戴震的文化论述里面已经包含了政治论述。

太炎在《菿汉微言》中也认为,戴震"斥理欲异实之谬,近本罗氏而远匡乡先生之失……其所诃固在此不在彼也,是故东原之术,似不于朱氏相入,而观其会通,则为朱学之干蛊者,厥惟东原"②。"在此不在彼"是说戴震的反理学不是反程朱,"干蛊"出于《易》"蛊"的卦辞,这里有清除程朱理学意理的含义。钱新祖主张将"戴震与章学诚都放置在陆王的传统中"③来予以理解。确实,戴震在对理学意理展开激烈批评的时候,立足于一知行合一式的一元立场,而在思想上却延续了明代中叶以降出现的政教分离的思想诉求。戴震的理学批判思想源于罗钦顺(1465—1547)的看法出自黄式三④,太炎沿着式三的思路,重新建构了以"修己治人"为价值重心的理学思想史。⑤罗氏关于"人心""道心"体用二分而相即的思想已显露出了政教分离的近代曙光。⑥

在陆象山"即不知尊德性,焉有所谓道问学"与戴震"然舍夫道问学则恶可命之尊德性乎?"是对"尊德性"与"道问学"互动关系的两个极端态度,而所谓"德性"的内涵才是关键的问题。宋明理学自明代中叶以后开始出现了"尊德性"与"道问学"的分离共存意识,支撑这种意识的是一种新型的事功伦理,可以兼容"尊德性"与"道问学"。

宋明理学走向近代的主流,如陈垣所言:"儒释之学同时丕变,问学与德性并重,相反而实相成焉。"①"儒释之学"在明季同时出现丕变预示了清代佛

---

① 侯外庐:《近代中国思想学说史》(上册),第392页。

② 傅杰编校:《章太炎学术史论集》,第351页。

③ 钱新祖:《焦竑与晚明新儒思想的重建》,台北台湾大学出版中心,2014年,第302页。

④ 黄式三在《申戴氏气说》中作注:"理气无先后,二之不是,本朱子旧说。薛氏、罗氏、刘氏皆申之,似无待辩。"参见黄式三:《儆居集·经说三》。

⑤ 章太炎认为,范仲淹、胡瑗、司马光、二程、薛季宣、叶适、顾炎武、陆桴亭为"修己治人"的代表人物。参见章太炎:《适宜今日之理学》,载傅杰编校:《章太炎学术史论集》,第345页。

⑥ 参见林月惠:《十六世纪朝鲜性理学者对罗整庵"人心道心"说的回响与批判》,载吴震主编:《宋代新儒学的精神世界——以朱子学为中心》,华东师范大学出版社,2009年,第338页。

儒分立的学风,这才是近世中国乃至近世东亚社会与思想发展的实情。

对"理欲异实"的批判也就是对朱熹二元论思想体系的否定,包含着对具有近代意义之道德实践学的诉求,因此是"隶政之言"。太炎在《通程》中写道:"晚世戴震,宣究其义,明理、欲不相外(戴氏之书,名为疏证孟子,其论理、欲,实本荀卿),所以县群众、理民物者,程氏之徒莫能逮也。返循伯子(程颢)定性之书,其从政必不以去欲为,故精之至。"②这可以看作是对"隶政之言"的一个注解,太炎从程颢对"性"的论断中③读出了"从政必不以去欲为"的意向,为满足"欲为"的政治世界正名意味要求程朱理学从政治生活中的退场,这一要求又提出了专制王权的合法性问题。

太炎在《訄书·学蛊》中一开头就写道:"宋之余烈,蛊民之学者,程、朱亡咎焉,欧阳修、苏轼其孟也。"继而认为:"幸有顾炎武、戴震以形名求是之道约之,然犹几不能胜。"④太炎心目中的清学史是与"学蛊"进行争斗的思想史,与梁启超"清代学术之运动,'研究法的运动',非'主义的运动'也"⑤的清史观形成对照,两人对清学史,特别是戴震的不同读解也左右了他们对政治的看法。

钱穆一派视太炎为近儒代表彰戴震第一人,其实,"近儒"首尊戴震是戴望,而将戴、章"并尊"则源自宋恕。宋恕在1902年春写的《留别杭州求是书院诸生诗》中有:"论史莫如章氏美,谈经最是戴君高。"①在这一清学观里,确

---

① 陈垣:《明季滇黔佛教考(外宗教史论著八种)》,河北教育出版社,2000年,第303页。华裔学者钱新祖(1940—1996)在他的博士论文《焦竑与晚明新儒思想的重建》中以焦竑(540—1620)为中心,进一步阐述了从李贽的"天人分裂"到焦竑的"宗教折中"这一思想史的典范转换过程。参见陈智超主编:《陈垣全集》(第18册),安徽大学出版社,2010年,第81页。

② 傅杰编校:《章太炎学术史论集》,第363页。

③ 程颢认为,"观理之是非,亦可见外诱之不足恶,而于道亦思之过半矣"。参见程颢、程颐:《二程集》(下册),中华书局,1981年,第1263页。

④ 章炳麟著,徐复注:《訄书详注》,上海古籍出版社,2008年,第102、106页。

⑤ 梁启超:《清代学术概论》(第十一章),参见梁启超:《饮冰室合集》(第八册),中华书局,1936年,《专集》之三十四,第31页。

实蕴含着某种政治批判的思想倾向。

太炎在《哀清史》中，认同南明抗清的志业，他从这一立场出发，认为："自清室猾夏，君臣以监谤为务。当康熙时，戴名世以记载前事诛夷矣。雍正兴诗狱，乾隆毁故籍，姗谤之禁，外宽其名，而内实文深。"②太炎将清学"求是"的家法转向清史，发现了一部对江南知识分子的思想进行镇压的历史，而究其原因是"国史诎于人主"③，于是产生了从东亚史的角度重写中国通史的想法，在这样的构想下，清朝的政治合法性光环开始褪去。

1902 年 8 月 18 日，太炎在给吴君遂的信中写道："史事前已略陈，近方草创学术志，觉定宇、东原，真我师表，彼所得亦不出天然材料，而支那文明进化之迹，藉以发见。"此时，太炎还将惠、戴并尊，然后，他话头一转："麟家实斋，与东原最相恶，然实斋实未作史，徒为郡邑志乘，固无待高引古义。试作通史，然后知戴氏之学，弥仑万有，即小学一端，其用亦不专在六书七音。"④此时，在太炎的心目中并非章戴"并尊"，而是戴高于章。太炎沿着"求是"的家法发现了由戴震揭发出来的政治困境——对国史的记述要屈从于人主的意志。

本来，在戴震弟子中间，有两个对乃师的评价系统，一个是洪榜（1745—1780）的《戴先生行状》，另一个是段玉裁（1735—1815）的《戴东原先生年谱》，这已经为梁启超所道。⑤洪榜在《戴先生行状》中指出："先生病夫后之治经者依于传文，以拟其是，择于众说以裁其优，出于空言以定其论，据于孤证以信其通，以此治经，不知为不知之意，苟立一说，则徒增一惑，即起一辨使后之学者不胜其劳，因取其说之易晓者，浅涉而坚信之，用自满其量之能容受，不复求远者、大者，治经益疏而去道益远。"⑥这里，洪暗示了戴震的批判思想源于他的治学方法，他在《上笥河先生书》中立足于儒释之辨的角度为戴震辩护，着眼点仍在于从"驰心于高妙"向"人伦庶务"之学术典范的转换。

---

① 胡珠生主编：《宋恕集》（下册），第 857 页。

② 章炳麟著，徐复注：《訄书详注》，第 838 页。

③ 同上，第 847 页。

④ 马勇编：《章太炎书信集》，河北人民出版社，2003 年，第 64 页。

⑤ 参见梁启超：《饮冰室合集》（第五册），载《文集》之四十，第 40 页。

⑥ 洪朴、洪榜：《二洪遗稿·初堂遗稿》（第二册），北平通学斋据原刊本影印，1931 年，第 4 页。

而段玉裁在《戴东原先生年谱》中引述,戴震"朴生平最大者为《孟子字义疏证》一书,此正人心之要。今人无论正邪,尽以意见误名之曰理,而祸斯民,故《疏证》不得不作"①。两人所传《孟子字义疏证》的要点不尽相同,前者介绍了戴震的思想贡献所在,后者夫子自道,意在揭露以理学为名的政治形态。王昶(1724—1806)在《戴东原先生墓志铭》中说:"本朝之治经者众矣,要其先之以古训,折之以群言,究极乎天地人之故,端以东原为首。"②揭示了戴震开创的"古训—群言—天地人"这一研究典范。这一评价在段玉裁的《戴东原集序》中也得到了反映。卢文昭(1717—1796)在《戴氏遗书序》中写道:"吾友新安戴东原先生,生于顾亭林、阎百诗、万季野诸老之后,而其学足与之匹。"③这也在暗示,戴震开创了有别于明末清初遗老的学术典范。

阮元(1764—1849)在《儒林传稿》卷四中,为戴震立传,附传凌廷堪。将凌廷堪(1757—1809)置于戴震附传中,说明在阮元心目中,廷堪是戴震的传人。廷堪志在继承戴震遗志,通过礼学来阐述理义。廷堪说:"而理义故先生晚年极精之诣,非造其境者,亦无由知其非也。其书具在,俟后人之定论云尔。"④廷堪已经认识到,戴震价值的核心在其"理义"。焦循在收入《雕菰集》卷七的《申戴》中说:"则其所为'义理之学可以养心'者,即东原自得之'义理',非讲学家《西铭》、《太极》之'义理'也。"⑤问题在于这里的"东原自得之'义理'"是什么?

关于体现戴震"义理"思想的《原善》《孟子字义疏证》,蒋维乔认为:"著此书之动机,乃为破坏宋儒空疏之谬见,而高倡儒学根本精神,为实用经世之术者也。"⑥这里发生了对"儒学根本精神"进行诠释的脉络转移,而当生活在具体的"礼之框架"⑦的人感到这个"礼"是一种桎梏的时候,上层建筑的革命就已经开始了。俞樾认为:"宋儒以克己为克去私,鄙意以为不然,'己复

---

① 汤志钧校点:《戴震集》,上海古籍出版社,1980年,第481页。
② 王昶:《春融堂集》(卷五十五),载《续修四库全书》,上海古籍出版社,2002年,第219页。
③ 卢文昭:《抱经堂文集》,中华书局,1990年,第75页。
④ 纪健生校点:《凌廷堪全集》(第三册),黄山书社,2009年,第328页。
⑤ 刘建臻点校:《焦循诗文集》(上册),广陵书社,2009年,第125页。
⑥ 蒋维乔:《中国近三百年哲学史》,岳麓书社,2011年,第41页。
⑦ 张宝三等编:《日本汉学研究续探:思想文化篇》,华东师范大学出版社,2008年,第149页。

礼'三字连读。己者身也,克者能也,克者克己复礼者能身复礼也。"①通过俞樾的这一诠释,由宋儒"克己复礼"的二元论式的道德主体变成了"能身复礼"的一元论式的法政主体。②

戴震的学术虽然他在世的时候就已经受到少数有识之士的赞赏,但直到19世纪后半叶,清代学术界都没有看重他自己所最为看重的思想贡献。要到戴望出来才提出了不同的看法。他在给谭献的信中写道:"段大令则称其学贯天人;孔检讨则憾其崇阐汉学,而不终其志以殁;洪舍人则谓欲明察于人伦庶务之理,必自戴氏始;江征君则以能卫东原者为卫道之儒;焦孝廉则谓其疏性道天命之名,如昏得朗。诸君子皆非漫然无学术者,而交口称之,且再三称之。足下何见乃欲置之第二流,而以慎修为过之。江戴相等,犹可也;乃使之一居上上,一居上中,岂以其名高而有意抑之乎? 其意见可谓重矣。"③此时,谭献还认为江永高于戴震,一年以后,就认为"章氏之识冠绝古今"④了。戴望对戴震的评价立场带有某种政治诉求,这一立场后来为太炎所接受,可以认为,正是戴望对戴震思想的积极评价向太炎暗示了争取"民族"与"民主"双重含义的辛亥革命方向。

谭献不同意戴望将戴震目为清学第一人,他是最早表彰章学诚思想的晚清学人。夏曾佑、章太炎都是在谭献的推荐下开始阅读章学诚的著述。俞樾是太炎本师,但也受业于谭献之门。⑤谭献对章学诚推崇有加,但并未将戴、章并尊。与阮元一样,钱林在《文献征存录》卷八中虽将戴震置于钱大昕之后,但对表述戴震思想之《原善》的内容作了介绍。值得注意的是,段玉裁的证言成为评价戴震的根据。根据章学诚的见解,钱大昕对戴震的评价"亦但云训诂名物,六书九数",而学诚根据戴震《原善》等关于义理方面的著作,将戴震"许为乾嘉学者第一人"。这是从结果的推论,而事实上,戴望对戴震

---

① 俞樾:《春在堂尺牍》(卷六),《与易笏山方伯》。

② 参见拙文:《从道德主体到法政主体——以程朱理学与永嘉事功学之间的交汇与转换为线索》,《政治思想史》,2011年第2期。

③ 张舜徽:《爱晚庐随笔》,华中师范大学出版社,2005年,第213页。

④ 谭献:《复堂日记》,河北教育出版社,2001年,第17页。

⑤ 参见张舜徽:《爱晚庐随笔》,第214~215页。

的评价并非以章学诚的评价为依据，推崇学诚的谭献也没有以学诚的尺度来评价戴震。

三、章太炎的戴震理解

太炎 1901 年作《谢本师》①。他在文中写道："昔戴君与全绍衣并污伪命，先生亦受职为伪编修。非有土子民之吏，不为谋主，与全、戴同。何恩于虏，而恳恳蔽遮其恶？"②这段描写既像是责难，又像是回护。太炎对俞樾的评价以全祖望、戴震对清朝体制的态度为准据，他既然认为戴震"隐有所痛于时政"③，那又怎么知道本师俞樾就没有呢？对此，朱维铮提出："按照清代的学术传承习惯，章太炎是王念孙、王引之父子嫡传的俞樾的高足。他对《孟子字义疏证》政治取向的诠释，是否得自王、俞私传的内情？"④在清代，戴震最初的知音是齐召南（1703—1768）⑤，而齐召南是齐周华（1698—1768）的堂弟，也受吕留良案牵连，但因召南曾为乾隆侍读，得以免死⑥，戴震及其门生当知道师门的这段痛史。而从太炎《释戴》的行文逻辑，可知他对戴震"隐有所痛于时政"的诠释出自于"阳儒阴法"之专制体制下的生命体验。实事求是的朴学学风受扼于程朱理学的政治意理，于是催生出了"以理杀人"的控告。

从宋恕的制度论到太炎的动机论，清末变法的时代主题开始向辛亥革命的方向转变。宋恕在《卑议》（原名《中议》，有效法王通《中说》之意）中展开的变法构想要有推动的主体，太炎 1898 年在《商鞅》中指出："夫使民有权

---

① 章太炎：《谢本师》，载东京：《民报》，1906 年第 9 号。

② 汪荣祖：《章太炎散论》，中华书局，2008 年，第 14~15 页。

③ 章太炎：《与吴承仕论清代学术书》，载傅杰编校：《章太炎学术史论集》，第 418 页。

④ 朱维铮：《走出中世纪二集》，复旦大学出版社，2008 年，第 28 页。

⑤ 洪榜在《戴先生行状》中说："先生学日进而遇日穷……有传其书至浙中者，天台少宗伯齐公召南见之曰旷世才也，嘉叹不绝于口，由是江以南北稍稍知先生名。"参见洪朴、洪榜：《二洪遗稿》（第二册），第 6 页。

⑥ 参见叶哲明：《台州文化发展史》，第 9 章第 11 节"清初天台二齐——齐召南齐周华的辉煌学术"，云南民族出版社，2006 年，第 637~651 页。另，作为"以理杀人"的范例，参见"齐召南跋齐周华《天台山游记》案"，载上海书店出版社编：《清代文字狱档》，上海书店出版社，2011 年，第 93~96 页。

者，必其辩慧之士可与议令者也……以蠢愚无知之民，起而议政令，则不足以广益，而只以淆乱是非，非禁之将何道哉。"①太炎身处戊戌变法的时代变动之中，对两千年前的商鞅变法产生了共鸣，人民获得权利需要法令，而理解与遵守法令需要智慧。

夏曾佑 1904 年对戊戌变法作过如下总结："夫欧人之变法，争利害耳，而其惨磔已如此。我国之变法，乃争是非，宜其难阻之百出也。"②智慧是用来判断是非善恶的，也就是说，可以对是非善恶独自进行判断的主体才是变法的前提，戊戌变法后，太炎 1899 年流寓台湾，著《客帝论》，提出："客帝者，孰为之主而与之玺绶者乎？"他在文中主张尊满洲为"客帝"，孔子为"共主"，表达了要落实黄宗羲、吕留良之"君职观"的愿望。诚如河田悌一所说，对太炎来说，逐满革命"也是生活在中国的'主体'的发现"③过程。也就是说，太炎的"文化论述"旨在重树是非善恶的判断标准，与其"政治论述"是物之两面，有着内在的逻辑关系。

太炎 1900 年在《咏南海康氏》中写道："'夺门'伟绩他年就，专制依然属爱新。"④他认为，即便康、梁的保皇主张得以实现，也改变不了满人专政的政治体制。1903 年，太炎在《驳康有为革命书》中明确了他的革命观："今日之民智，不必恃他事以开之，而但恃革命以开之。……民主之兴，实由时势迫之，而亦由竞争以生此智慧者也。"⑤"革命"成为"开民智"的手段，目的是要创造出重建中国的政治主体，而他的"竞争"内涵是与西方列强争平等，同时也是为东亚文明的现代价值正名。此时，他对是非的判断标准已经是民主与专制。宋恕的"阳儒阴法"说是对贯穿中国政治史之法律概念的剔抉，而太炎将此投射到有清一代的政治体制上："清世素不守法，专制之政虽衰，督抚乃同

① 汤志钧编：《章太炎政论选集》（上册），中华书局，1977 年，第 71 页。
② 杨琥编：《夏曾佑集》（上册），上海古籍出版社，2011 年，第 128 页。
③ 参见［日］河田悌一：《中国近代思想与现代》，东京研文出版社，1987 年，第 100 页，中译本参见章念驰：《章太炎生平与学术》，生活·读书·新知三联书店，1988 年，第 490 页。中译本与原文内容略有不同，以原文为准。
④ 原载《复报》第四号，载章太炎著作编注组：《章太炎诗文选注》，上海人民出版社，1976 年，第 30 页。
⑤ 章太炎：《驳康有为论革命书》，载汤志钧编：《章太炎政论选集》（上册），第 203 页。

藩主,监司且为奴虏,郡县安得有良吏乎?"①对太炎来说,只有通过"排满",才可以落实俞樾、宋恕的"仁政"思想。值得注意,太炎用"藩主"这个德川体制的用语来比附清朝体制中的封疆大吏,也就是说,他是站在明治维新的观点来看清朝体制的。

太炎的反满思想起源于甲午战后的变法实践,1897 年初,太炎在《论学会有大益于黄人亟宜保护》中写道,"自宋与明作则之主,将以其权力势藉,锢塞诸生",进而指出,"今且尽博士而愚之,使九能之士,怀宝而不获用"。②太炎回应外来危机的方式是将其转换成民主化的动力,矛头指向了专制体制。对专制体制的批判是浙江的知识传统,而这个传统在清末变成了自下而上推动中国进行体制改革的动力。

1897 年春夏间,浙江变法志士为落实《时务报》的改革主张,筹划在杭州办《经世报》,太炎与宋恕等商量成立兴浙学会,他在给宋恕的信中,以浙学相号召,希望得到宋恕的支持。太炎在《兴浙会序》中表彰了刘基、于谦、王守仁、黄宗羲及张煌言这五位浙江历史上的英雄人物,暗示要继承南明抗清的精神。

同时,太炎主张参考明代地方官制,进行地方官制改革:"又言省制:督抚跋扈,似唐节度使。当废省治,而用明之分守道。"③可见,《经世报》这段时期是太炎思考变法,提倡革命的发轫期,以后光复会的理念与组织可以上溯到太炎起草的《兴浙会序》。④而太炎的《兴浙会序》是要落实宋恕的变法主张,可见宋恕思想才是光复会的灵魂。

戴震对专制体制"以理杀人"的指控成为太炎反满的思想根据,他在《在东京留学生欢迎会上之讲演》中还说:"世人总说雍正待人最为酷虐,却不晓得是理学助成的。因此那个东原先生,痛哭流涕,做了一本小小册子,他的书上,并没有明骂满洲,但看见他这本书,没有不深恨满洲。"①此时,他开始将

---

① 傅杰编校:《章太炎学术史论集》,第 475 页。

② 汤志钧编:《章太炎政论选集》(上册),第 10~11 页。

③ 沈飚民:《记凤凰山馆论学——纪念亡友太炎先生》,《制言》,1936 年第 25 期。

④ 关于光复会史,参见谢一彪:《光复会史稿》,人民出版社,2009 年。

吕留良案与戴震所遇到的政治意理困境联系起来加以考虑。对戴震政治思想的共鸣背后是对法治公正性的诉求。②不久，他在《悲后戴》（原载《民报》第9号）中认为戴震："桑荫未移，而为纪昀所假，以其惩艾宋儒者，旋转以泯华、戎之界。寿不中身，愤时以陨，岂无故哉？"③这段话表明太炎对戴震不愿依附于程朱意理及其体制之生命感受的同情。可以说，清末变法志士对现实政治的关心已经胜过了对正统意理的关心，这种关心左右了他们对戴震反理学思想的意义读解。

太炎指出："宋世昌言理学，君臣之义日重……逸民日乏"④，置身于明治时期的日本，他在同文中写道：

> 考证六经之学，始自明末，儒先深隐蒿莱，不求闻达，其所治乃与康熙诸臣绝异，若顾宁人者，甄明音韵，纤悉寻求，而金石遗文帝王陵寝，亦靡不殚精考索，惟惧不究其用，在兴起幽德，感怀前德，吾辈言民族主义者犹食其赐。

对"逸民"的自我认同与对君臣之义日重的反拨是物之两面，在明治日本这个思想空间里，太炎开始将他感受到的近代民族主义转换到明末的语境中来，进而将儒者的"内在批判"转成推翻清朝体制的行动。

学界一般认为，太炎与俞樾的分道扬镳是守旧与革命的分野，但俞樾并非所谓"守旧"人物，他对当今中国人所面临的全球化困境在其出现的19世纪后期已经作出了思想响应，继冯桂芬之后，堪称为同光时代的思想高峰。作为所谓"保守型革命家"⑤的太炎也只是在对内在于清学史的政治困境作出回应而已。太炎的反满同志刘师培在《戴震传》中也为太炎的戴震观作了注释："自宋儒以意见为理，舍是非而论顺逆，然后以空理祸斯民。故人死于

---

① 章念驰编订：《章太炎演讲集》，上海人民出版社，2011年，第8页。
② 参见林文孝：《中国的公正——生存与政治》，载［日］三浦撤等编：《比较史的亚洲：所有·契约·市场·公正》，日本东京大学出版社，2004年，第225~243页。
③ 傅杰编校：《章太炎学术史论集》，第383页。
④ 章太炎：《答梦庵》，《民报》，1908年第21号。
⑤ 章念驰编：《章太炎生平与学术》，第504页。

法犹有怜之者,死于理其谁怜之？"①他与太炎一样,在戴震思想中读出了是非判断与政治权力的两难困境这一时代课题。在师培心目中,戴震的学术与思想并未分离:"然探颐索隐,提要钩玄,郑朱以还一人而已。"②民国时期,梁启超、章太炎合编《中国学术论述辑要》③,将刘氏《戴震传》收入其中。④方光华从另一个角度认为,"刘师培变节与章太炎等革命领袖的人格矛盾也有一定关系"⑤。确实,两人都严守清代朴学的藩篱,但两人的思想乖离,说明章氏所揭示的辛亥革命的正当性思考并没有被跟进者全面理解。

我们有理由认为,太炎的反满思想是俞樾政治思想的归结。晚清,南明抗清记忆开始苏醒。在太炎心目中,将南明抗清记忆与俞樾的政治思想结合起来的是戴望。太炎在《俞先生传》中说:"同县戴望,以丈人事先生。"⑥戴望与俞樾非泛泛之交,他给俞樾带来了来自于年轻一代的知识冲击,俞樾学派中人也视戴望为一代人杰,太炎的《春秋左传读》沿袭了戴望《论语注》的论法。

四、章太炎的学术起点

俞樾在同治年间,对"名从主人,物从中国"的孔子命题进行重新诠释意在回应汉人势力抬头的晚清政治格局。关于这段经文,太炎根据《荀子·正名》"后王之成名:刑名从商,爵名从周,文名从礼"一条,认为:"从商、从周、从礼等说,乃《春秋》制作之大权,即此数语,括全经之旨矣。"⑦太炎日后的革命思想就是从"从礼"的《春秋》之旨中导出。

太炎在《说林》(上)中写道:"戴望治《公羊春秋》,视先戴则不相逮。中更

① 邓实、黄节主编:《国粹学报》(第五册),广陵书社,2006年,第1817页。
② 同上,第1818页。
③ 梁启超、章太炎:《中国学术论著辑要》,慈慧殿章宅出版,1928年。
④ 参见周春健:《梁启超、章太炎的一部共同佚著〈中国学术论著辑要〉考略》,稿本。关于梁启超与章太炎学术思想的互动,参见张勇:《学术与政治的纠结:梁启超"近世之学术"读解》,载清华大学国学院主办:《中国学术》(第三十辑),商务印书馆,2011年,第142~180页。
⑤ 方光华:《刘师培评传》,百花洲文艺出版社,2010年,第83页。
⑥ 傅杰编校:《章太炎学术史论集》,第462页。
⑦ 王小红选编:《章太炎儒学论集》(上册),四川大学出版社,2011年,第105页。

丧乱,寄食于大盗曾氏之门,然未尝仕。观其缀述《颜氏学记》,又喜集晚明故事,言中伦,行中虑,柳下、少连之俦也。望不求仕,而其学流传于湖南、岭广间,至使浮竞之士,延缘绪言,以成《新学伪经》之说。"①太炎认为治今文经学的戴望学风助长了清末的今文运动,但对戴望"喜集晚明故事"颇为心仪,刘师培称他"眷怀胜国,有明季遗民之风"②。可见,戴望被目为清季革命的思想源之一。

罗雄飞通过对俞樾与戴望(1837—1873)学术关系的分析,论述了俞樾的公羊思想。③俞樾的业师戴贻仲是戴望的生父,两人关系非同寻常。清初,湖州出了吕留良(1629—1683),晚清,沈垚(1798—1840)与龚自珍(1792—1841)相呼应,揭露体制弊端,同时,顾广誉(1799—1866)开始表彰埋没无闻的乡贤张履祥(1611—1674),提倡汉宋兼综的学风,时代稍后的邵懿辰(1810—1861)注意到了张履祥的思想意义,而后,又有戴望、施补华、陆心源(1834—1894)、凌霞、杨岘(1819—1896)等提倡新学风,积极参与太平天国以后的社会重建。他们承前启后,重振顾炎武开创的浙西考证学风,但又受到常州今文经学的影响。俞樾在苏州曾向陈奂、宋翔凤请益。

戴望有反宋学的倾向。宋恕进而认为:"自洛闽遗党献媚元、明,假君权以行私说,于是士族妇女始禁再适,而乱伦兽行之风日炽,逼死保烈之惨日闻。"④当批判的锋芒指向成为官方政治意理之理学的时候,民间的宋学精神又重新露出光芒。俞樾的弟子黄以周、朱一新、王舟瑶、章太炎等秉承师说,提倡汉宋兼综的学风。

戴望在《顾职方郡县论驳议》中驳斥顾炎武在《郡县论》中的主张:"则以数千之县令称职或十年或二十年,而国用将无所出。"⑤这是说,国家利益高于地方利益,但他所说的"国"与"天下"重叠,他的《论语注》用公羊学与颜李学派的两套语言为重建天下立言。而《记明地山人琴》《书蔡氏二节士》旨在

---

① 傅杰编校:《章太炎学术史论集》,第383页。

② 刘师培:《中国中古文学史讲义·中国近代三百年学术史论》,时代文艺出版社,2009年,第312页。

③ 参见罗雄飞:《俞樾的经学研究及其思想》,中国文史出版社,2005年,第三章。

④ 宋恕:《卑议》印本旌表章第三十一。

⑤ 戴望:《顾职方郡县论驳议》,载盛康:《皇朝经世文续编》卷二十四。

唤起故国之思。这样的逻辑就会推导出由汉人来重建国家。从顾广誉的张履祥发现到戴望的表彰明末抗清志士，我们可以看到，吕留良的事迹被重新唤醒的思想背景。

刘师培在《戴望传》中写道："先生非无意时事者，潜心兵农礼乐之学，晓然于民生利病所在，概民柄之不申，疾国政之失平。尝谓：舜禹有天下咸与天下共之，未尝以己意与其间（《论语》，巍巍乎二节注文）。"中国近代民族主义抬头的背后，是政治民主的诉求。俞樾《丹朱商均论》也反映了他的政治民主意识。两人对中国政治史的立场一致，这也是清儒在同治中兴期间的一种新诉求。晚清江南知识界在水面下开始重新向清初非体制朱子学回归，通过戴震的话语，体制朱子学成了众矢之的。

从晚清浙江学术思想的立场出发，可以说，俞樾学派的思想延伸不仅为中国的近代转型做出了积极的贡献，而且也是整个东亚近代进程的思想回应。这个学派的形成与发展主要是从清学内部演变而来。在晚清时任国史馆总纂的仁和人钱林（1762—1828）已经在《文献征存录》中为清代学人立传，并设立学案，其中正传 193 人，附传 260 多人，共 460 余人，几乎涵盖了嘉庆之前的主要清代学人及其学派。民国时期，支伟成著《清代朴学大师列传》，进一步对《文献征存录》的人物加以分类，太炎写有《与支伟成论清代学术书》，与他讨论清代学术史体例。

俞樾弟子宋恕 1902 年在《留别杭州求是书院诸生诗》中对浙江学术思想的传承作了如下概括："旷世超奇出上虞，《论衡》精处古今无！六经朴学陈君举，三代良臣陆敬舆。同甫意将吞北土，水心文信冠南都。张、杨派至姚江巨，浙境从来足壮夫！"表彰了王充、陈傅良、陆贽、陈亮、叶适、张九成、杨简和王阳明，在清代的浙籍学人中，表彰了黄宗羲、毛奇龄、全祖望、章学诚、邵晋涵、龚自珍、戴望和李善兰。这一浙东学派视野的学术思想史观与浙西学术思想的交汇是需要加以照明的一个焦点，也就是说，宋恕是从一更高的视角来看待浙江思想学术的发展与承传。并且钱林是阮元的高足，他的视野已经超越了浙东浙西的畛域，是对清代学术的总结，近代学人蒋天枢仍以他的观点来评价全祖望。甚至可以说，太炎的清代学术史观也从该书导出。

虽然太炎于光绪十六年（1890）开始从俞樾问学，但并没有马上治《左传》，第二年"始分别古今师说"，太炎治《春秋左传》可能受到谭献的影响，晚清公羊学大流行，但谭献并不同意康有为《新学伪经考》的观点，他说："循览《新学伪经考》一过，行阵壁垒，非方植之所敢望。然以当六艺干城、九儒正统，恐犹未也。"①俞樾阵营遇到了挑战，谭献也是太炎的老师，当知道谭献对《新学伪经考》的评价。太炎光绪二十年(1894年)，"与穗卿(夏曾佑)交，穗卿时张公羊、齐诗之说，余以为诡诞。转慕刘子骏(刘歆)，刻印自言私淑"②。太炎在与夏曾佑的交往中，开始产生捍卫古文经学的自觉。他从捍卫古文经学的立场，于光绪二十二年(1896年)完成《春秋左传读》，志在经世。这年，康有为路经杭州，以其《新学伪经考》示俞樾，事后，俞樾对太炎说："尔自言私淑刘子骏。是子专与刘氏为敌，正如冰炭矣。"③可以认为，此时已经出现了基于古文经学与经文经学这两种不同的变法观。这两种不同的变法观有一个共同的特点，那就是开拓出了一种有别于心性儒学的政治儒学的话语。

关于太炎"谢本师"，缘起于俞樾对太炎的指控："今入异域，背父母陵墓，不孝；讼言索虏之祸毒敷诸夏，与人书指斥乘舆，不忠。不孝不忠，非人类也。小子鸣鼓而攻之可也。"这里的"入异域"是指太炎在戊戌变法后去《台湾日日新报》任汉文撰稿人一事，这成为"不孝"的罪状当另有原因——当时，台湾已被日本占领，在俞樾看来已经是"异域"，不在中华文明的版图之内，而"不忠"是指太炎对劣行的揭露与对光绪帝的指责。

而事实上，太炎在《台湾日日新报》任职时，仍在延续变法的精神——主张联日兴亚。在他心目中，台湾是中国与日本的"联邦"之地④，他的"忠孝"观已经从一家一姓转向了对东亚文明精神的捍卫。"名从主人，物从中国"是孔子揭示的文明统合原理，太炎目击东亚诸国将"名从主人"的原则转变为西方式主权国家，或日本主导的霸道式亚洲主义，感到乃师俞樾"三大忧"中的第一忧——"中国之号将替"的忧虑正在变成现实。

论者往往将近世中国的思想进程与西欧文艺复兴相比拟，从迎来西欧近代黎明的所谓"文艺复兴"的角度来看，如日本汉学家伊东贵之所说，"宋

---

① 谭献：《复堂日记》，第359页。

②③ 章太炎：《民国章太炎先生炳麟自订年谱》，台湾商务印书馆，1980年，第5页。

④ 《正疆论》，参见《台湾日日新报》，1899年元旦社论。

学·朱子学"的诞生、发展与内在转变可与西欧文艺复兴媲美,然而西方文明近代进程的主线是基于个人主义的诸种价值的确立与中世纪式神权的冲突,在中国,则是儒家知识分子与皇权的冲突。西方经过文艺复兴的洗礼,出现了一种从神权与世俗权力独立出来的所谓知识的制度,非西方国家的所谓近代化,一边要按照西方民族国家典范,确立起"主权"话语,一边要确立为自己"国家"服务的知识制度。

近代日本的崛起及其对知识的追求模式是近在我们身旁的范例,一部分近代中国知识分子也想如法炮制,施之于中国,于是,出现了俞樾"三大忧"的"第二忧"——"孔子之道将废"的危机。传统中国的知识制度通过士大夫对皇权无条件效忠的政治伦理得以维系下来,但随着清代学者的理性化进程,如戴震开始将矛头指向了为皇权提供合法性话语的程朱理学,这样,"求是"的学术进程向对清朝政权的政治意理提出质疑的思想进程转变,进而,"求是"的历史意识开始转向清朝政权的由来及其为了维护其政治合法性所发动的一系列文字狱。就这样,清学的理性主义进程与皇权的政治合法性话语发生了冲突。而皇权的式微催生了官僚体制的腐败,晚清史又一次向明末危机的精神结构复返。

五、戴震学与清季革命

可以说,钱林是接受章学诚戴震观的第一人。钱将章学诚置于同卷邵晋涵的附传中,并评道:"言明季党祸缘起、奄寺乱政及唐、鲁二王本末,往往于正史之外,自学诚谢世,而南江之文献亡矣。"[1]谭献或许从中读出了钱氏的"微意",但他对戴震将钱大昕目为清学史上之第二人,却不以为然,[2]认为:"《原善》《孟子字义疏证》辨证宋明鄙说,信有摧陷之力,然为空言一也"[3],还说:"东原所学,校之俗儒信有原本,而持之有故,尚未足以推见天人之事。"[4]戴望等晚清浙西学人开始重新关注南明史,俞樾还通过戴望向谭献借阅《章

---

① 钱林:《文献征存录》,卷十。
② 谭献:《复堂日记》,第 82 页。
③ 同上,第 20 页。
④ 同上,第 222 页。

氏文史通义》。①与戴震并列，章学诚的著述成为俞樾学派的思想资源，使晚清学术思想界出现了新的动力。戴学通过章学诚的媒介，南明抗清的记忆于是带有了某种政治含义，但太炎并不赞同戴望对顾炎武《郡县论》的看法，他认为："宁人之主张封建，后世不明其故，戴子高犹肆口评之，甚无谓也。"②戴望在晚清提倡公羊学，阐发民主思想，俞樾进而对清代"贤者莫能有所施设而不肖者惟知饱其私"③的官制提出了批评，太炎的民权思想承戴望、俞樾的思路发展而来。

宋恕受孙氏兄弟（衣言、锵鸣）教诲，对章氏学也颇心仪。宋恕的章戴观来自于其独自的见识，对章学诚，宋恕认为，"文史论家，实斋之次则钱竹汀"④，在宋恕心目中，学诚已是清代史学第一人，对戴震，他则认为，"东原先生深于性理，所著以《原善》及《孟子字义疏证》为大，被摈朱（筠）、阮（元），不能行世"⑤。从"性理"的角度评价戴震当源于学诚，而认为戴学被阮元所摈则是宋恕自己的见解。宋恕是从经学与史学的不同标准来评价戴章的。宋恕1887年针对张经甫在《救时刍言》中提出"废时文"，进而提出"改官制""开议院"，揭示了他的变法构想。他将晚清上海的近代思想提升到了帝国政治体制改革的高度，在同文中写道："阮公诋心学而恕时文，是为过功而功过。"⑥这里的"过功而功过"是对科举制度而言，宋恕以学诚的论断评价戴震思想，已经把矛头指向了体制。太炎的道德自主立场与宋恕相通，接近康德，在道德与政治的分界上，则接近韦伯。⑦

1903年，太炎为邹容的《革命军》作序道："夫中国吞噬于逆胡，已二百六十年矣。宰割之酷，诈暴之工，人人所身受，当无不昌言革命。然自乾隆以往，尚有吕留良、曾静、齐周华等持正议以振聋俗，自尔遂寂泊无所闻。"①这里，

---

① 参见俞樾：《春在堂尺牍》（卷一），《与谈仲修》，载俞樾：《春在堂全书》（第五册），第522页。

② 章太炎：《自述学术次第》，载傅杰编校：《章太炎学术史论集》，第479页。

③ 俞樾：《春在堂全书》（第三册），第853页。

④ 胡珠生编：《宋恕集》（下册），第857页，注2。

⑤ 同上，注3。

⑥ 胡珠生编：《宋恕集》（上册），第183页。

⑦ 参见黄进兴：《"道德自主性"与"责任伦理"：康德与韦伯的分歧点》，载黄进兴：《优入圣域——权力、信仰与正当性》，中华书局，2010年。

太炎虽错将吕留良弄成乾隆年间人,但表明了太炎要继承吕留良、曾静、齐周华遗志的态度,同年,太炎在《驳康有为论革命书》中认为,清朝"徒以尊事孔子,奉行儒术,崇视观听,斯乃不得已而为之,而即以便其南面之术,愚民之计"②,矛头已经指向清朝的文化政策,进而,他又指出:"康熙以来,名世之狱,嗣庭之狱,景祺之狱,周华之狱,中藻之狱,锡侯之狱,务以摧折汉人,使之噤不发语。"③此时,太炎虽没有明指戴震,但已将清学史的政治困境转向了对专制体制政治逻辑的思考,1899 年,他因戊戌政变,亡命台湾,见到了由《新论》作者会泽安于 1851 年(宽永四年)编撰的张斐《莽苍园文稿余》,此时,在太炎的生命体验里,一个反抗清代专制精神的思想传统与近代日本相遇了,他开始从一个专制体制的"内在批判者"转变成为主张推翻清朝体制即专制体制的革命者。

太炎在 1901 年写的《正仇满论》中认为,"今以满洲五百万人临制汉族四万万人而有余,独以腐败之成法愚弄之锢禁之耳",进而指出光绪帝"彼其为私,则不欲变法矣;彼其为公,则亦不能变法矣"。④从意志与能力两个方面对光绪帝领导变法运动的资格提出质疑,这样的论法与吕留良的原教旨主义式朱学神似,⑤并在《驳康有为论革命书》中得到了进一步展开。⑥ 1903 年,刘师培撰述《中国民约精义》,认为王昶"知贡税起于相报,盖深知权利义务之关系者,与梨洲《明夷待访录》一书可以并传久远矣"⑦。黄宗羲的君职说经过吕留良的演绎成为清学史的政治诉求。太炎因此文引发的《苏报》事件入狱,在狱中答报社记者问中有:"自十六七岁时读蒋氏《东华录》《明季稗史》,见扬州、嘉定、戴世名、曾静事件,仇满之念固已勃然在胸。"①在太炎心

---

① 汤志钧编:《章太炎政论选集》(上册),第 191 页。

② 同上,第 195 页。

③ 同上,第 198 页。

④ 章太炎:《正仇满论》,载《国民报》(第四期),转引自姜义华:《章太炎思想研究》,中国人民大学出版社,2009 年,第 111 页。

⑤ 参见[日]伊东贵之:《中国近世的思想典范》,东京大学出版社,2005 年,第四章。

⑥ 《驳康有为论革命书》也踏袭了"而其心则以保吾权位也"的观点,参见汤志钧编:《章太炎政论选集》(上册),第 199 页。

⑦ 李妙根编选:《刘师培文选》,上海远东出版社,2011 年,第 58 页。

中，与其说是少时对父老关于满人入侵口述的记忆②，不如说是清学史的政治困境到此时得以上升为对清朝体制的宣战。他在狱中写有，"句东前辈张玄著，天盖遗民吕晦公"③，表明要继承张煌言、吕留良的志业，特别是吕留良，他在太炎的心目中有一特别的位置。④

朱维铮认为，太炎"1902 年完成的《訄书》修订本，1903 年发表的《驳康有为论革命书》，首次给幼小的民主革命提供了一个理论体系，从理论上和历史上论证了'排满革命'的必要性，着重说明它是中国固有文化合乎逻辑的发展"⑤。确实，太炎当时面临着说明其排满思想的压力，章士钊 1903 年在《读〈革命军〉》中提出，"然使仅仅以仇满为目的，而不输入以国民主义，则风潮所及将使人人有自命秦政、朱元璋之志"⑥，可见，太炎反满思想的最初应和者是将"国民主义"作为目的的，但太炎的"民族"主义建立在东亚文明的连带意识之上。

收入《訄书》的《哀清史》与《驳康有为论革命书》，从史论与政论两个角度论证了清朝的非法性，但他已经将对"中国"的认同扩大到了东亚文明整体。太炎立论的依据虽在文中没有指明，其实是吕留良朱子学中的君职观。刘师培的《清儒得失论》（原载《民报》第 14 号）也以吕留良的政治思想立论，他说："若夫阮元、王引之，以纯汉学而居高位，然皆由按职升迁，渐臻高位，于其学固无与也。盖处清廷之下，其学愈实，其遇愈乖。"⑦这为我们理解太炎的"排满思想"提供了来自清学史政治困境的注解。

我们可以从太炎对戴震思想的诠释中窥见他的中国近世思想史观。太

① 汤志钧编：《章太炎政论选集》（上册），第 233 页。

② 章太炎在自定年谱下（1880 年）中写有："架阁有蒋良骐《东华录》，尝窃窥之。见戴名世、吕留良、曾静事，甚不平，因念《春秋》贱夷狄之志。"参见章太炎：《民国章太炎先生炳麟自订年谱》，第 2 页。

③ 章太炎：《狱中与威丹唱和诗》，《汉帜》，1907 年第 2 期，转引自姜义华：《章太炎思想研究》，第 150 页。

④ 如章太炎 1908 年在《再复吴敬恒书》（原载《民报》第 22 号）中有："民族革命，光复旧物之义，自船山、晚村以来，彰彰在人耳目。"参见汤志钧编：《章太炎政论选集》（上册），第 436 页。1935 年在《论读经有利而无弊》中有："盖自明社既屋，亭林、船山诸老倡导于前，晚邨、谢山诸公发愤于后。"参见章念驰编订：《章太炎演讲集》，第 407 页。

⑤ 朱维铮：《音调未定的传统》（增补本），浙江大学出版社，2011 年，第 209 页。

⑥ 章含之、白吉庵主编：《章士钊全集》（第一卷），文汇出版社，2000 年，第 28 页。

⑦ 李妙根编选：《刘师培文选》，第 147 页。

炎在 1910 年写的《释戴》中，援用宋恕的"阳儒阴法"论，对专制精神的政治逻辑"阳儒阴法"展开了批判，他认为，戴震的思想意义就在于对"阳儒阴法"之一端的"以理杀人"进行揭露。太炎在文中认为："任法律而参洛、闽，是使种马与良牛并驰，则败绩覆驾之术也。清宪帝亦利洛、闽，刑爵无常，益以恣睢。……戴震生雍正末，见其诏令谪人不以法律，顾摭取洛、闽儒言以相稽，觇司隐微，罪及燕语。"①这里的"罪及燕语"是指文字狱。他在《清代学术之系统》中更明言："其《孟子字义疏证》一书，大反对陆、王，对于程、朱亦有反对之语。后人多视此书反对理学之书，实为反对当时政治之书。"②显然，太炎的排满论源自对"阳儒阴法"之法律概念的拒斥，同时在思想史上来看，也是世俗伦理演进的结果。

太炎不仅从政治的角度来理解戴震的反理学思想，他还从理学变迁史的角度来对戴震进行定位，而他对戴震的哲学思想本身并不佩服。此时，太炎已经自视为清学的终结者了。

在戴震后学中，譬如，龚自珍，体现了天台宗式的佛教伦理与"道问学"式的儒家伦理的共存的生命形态，太炎"用宗教发起信心"得到了佛教界的共鸣，参与辛亥革命的僧人黄宗仰（1865—1921）于 1903 年苏报案时，将章太炎与康有为分别比喻为麐（麟）与狼："狼欲遮道为虎伥，麐起啖之暴其肠。"③这道出了"保皇"的康有为与"排满"的章太炎在伦理观上的分歧。太炎"推见本原，则以法相为其根核"④的宗教思想也反映了清代学术"道问学"在宗教层面的渗透力，与此同时，"用国粹激动种性"则是"道问学"与近代民族主义的结盟，"国粹"这个词来自明治思潮对"欧化"的反弹，太炎援用"国粹"标志着清学与近代意识的汇合，也透露了他以东亚文明的近代走向为基底的文明本位的立场。

以往，我们可以从文化民族主义的观点来理解太炎所说的"国粹"与"种性"，现在则可以作为如黄俊杰所说的"建立文化主体性的过程"来进行理

---

① 傅杰编校：《章太炎学术史论集》，第 430 页。

② 同上，第 404 页。

③ 原载《江苏》，第五期，转引自章开沅：《跋乌目山僧癸卯诗三首——1903 年的国内革命思潮》，载沈潜等编：《宗仰上人集》，华中师范大学出版社，2011 年，序，第 1 页。

④ 章炳麟：《章太炎全集》（第四册），上海人民出版社，1985 年，第 369 页。

解,以文明内"他者"的存在为前提的"文化自主性"一旦摆脱了民族主义的羁绊,我们有可能迈向将双方的立场包含在内的文化普遍主义的立场。太炎的尊荀思想包含了推行法治的近代诉求,而这又是一个东亚文明整体的全球化议题。这样的话,恰如包弼德所言,作为观念的"中国"的意义就变了。①

近代中国的长期革命,人权诉求一直是基本动力。夏曾佑看到戊戌变法期间两种势力的对峙,变法派主张"救危亡",而保守派则责难"无君父"。②阻挠变法的是"君父"所象征的上层建筑。章太炎提倡以"依自不依他"的新道德来取代清朝体制的上层建筑,他的"求是"与"致用"二分的观点立足于清学的理性主义传统,正是这个传统向清朝乃至中国两千年的专制体制提出了挑战,并最终获得了成功。

太炎在早年的《左传春秋读》中树立起了政治正当性与合法性的话语,甲午战后,他去上海任《时务报》主笔,与宋恕有了深入的接触,针对宋恕揭示的"阳儒阴法"这一贯穿中国学术思想史的政治逻辑,展开了他自己的变法思想。戊戌变法,太炎亡命台湾,接触到明末清初的抗清事迹,开始将"排满"与"联日"结合起来思考。

在《民报》时期就开始师从太炎的朱希祖曾回忆道:"余杭章先生首先传刻张煌言《苍水集》、张斐《莽苍园文稿余》……《莽苍园文稿余》,多殉国巨公传记,且嘉遁海外,与朱公之瑜同调合契,形之文告,由是舜水文集亦传刻于海内。……其时,东京、上海,声气相应,顺德邓氏乃大事搜辑,野史遗文,遐迩荟集。……海内学子,颇多抽其坠绪,广为搜讨。盖读此等书者,皆有故国山河之感,故能不数年间,光复旧物,弘我新猷。"③从这段引文中,我们可以知道,"光复旧物"的辛亥革命也是一个文明重建的文化运动。在这个文化运动中,对明末清初抗清志士的感情共鸣里面,包含着对明亡原因的追问以及对明末遗民志业的继承。

太炎在《释戴》的一开头就写道,"明太祖诵洛、闽儒言,又自谓法家也。

---

① 参见包弼德:《地方史的兴起:宋元婺州的历史、地理和文化》,载邹逸麟、周振鹤主编,中国地理学会历史地理专业委员会《历史地理》编辑委员会编:《历史地理》(第21辑),上海人民出版社,2006年,第452页。

② 杨琥编:《夏曾佑集》(上册),第126页。

③ 周文玖选编:《朱希祖文存》,上海古籍出版社,2006年,第389页。

儒法相渐,其法益不驯",接下来又说,"彼明中世,人主喜怒僻违,而不循法。谏官有所长短,不以法律弹正,时借洛、闽重言,以为柄矜"。这是在暗示"阳儒阴法"的政治逻辑最终导致了明朝的灭亡,而"清宪帝亦利洛、闽,刑爵无常,益以恣睢",清朝与明朝一样,也继承了专制主义的政治逻辑。戴震对这一逻辑提出了质疑:"戴自幼为贾贩,转运千里,复具知民生隐曲,而上无一言之惠,故发愤着《原善》、《孟子字义疏证》,专务平恕,为臣民愬上天,明死于法可救,死于理即不可救。"①太炎认为,戴震思想的精华在其对理学意理的批判,而这源自章学诚。

章在《答邵二云书》中对"其推重戴氏,亦但云训诂名物,六书九数,用功深细而已。及见《原善》诸篇,则群惜其有用精力耗于无用之地"的看法,认为是"似买椟而还珠"。据段玉裁的记载,戴震曾言:"六书、数等事,如轿夫然,所以舁轿中人也。以六书、九数等事尽我,是犹误认轿夫为轿中人也。"②宋恕将是非判断误认为事实判断的"误认"中读出了"阳儒阴法"的政治逻辑。③太炎在《儒法》中指出了"阳儒阴法"的要害在于"使一事而进退于二律"④,他已经认识到,善恶与是非的双重标准才是专制主义的政治逻辑。

太炎的《学隐》作为1900年出版的《訄书》重印本的附录收入《訄书》⑤,后来几乎原样收入1904年出版的《訄书》重订本,在1914年完成的《检论》中,则进行了大幅度的修改。太炎在写于1901年的《征信论》(上)中写道:"戴氏作《原善》及《孟子字义疏证》,遂人情而不制以理。两本孟子、孙师。王守仁以降,唐甄等已开其题端,至戴震遂光大之,非取法于欧罗巴人言自由者。"⑥在太炎看来,戴震的理学意理批判来自于传统内部,也就是说,只有从"内部"去寻求思想资源来响应西方冲击,这也就是湖湘学派的话语逐渐取

---

① 傅杰编校:《章太炎学术史论集》,第430~431页。
② 段玉裁:《经韵楼集》,上海古籍出版社,2008年,第370页。
③ 宋恕认为:"一切事皆有肩者、舆中之二种议论矣。儒家,肩者党也,法家,舆中党也,其初如是。后世儒家之议论专抑肩者而党舆中,盖阳儒而阴法矣!"参见胡珠生编:《宋恕集》(上册),第67页。
④ 章炳麟著,徐复注:《訄书详注》,第70页。
⑤ 参见姜义华:《訄书简论》,《复旦学报》(社会科学版),1982年第2期。
⑥ 收入《太炎文录初编》(卷一),载章炳麟:《章太炎全集》(第四册),第56页。

代程朱理学的典范转换过程。朱熹"理之未始不该于事,而事之未始不根于理也"(据《右文殿修撰张公神道碑》)的"理"本位思想与专制王权的自我合法化逻辑属同构关系,从湖湘学派的精神谱系中转出的戴震学树立起了"礼"本位的话语①,埋下了专制体制的覆辙。

《学隐》收入《訄书》重印本中说明此文写于太炎从台湾亡命回来以后。太炎在台湾期间,从馆森鸿处得到张斐的《莽苍园文稿余》,南明抗清的故事在德川末期重新受到日本志士的推崇,同时也鼓舞了太炎的反清斗志。他在为该书写的《跋》中写道:"郑氏覆祚,三藩亦相继削平,颠木既萎,宁复芽蘗,而非文拳拳于定王,精卫填海,可哀也已。"②此时,太炎或已经有了继承南明抗清之精神的想法,从这样的立场出发,他在《学隐》(《訄书》重订本)中写道:"当是时,知中夏颣然不可为……故教之汉学,绝其恢谲异谋,使废则中权,出则朝隐。"③这是对清代朴学发生的一种解释,也就是将汉人的民族主义情绪隐匿在朴学的研究之中。在《检论·学隐》中,他将"故教之汉学"改为"故教之古学"。④也就是,太炎在辛亥革命以后,回归到了清代"古学"的治学立场。本来,"古学"是戴震弟子对乃师学问的定位。⑤

根据段玉裁的记载,戴震曾写信给他说:"仆平生著述之大,以《孟子字义疏证》为第一,所以正人心也。"⑥也就是说,戴震认为"以理杀人"的政治意理是败坏人心的元凶。太炎在《清儒》中指出:"震为《孟子字义疏证》,以明才性,学者自是疑程、朱。"⑦程颐根据孟子的性善论,认为"才则有善有不善,性则无不善"⑧;朱熹根据张载的气质之性说,认为"缘他气质有善恶,故才亦有善恶"①;戴震认为"孟子道性善,成其性斯为其才,性善则才亦美"②;戴震后

---

① 关于朱熹与湖湘学派的交涉,参阅刘述先:《朱子哲学思想的发展与完成》,台北学生书局,1984 年增订再版。笔者以为,湖湘学派的关心在政治上,而朱熹的关心在道德上,出发点不同,问题的预设也不同。

② 刘玉才等编:《莽苍园稿》,凤凰出版社,2010 年,第 268 页。

③ 章炳麟著,徐复注:《訄书详注》,第 180 页。

④ 傅杰编校:《章太炎学术史论集》,第 421 页。

⑤ 参见段玉裁:《戴东原集序》,载段玉裁:《经韵楼集》,第 370~371 页。

⑥ 段玉裁:《经韵楼集》,第 370 页。

⑦ 傅杰编校:《章太炎学术史论集》,第 391 页。

⑧ 程颢、程颐:《二程遗书》(卷十九),伊川先生语五。

学的凌廷堪主张"复其性于礼"③;黄式三则认为"外礼于性其失则均"④,这是说,"礼"与"性"是有内在关系的,一个丧失了,另一个也会失去,这个内在关系就是政治伦理——"礼"投射的对象不是权力,而是秩序本身。

俞樾在《性说》中认为,"然则人之可以为圣人者,才也,非性也"⑤,如何使人之"才"得以发挥出来正是内在于清代朴学背后的一个根本性问题。蒋维乔说:"曲园当清代诸儒醉心于程朱糟粕之际,独不盲从,而排斥宋明以下诸大家,遥应荀子,不可谓非卓见。"⑥其实,俞说也是戴震后学的一个形式,黄式三指出,戴震认为"孟子乃追溯人物未生未可名性之时而曰性善,若就名性之时已枉,人生以后已堕入形气中不得断之曰善"⑦,因此,黄认为"才者为善之资,譬作器械,有才方可为也。善之本为性,能行善者为才"⑧。俞樾在《性说》中展开的观点当源自式三的上述见解,而对太炎来说,戴震问题是一个政治体制问题,因为人出生以后,就要在"以理杀人"的政治逻辑中苟且偷生,遑论"才"的发挥,而在"才"无以发挥的政治体制之中,"善"也无从落实。可以说,太炎的反满思想出自一种立足于性恶论的制度决定论。⑨

"疑程、朱"意味清朝专制体制的上层建筑开始出现龟裂,但要到《在东京留学生欢迎会上之讲演》,太炎才将戴震命题与清朝体制挂上钩。诚如高田淳所说:"章炳麟从变法维新向光复革命转变之际,认为戴震般的学隐的立场才是自己应取的态度,构成向有学问的革命家出发的思想核心。"⑩1907年,太炎在《民报》第15号夏期增刊中印发了张斐的《莽苍园文稿余》,并在《跋》中说,"听远音者闻其疾而不闻其舒"①,这已经在号召继承张斐等明末

---

① 江永:《近思录集注》(第一卷),引朱子语。

② 汤志钧校点:《戴震集》,第311页。

③ 凌廷堪:《复礼》(上),载纪健生点校:《凌廷堪全集》,第15页。

④ 黄式三:《复礼说》,《儆居集·经说一》。

⑤ 转引自蒋维乔:《中国近三百年哲学史》,第49页。

⑥ 蒋维乔:《中国近三百年哲学史》,第50页。

⑦⑧ 黄式三:《儆居集·经说三》。

⑨ 朱希祖在1908年3月22日的日记中写道:"太炎讲人之根性恶,以其具好胜心,二物不能同在一处,即排斥性也,而断定愈文明人之愈恶,愈野愈蛮,其恶愈减。"参见《朱希祖日记》(上册),中华书局,2012年,第58页。

⑩ [日]高田淳:《辛亥革命与章炳麟的齐物哲学》,东京研文出版,1984年,第348页。

遗民的遗志，举起反清的旗帜。后来陶成章继任《民报》主编，连载《桑海遗征》，表彰宋明遗民的志节，以资光复。[2]这也是从宋恕提出的"先从表彰先觉入手"[3]推演而来。张斐"欲效包胥之乞师"虽未在当时实现，但却预示着近代上海通过"东学"而获得其地位的历史进程，对此，生活在晚清的上海士人已经有了自觉，针对葛士浚续修《海国图志》的想法，姚文栋响应道："三四十年来局面又一变也矣，上海固昔人广州也。"[4] 19 世纪 80 年代的上海开始成为清末变法的发源地。

六、结 语

如今在持"启蒙"史观的改革论者眼里，章太炎犹如一启蒙思想家，而往往忽略了他作为全球化论者的思想侧面。他 1906 年《在东京留学生欢迎会上之讲演》中说："日本今日维新，那物茂卿、太宰纯辈，还是称颂弗衰，何况我们庄周、荀卿的思想，岂可置之脑后？"[5]在太炎的意识里面，传统的思想资源在东亚文明中是相互声援且连为一体不可分割的存在。有论者指出，被认为开拓了日本近代性思维的荻生徂徕（物茂卿，1666—1728）的思想源自荀子。[6]他在《辨道》中所说的"道者统名也，举礼乐刑正凡先王所建者，合而命之也"[7]的看法接近于戴震"道在制度典章"的主张，因而引起了晚清士人的关注。太炎的尊荀思想包含了推行法治的近代诉求，而这又是一个东亚文明整体的全球化议题。"求是"的清学史遇到了戴震提出的"以理杀人"的政治困境，从而催生了辛亥革命的政治诉求。太炎将"忠"的对象从"君"移向了作为东亚精神核心的"法"。在他看来，后皇帝制度的东亚要通过"法"的精神来加以维系，而维系"法"的精神价值才是"国粹"的意义所在——知识的制度

---

① 荀任、邓实：《朱张二先生传及跋语节录》，载刘玉才等编：《莽苍园稿》，第 271 页。

② 参见谢一彪、陶侃：《陶成章传》，人民出版社，2009 年，第 208~211 页。

③ 宋恕：《致钱念劬书》，载胡珠生编：《宋恕集》（上册），第 537 页。

④ 姚文栋：《与葛子源书》，载葛士浚编：《皇朝经世文续编》（卷一百十九）。

⑤ 章念弛编订：《章太炎演讲集》，第 8 页。

⑥ 参见韩东育：《日本近世新法家研究》，中华书局，2003 年。

⑦ ［日］荻生徂徕：《辨道》，载《日本思想大系》（第 36 卷），东京岩波书店，1973 年，第 201 页。

在于维系天下，而非西方式国家，其终极价值在于文明的保存与其现代转型上。可以说，太炎所标榜的反满民族主义只是手段，目的是要吸收来自日本的现代性能量，重建东亚文明。

其实，理学从诞生之日起就开始从二元论走向一元论——一种世俗伦理。戴震所言，"彼歧训故理义而二之，是训故非以明理义而训故无用，理义不存乎典章制度，势必流入于异学曲说而不自知矣"①，正反映了一种带有革命倾向的世俗伦理。随着清学史的理性化进程，使戴震一系学者与理学政治意理发生龃龉，到清末，这种清学史的政治困境向反满革命的方向转化，太炎的反满思想就是世俗伦理与现实政治发生冲突的产物。正是对内在于清学史之政治困境的生命体验成为太炎政治诉求的动力。

1906 年，太炎在《革命之道德》中写道："知保天下，然后知保其国。保国者，其君其臣，肉食者谋之；保天下者，匹夫之贱，与有责焉耳矣。"在这里，太炎写了一条按语："顾所谓保国者，今当言保一姓；其云保天下者，今当言保国。"接下去，又有："余深有味其言，匹夫有责之说，今人以为常言，不悟其所重者，乃在保持道德，而非政治经济之云云。"②他在这里所说的"保持道德"仍沿袭了顾炎武"亡天下"的命题，将这一命题与"保国"同定，展示了太炎所揭橥的排满民族主义意在重建天下——东亚世界。

---

① 钱林：《文献征存录》（卷十）。

② 汤志钧编：《章太炎政论选集》（上册），第 320 页。

厉始革典

——中国专制君权之萌生

李若晖 *

周秦之变,是中国历史上一大变革,其最为显著之处便是整个国家的政治制度发生了重大改变,古代学者多称之为以郡县代封建。关于这一制度变革的实质,朱子曾分析,《朱子语类》卷一三四:"黄仁卿问:'自秦始皇变法之后,后世人君皆不能易之,何也?'曰:'秦之法尽是尊君卑臣之事,所以后世不肯变。且如三皇称皇,五帝称帝,三王称王,秦则兼皇帝之号——只此一事,后世如何肯变?'"本文认为,尊君卑臣,亦即专制君主之出现,始于西周末年的厉王革典。周厉王可称中国历史上第一位专制君主。

一

西周晚期,厉王曾多次与南方淮夷作战,而史籍失载,幸赖金铭屡述,方为人知。1942年陕西省岐山县任家村出土铜器《禹鼎》即展示了这样一幅战争图景:

> 呜呼哀哉!用天降大丧于下国。亦唯鄂侯御方率南淮夷、东夷,广伐南国、东国,至于历内。王乃命西六师、殷八师曰,扑伐鄂侯御方,勿遗寿

幼! 肆师弥怵匐恇,弗克伐鄂。肆武公乃遣禹率公戎车百乘、厮御二百、徒千,曰,于匡朕肃慕,惟西六师、殷八师伐鄂侯御方,勿遗寿幼! 雩禹以武公徒御至于鄂,敦伐鄂,休获厥君御方。①

徐中舒点出:"夷王时代,周室衰微,屡见于记载,主要原因就是军队作战能力的衰落,厉王时代,伐鄂之役就充分反映了周室外强中干的情况。西六师和殷八师受命以后,'弥怵匐恇,弗克伐鄂',军纪废弛,以至于此。伐鄂之役,取得胜利,完全是靠了武公的亲军。这些亲军虽仅'戎车百乘,厮御二百,徒千',他们是起了督战和率先冲锋陷阵的作用的。"②作于宣王之世的《晋侯苏钟》也详细记载了其时周人与东南夙夷的一场战争:

佳王卅又三年,王亲遹省东国南国。……王亲令晋侯苏:率乃师左周镬,北周□,伐夙夷。晋侯苏折首百又廿,执讯廿又三夫。王至于郓城,王亲远省师。王至晋侯苏师,王降至车,立,南向,亲令晋侯苏自西北隅敦伐郓城。晋侯率厥亚旅、小子、呈秩人先,陷入,折百首,执讯十又一夫。王至淖列,淖列夷出奔,王令晋侯苏率大室小臣、车仆从,遂逐之。晋侯折首百又一十,执讯廿夫;大室小臣、车仆折首百又五十,执讯六十夫。王惟反归,在成周公族整师宫……③

雷晋豪认为:"此一战役有两项特色:'主从易位'——晋为主,周为从,天子诸侯的军事关系颠倒;一为'私臣作战'——周王命内官统领王师,周政府的公私领域混淆。"④西周军队,除周王直接掌握的西六师、殷八师以及诸侯军队之外,正如刘雨所说:"在西周战争舞台上活跃着一支支'族武装'。……

① 铭文拓片及释文均据《殷周金文集成》02833,释文用宽式。

② 徐中舒:《禹鼎的年代及其相关问题》,载《徐中舒历史论文选辑》(下册),中华书局,1998年,第1018页。

③ 铭文拓片与释文均见马承源:《晋侯苏编钟》,载马承源:《中国青铜器研究》,上海古籍出版社,2002年,第315~325页。此处录文改为宽式,并参考李学勤释文作了修改。参见李学勤:《晋侯苏编钟的时、地、人》,载李学勤:《缀古集》,上海古籍出版社,1998年,第101~105页。

④ 雷晋豪:《西周晚期王朝军事的波折与顿挫》,"社会·经济·观念史视野中的古代中国国际青年学术会议暨第二届清华青年史学论坛"参会论文,清华大学历史系,2010年1月。

这个'族武装'的概念当然不只包括血缘亲族,也当包括属于其家族的家臣武士及其他附属于其家族的武装。……因为西周初年曾实行分封制度,封君一方面要镇抚土著,另外还要对付四周夷族和殷遗的攻扰,没有一个强大的武装集团,是无法生存下去的,就是这些族武装构成了屏障宗周的强大地方武装。"①西周晚期,王室军队显然已经难撑大厦,周王不得不更多地依靠诸侯军队和族武装来抵御外患。

关于西周一代的外患,唐兰归纳为二:

> 从铜器铭文里可以看到,周王朝在西北方面常为戎所侵扰,而在东南方面又常需抵御或征伐淮夷。……一直到东周初年,曾伯霥簠还记载征伐淮夷,使铜锡来源畅通的事。所以周王朝是十分注意南国的,而对于北方的戎,却只是防守罢了。②

事实上,东部和南部的情形更糟。夏含夷搜集了有关周伐南夷东夷的22篇铭文,"从铜器铭文可知,至少在周公摄政时及成王、康王、穆王、懿王、厉王和宣王诸世,周人均曾经征伐淮夷"。并且,"从武王伐纣到宣王中兴的二百多年间,南淮夷一直都为周王朝的有力对手,也一直都未被克服"③。穆王时铜器《彧簋》(《殷周金文集成》04322)记述了"戎伐𫐈④,彧率有司、师氏奔追阑⑤戎于㭫林,搏戎胡",并获得胜利的史实。其中涉及的几个国名地名,"𫐈"不详,"㭫林"在今河南叶县东北,"胡"国在今河南偃城县,距叶县约100余里。⑥夏含夷认为,"《彧簋》文恰恰证明了穆王即位不久之后,周朝所控制的地域正

---

① 刘雨:《西周金文中的军事》,载《金文论集》,紫禁城出版社,2008年,第88~89页。

② 唐兰:《用青铜器铭文来研究西周史》,载故宫博物院编:《唐兰先生金文论集》,紫禁城出版社,1995年,第499~500页。

③ 夏含夷:《从驹父盨盖铭文谈周王朝与南淮夷的关系》,载夏含夷:《温故知新录:商周文化史管见》,台北稻禾出版社,1997年,第158、163页。

④ "𫐈"用唐兰释。参见唐兰:《西周青铜器铭文分代史征》,中华书局,1986年,第409页。

⑤ "阑"用裘锡圭释。参见裘锡圭:《战国玺印文字考释三篇》,载中国古文字研究会等编:《古文字研究》(第十辑),中华书局,1983年,第92页。

⑥ 参见裘锡圭:《彧簋的两个地名——㭫林和胡》,载裘锡圭:《古文字论集》,中华书局,1992年,第386~392页。

被他族人侵夺。为什么这样说呢？无疑，到了最后弌的确获胜了。但是至少有两点我们应该特别注意：其一，这场战争不是周人先发而是淮夷始攻周之'内国'所引起的；弌之胜利仅仅是一种抵御性的胜利。更为重要的一点是战场的地理位置。……战场的位置似乎也可以说明戎胡已经长驱直入到周朝东都洛邑畿辅之内了。"①夏含夷又引据《敔鼎》(《殷周金文集成》02721)推论："我认为到械林战争第二年，周军之统率亲自到敌人的营垒，恐怕只能是为了媾和。这一推断如果不误，就至少可以说明以下两点：第一，周朝此时承认了淮夷为独立之政权；第二，周朝大概也承认了当时的地理疆界。这两点都表明，从这个时候开始，西周早期的大东已不再为周王朝所控制。"②

二

林沄曾探讨商周家族内部关系："商代晚期的省卣记载：'子赏小子省贝五朋，省扬君赏。'西周的虞簋记载：'休朕匋君公伯赐厥臣弟虞'。均可证家族内部成员和族长的关系，是君臣关系。《左传·哀十一年》记鲁国三分公族之后，'孟氏使半为臣，若子若弟。'《左传·桓二年》：'士有隶子弟'。可见，子弟对族长的关系，至少是半奴隶性的。族长操纵家族的全部财产权，家族成员所得的一份，至少在名义上必须受赐于族长。"③裴锡圭指出，在宗法制度下，一族的主要财产掌握在世代相传的族长，即所谓"宗子"手里。商人所谓上帝，既是至上神，也是宗祖神。按照上古的宗教、政治理论，王正是由于他是上帝的嫡系后代，所以才有统治天下的权力。《尚书·召诰》说："皇天上帝改厥元子兹大国殷之命"，可见商王本来是被大家承认为上帝的嫡系后代的。周王称天子，也就是天之元子的意思。④西周后期逆钟言，叔氏命逆"用摄于公室仆庸臣妾、小子室家"，裴锡圭据以得出："叔氏命家臣管理'小子室家'，正是'族长操纵家族的全部财产权'的反映。"裴氏进而指出，结合古代

① 夏含夷：《西周之衰微》，载吴荣曾主编：《尽心集》，中国社会科学出版社，1996年，第124页。
② 夏含夷：《西周之衰微》，第124~126页。
③ 林沄：《从子卜辞试论商代家族形态》，载《古文字研究》(第一辑)，中华书局，1979年，第37页。
④ 参见裴锡圭：《关于商代的宗族组织与贵族和平民两个阶级的初步研究》，载裴锡圭：《古代文史研究新探》，江苏古籍出版社，1992年，第301、300页。

典籍和铜器铭文来看,在典型的宗法制度下,不但小家之长(一般是父亲)和小宗之长是全家和整个小宗之族的财产的支配者,大宗宗子也是整个宗族的财产的支配者。

在宗法制度下,君统和宗统实际上是合一的。周天子是天下的大宗,也可以说是地位最高的宗子。在名义上,全国的土地和人都属他所有,即所谓"溥天之下,莫非王土;率土之滨,莫非王臣"(《诗·小雅·北山》)。侯外庐所著《中国古代社会史论》认为,周代宗法制度下的所有制"不但土地是国有形态(贵族宗子所有),生产者亦系国有形态"①。宗子指宗族之长,周王就是全国最高的宗子,把贵族内部各级宗子对财产的支配权歪曲地表现出来的贵族宗族共有(这种共有不消说是很不完整的)称为"贵族宗子所有",应该说是比较妥当的。②有学者论道,《北山》篇所谓"普天之下莫非王土",具有二重性。它不仅仅是说周王拥有"天下"的最高政治统治权,也不仅仅是说周王拥有"天下"土地所有权,而兼有周王既是"天下"的最高统治者,又是"天下"土地的所有者两层含义,反映了西周时期国家最高政治统治权与国家土地所有权曾经合为一体的历史实际。周王的政治统治权和土地所有权二者,相互关联,互为因果。王者对"天下"土地的所有权,以其处于"天下"的最高统治者地位、拥有国家最高统治权为前提;而其最高统治者地位和政治权力,又与其拥有"天下"土地所有权相关联。后来周王的最高统治权和"天下"土地所有权二者大体同步衰落以致丧失的历史事实,表明了这一点。《尚书·梓材》"皇天既付中国民越厥疆土于先王"与《北山》"普天之下莫非王土"含义大体相同。其语出自周公对康叔的诰词,这实际上是西周统治集团的政治、法律思想的一种理论表现,具有"法"的性质和"法"的效力。既然周王是"天子","中国"或"天下"土地是"皇天"给予周王的,那周王自然也就拥有"中国"或"天下"土地的"天然权利",为"中国"或"天下"土地的所有者。③从理论上说,就是国家最高政治统治权表示的是一种政治的关系,而所有权表示的是一

---

① 侯外庐:《中国古代社会史》,载《民国丛书》(第一编)(第 76 册),上海书店出版社,1979 年,第 15 页。

② 参见裘锡圭:《从几件周代铜器铭文看宗法制度下的所有制》,载吴荣曾编:《尽心集》,中国社会科学出版社,1996 年,第 127~136 页。

③ 参见周自强主编:《中国经济通史·先秦经济卷》,经济日报出版社,2000 年,第 560~570 页。

种经济的关系。

然而在领主贵族的社会中，土地所有权和国家最高统治权却异乎寻常地连在一起了。在这里，政治的权力与经济的权力高度地统一。也可以说，对土地的所有权，往往成为政治统治的基础；而政治权力的获得，又是对土地实现所有权的前提。[1]张传玺明确指出西周的土地权利分配是："这时的土地权利已分为三个层次，即国王有土地所有权，各级受封诸侯和卿大夫等都对受封的土地拥有占有权，沦为庶民的原始公社成员和其他劳动者则在提供劳役或实物负担的前提下，拥有耕种田地的权力。"[2]可举一春秋之例。《春秋》桓公元年，郑以泰山之祊易鲁许田。《公羊传》讥之曰："有天子存，则诸侯不得专地也。"《谷梁传》亦曰："礼，天子在上，诸侯不得以地相与也。"范《注》："诸侯受地于天子，不得自专。"

但原则未必能够在现实中被真正贯彻。辛田认为："地广人稀、人际交往贫乏以及国家实际控制地域的有限造成王有体制不能落到实处。"[3]伊藤道治根据西周前、中、后期青铜器的出土状况推论道："据西周青铜器的出土情况看到西周王朝在前期、中期向东方、东南方的扩张；与此相反，到了中期之末，即穆王时期，这种扩张由于南方的淮夷等而受阻，以后由于蛮族的夷，西周反而受到困扰。"非常明显，在都城丰镐宗周一带，即渭水、泾水流域密布着西周文化的遗迹。特别是从西安到宝鸡的渭水两岸，密集排列着青铜器的出土地点。尤其值得注意的是，这里后期青铜器的出土大大多于其他地区，特别是反映西周后期历史的金文资料的出土几乎限于这个地域。因此，比较可信的结论是，在西周后半期，这个地方逐渐被戎狄侵蚀，只不过保住了渭水沿岸的细长地区。

相映成趣的是，在从黄河弯曲处到汾水流域的地区，"在黄河北岸，除了出土西周后期青铜器的吉县遗迹之外，吕梁、石楼、洪赵出土的都是殷末周初的东西。这一部分尽管靠近陕西，除了吉县是后期的之外，其他都是西周前期、中期的东西，这一点很有趣。汾水流域对于西周王朝来说似乎是不太

---

[1] 参见赵伯雄：《周代国家形态研究》，湖南教育出版社，1990年，第105页。

[2] 张传玺：《从"协和万邦"到"海内一统"》，北京大学出版社，2009年，第94页。

[3] 辛田：《春秋战国时期社会转型研究》，陕西人民出版社，2006年，第259页。

容易确保的地方,恐怕由于此处戎狄的势力也很强(可推测尤其在西周后期到春秋前期,在陕西、山西、河北、河南北部,称作戎、狄的山地民的侵寇十分激烈)。"①由此带来的后果是异常严重的。周王对王畿的控制能力甚至也在逐渐衰退。伊藤道治进而指出:"在长安为中心的地区,大小诸侯领主热衷于抢夺土地,哪怕是寸土,因土地而引起的纠纷频频发生,进而领主间依力量大小互相兼并。"这一进程的必然结局是,由于势力的衰退,周王朝可以新赠与的土地也减少。取代土地赐与的是,委任对直辖地区内的居民等的管理权,以此作为贵族的优惠政策,但这使得周王朝的力量日益变弱,王的权威衰退,以至失去了其控制力。其中一个重要变化就是,在西周前期,王的命令能达到诸侯内部,但后期以大贵族为主,实行了贵族的系列化,王臣变为大贵族的私臣的倾向十分突出。②由所谓册命金文可以很清楚地看到这一点。《卯簋》:

> 唯王十又一月既生霸丁亥,荣季入佑卯,立中庭,荣伯呼命卯曰,载乃先祖考尸司荣公室,昔乃祖亦既命乃父尸司莽人,不淑,拇我家,案用丧。今余非敢梦先公有进遂,余懋称先公官,今余唯命汝尸莽宫、莽人,汝毋敢不善,锡汝瓒四、璋毂、宗彝一肆,宝,锡汝马十匹、牛十,锡于乍一田,锡于宲一田,锡于队一田,锡于戡一田,卯拜手稽手,敢对扬荣伯休,用作宝尊簋,卯其万年,子子孙孙永宝用(《殷周金文集成》04327)。

张懋镕论曰:"荣伯对其家臣卯的册命典礼,其程序以至于措辞都和王室册命典礼相同,区别仅仅是主持册命的是荣伯而不是天子。只须将铭中荣伯改为周王,便是一篇无可怀疑的地道的王室册命金文。而其赏赐品种类之繁、数量之多,在同时期王室册命金文中亦是少见的。通观铭文,荣伯世族俨然是个小王朝,荣伯本人则是小王朝的主宰者。一个世族的首领有如此巨大的权力,而册命制度又保障这种权力不受损害地使用下去。"③西周后期的

---

① 〔日〕伊藤道治:《中国古代王朝的形成》,江蓝生译,中华书局,2002年,第191~195页。

② 同上,第223~224页。

③ 张懋镕:《金文所见西周世族政治》,载张懋镕:《古文字与青铜器论集》,科学出版社,2002年,第155页。

《柞钟》被认为破坏了严格的册命铭辞格式：

> 唯王三年四月初吉甲寅,仲太师佑柞。柞锡载、朱珩、銮,司五邑佃人事,柞拜手对扬仲太师休,用作大林钟,其子子孙孙永宝(《殷周金文集成》00135)。

此铭仲太师乃是"佑柞"而非命柞,所命之职也是朝廷命官,则命者为王,可推而知。但铭中偏偏不记周王,称谢者竟也是仲太师。郭沫若慨叹道："柞既受王锡,拜王官,因而作器矜荣,传诸子孙。而所可异者,柞不对扬王休,而却'对扬仲大师休',这明明是知有恩人的仲大师,而不知有王了。"①如此受命公堂,谢恩私门,可见王纲不振,世卿执国命。正如李峰所言,西周国家所面临的问题在很大程度上是属于结构性的。西周国家的形成建立在周王与诸侯奉祀同一个祖先,并且后者臣服于前者这样一种原则之上。然而百年之后,血缘纽结的自然松弛,并且"封建"制度下授予地方封国的高度自治权也开始导致它们走向独立。考古证据显示,周王室与地方封国之间的交流在西周早期时有发生,但到西周中期则逐渐中断。进入西周晚期,在一些遥远的地方封国内,无论是贵族层面,还是非贵族层面都开始融入当地的文化传统中。西周政权衰弱的另一个根源在于王室对资源的不当管理。周王与供职于中央政府的贵族官员们的关系只能用"恩惠换忠诚"这样的交易来形容。当西周早期的大扩张结束后,中央政府持续的土地赏赐政策在一点点地抽干王室财富的同时,也导致渭河谷地贵族阶层力量的一天天膨胀。由于土地无法再生,周王向官员分发的土地越多,他继续这么做下去的可能性就会越小。在这场"恩惠换忠诚"的游戏中,这种自杀式的政府运转注定周王将成为失败的一方。至西周晚期,在西周国家中两对最基本的关系——中央王室与地方封国、王权与贵族力量——中,周王丧失了自己的控制力,西周国家的基础自然也不复存在。②

---

① 郭沫若:《扶风齐家村器群铭文汇释》,载郭沫若:《郭沫若全集·考古编》(第六卷),《金文丛考补录》,科学出版社,2002年,第350页。

② 参见李峰:《西周的灭亡》,徐峰译,上海古籍出版社,2007年,第162~163页。

三

西周晚期厉、宣诸王曾希望力挽狂澜,重振声威。《国语·周语》下,周太子晋谏灵王有曰:

> 自我先王厉宣幽平而贪天,祸至于今未弭。……自后稷之始基靖民,十五王而文始平之,十八王而康克安之,其难也如是。厉始革典,十四王矣。

韦《注》:"革,更也。典,法也。厉王无道,变更周法,至今已十四王也。"可见厉王确有重大改革。但书缺有间,传世文献仅见《国语·周语》所载二事。《国语·周语》上:

> 厉王说荣夷公。芮良夫曰:"王室其将卑乎!夫荣公,好专利而不知大难。夫利,百物之所生也,天地之所载也,而或专之,其害多矣!天地百物,皆将取焉,胡可专也! 所怒甚多,而不备大难,以是教王,王能久乎! 夫王人者,将导利而布之上下者也,使神人百物无不得其极,犹日怵惕,惧怨之来也。故《颂》曰,思文后稷,克配彼天。立我烝民,莫匪尔极。《大雅》曰,陈锡载周。是不布利而惧难乎,故能载周以至于今。今王学专利,其可乎?匹夫专利,犹谓之盗,王而行之,其归鲜矣! 荣公若用,周必败!"既,荣公为卿士,诸侯不享,王流于彘。

许倬云论曰,厉王的罪名,"专利"一项,《国语》本文并无正面交代。但细玩文义,有数点可以析出。第一,利大约指天然资源,是以谓之"百物之所生","天地之所载"。第二,利须上下均沾,是以王人"将导利而布之上下"。第三,荣夷公专利的结果,是"诸侯不享"。循此推测,周在分封制度下,山林薮泽之利,由各级封君共享。即使以赏赐或贡纳方式,利源仍可上下分治。厉王专利,相对的也就使诸侯不享。厉王之时,西周王室颇有紧迫的情形。外有国防需要,内有领主的割据。周室可以措手的财源,大约日渐减少。费用多,而资源少,专利云乎,也许只是悉索敝赋的另一面。这是时势造成的情况,厉王君臣未必应独任其咎。然而这种情势也意指封建领主间,那种宝塔式的层级分配制度已濒临崩解了。①但周书灿认为,西周时期王畿内的土地还包括部分山林、陂泽和牧地,这些土地的最高所有权也是掌握在周天子的手里。

周天子对以上土地的最高所有权和领有权是通过对以上土地的日渐严格的管理来实现的。西周青铜器铭文中有不少有关这方面内容的记载。如免簋:"王在周,令免作司土,司奠苑林及虞及牧。"同簋:"王命:……司易(场)林吴(虞)牧。"师事簋:"王乎乍册令师事曰:备于大左,官司丰还(苑)。"如果我们将这一历史事件和整个西周时期周天子对王畿之内部分山林、陂泽和牧地等的管理情况结合起来考察,就不难发现,所谓厉王专利,并非是导致其奔彘的直接原因,甚至说和厉王奔彘并无大的关系。②另有学者认为,所谓"专利"实际上就是专地,这地主要是山林川泽之地,原属国有。"专利"谓之"盗";"非其所有而取之者盗也"(《孟子·万章》下)。荣夷公其人之"专利",就是窃取属于国有的部分山林川泽,把它作为个人意志的专有领域。③我们认为,"专利"与"布利"相对,其重点在"专",韦《注》:"专,擅也。"检《说文》十二下《女部》:"嫥,壹也。"十下《壹部》:"壹,嫥也。"④方以智《通雅》卷六《释诂》曾搜集汉代"辜较"之用例:"辜较,一作酤榷、辜榷、估较、辜榷,转为榷酤。《史·郑庄传》,为大司农僦人多逋负,注,僦人辜较也。《索隐》辜较作酤榷,榷,独也。酤,卖也。又《后汉·宦者·单超传》,姻亲为州郡辜较百姓,与盗贼无异。《董皇后纪》,辜较在所珍宝货赂,悉入西省。又《陈万年传》,浸入辜榷财物,注,辜,罪也。榷,专也。《翟方进传》,贵戚子弟多辜榷为奸利者,注,已自专利,他人取者辄有辜罪也,此随字作训耳。《后汉》灵帝光和四年,豪右辜榷马一匹,注,辜,障也。榷,专也。障余人买卖而自利也。又作估较。《晋书·南蛮传》,徼外诸国赍宝物自海路贸货,日南太守估较大半。又作辜榷。《王莽传》,滑吏奸民,辜而榷之。榷与榷同。按汉武帝始为榷酤之法,榷较通算也,

---

①　参见许倬云:《西周史》,生活·读书·新知三联书店,1994年,第307~308页。

②　参见周书灿:《中国早期国家结构研究》,人民出版社,2002年,第105~107页。

③　参见周自强主编:《中国经济通史·先秦经济卷》,第617页。

④　段玉裁注:"嫥各本作专,今正。嫥下云,壹也,与此为转注。"上海古籍出版社,1981年,第496页。

官自酤酒计较专利也。私酤者有罪,故后转为辜较。凡官税民间一例科敛者,皆谓辜较一切之名。"①"障余人买卖而自利","已自专利,他人取者辄有辜罪",正是"专利"一语的绝佳解释。单超"姻亲为州郡辜较百姓,与盗贼无异",则颇可与芮良夫"匹夫专利,犹谓之盗"之语对读。

正如赵伯雄所言,文献及金文材料表明,周王拥有对"天下"的统治权。这种统治权是至高无上的,至少在名义上,普天之下谁都得承认天子的至尊地位。因此,西周是拥有最高统治权的政治实体。既然如此,那就应该承认西周是一个统一的大国。然而西周这种对天下的最高统治权仅仅行使到邦君这一层次(各邦的最高统治层),并不贯彻到社会结构的末端,所以这种统治权事实上有一部分被分割了,由天子分别授予了庶邦的邦君。所谓"授民授疆土"就是指这种统治权由天子到邦君的转移。而邦君一旦被赋予这种统治权,在领地之内就有相当大的独立性。事实上,邦君就是国家最高统治权在这块领地上的体现者。因此,所谓对天下的最高统治权实际上是被分割了的,我们把这种情况叫作"最高权力的分散性"。一方面,存在着某种统治天下的最高权力;另一方面,这种最高权力又事实上被分割。②裘锡圭指出,宗子对宗族财产的支配权,跟一般的私人所有权是有本质区别的。宗子是以全宗族代表的身份来支配宗族财产的。"庇族""收族"对宗子来说不仅仅是一种美德,而是必须承担的义务。李亚农在《中国封建领主制和地主制》中说:"卿大夫的采邑……非他一个人所能独享,他还负担着养活全族的责任。……他必须把他所得的土地,再分给奉他为大宗的小宗们。"③这是很正确的。

实际上,宗子对宗族财产的支配权歪曲地反映了宗族的财产关系。所以宗子的室家就是"公室","入于公"跟交给宗子支配也是一回事。侯外庐等著的《中国思想通史》第一卷说:"在宗法政治之下,西周贵族阶级的代表人物是公子公孙。古'公'字不是指公私之公,而指公族之公……"④其实在贵族宗

①　方以智:《通雅》,载侯外庐主编:《方以智全集》(第一卷),上海古籍出版社,1988 年,第 266 页。

②　参见赵伯雄:《周代国家形态研究》,第 94 页。

③　李亚农:《中国封建领主制和地主制》,上海人民出版社,1961 年,第 104 页。

④　侯外庐、赵纪彬、杜国庠:《中国思想通史》(第一卷),人民出版社,1957 年,第 95 页。

族内部，这两种"公"是统一的。①裴锡圭先生进而认为，在宗法制度下，统治者可以把全国各宗族的人都看作自己的亲属。《尚书·吕刑》的"族姓"，显然不仅仅是指王族的族人而言的。《国语·越语上》说勾践"栖于会稽之上"时号令三军曰："凡我父兄昆弟及国子姓，有能助寡人谋而退吴者，吾与之共知越国之政。"这里所说的"我父兄昆弟及国子姓"，甚至包括了越国国都里的全部国人。所以"百姓"一称既可以指本族族人，也可以泛指全国各宗族的族人，也就是整个统治阶级，是一点也不奇怪的。②周王为了凸显自身统治天下的正当性，而创制了"天子"一语。石井宏明综合各家之说得出："一般认为商王朝时期没有'天子'称号，是西周前期才出现的。"③赵伯雄深入分析了这一称号的历史意义："周人的天子之称，除了具有'王权神授'的意义以外，同时还具有宗法的意义。……对于周王来说，诸侯是小宗，每一支小宗都可以追溯出它的始祖，都有它所以依傍的大宗；那么周王呢？天子之称的含义，就在于天子是'以天为宗'，这样就使得天子的大宗地位绝对化了，也使得周人的宗法制获得了更为完整的形态。……周天子绝对大宗地位的确立，对于巩固周王对天下的统治，无疑是起了积极作用的。"④《尚书·周书·召诰》载召公曰："呜呼！有王虽小，元子哉！"伪孔《传》："召公叹曰，有成王虽少，而大为天所子。"正可证成赵说。与此相应的，是汉儒以天子为爵称。《白虎通义·爵》：

> 天子者，爵称也。爵所以称天子何？王者父天母地，为天之子也。故《援神契》曰："天覆地载，谓之天子，上法斗极。"《钩命决》曰："天子，爵称也。"

清陈立《白虎通疏证》：

> 此《易》说、《春秋》今文说也。《周易干凿度》云："孔子曰：《易》有君人五号：帝者，天称也；王者，美行也；天子者，爵号也；大君者，兴盛行异

---

①　参见裴锡圭：《从几件周代铜器铭文看宗法制度下的所有制》，第134~135页。
②　参见裴锡圭：《关于商代的宗族组织与贵族和平民两个阶级的初步研究》，第314~315页。
③　[日]石井宏明：《东周王朝研究》，中央民族大学出版社，1999年，第129页。
④　赵伯雄：《周代国家形态研究》，第293~294页。

也;大人者,圣明德备也。"……《初学记》引《尚书刑德放》亦云:"天子,爵称也。"……按《孟子》序班爵之制云:"天子一位,公一位,侯一位,伯一位,子男同一位。"以天子与五等之爵并称,安见天子非爵也!……而《礼记·王制》云"王者之制禄爵,公、侯、伯、子、男凡五等"者,盖以王者之制言之,则不数天子;以作君作师之义言之,则天子亦侪乎公侯也。[1]

对人而言,王为人之君主;对天而言,天子为天之宗子。故而由王者言,诸侯皆小宗,王者为诸侯制禄爵;由天而言,天子为王者之爵称。黄然伟考察了西周金文中称"天子"的频率:"西周之时,穆王以前多称王,穆王以后之铭文,'天子'一辞习见。此现象表示,时代越后,人民以王为上天之子之观念越为浓厚,国君之地位及尊严因而形成一种超然之统治地位,此足以反映西周之政治制度国家由国君一人总掌一切。"[2]

周王既以"天之宗子"的身份执掌大宝,那么从宗法制的角度来看,天下即当为宗族共有,王只是享有最高支配权而已。从现代财产权利的角度来看,"不受限制的用益人之权利乃是绝对财产的基本性质,微此,便无绝对财产可言……用益人的此项权利必须包括排除他人使用该土地的权利及权力"[3]。绝对私人所有权"是排斥其他一切人的,只服从自己个人意志的领域"[4]。显然,宗法制度非但并未为周王提供支配天下的绝对权利,而且恰恰对这种绝对权利进行了限制。[5]因此,厉王之"专利",正是要将原由宗族共同拥有的财产权利据为周王一己之私,排斥其他贵族的分有,使之"只服从自己个人意志"。换言之,厉王在中国历史上第一次追求财产权利的个人私有。

---

①　[清]陈立:《白虎通疏证》(上册),中华书局,1994年,第1~2页。

②　黄然伟:《殷周青铜器赏赐铭文研究》,香港龙门书局有限公司,1978年,第217页。

③　[美]霍菲尔德:《基本法律概念》,张书友译,中国法制出版社,2009年,第15~16页。

④　[德]马克思:《资本论》,人民出版社,1975年,第695页。

⑤　英国法学家梅因对古罗马财产制度的分析可堪参照:"如果把我们的注意力限于个人的所有权,则就先天地极少可能对早期的财产史获得任何线索。真正古代的制度很可能是共同所有权而不是个别所有权,我们能得到的财产形式,则是些和家族权利及亲族团体权利有联系的形式。在这里,罗马法律学不能对我们有所启发,因为正是被自然法理论所改变后的罗马法律学把下述的印象遗留给我们现代人,即个人所有权是正常状态的所有权,而人的集团所共有的所有权只是通则的一个例外。"([美]梅因:《古代法》,沈景一译,商务印书馆,1959年,第147页。)

这样一来,厉王必将亲手毁坏周天子统御天下的正当性基础,被破坏的意识形态在残缺了普遍真理一极之后,只余下赤裸裸的暴力。《国语·周语》上:

> 厉王虐,国人谤王。召公告王曰:"民不堪命矣!"王怒,得卫巫,使监谤者,以告则杀之。国人莫敢言,道路以目。王喜,告召公曰:"吾能弭谤矣!乃不敢言。"召公曰:"是鄣之也。防民之口,甚于防川。川壅而溃,伤人必多,民亦如之。是故为川者决之使导,为民者宣之使言。故天子听政,使公卿至于列士献诗,瞽献曲,史献书,师箴,瞍赋,蒙诵,百工谏,庶人传语,近臣尽规,亲戚补察,瞽史教诲,耆艾修之,而后王斟酌焉,是以事行而不悖。民之有口也,犹土之有山川也,财用于是乎出,犹其有原隰衍沃也,衣食于是乎生。口之宣言也,善败于是乎兴。行善而备败,其所以阜财用衣食者也。夫民虑之于心而宣之于口,成而行之,胡可壅也!若壅其口,其与能几何?"王弗听,于是国人莫敢出言。三年,乃流王于彘。

遥想周之初兴,文王为政乃是"询于八虞,而咨于二虢,度于闳夭,而谋于南宫,诹于蔡原,而访于辛尹,重之以周召毕荣,亿宁百神,而柔和万民"(《国语·晋语》四)。这既是周王对耆旧重臣的尊重,实际上也是宗族分享权力的过程。李峰根据对西周册命金文的统计分析,认为周王在行政管理中的角色其礼仪性可能多于实际效用。周王虽然进行了大量的册命,但很可能官僚体制在周王"作出决定"的过程中施加了它的影响。事实上,册命过程中右者与受命者之间的相对稳定关系本身就是对"官僚自治"的很好显示。周王册命的决定不大可能是在没有经过咨询有关政府部门的高级官员而作出的。亦即,尽管周王经常参与行政事务,但他与政府的实际关系可以受到有影响力的王廷官员的干预。[①]厉王弭谤,则是将王权凌驾于国人之上,以臣民为奴仆。当经济上的以天下为私产与政治上的以臣民为奴仆相结合,绝对的专制

---

① 参见李峰:《西周的政体:中国早期的官僚制度和国家》,吴敏娜等译,生活·读书·新知三联书店,2010年,第148~149页。

君权便呼之欲出了。①但这绝对君权的胎体无法萌生于宗法封建的社会结构之中,厉王被流放,表明绝对君权与宗法封建制度已成为势不两立的仇敌。

东周时代,就是它们你死我活的战场。《史记》卷十四《十二诸侯年表序》:"太史公读《春秋历谱谍》至周厉王,未尝不废书而叹也。……及至厉王,以恶闻其过,公卿惧诛而祸作,厉王遂奔于彘,乱自京师始,而共和行政焉。是后或力政,强乘弱,兴师不请天子。然挟王室之义,以讨伐为会盟主,政由五伯,诸侯恣行,淫侈不轨,贼臣篡子滋起矣!"太史公所着眼的是王权之衰微,但也清晰地描绘出宗法制的崩溃。欧阳修则明确指出周秦之变在于由礼治转为法治。《新唐书》卷十一《礼乐志》:"由三代而上,治出于一,而礼乐达于天下。由三代而下,治出于二,而礼乐为虚名……及三代已亡,遭秦变古,后之有天下者,自天子百官名号位序、国家制度宫车服器一切用秦。其间虽有欲治之主,思所改作,不能超然远复三代之上,而牵其时俗,稍即以损益,大抵安于苟简而已。其朝夕从事,则以簿书狱讼兵食为急,曰,此为政也,所以治民。至于三代礼乐,具其名物,而藏于有司,时出而用之郊庙朝廷,曰,此为礼也,所以教民:此所谓治出于二,而礼乐为虚名。"于是在执礼之士看来,周秦之别不啻天堂地狱。《韩诗外传》卷四:"古者八家而井……八家相保,出入更守,疾病相忧,患难相救,有无相贷,饮食相召,嫁娶相谋,渔猎分得,仁恩施行,是以其民和亲而相好……今或不然。令民相伍,有罪相伺,有刑相举,使构造怨仇,而民相残。伤和睦之心,贼仁恩,害士化,所和者寡,欲败者多,于仁道泯焉。"

---

① 刘家和先生曰:"周厉王的'革典'就是经济上的专利和政治上的专权,一言以蔽之,也就是他在谋取专制的王权。"见刘家和:《论中国古代王权发展中的神化问题》,载施治生、刘欣如主编:《古代王权与专制主义》中国社会科学出版社,1993 年,第 24 页。罗祖基亦云:"周厉王因好利而革典,破坏了王政法政)赖以树立的社会经济基础;同时,又出于集权目的而弭国人之谤,乃是改革宗法政治体制的重大举措。"参见罗祖基:《重新评价周厉王》,《学术月刊》,1994 年第 1 期。

试论"熙丰变礼"及其思想史意义

雷　博*

北宋熙丰变法是中国政治史和思想史上的一大关节,如青苗、市易、保甲、免役诸法,影响深远,历代议论争讼不绝。与之相比,同时代的"熙丰变礼"并未受到学界太多关注,但其重要性不容忽视。《宋史·礼志》云:

> 大抵累朝典礼,讲议最详。祀礼修于元丰,而成于元祐,至崇宁复有所增损。其存于有司者,惟《元丰郊庙礼文》及《政和五礼新仪》而已。乃若圜丘之罢合祭天地;明堂专以英宗配帝,悉罢从祀群神;大蜡分四郊;寿星改祀老人;禧祖已祧而复,遂为始祖;即景灵宫建诸神御殿,以四孟荐享;虚禘祭;去牙盘食;却尊号;罢入阁仪并常朝及正衙横行。此熙宁、元丰变礼之最大者也。①

在此段总论文字中,"熙丰变礼"被视作整个宋代礼制发展中的重要节点,然而,研究者往往仅将其视作唐宋国家祭祀礼仪发展过程中的一个普通环节,②对改革的内容、过程、逻辑及其在政治思想史中的意义尚缺乏深入探索。

---

*　雷博,北京大学高等人文研究院博士后流动站研究人员。

①　脱脱等:《宋史》(第98卷),中华书局,1977年,第2423~2424页。

②　如王美华:《唐宋礼制研究》,东北师范大学中国古代史专业博士学位论文,2004年;张文昌:《制礼以教天下——唐宋礼书与国家社会》,台湾大学出版中心,2012年;朱溢:《唐至北宋时期的太庙禘祫礼仪》,《复旦学报》(社会科学版),2012年第1期。

笔者此前已撰文略论熙宁时期以编修法令格式为主要形式的礼文建设，[①]本文则试图将这次改革更进一步还原至整个熙宁—元丰时期经术与政治相结合的观念环境中进行考察。特别是在元丰时期，以儒家经学为基础重新审定郊庙奉祀礼文，使郊祀典礼具备充分的严谨性与权威性。这在中古礼制史中是一次非常独特的尝试。本文将以相关文献的编纂和修订为线索，对宋神宗朝的礼文建设进行梳理勾勒，以此把握"熙丰变礼"在礼制与政治思想方面的深层意义。

一、详定格式：熙宁时期以"法令"形式修纂的礼书

在中国古代国家礼制体系中，郊祀礼仪居于核心地位，历代王朝对其仪轨都十分重视。北宋太祖朝所修《开宝通礼》以《大唐开元礼》为蓝本，其仪制因循前代，变化不大。其后礼书编修即以增订仪注并纂集为主要体例。北宋前期，礼官编修的仪注集有《礼阁新编》《太常新礼》《庆历祀仪》等，欧阳修编《太常因革礼》即以《开宝通礼》为纲，在此之下编纂故事，保存仪注。

这种礼书编纂的体例有利有弊。好处是可以保存历代典礼内容，明见其中因革损益，使考礼者知其所由；其弊端则是因为缺乏明确的规定，行礼时往往临时编就仪文，导致"前期戒具，人辄为之骚然；临祭视成，事或几乎率尔"[②]，不但仓促草率，且靡费甚多，尤其是侥幸者以此为机求取恩赐，因循无已。因此熙宁二年（1069）王安石出任参政，设置制置三司条例司之后不久，即提出应将南郊之费编为定式。据《宋会要辑稿》：

> （熙宁二）十二月三日，条例司言：……又言："三司岁计及南郊之费，皆可编为定式。乞差官置局，与使副等编修，仍令本司提举。太常博士、集贤校理刘瑾，大理寺丞赵咸，保安军判官杨蟠，秀州判官李定编定《三司岁计》及《南郊式》；屯田郎中金君卿，大理寺丞吕嘉问，郓州须城

① 参见雷博：《北宋神宗朝熙宁时期的礼文建设考论》，《青岛科技大学学报》（人文社会科学版），2013 年第 5 期。

② 沈括：《长兴集》（第 13 卷），《四部丛刊三编》影印明翻宋刻本。

主簿、三司推勘公事乔执中编定《三司簿历》。"从之。①

章如愚《山堂考索》引《四朝国史志》所载《神宗熙宁会计录》云：

> 国家自天圣以后，用度浸广，故于会计录加详。神宗嗣位，用王安石参预枢要，尤以理财为先务。熙宁三年，条例司始议取三司簿籍，考观本末，与使副同商度经久废置之宜，一岁用度及郊祀大费，皆编著定式。诏用其议。以刘瑾等编三司岁计及南郊式。金君卿等编三司籍簿。条例司总领焉。②

可知《南郊式》的编纂动因，源于对三司岁计及南郊费用的统计与管理，希望以考观本末、编为定式的方式，将南郊礼制规范化。

李定在熙宁三年（1070）遭弹劾去职之后，神宗一度以吕嘉问提举编修删定南郊式③，最终交由沈括完成。据《宋史·沈括传》，沈括于熙宁年间"擢进士第，编校昭文书籍，为馆阁校勘，删定三司条例"④，在此期间接手编修《南郊式》：

> 故事，三岁郊丘之制，有司按籍而行，藏其副。吏沿以干利。坛下张幔，距城数里为园围，植采木、刻鸟兽绵络其间。将事之夕，法驾临观，御端门、陈仗卫以阅严警，游幸登赏，类非斋祠所宜。乘舆一器而百工侍役者六七十辈。括考礼沿革，为书曰《南郊式》。⑤

沈括最终于熙宁五年（1072）完成《南郊式》⑥，并应用于次年的南郊大礼

---

① 徐松辑：《宋会要辑稿》，职官五之六，中华书局，1997年，第2465页。

② 章如愚：《山堂先生群书考索》（后集第63卷），《财用门》，文渊阁四库全书本。

③ 熙宁四年十月丁丑条："丁丑，提举诸司库务勾当公事、右赞善大夫吕嘉问权发遣户部判官，编修删定《南郊式》，详定库务利害。"李焘：《续资治通鉴长编》（以下简称《长编》）（第227卷），中华书局，2004年，第5533~5534页。

④⑤ 脱脱等：《宋史》（第331卷），第10653页。

⑥ 元丰六年八月庚子条："熙宁五年，沈括上南郊式，以为被遣官亦称'臣'，不应礼，改之。至是复旧。"李焘：《长编》（第338卷），第8155页。

中。《宋史·沈括传》称宋神宗"即诏令点检事务,执新式从事。所省万计,神宗称善"①。

《南郊式》全文今已散佚不存,仅据《长编》及陈襄《古灵集》中对《南郊式》的讨论与因革,可以窥见一斑。其中有对南郊大礼时赐赍等差额度的规定②,也包括行礼过程中的一些具体仪轨,如车驾出宫门的勘契之式,朝飨太庙时的尊彝陈设等。③此外,还对一些有违义理之处进行变革,如皇帝祀天自称"臣",而有司摄事不当称臣等。④

现在可见的与《南郊式》关系最为密切的文章,是沈括《长兴集》第 13 卷的《进南郊式表》:

> 臣某等言:伏奉敕命编修《南郊式》者。郊丘事重,笔削才难,猥以微能,叨承遴选。中谢。盖闻孝以配天为大,圣以飨帝为能。越我百年之休明,因时五代之流弊。前期戒具,人辄为之骚然;临祭视成,事或几乎率尔。盖已行之品式,曾莫纪于官司。故国家讲燎禋之上仪,而臣等承撰次之明诏。迫兹弥岁,仅乃终篇,犹因用于故常,得删除其纷冗。……固将制礼作乐,以复周唐之旧;岂终循诵习传,而守秦汉之余?则斯书也,譬大辂之椎轮,与明堂之营窟⑤。推本知变,实有补于将来;随时施宜,亦不为乎无补。

从写作者的口气来看,此表的主笔应该是领衔奏上之人,即时任宰相王安石。由于此表收于沈括文集,或为王安石授意沈括代笔,可代表王安石本人对于《南郊式》这部文献以及南郊礼仪的认识与态度。

据表文可知,编修《南郊式》是为了改变每次郊祀准备阶段临事仓促的

---

① 脱脱等:《宋史》(第 331 卷),第 10653 页。

② 熙宁七年十二月己巳条:"上批:'李宪见寄昭宣使,所有南郊支赐,缘宪勾当御药院三,昼夜执事,最为勤劳,难依散官例。'枢密院言:'《南郊式》,昭宣使以上当支赐银、绢各四十四、两。'上曰:'此系散官无职事人例。仍赐银、绢各七十五两两。'"李焘:《长编》(第 258 卷),第 6297 页。

③ 参见陈襄:《古灵集》(第 9 卷),《详定礼文》,宋刻本。

④ 参见祖慧:《沈括评传》,南京大学出版社,2004 年,第 58~60 页。

⑤ "明堂之营窟",典出《礼记·礼运》:"昔者先王未有宫室,冬则居营窟,夏则居橧巢。"参见孙希旦:《礼记集解》(第 21 卷),中华书局,1998 年,第 587 页。

尴尬状况,为礼仪的行用提供参考。其表面目的是节省靡费,而其本质则是编订出一个有司可以参照行用的标准,即宋神宗所谓"设于此而使彼效之曰式"①,这就使得郊祀仪制既非纸上虚文,也不是临时编定的仪文集合,而成为有法可循,有章可依的定则。

值得注意的是,在这段表文中,"固将制礼作乐,以复周唐之旧;岂终循诵习传,而守秦汉之余"不应视作颂圣的虚语,在当时的观念环境中,这是一个严肃切实的政治追求。其中编修《南郊式》只是整齐礼乐,勒成王制的前驱准备工作,即"大辂之椎轮,明堂之营窟",在此基础上,还有更进一步制礼作乐的长远目标。

熙宁时期,除了《南郊式》外,在编修三司令敕过程中,也编修了明堂与祫祭之式:

> 详定编修三司令敕沈括言:"奉诏编修《明堂》、《籍田》、《祫享》、《恭谢式》。明堂、祫享,近岁多与南郊更用;恭谢、籍田,历年不讲礼文,盖已残缺。至于东封、西祀、朝陵等礼,亦皆难以搜究。窃虑空文迄于无用,欲止编明堂、祫享二礼。"从之。②

据《沈括事迹年表》,熙宁六年(1073)八月,沈括在王安石推荐下查访两浙,至熙宁七年(1074)三月回京述职,同修起居注,③上引奏议在熙宁七年七月,则他担任详定编修三司令敕的时间应该是在四月与七月之间。显然,编修明堂、祫享式和南郊式相似,也是通过财政支出的规范化来确定礼仪的标准。沈括特别指出,像恭谢、籍田、东封、西祀等礼文,"难以搜究"且"空文迄于无用",因此不必追求形式上的完备,而一切以实用为导向。事实上,这种经世致用的思路,贯穿了整个熙丰礼文修订的全部过程,也是当时政治改革理念的具体表现。

---

① 李焘:《长编》(第298卷),元丰二年六月辛酉条,第7259页。
② 李焘:《长编》(第254卷),熙宁七年七月乙巳条,第6221页。
③ 参见胡道静:《沈括事迹年表》,载吴洪泽、尹波主编:《宋人年谱丛刊》(第4册),四川大学出版社,2003年,第2320页。

二、考正大略：元丰礼文所与《郊庙奉祀礼文》

尽管《南郊式》的规定详尽细密，但其目的在于节省靡费，未经过经学、礼学层面的检讨，在有识者看来依然十分不足。熙宁十年（1077）正月，礼院整理庆历以后奉祀制度沿革，别定《祀仪》，[①]不过也是因循故事，[②]并没有从经义的角度对仪制进行检讨。因此当年南郊祭天之后，知谏院黄履即向宋神宗建议：

> "近因陪侍郊祭，窃观礼乐之用，以今准古，有未合者。盖自秦至于周，文章残缺，有不可考故也。然臣闻礼者，义之实也。协诸义而协，则礼虽先王未之有，犹可以义起，况因其有而正之乎？伏望命有司并群祀考正其大略，而归之情文相称。"诏履与礼院官讲求以闻。[③]

于是次年即元丰元年（1078）正月戊午，宋神宗手诏，令太常寺置局讲求郊庙奉祀礼文讹舛，"讨论历代沿革，以考得失"[④]。以陈襄、黄履[⑤]、李清臣、王存为详定官；杨完、何洵直、孙谔充检讨官。[⑥]之后元丰二年（1079）正月，又以陆佃兼详定郊庙奉祀礼文；[⑦]元丰三年（1080）正月，命知制诰张璪详定郊庙奉祀礼文。[⑧]

从元丰元年六月至元丰三年九月，礼文所以《南郊式》和《熙宁祀仪》为基准，针对郊祀礼文中存在的种种不经或不妥之处提出奏议，神宗皇帝亲自参与讨论裁决，合理可行者"从之"，迂缓难行者"不从"，有争议疑问者则"下

---

① 参见脱脱等：《宋史》（第 98 卷），第 2422 页。
② 参见张文昌认为，《熙宁祀仪》是延续《庆历祀仪》进行的编纂，本身没有太大的新意。参见张文昌：《制礼以教天下——唐宋礼书与国家社会》，第 170~175 页。
③ 李焘：《长编》（第 286 卷），熙宁十年十二月甲午条，第 6999 页。
④⑥ 李焘：《长编》（第 287 卷），元丰元年正月戊午条，第 7012 页。
⑤ 黄履于元丰二年（1079）十月因判国子监时不察属官取不合格卷子，及对制不实而罢除侍讲外全部差遣。参见李焘：《长编》（第 300 卷），元丰二年十月戊申条，第 7311 页。
⑦ 参见李焘：《长编》（第 296 卷），元丰二年正月丙子条，第 7195 页。
⑧ 参见李焘：《长编》（第 302 卷），元丰三年正月己丑条，第 7349 页。

礼院"深入讨论。其内容大致分为如下几个方面。

首先是郊祀之大体，也就是郊祀礼仪中的基本理念与核心内容。陈襄在元丰三年论南北郊应当分祀的时候指出："郊祀①之礼，首宜正其大者。大者不正，而末节虽正，无益也。"②秉持这一宗旨，礼文所提出许多重要的变革意见：元丰三年罢合祭天地；③元丰三年明堂祀昊天上帝，不从六天之说，以英宗配，罢从祀；④元丰五年（1082）废除禘祭等。⑤这些改革在礼学史上都有深远的影响。

其次是对冕服、器用的考辨，即对郊祀中使用到的各类名物考订源流，以辨其当否。如冕服中的冕旒之制，祭服之裳，衣裳之章以及大裘的体制等；器物中的大圭之制、祭天用陶匏、太庙用蜃尊等；此外，还考订了帝籍、神仓的源流，明水明火的含义，郁鬯、五齐三酒的概念与制作方法，以及木尺和铜尺的标准与制法。⑥

最后是对南郊祭祀行事中一些不合经义的仪轨进行矫正。在原有《祀仪》和《南郊式》的基础上，依据礼义考辨其当否，并提出可行的修改意见。如南郊之前，皇帝应先宿太庙、次宿北郊、次宿南郊，车驾出入宫门罢勘契，行礼的时候，唯人君得升阼行事，皇帝饮福受胙以专受祉，而亚献、终献及摄事之臣不宜饮福受胙，以及燔柴、瘗血等仪式在祭祀中的次序等。⑦

除郊庙大礼之外，礼文所还讨论了荐新、告朔、祭朔望等礼仪的源流、意义及其中细节；删削了一些于礼不经的无谓铺张，如不设黄褥绯褥、不设黄道褥、罢拂翟等。⑧

至元丰三年闰九月，上述讨论有了阶段性成果："详定礼文所言：'前后礼文，欲编类上进，副在有司，以备承用。'从之。"⑨到元丰五年四月，《郊庙奉

---

① 《长编》中记载陈襄此段奏议，无"郊祀"二字，点校本于此处未点断，作"是以臣亲奉德音，俾正讹舛之礼，首宜正其大者"，语句不畅。《古灵集》载陈襄奏议作"郊祀之礼，首宜正其大者"，当是。参见陈襄：《古灵集》（第 9 卷），《详定礼文》。

② 李焘：《长编》（第 304 卷），元丰三年五月甲子条，第 7397 页。

③ 参见李焘：《长编》（第 304 卷），元丰三年五月甲子条，第 7395~7403 页。

④ 参见李焘：《长编》（第 306 卷），元丰三年七月丁亥条，第 7447 页。

⑤ 参见李焘：《长编》（第 318 卷），元丰四年十月甲戌条，第 7686~7688 页。

⑥⑦⑧ 参见陈襄：《古灵集》（第 9 卷），《详定礼文》。

⑨ 李焘：《长编》（第 309 卷），元丰三年闰九月甲寅条，第 7499 页。

祀礼文》全部编修完毕,由崇文院校书杨完编类以进,共20卷。①次年的南郊大礼,首次行用。《玉海》第93卷《元丰祀圜丘》记载:

> 元丰六年十一月丙午,祀昊天上帝于圜丘,以太祖配。始罢合祭天地。帝服大裘,被衮冕以出。自元丰元年命陈襄等详定郊庙奉祀礼文,大正历代典礼之失,至是祀天之仪粲然一新,天下称庆。②

通过从熙宁到元丰礼文建设层面的各项扎实准备,元丰六年(1083)的南郊大典可以说是一次真正意义上的"行礼",即"礼经""礼典"和"礼仪"三者的统一。由于经过了经学层面的检讨和仪文层面的打磨,并在争议处由皇帝决断,它具备了在当时所能有的最高的严谨性和权威性,可以标榜"大正历代典礼之失",从而垂范天下。

三、以义正礼:熙丰礼书修撰的时代特色

在宋代礼制的研究中,熙丰时期的礼制建设,特别是《南郊式》《明堂祫享式》和《郊庙奉祀礼文》这样介于法令、奏议与礼书之间的文献,并未受到多少关注。一方面,因为原文散佚,从现有史料很难窥见其全貌;另一方面,它也很容易被当作宋代礼官编修的各种郊祀仪轨中的一部而忽略。然而,如果我们将其放在更大的背景下加以审视,则可以从若干个不同的角度看到其意义。

自唐代《开元礼》而下,国家礼典可谓有因革而无制作,《开宝通礼》作为北宋礼典的标准,基本是对《开元礼》内容的沿袭,后世之礼书如《礼阁新编》《太常因革礼》等,仅能记录其"变礼"以讨溯沿革,而不是另立"一王之制"而取代《通礼》。③这种编纂方法从北宋延续到南宋的《中兴礼书》,可以说是两

---

① 参见李焘:《长编》(第325卷),元丰五年四月壬戌条,第7819页。
② 王应麟:《玉海》(第93卷),江苏古籍出版社,影印浙江书局本,1987年,第1710页。
③ 参见楼劲:《关于〈开宝通礼〉若干问题的考察》,载《中国社会科学院历史研究所学刊》(第4集),商务印书馆,2007年。

宋时期最重要的礼典编纂方式,后来的王朝礼书中亦不乏承袭者。①

然而这种"保存故事"的礼书编纂传统在宋神宗朝有所变化,这与当时编修"敕令格式"与诸司条例的背景有关。北宋编敕繁多,唐代以"律令格式"为主的法典体系逐渐向"敕令格式"过渡②,宋神宗"以律不足以周事情,凡律所不载者,一断以敕"③,并对四者的内涵和关系作了非常重要的区分和阐释。④北宋前期设立的临时机构详定编敕所,⑤在神宗朝成为重要的常设机构,⑥熙宁九年(1076)又设编修令式所,熙宁十年设详定编修诸司敕式所和重修编敕所。⑦通过编修法典,使国家政事制度化,这是熙宁政治改革中的重要内容。在此过程中,编修南郊、明堂、籍田、祫享、恭谢等式,⑧以法令的形式将礼仪的过程标准化、规范化,其意义在于:礼书不仅需要记录"已然",还需要规定"应然",为现实中的操作提供明确依据。

对于郊祀大典来说,不仅需要制定实用的规范,更需要这个规范过程本身合于"先王之礼",而在礼文残缺的情况下,就需要以经学为基本,以义起礼,使情文相称。⑨这也正是元丰《郊庙奉祀礼文》的目的,即"讨论历代沿革,以考得失"⑩,从而使礼书的编纂检讨从法令层面向经学层面拓展,用"经典"赋予"法典"更坚实的义理根基。

从内容上看,元丰《郊庙奉祀礼文》以礼经为旨归,参酌历代沿革,对整

---

① 如《明集礼》《大清通礼》等。

② 王捷:《从律令格式到敕令格式——以宋代立法机构编敕所的专门化为中心观察唐宋之际法典体系变革》,华东师范大学硕士学位论文,2008年。

③ 脱脱等:《宋史》(第199卷),第4963页。

④ 元丰二年六月辛酉条:"左谏议大夫安焘等上诸司敕式,上谕焘等曰:'设于此而逆彼之至曰格,设于此而使彼效之曰式,禁其未然之谓令,治其已然之谓敕,修书者要当知此。'"李焘:《长编》(第298卷),第7259页。

⑤ 参见王应麟:《玉海》(第66卷),《天圣删定咸平编敕》。

⑥ 王应麟:《玉海》(第66卷),《宋朝敕局》;另参见李焘:《长编》(第218卷),熙宁三年十二月庚辰条,第5308页。

⑦ 参见王捷:《从律令格式到敕令格式——以宋代立法机构编敕所的专门化为中心观察唐宋之际法典体系变革》。

⑧ 参见李焘:《长编》(第254卷),熙宁七年七月乙巳条,第6221页。

⑨ 参见李焘:《长编》(第286卷),熙宁十年十二月甲午条,第6999页。

⑩ 李焘:《长编》(第287卷),元丰元年正月戊午条,第7012页。

个郊祀礼仪的体系进行了系统的梳理和检讨，提出了很多或宏大或细致的改革方案，将原有礼仪中的不经之处一一剔除，而对于经典中叙述模糊或者存在解释争议的细节，则以"义理裁之"，设计出符合情理且可以实用的流程。作为一篇以奏议对话为基本形式的礼学文献，元丰礼文有如下特色。

首先，其核心理念是以礼经特别是《周礼》为依据，扬弃汉唐旧制，追法"先王之礼"的规模气象，奏议中所援引的经典依据不是前代的《大唐开元礼》或本朝的《开宝礼》，而是"三礼"特别是《周礼》。需要特别注意的是，这种"效法"并非模仿照搬，而是融汇经典义理和现实需求，是"法其意"而非"法其迹"，如元丰元年九月，详定礼文所关于庙制的建议：

> 详定礼文所言："周制，由命士以上，父子异宫，祖祢异庙，所以致恭而不渎也。……后汉光武俭不中礼，合高祖以下至平帝为一庙，异室同堂，屈万乘之尊，而俯同周之下士，历代因循不革。臣等以《仪礼》求其迹，以《尔雅》辩其名①，以《考工记》约其广深，谨图上八庙异宫，以始祖居中，昭穆为左右以进②。"诏送陈襄等详定本朝可行典礼以闻，然卒未果行也。③

在还原宗庙制度时，"以《仪礼》求其迹，以《尔雅》辩其名，以《考工记》约其广深"，这种思路既可以看作是在学术的层面还原经典中的名物，同时也是用经典指导礼文的具体实践——通过面向实践的综合考量，将经典中相关内容进行关联融合，形成可行的方案。这一思路几乎可见于礼文所大部分的奏议中，在此不一一列举。

其次，礼文所提出"以义起礼"的思路，即引用礼经时，并不机械照搬其中的记载，而着意于提炼发明其中蕴含的义理，以之指导礼文的因革。这是更深层次的"法其意"，即于先王之礼无规定处，推量体会礼义，草创发明新规。黄履云："礼者，义之实也。协诸义而协，则礼虽先王未之有，犹可以义起，

---

① 以《尔雅》辩其名"，"辩"，《古灵集》作"辩"，当是。参见陈襄：《古灵集》（第9卷），《详定礼文》。
② "昭穆为左右以进"，《古灵集》"昭穆"前有"分"字。参见陈襄：《古灵集》（第9卷），《详定礼文》。
③ 李焘：《长编》（第292卷），元丰元年九月己丑条，第7138~7139页。

况因其有而正之乎？"①

元丰元年九月，在讨论祭祀昊天上帝、皇地祇和太祖皇帝所设牲俎时，礼文所引用《礼记》"郊特牲而社稷太牢""祭天地之牛角茧栗"之说，认为祭祀天地时，因为天地"覆载之功，无物可称，故用茧栗"，"犊取其诚悫，以小为贵也，特牲而已，不及羊豕，以少为贵也"，而配天的祖宗，则因为"祖远而尊，以天道事之，故亦特牲"。只有在祭祀明堂的时候，因为所配的是严父，"以其祢近而亲，故以人道事之。诗曰'我将我享，惟羊惟牛'是也"。因此，礼文所认为，本朝仪注在祭天中误用羊豕，有违"尚质贵诚之义"，请"改亲祠圜丘、方泽正配位皆用犊，不设羊豕俎及鼎匕，有司摄事准此"，诏从之。②

又元丰四年（1081）九月，礼文所依据《周礼》《礼记》中"冬日至，作乐于地上之圜丘，若乐六变，则天神皆降，可得而礼矣"，"祭天，扫地而祭焉，于其质而已矣"，有"以下为贵者，至敬不坛，扫地而祭"等语，引崔灵恩、马昭、高堂隆之说，认为祀天的时候，圜丘的作用是奏乐、升烟，请神祇下降，而祭祀的礼仪则应当在平地上设馔享神，取的是"以下为贵""祭祀尚质"的义理。根据这一理念，则"后世筑坛八陛，祀天其上，奏乐其下，非礼之正"，请求今后祭天时，"更今之坛以为圜丘，奏乐其上，而于丘南设馔于地，以行正祭，庶合礼经有以下为贵者，且明尚质之义"。虽然提议并未得到采纳，③但其理念却值得注意。

最后，礼文所的创议也非常重视历代沿革与现实可操作性，注重在"先王之礼"和"历代之制"中寻求平衡，力求"情"与"文"相称。在置局之后的第一篇奏议中，他们就提出：

> 有事于南郊、荐飨景灵宫、朝飨太庙，大率皆踵唐礼，至于坛壝、神位、大驾、舆辇、仗卫、仪物，亦兼用历代之制。若概以先王之礼，固已不同，必兼用历代之制④，则其间情文诡舛甚众。盖有规摹苟略，而因循已

---

① 李焘：《长编》（第286卷），熙宁十年十二月甲午条，第6999页。

② 李焘：《长编》（第292卷），元丰元年九月乙酉条，第7134页。

③ 参见李焘：《长编》（第316卷），元丰四年九月壬子条，第7654~7655页。

④ "固已不同，必兼用历代之制"，《古灵集》作"固不必同兼用历代之制"，则断句亦当与此处不同。参见陈襄：《古灵集》（第9卷），《详定礼文》。

久,重于更制者,有事出一时之仪,而不足以为法者。谨先具一二奏陈,恭俟训敕,以为体式。①

在后来的讨论过程中,礼文所的奏议形成了一个基本的格式,即首先言某事之前如何进行(此项在多数情况下可省略);次引礼经,说明据经义应当如何;再述汉唐以下的历代源流变化;最后提出一个以经典为基本依据,折衷现实的解决方案,供皇帝参详。如:

> (元丰三年七月丁丑)详定礼文所言:"明堂仪注,设御位于中阶下之东南,西向。臣等谨案,古者人君临祭,立于阼。其临祭就位于阼阶下,大夫士礼也。自曹魏以来,有司失之。伏请设皇帝版位于阼阶之上,西向。太庙、景灵宫亦如之。"②

王应麟《玉海》引《中兴书目》论及元丰《郊庙奉祀礼文》的内容时,指出其体例为"每篇先叙历代沿革,次以议奏,以见其施行与否"③。

在统合"先王之礼"和"当时之宜"时,可能遇到的一个困难就是古制与今制之间的差距,特别是涉及到职官、品阶与地位秩序时,如何弥合就成为必须要考虑的问题。如元丰三年七月,礼文所讨论百官奉引车旗,认为当时所行"第一开封令,乘轺车;次开封牧,乘革车,隼旗;次太常卿,乘革车,凤族;次司徒,乘革车,瑞马旗;次御史大夫,乘革车,獬豸旗;次兵部尚书,乘革车,虎旗"的做法于礼非是,依照《周礼》,"巾车职曰:'孤乘夏篆,卿乘夏缦,大夫乘墨车。'司常职曰:'孤、卿建旃,大夫建物。'"而《仪礼·觐礼》亦曰:"侯氏乘墨车,载龙旗。"如果用今官比照古官,则"(开封)令五品,秩比大夫,当乘墨车而建物;(开封)牧比诸侯,当乘墨车而建旗;太常卿,古春官卿,当乘夏缦而建旃;司徒,今三公,当乘夏篆而建旃;御史大夫,三品,秩比卿;兵部尚书,各夏官卿,皆当乘夏缦而建旃"。因此,礼文所请依据古礼,修改当今的

---

① 李焘:《长编》(第 288 卷),元丰元年二月庚戌条,第 7042 页。
② 李焘:《长编》(第 306 卷),元丰三年七月丁丑条,第 7442 页。
③ 王应麟:《玉海》(第 69 卷),《礼仪·仪制下》,第 1308 页。

奉引仪物,"所以参备《周礼》九旗之制"。①

这种古今比拟虽显得有些迂阔,但在元丰礼文中并没有十分夸张,整体而言,还是以复古的形式彰显出典礼的气象和规模。但这种复古的理念如果更进一步发展,也有可能会被夸张强调,而产生于情理不合的结果,如宋徽宗朝编纂的《政和五礼新仪》中对宾礼内容的修改。有别于《开元礼》《开宝礼》只将藩国进觐纳入宾礼,《政和五礼新仪》将百官朝会、常参的礼仪也纳入到宾礼的范畴中,对于这一点,宋徽宗认为:

> 《鹿鸣》之诗以燕群臣,而其诗曰:"以燕乐嘉宾之心",盖方其燕乐,则群臣亦谓之宾,非特诸侯也。王尊,宾卑,君为主而尊,臣为宾而卑,此宾主尊卑之义辨矣。今虽不封建诸侯,宾礼岂可废缺?自罢侯置守,守臣亦古诸侯也,其赴阙来朝被召奏事之类,则朝觐会遇之礼岂可废乎?唐不知此而移于嘉礼,非先王制礼之意,可依《周礼》参详去取修立。②

这是取《小雅·鹿鸣》之义,将群臣比拟于诸侯,因而皇帝宴饮群臣也可类比于"燕乐嘉宾"。宋徽宗将这一思路推至守臣赴阙奏事,以朝觐会遇皆为宾主相待,故百官朝会、常参的礼仪也应该纳入宾礼。

从循名责实的角度看,这样的类比太过于追求形式上的复古,而忽略了实情,因为唐宋时的官员不具备诸侯的意义。更何况五礼系统中的宾礼已经发展为天子接见番邦外国的外交礼仪,将百官纳入"宾"的范畴,会、常参皆寓宾主相待之意,则不可避免地会带来观念与实践上的混乱。

总之,对于先王制礼之意的理解和把握,其平衡并不容易掌握,需要在理论和实践层面经过仔细的体量检讨,务求名实相称,否则很容易流于过度形式化,反而损害礼本身的意义。

---

① 李焘:《长编》(第 306 卷),元丰三年七月乙亥条,第 7440~7441 页。

② 郑居中等编:《政和五礼新仪》,影印文渊阁四库全书本,上海古籍出版社,1987 年,第 66~67 页。

四、明体致用："熙丰变礼"在唐宋礼制史与政治思想史中的意义

在中古礼制的演变源流中，"熙丰变礼"处于一个特殊的历史节点上。自从西晋《新礼》开始，确立了"五礼"为国家礼典的基本体例，至《大唐开元礼》，勒成一代之制，其性质可以认为是"今王定制"。从学术的角度看，既代表了礼典传统的权威，同时也显现出发展的危机①：一方面，每项仪文内容不追溯渊源，只记载当时的仪轨，显示出强烈的当代性；另一方面，其中体现出的高度规范性和形式感，使后世的制礼作乐者很难超越甚至比拟。

从中唐至北宋，以《开元礼》为蓝本，衍生出各种记录变礼、新礼的"因革礼"，其中的典型文本即宋仁宗朝由欧阳修主持编纂的《太常因革礼》。之后宋徽宗朝试图重新考古辨今，制作典礼，即《政和五礼新仪》，是为《开元礼》之后另一部具有"今王定制"意义的国家礼典，然而，随着北宋覆亡，其体例未被继承下去，南宋编修《中兴礼书》，重新回归"因革礼"的体制，"因革礼"也成为后来官修礼典的基本模式。

从礼的体用角度来看，"今王定制"的国家礼典，有如下三种优势：首先具有"国家大典"的象征意味，可以标榜盛世；其次，其体例完备整齐，具有形式上的美感；最后，对礼仪作出明确详赡的规定，以资实用。但其缺点是，礼一旦被固定为现成的规则，在历史的流变发展中就会逐渐与时代脱节，最终变成"前王之迹"，甚至纯粹的形式虚文。也就是说，其"体"虽备，也有"用"的指向，但却容易体用分离，礼的意义也会隐晦不彰。

与之相比，"因革礼"的优势在于，它不是单纯规定仪式本身，而是追述仪式的渊源流变，将历代的礼文仪轨都以因革的形式呈现出来，观者可以考见其脉络，同时也可以从中参酌取用。然而其缺点在于，它只是对于流变过程的记录与呈现，依附在既有的礼典上，自身没有一个体例完备的礼的框架，也不具备强制的规定性和权威性。虽然能够发挥文献的作用，但与儒家政治所理想的"礼之用"还是有根本的区别。

元丰《郊庙奉祀礼文》是一种在"因革礼"的背景中发展出来的礼书，但

---

① 参见张文昌：《制礼以教天下——唐宋礼书与国家社会》，第57~59页。

是其性质又与《太常因革礼》《续因革礼》完全不同，其重点不在于追述过往流变，而是基于既有的内容进行匡正与重新设计，从形式上看，更像是对法令仪注的修正议案。行礼者需要在实践中反思、检讨，而制礼者则需要根据经术、义理与实践效果的平衡作出调适。这些工作都不可能尽善尽美，但是这样一种"以义正礼"的态度与倾向，却为礼的"体"和"用"构建了一个联系的枢纽，使得礼既趋向于具备一个权威的、合乎经术与义理的本体，同时又能够切于实用，不使行礼者、观礼者有繁琐违和的感受。从而使成为"陈迹"或"文献"的礼书鲜活起来。

事实上，这一编纂礼书的思路并非终止于元丰礼文，宋徽宗政和年间"绍述神考"，用同样的方式设议礼局、礼制局，修订"五礼"，并以御笔手批与之往复讨论。其成果保存在今本《政和五礼新仪》"书前"，与元丰《郊庙奉祀礼文》的体例完全相同。可惜这一思路并没有延续下去，随着北宋覆亡，南宋偏安，在新的时代背景下，国家礼典逐渐丧失主导礼制议题的能力，而礼制发展的主轴线则转移到了士庶礼书上。①

而从政治思想史的角度看，"熙丰变礼"的背后，还有更加宏大的历史观和政治理想，欧阳修在《新唐书·礼志》中指出："由三代而上，治出于一，而礼乐达于天下；由三代而下，治出于二，而礼乐为虚名。"②即三代以后的君王，不能追复古礼，安于苟简，"其朝夕从事，则以簿书、狱讼、兵食为急，曰：'此为政也，所以治民。'至于三代礼乐，具其名物而藏于有司，时出而用之郊庙、朝廷，曰：'此为礼也，所以教民。'此所谓治出于二，而礼乐为虚名"③。

这种二元对立的本质，表面看来是"政事"与"礼文"的对立：前者关乎国家治理的急务，是执政者优先考虑并切实关注的议题，而后者则是理论意义上的教化工具，事实上很难期待有何实际效果。因此，礼乐也就成了与政事分割开来的虚名。

而这一对立的深层内涵则包含三个方面。

首先，礼的典礼、仪式和教化职能发生分离，皇家礼仪逐渐成为国家政

---

① 参见张文昌：《制礼以教天下——唐宋礼书与国家社会》，第467页。

② 欧阳修、宋祁：《新唐书》，中华书局，1975年，第307页。

③ 欧阳修、宋祁：《新唐书》，第308页。

治生活的装饰品,不具备匡正风俗、教化百姓的直接功能,这类功能逐渐被士庶人层面的宗族礼仪、家礼等取代。

其次,是经学意义上的礼文、礼义和现实需求层面的礼书、礼典分离。经学内部的争议和问题,使礼文的择定很难与经典规定完全吻合;而礼典本身的发展形成了一套惯例和脉络渊源,与儒家经学的内容之间产生越来越大的差距。

最后,是政治与学术、政治现实和政治理想的分离。如欧阳修所云,秦汉以降的治理思想中,注重现实层面的"急务",视三代礼乐、先王之法、尧舜之治为迂阔难行之虚文,政治的目的在于维持当下的安定稳妥,而缺乏宏大高远的理想,更缺乏可以将现实与理想进行结合的学术基础与制度方略。

从这个角度来看"熙宁变礼"的意义,就需要结合当时执政者的根本理念进行思考,《续资治通鉴长编纪事本末》之《王安石事迹》载宋神宗与王安石的初次对话,其中王安石的陈说所针对的正是上述几个层面的分离与对立。

> 熙宁元年四月乙巳,诏新除翰林学士王安石越次入对。上谓安石曰:"朕久闻卿道术德义,有忠言嘉谋,当不惜告朕,方今治当何先?"对曰:"以择术为始。"上问:"唐太宗何如主?"对曰:"陛下每事当以尧舜为法。唐太宗所知不远,所为不尽合法度,但乘隋极乱之后,子孙又皆昏恶,所以独见称于后世。道有升降,处今之世,恐须每事以尧舜为法。尧舜所为,至简而不烦,至要而不迂,至易而不难,但末世学士大夫不能通知圣人之道,故常以尧舜为高而不可及,不知圣人经世立法,常以中人为制也。"上曰:"卿可谓责难于君矣。然朕自视眇然,恐无以副卿此意。卿可悉意辅朕,庶几同济此道。"[1]

这段对话从政治思想的角度看有三重意义。

首先,尧舜之治不仅是事功层面的理想,也包含着政治学术层面的追

---

① 杨仲良:《皇宋通鉴长编纪事本末》(第59卷),《王安石事迹上》,书目文献出版社影印《宛委别藏》本,2003年。

求。时人推崇的唐太宗固然功业彪炳，而尧舜则是道与政、知与行的统一。因此，追法三代，就要从学术层面进行分析、解读和提炼。用王安石的话说，就是皇帝需要"讲学为事""择术为始"。①

其次，王安石强调，尧舜之治并非高不可及的道德理想楷模，而恰恰是因为其"经世立法，常以中人为制"，即以普通人的性情、能力与需求作为政治施设的出发点与皈依。因此对尧舜之治的追求，可以落实在具体的立法和行政改革上，通过有条理、有步骤的政治方略达成目的。

最后，"效法尧舜"也是一种跳出因循历史观的尝试。因为当时主流的历史观是汉承秦法、宋承唐制，绵延而下，如静水安流，有往无回。因此，政治只能是在这样的绵延中寻求当下利益的最大化，任何试图对这一绵延进行超越并规定某种历史方向的政治理想都是危险且无意义的。

邓小南先生在《祖宗之法——北宋前期政治述略》中指出，赵宋的祖宗家法是一个动态累积而成、核心精神明确稳定而涉及面宽泛的综合体，是当时的社会文化传统与政治、制度交互作用的结晶；其出发点着眼于"防弊"，主要目标在于保证政治格局与统治秩序的稳定。②与之相比，王安石所推崇的"先王之道""尧舜之法"，则着重于对理想政治的描绘和追求，以义理引导政治向善的方向发展，因此，其所追求的不仅是统治的稳定，同时包含着政治、经济方面的公平秩序、国力的强盛和人心风俗的整齐。这里面包含的历史观是：历史不是简单的王朝更迭、陈陈相因，而是有着内在的目标、方向和动力。其中固然有因革往复，但并不是一个被动接受、随波逐流的过程，政治家于其中应有所怀抱，有所作为。

上述观念体现在礼文层面，即以儒家经典为依据，通过严谨的学术辨析，将"礼书""仪文""故事"中的"礼义"重新发掘出来，彰显出礼的可行性与

---

① "明日，上谓安石曰：'昨阅卿所奏书至数遍，可谓精画计，治道无以出此。所条众失，卿必已一一经画，试为朕详见设施之方。'对曰：'遽数之不可尽，愿陛下以讲学为事。讲学既明，则设施之方，不言而自喻。'上曰：'虽然，试为朕言之。'于是为上略陈设施之方。上大喜，曰：'此皆朕所未尝闻，他人所学，固不及此。能与朕一一为书条奏否？'对曰：'臣已尝论奏，陛下以讲学为事，则诸如此类，皆不言而自喻。若陛下择术未明，实未敢条奏。'"杨仲良：《皇宋通鉴长编纪事本末》（第59卷），《王安石事迹上》。

② 参见邓小南：《祖宗之法——北宋前期政治述略》，生活·读书·新知三联书店，2006年，第9页。

应然性,使"制礼作乐"的宏大理想,可以转化为制度、法令、政策方面的具体步骤措置,从而将经学、礼文、法度与治理统一起来,明其体以致其用。

五、结　语

总体而言,"熙丰变礼"是以儒家经术为旨归的政治体系建设的重要组成部分,[①]其意义不能局限于礼制史的角度,而须纳入更宏大的政治结构和历史脉络中进行观察考量。

首先,用经义董正祭祀礼文,本身就是强化国家尊严与秩序的重要手段。从长时段历史来看,无论是"国之大事,惟祀与戎"的传统,还是现代学者所定义的"天授皇权""二次即位",[②]都显示出礼仪在古代国家中的重要功能。可以说,礼仪本身就是政治的重要内容,礼制也是政治制度的核心部分,有着树立国家尊严、整齐秩序、濡化人心之功能的礼教,是"寓教于政"的政治体系中一个不可分割的组成部分。

其次,"以经正礼"不是单纯的厘正文本,而是基于经典、义理和人情,面向实践之用的系统性建构,是从静态的文本到动态的行用。礼走出纸面,落实在人的行为上,既彰显出行礼者的威仪与尊严,同时也强调了"考礼""议礼"和"定礼"的人的学术与政治地位,尤其是礼学中千古争讼的疑难需要皇帝一言而决时,就会呈现出政治权力与礼仪权力的交互发明。

最后,熙丰时期官方董正礼文的努力,包含着礼的法令化与制度化,即通过编修法令的形式,将祭祀仪轨纳入敕令格式的体系,使礼仪规范化、标准化。同时,在"以经正礼"的过程中,也更加确定了经术作为政治核心理念的地位。因为礼本身就是植根于古代经典的仪式,因此,在整齐的过程中回归古典,引入三礼的规范是不言自明的必然选择。而对古礼精髓进行系统的恢复与重建,本身又强化了三礼的权威地位,使得国家的整体理念与方向超

① 参见俞菁慧:《王安石之"经术政治"与熙宁变法——以〈周礼〉经世为中心》,北京大学哲学系博士学位论文,2013 年;雷博:《北宋熙丰"经术政教"体系研究》,北京大学历史系博士学位论文,2013 年。

② 参见[日]金子修一:《中国古代皇帝祭祀的考察》,《史学杂志》,1978 年总 87 辑(2);[日]小岛毅:《郊祀制度的变迁》,载《东洋文化研究所纪要》(第 108 册)。

越"汉唐故事"的格局而"追法三代"。可以说,"正礼"的实践也为政治标定出了更高的志趣与气象,体现出了当时变法改制的精神底色。

制度与思想互动视角下的汉末清议

季乃礼 *

一、问题的提出与集体行动理论的引入

在中国政治思想史上,我们经常发现这样一种现象:在一段时间内思想家辈出,比如,先秦、汉代、魏晋、宋明,明末清初以及鸦片战争之后等;在另外一段时间内思想家寥若晨星,比如隋唐、五代十国,再如元、清朝前期等。如何来解读这种现象?思想家最重要的标准在于思想的先进性,即能够对所处的时代进行深刻的批判,然后提出自己的治国理念。反之,如果对政府提出的各项政策,以及社会的各项主流价值观一味赞同,则只能是芸芸众生的一员,无法成为思想的领先者。因此,知识分子要成为思想家,最重要的是敢于对这个社会进行批判,然后在此基础上构建他的治国理念,所谓有破有立。有关思想家的产生,占主流的解释是性情说,即把思想家的产生归于思想家个人的特质,认为这些思想家具有精神上的自觉,能够坚守自己的价值、理想,有勇气对社会进行批判。基于这种假定,学者们研究思想家时肯定了他们的思想、观念,而对当时的社会背景、社会制度却着墨不多。[①]但是性情说无法回答如下问题:为什么有的时代出现很多思想家,有的时代却很难

---

* 季乃礼,南开大学周恩来政府管理学院教授。

① 目前流行的中国政治思想史研究基本都持此种看法。参见萧公权:《中国政治思想史》,辽宁教育出版社,1998 年;刘泽华主编:《中国政治思想史》(三卷本),浙江人民出版社,1996 年。

出现思想家。如果按照性情说推论的话,一些朝代比如元代、前清人口众多,总应该有敢于批判社会者,但事实却是思想家很少。因此,在肯定性情说的部分合理性的同时,我们更应该坚持环境说,即整个社会环境系统构建了一种社会情境,对人们的心理、观念产生了很大影响,从而决定着思想家的产生。下面笔者将以汉末清议为例,对此进行解读。

汉末清议作为中国历史上非常有特色的现象,对于历史的发展进程有着重要的影响。首先,它影响了东汉王朝的命运。汉末清议导致的党锢之祸使大量贤能之士被排除到权力体系之外,宦官及其门生、亲戚组成的群体主导了政治决策,影响了具体的施政,导致执政能力和效率的下降,直接引发了农民起义。而农民起义发生时,朝中已经无可用之人,导致镇压起义的效果不佳。可以说如果没有汉末清议,也就不会有东汉末年的农民起义。其次,它影响了魏晋时代的清谈,东汉末年的品评人物的形式为魏晋时期的士大夫①所保留,只是品评的内容有变。

学术界对汉末清议的研究与它的重要性是不成正比的。在知网"篇名"中输入"清议"一词,出现的文献有113篇,其中与汉末清议相关的有23篇。23篇中有13篇是何满子在《瞭望周刊》上对汉末清议人物的介绍,远远谈不上分析。其余10篇文章,也多是泛泛而谈。偶有研究性质的文章,也只是探讨了清议的某一方面:或把清议的原因归为当时的游侠之风,或者探讨某些思想家如王符对清议的影响,或者把清议归于独特的襄樊的文化氛围等,没有一篇从总体上考察汉末清议兴起的原因。②目前,对汉末清议总体评价主要散见于各种著作中。侯外庐等把汉末清议看作是以外戚为首的群体与以

---

① 本文所说的"士大夫",通俗来讲是指古代的知识分子,具体来说是指具有相对独立和自由精神、同时又以积极入仕为己任者。学术界往往把士人、士大夫、知识分子等词混用。具体论述参见刘泽华主编:《士人与社会》,天津人民出版社,1988年,第33页;阎步克:《士大夫政治演生史稿》,北京大学出版社,1996年,第2~11页。本文即采用上述看法,具体到汉代,"士大夫"包括知识官僚以及儒生。

② 检索日期为2015年4月13日。限于篇幅关系,不能对所有文章一一列举,仅举其部分文章。泛谈清议的文章:刘康德:《论东汉魏晋名士的清议和清谈》,《探索与争鸣》,1990年第6期;赵昆生:《论汉末清议与社会转型》,《重庆师范大学学报》(哲学社会科学版),2012年第3期。对清议某一部分论述的文章有:卿磊:《儒侠与汉末清议——论游侠之风对汉末清议运动的影响》,《中华文化论坛》,2011年第2期;辛旗:《王符的社会批判思想与东汉末年清议思潮》,《甘肃社会科学》,1994年第3期;张旭华:《汉末襄阳名士清议》,《襄樊学院学报》,2008年第10期。

宦官为首的群体所产生的斗争。党锢之祸是权势渐衰的外戚与权势鼎盛的阉寺，各自联结了其他的强宗豪族，两者之间产生了剧烈的内讧，从而导致了清议的爆发。①陈寅恪并不认同外戚与宦官之争，而是归为士大夫与宦官间的斗争，他说："当东汉之季，其士大夫宗经义，而阉宦则尚文辞。士大夫贵仁孝，而阉宦则重智术。"②两者尊崇的经典以及价值皆有差异，从而导致了两者之间的争斗。刘泽华等也有类似的论述，他把汉末清议看作是汉末固守儒家政治价值和理想的士大夫与宦官代表的当下既得利益集团的冲突。③

汉末清议中，在与宦官为首的群体的对抗中，的确有外戚的参与，但仅仅归为两党之争有失偏颇。后面两种解释可以调和，即怀有儒家政治价值和理想的士大夫所采取的集体行动，行动的目标是以宦官为代表的群体。但即使如此，汉末清议仍然有许多让我们不解的问题：为什么是士大夫群体而不是其他群体，比如农民群体首先发表不满？中国传统社会中，每个时期都可能存在一些不满的个体和群体，但是大多数情况下他们会选择沉默，只有在极端的情况下才会把不满转化为抗议行为，为什么汉末的士大夫会以群体的形式与君主支持的宦官群体对抗？明明知道自己可能被革职，子孙也可能遭禁锢，却敢于与之对抗，他们的勇气来自何处？谁在支持他们？

要想回答此问题，在材料有限的情况下，必须运用一种较新的理论角度。如上面诸位专家所认识的，汉末清议实质上是士大夫所采取的一次集体行动，一场政治运动；在本文中，笔者试图运用集体行动的心理理论对上述问题作出解释。与上述研究的区别在于两点。其一，以前的研究过于关注价值、观念；本文的研究注意价值与制度的互动，尤其是组织对士大夫、对思想的影响。其二，以前的研究过于突出士大夫的个性，即把汉末清议解释为当时士大夫非凡的精神气概；本文则从普通人性的角度解释，即如果你是当时的一个士大夫，也会应和这些士大夫的批评，反之，如果汉代的士大夫处在清朝文字狱的时代，也会沉默应对。针对一些知识分子敢于批评政权，我们

---

① 参见侯外庐主编：《中国思想通史》（第二卷），人民出版社，1957年，第202页。

② 陈寅恪：《书世说新语文学类钟会撰四本论始毕条后》，载《陈寅恪史学论文选集》，上海古籍出版社，1992年，第144页。

③ 参见刘泽华主编：《中国政治思想史》（第二卷），第348页。

不应该过于抬高他们的精神作用；同样针对一些知识分子在一些时代中保持沉默，也不应该苛责他们的懦弱。精神在决定人们的行动中固然起着重要的作用，但当时制度的环境起着更为重要的作用。

本文将首先对集体行动的心理理论作简要的概述，然后运用该理论对汉末清议作解读。有关集体行动的理论解释，大体上可以分为两种：一种是社会学的视角；另一种是社会心理学的视角。社会学视角的理论如理性选择模式、资源动员理论和政治过程理论，等等。[①]本文所采用的分析视角是社会心理学视角，引入的是卡兰德曼斯（Bert Klandermans）的集体行动理论。

荷兰自由大学的卡兰德曼斯教授是集体行动理论的集大成者。他认为，集体行动的出现首先在于人们的不满，不满的来源有四。其一，来自客观条件。如果社会地位低，人们将会不满。其二，来自比较。不管人们的客观条件如何，如果人们感觉与他者、与自己的过去比较都很差，且将来没有改善的可能，将会不满。相对来说，与他人的比较在三者之中最重要。其三，综合了前两者。差的客观条件与比较下产生的相对剥夺感结合加重了人们的不满。因以下三点的一点而加剧：人们感觉与他者相比比较差，或与自己的过去比较差，或者将来不会有改善。相对而言，与将来的比较影响最大，即如果觉得将来不会改善，将会加剧处于社会地位低的人不满；反之，如果期望将来改善，客观条件将会失去影响力。其四，结合政府的程序正义。差的客观条件，如果具备以下其中一点将会加剧：或者不信任政府，或者感觉自己无法影响政府。他们研究发现，对政府的信任和相信能够影响政府，更多的与自己的比较相关，即来自过去的经历和将来的期望与当下的比较。如果不信任政府和不相信能够影响政府，将会加剧客观条件差的人们的不满。相反，相信程序公正，相信政府和影响，对未来保持乐观，使之安心低位置。[②]

但不满仅仅是形成社会运动的必要条件，要使不满转化为行为，卡兰德曼斯认为需要经历四个阶段。一是动员的潜在者，指社会动员中被动员的对

---

① 相关介绍参见赵鼎新：《西方社会运动与革命理论发展之述评——站在中国的角度思考》，《社会学研究》，2005 年第 1 期。

② See Bert Klandermans, Marlene Roefs, Johan Oliver, "Grievance Formation in a Country in Transition: South Africa, 1994—1998," *Social Psychology Quarterly*, Vol.64, No.1, 2001, pp.47—52.

象,这些人或者对运动的方式,或者对动员的目标持赞成的态度。运动的首要步骤就是把那些认为自己或国家的现有状态是不可接受的,同时相信采用社会运动是有效的人的想法统一起来,由对权威的不满转变为潜在的动员者。二是吸收成员的网络和动员努力。卡兰德曼斯认为,如果没有吸收成员的网络,潜在者也就不可能转变为参与者。吸收网络包括媒体、邮件、组成以及朋友。吸收网络的发展必须从运动的组织延伸开来,或者在地方设立支部,或者与其他组织建立同盟。动员努力指动员的对象,并不是所有的潜在者成为动员的对象,只有成为动员的对象,才可能参与运动。三是参与动机,即参与运动得失的考量。它可以分为集体性动机与选择性动机。集体性动机包括集体的收益,以及运动成功的可能性。选择性动机包括个体对自己得失的考量,以及对其他参与者的期望,比如参与者越多,可能导致他越愿意参与。四是参与的障碍。尽管可能有参与的意愿,但可能面临障碍而无法参与。卡兰德曼斯认为,参与的障碍与参与动机之间是互动关系,参与的动机越强烈,越可能克服面临的障碍。因此,运动中采用的策略有二:或者维持乃至增强参与的动机,或者清除面临的障碍。①

简言之,集体行动首先产生于不满,不满或者来源于对自己社会地位的不满,或者来自于与自己的过去、将来、与他者的比较,或者产生于政府决策以及政策实施过程中出现的非正义,或者三者的互动。不满仅仅是必要条件,真正转化为行动,还需要动员的潜在者,吸收成员的网络和动员努力,参与动机和克服参与障碍,参与动机中对自己群体认同的积极认同,会导致集体努力改变群体的地位。

结合上述理论,对清议的解释模式如下:历代王朝皆有对君主和宦官不满的现象,出现不满有两种选择:一是逃避;二是批评和谏议,即对当时的政治进行批评,向皇帝提意见要求改正。批评和谏议又可分为个体的和集体的。逃避源于两种情感:冷漠和恐惧。它们皆源于个体或集体效能的不足,感觉君主不可能听取建议,自身的能力很难改变君主的决定。批评和谏议源于愤怒,愤怒则源于对个体或集体效能感,认为个体自身或集体能够影响君主

①　See Bert Klandermans, Dirk Oegema, "Potentials, Networks, Motivations, and Barriers: Steps Towards Participation in Social Movements," *American Sociological Review*, Vol.52, No.4, 1987, pp.519–520.

的决定,或者君主能够听取建议。汉末清议即是来自于集体效能感,认为集体的力量会影响君主的决定。集体效能感的获得既来自于清议者自身形成的松散组织,也因为清议者多拥有官员的身份并拥有忠诚的属吏,同时也有家庭、家族等利益相关者。支持清议者纷纷加入清议之列的还有道义感,道义感来自于自身的修行、清议者的相互支持、外围的赞扬,甚至对手的肯定。

二、"主荒政谬"与"国命委于阉寺":士大夫不满的来源

汉末清议不满的来源,在《后汉书·党锢列传》开篇说得非常清楚:

> 逮桓、灵之间,主荒政谬,国命委于阉寺,士子羞与为伍,帮匹夫抗愤,处士横议,遂乃激扬名声,互相题拂,品核公卿,裁量执政,婞直之风,于斯行矣。(《后汉书·党锢列传》)

由此段话可以看出,汉末清议主要是士大夫群体与以宦官为首的群体的对抗,而不是侯外庐先生所说的外戚群体与宦官群体的对抗。他们的不满来自两方面。其一,汉桓帝和汉灵帝当政期间,皇帝本身的一些做法是士大夫群体不满的首要来源,这就是所谓的"主荒政谬"。其二,二位皇帝施政的主要问题是"国命委于阉寺",即权力的要害部门,以及中央的主要行政决策掌握在宦官手中。前者可归于程序和结果的非正义,即不符合士人所理想的"道",后面的不满来源在于与参照群体,即宦官的比较。

清议始自于汉桓帝即位之后,任命自己的老师周福为尚书。

> 初,桓帝为蠡吾侯,受学于甘陵周福,及即帝位,擢福为尚书。时同郡河南尹房植有名当朝,乡人为之谣曰:"天下规矩房伯武,因师获印周仲进。"二家宾客,互相讥揣,遂各树朋徒,渐成尤隙,由是甘陵有南北部,党人之议,自此始矣。(《后汉书·党锢列传》)

仅仅是皇帝的老师,就能够获得高位,这引起同郡卓有名望的河南尹房植的不满。因为按照级别,周福身为尚书,高于房植,但是依才能而言房植高

于周福,这种反差自然容易引起房植的不满。这里值得注意的是,房植为何会把周福作为比较的对象?如果他不把周福作为比较对象,也就不会出现党议的局面。个中原因在于两人出于同郡,社会对两者的比较也早有定论,即房植强于周福。但汉桓帝的出现使两者的比较出现了戏剧性的转变。

再者,每逢皇帝即位,提拔自己的老师引为自己的亲信并非始于桓帝,以前的其他皇帝也有这样的做法,但为何没有引起士大夫的强烈反对?这可以从桓帝的出身说起,桓帝并不是由太子即皇帝位,他最初只是蠡吾侯。一般而言,太子即皇帝位之前,由皇帝选择国内名望甚重的博学鸿儒作为太子师,同时太子的老师太子太傅——本身就是一官名——具有很高的政治地位。

因此太子即帝位后,无论就名望还是政治地位来说,太子师得到擢升都不会引起士人的不满。但周福只是汉桓帝在侯位时的老师,无论名望学识还是政治地位皆与以前的太子师无法比拟,而且地位的提升更具"大跃进"的性质,引起士大夫的不满也就在情理之中。

迅速提拔自己的老师,仅仅是引起士大夫不满的开始。最重要的原因在于在重要的施政方面,都有宦官作祟,宦官把持了朝政。桓帝诛梁冀之后,受此牵连被处死的朝廷官员有几十人,罢免的有 300 人,朝廷为之一空。但桓帝并没有选拔有名望的士大夫填补空缺,相反任命了单超等五位宦官为侯,使之进入了核心决策层。宦官专权引起了士大夫的不满,李云、陈蕃等纷纷上书,结果李云死于狱中,陈蕃被罢免。(《后汉纪·桓帝纪上》)第一次党锢缘起于张成知道时逢大赦之年,于是教唆自己的儿子杀人。李膺当时为河南尹,逮捕了张成的儿子,尽管遇到大赦,李膺还是将其处死。

> 初,成以方伎交通宦官,帝亦颇谇其占。成弟子牢修因上书诬告膺等养太学游士,交结诸郡生徒,更相驱驰,共为部党,诽讪朝廷,疑乱风俗。于是天子震怒,班下郡国,逮捕党人,布告天下,使同忿疾,遂收执膺等。(《后汉书·党锢列传》)

由此可以看出,宦官与皇帝互相联结在一起,皇帝的施政受到了宦官的影响。名望甚高的李膺被逮捕,由此受到连累的有 200 多人,这些人被放归田里,禁锢终身。但结果却是,这些遭禁锢者政治上虽然失意,却赢得了名望:"邪枉炽结,海内希风之流,遂共相标榜,指天下名士,为之称号。"(《后汉书·党锢列传》)

第二次党锢之祸遵循同样的路径,始于东部督邮张俭与宦官中常侍侯览的交恶。

> 延熹八年,太守翟超请为东部督邮。时中常侍侯览家在防东,残暴百姓,所为不轨。俭举劾览及其母罪恶,请诛之。览遏绝章表,并不得通,由是结仇。乡人朱并,素性佞邪,为俭所弃,并怀怨恚,遂上书告俭与同郡二十四人为党,于是刊章讨捕。①

由此可以看出,士人首要的不满是对政权决策程序的不满。皇帝不符合常规提拔自己的老师,重用宦官引起了士人的不满。士人与宦官的交恶中,皇帝明显偏袒宦官,士人的意见在决策中无法体现。

士大夫的不满也来源于与参照群体的比较,这里的参照群体主要是宦官群体。清议的参与者多是性情孤傲之人,非我族类不与交往。比如,刘淑"州郡礼请,五府连辟,并不就";南阳樊陵想成为李膺的门徒,"膺谢不受";夏馥的"同县高氏、蔡氏并皆富殖,郡人畏而事之,唯馥比门不与交通,由是为豪姓所仇",等等。因此,多数清议的士大夫对宦官及其亲戚、朋友非常憎恶,宦官子弟做出奸恶之事,这些士大夫就会利用手中的权力对他们进行惩罚。比如,杜密、刘祐、蔡衍、岑晊等皆曾经在各自任上诛杀和惩治宦官子弟。

宦官及其所属群体皆出身低贱,一向为士大夫所鄙视,但他们又获得了士大夫所梦想的高位,参与皇帝的决策,为士大夫所嫉恨。可以说,宦官群体

---

① 有关此事的记录,史家多有出入。《后汉书》中《党锢列传》有关范康的记述,以及《宦者列传》和袁宏的《后汉纪》,皆谓俭杀侯览母;《后汉书》中《侯览传》于建宁二年(公元169年)丧母还家,大起茔冢,未言俭杀侯览母。清末学者王先谦考证后认为,侯览母仗势多为不法,宗党宾客多仰其势,张俭多收治其宾客,侯览母愤而自杀,由此遂有俭杀览母之说。又因侯览为其母所建坟茔过于奢华,违反制度规定,俭以此举劾览以及览母的罪恶。具体论证参见王先谦:《后汉书集解·党锢列传》,中华书局,1984年,第776页。

地位的上升是士大夫不满的重要来源。

这种不满不仅是因为他们不符合士人心中的"道",这些宦官并没有熟读儒家经书,也无良好品行,仅仅因为接近皇权就能够参与决策。也是因为宦官能够参与决策,他们所举荐的人能够居于重要官职,而这些正是士人所梦想的。确切地说,宦官群体的崛起首先损害的是士人的利益,他们熟读儒家经典,一个最重要的目的就是要"货卖帝王家"。身居太学的学生有 3 万多人,这些人多数的梦想是学而优则仕,而如今宦官群体受到重用,他们未来的前途大受影响。

如果参照集体行动理论就会发现,汉末清议士大夫群体的不满并不是源于自身较低的社会地位,他们是社会地位较高的一个群体。他们的不满一是来自于对皇帝施政的不满,二是来自于对宦官群体崛起的不满。第一种不满又是第二种不满的直接原因,他们认为,正是因为皇帝施政有误,才导致宦官群体势力的增长;换言之,第二种不满是判定第一种不满的主要依据。基于这种认识,他们自然把消除不满的希望寄托在皇帝身上:如果皇帝贬除宦官,第二种不满就会消除,皇帝施政也就归于正道。比如,陈蕃"言为士则,行为世范,登车揽辔,有澄清天下之志"(《世说新语·陈仲礼举贤》)。

但为什么是士大夫群体首先对桓帝、灵帝时期的现状不满,而不是其他阶层,比如农民阶层。由上面论述可以看出,士大夫群体的不满由其本身的特点导致,他们自诩为"道"的承担者,一旦皇帝的施政偏离正道,他们觉得有义不容辞的责任。同时,他们也是利益的最先受损者,宦官群体的崛起,首先挡住的是士大夫学而优则仕、货卖帝王家的人生设计。农民显然不具备第一个特点,而他们的利益受损与士大夫的利益受损相比存在明显的滞后期,具体来说,宦官举荐的官员占据了重要的官职,危及的首先是士大夫的利益,然后才是施政不当,损及普通民众的利益。

三、能力和信心的来源:清议运动中的组织

但不满仅仅是抗议的必要条件,对社会现状的不满并不一定转化为抗议行为。如果对社会现状不满,但觉得自己无力改变,即效能感低,这时的不满就会转化为恐惧,或者冷漠,从而逃避社会。相反,如果觉得有能力改

变现状,即效能感强,这时的不满就会转化为愤怒,从而采取抗议行动以改变现状。

汉末清议中,士大夫群体和宦官群体势同水火,宦官群体的背后尽管有皇帝的支持,但许多事件却是由士大夫群体首先挑起的,第一次和第二次党锢之祸分别由李膺和张俭捕杀宦官的亲戚、朋友引起,到窦武、陈蕃攻入皇宫诛宦官达到高潮。除此之外,上面所列举的刘祐、岑晊皆是例证。我们因此要问的是,士大夫的勇气来自何处?综观中国整个传统社会,敢于与皇权对抗的事例屈指可数,面临对自己或者整个群体的不公时,大多数人选择了沉默。同时,士大夫即使有勇气与宦官群体对抗,为什么会形成强大的社会舆论,引起强烈的社会轰动?在中国传统社会中,即使有士大夫的反抗,对皇帝的直谏,也很难形成如此大的规模,而汉末清议并不局限于京城,还涉及全国的许多地方、许多士人。陈寅恪在评述东汉中晚期的士大夫时说:"主要之士大夫,其出身则大抵为地方豪族,或间以小族。然绝大多数则为儒家之信徒也。职是之故,则从师受经,或游学京师,受业于太学之士。其为人也,则以孝友礼法见称于宗族乡里。"①也就说,士大夫生活在一个密切的人际关系网络中,既有自己的宗族,也有自己的学生或老师,受到乡里人的尊敬。同时,士大夫之间,也有较为密切的政治关系。具体到清议者来说,他们的勇气恰恰来自人际关系网络的支持。

(一)松散的组织

清议的直接参与者包括:领导者、太学生以及门生等组织。

领导者由"三君""八俊""八顾""八及"和"八厨"组成。"三君"(一世之宗)为窦武、刘淑、陈蕃,李膺、荀翌、杜密、王畅、刘祐、魏朗、赵典、朱宇为"八俊"(人之英),郭林宗、宗慈、巴肃、夏馥、范滂、尹勋、蔡衍、羊陟为"八顾"(以德引人),张俭、岑晊、刘表、陈翔、孔昱、范康、檀敷、翟超为"八及"(导人追宗),度尚、张邈、王考、刘儒、胡母班、秦周、蕃向、王章为"八厨"(以财救人)。

---

① 陈寅恪:《书世说新语文学类钟会撰四本论始毕条后》,第144页。

这些所谓的领导,在清议中承担的作用各不相同,既有道义的引导者,也有提供经济资助的,也有供人尊崇的模范。比如,作为"一世之宗"的"三君"和作为"人之英"的"八俊"。这两者也有高下之分,有人曾经让汉末名士蔡邕评论陈蕃与李膺时说:"陈仲举强于犯上,李元礼严于摄下,犯上难,摄下易。"(《世说新语·品藻》)因此,陈蕃归入了"三君"之列,而李膺居于"八俊"之首。换言之,这些领导者,除了"三君"之外的其他人,有的严惩宦官,有的发动舆论,有的提供经济资助,但最终目的是让君主采纳他们的建议,使君主的施政归于正道。"三君"是最能影响君主的人,也是整个清议运动能否成功的关键。

这些所谓的领导并不是君主所赐,并不具有政治上的合法性,他们的名称来自于士人的舆论,士人根据这些人的言行对他们加以归类、推崇。这些领导之间的联系也不是强制性的,而是一种互相欣赏、友情式的关系,如陈蕃与荀淑、陈寔为师友,范康与郭太相亲善。太学生3万多人中,"郭林宗(太)、贾伟节(彪)为其冠,并与李膺、陈蕃、王畅更相褒重"(《后汉书·党锢列传》)。他们推崇的朋友之道是:"一人有善,其心好之;一人有恶,其心痛之。货财通而不计,共忧患而相救。"(《白虎通·论六纪之义》)汉末清议的人物正是在"激扬名声,互相题拂"中结成"朋党"。王晓毅说:"就是在当时政治斗争白热化的条件下,相互间讨论问题、交换政见是了解对方政治立场和才干的较好方式。我们看到,汉末的清议领袖们大多是些善谈之士。"①也就是这些善谈的清议领导者,通过相互讨论问题,相互联系在一起。

领导者之下,对领导者的言论积极呼应的是太学生,他们由3万多人组成。他们尽管不是社会舆论的发起者,但他们是社会舆论的响应者。领导的言论、行为经由他们放大,在社会中广为传播。尤其是他们身居京城,而且具有群体的优势,因此,他们的言论对于京城地区的舆论导向是显而易见的。冀州刺史朱穆在安平逮捕了宦官赵忠的不法家属,桓帝大怒,将朱穆撤职,以太学生刘陶为首,数千人到宫门前上书,最后朱穆得到赦免。(《后汉书·朱穆传》)同样,桓帝时期,五常侍中徐璜、左悺向立有战功的皇甫规勒索钱财未

---

① 王晓毅:《中国文化的清流》,中国社会科学出版社,1991年,第80页。

果,陷害皇甫规入狱,后太学生张凤等人与一些官吏上书,最终皇甫规得以赦免。(《后汉书·皇甫规传》)

除了太学生外,汉末清议的直接参与者还有这些领导者门生。这些领导的门生由几十、几百到千人不等,比如,窦武就有门生百余人,而李膺则有门生千余人。

(二)官员的身份及与属吏的密切关系

汉末清议者多为宦海中人,他们拥有众多的属吏。上司与属吏的关系至东汉开始趋于密切。下属因为上司的举荐多知恩图报,而上司也多援引下属为己所用,二者往往志趣相投,利益相关。东汉的上司与属吏的关系不仅体现为上下级之间的等级关系,而且还体现为父子之情。上司死了,下属像儿子一样服丧。比如,桓典曾经为其上司王吉、王允为其上司刘瓆皆服丧三年。(分别见《后汉书》中《桓荣传》《王允传》)上司与属吏还体现为一种朋友之道。这不仅表现在举荐者以自己的喜好举荐人才,而且还表现为被举荐者也以自己的好恶决定是否应征。许多人因为志向不合而拒绝征辟。如张俭"初举茂才,以刺史非其人,谢病不起"(《后汉书·党锢列传》)。

一个人一旦应征成为某人的属吏,其命运就与上司休戚相关。权臣梁冀被诛时,"故吏宾客免黜者三百余人,朝廷为空"(《后汉书·梁冀传》)。史学大家班固因为是权臣窦宪的故吏,在窦宪的势力受到打击的时候,也被免官。上司与属吏多结成共同的政治利益集团,所以在上司遇祸时,属吏往往舍身相救。比如,东汉末年,平狄将军庞萌在彭城造反,大败郡守孙萌,孙萌的属吏刘平为掩护萌,"冒白刃伏萌身上,被十创"。刘平哭着对叛军说:"愿以身代府君。"叛军为其义气所感,称赞说:"此义士也,勿杀。"遂敛兵而去。(《后汉书·刘平传》)

上司与属吏的关系趋于紧密,不但在清议的众多力量中增加了一个砝码,而且在政治上形成很大的势力,直接对朝廷施加影响。

(三)利益相关者

最后,每一个清议者与父母、兄弟、宗族利益相关,清议者得到了他们的支持。比如,党锢之祸起,范母对范滂说:"汝今得与李(膺)杜(密)齐;死亦何恨! 既有令名,复求寿考,可得兼乎?"范滂遂赴狱而死。(《后汉书·党锢列传》)清议中人有的是皇室宗亲(刘淑、刘表),有的是圣人之后(孔昱),有的则是出自世家大族之门(窦氏、荀氏)。因此,许多清议中人所属的宗族势力很强盛,这些强盛的宗族给了清议有力的支持。

因此,清议所涉及的不仅仅是清议者本人,而且也多关联到其他人,如父母、兄弟、师长、朋友、故吏。故当党锢祸起之时,他们也跟着遭殃。熹平五年(176 年),汉灵帝下诏州郡"更考党人、门生、故吏、父子、兄弟其在位者禁锢及五属"(《后汉书·党锢列传》)。陈蕃死后,"徙其家属于比景,宗族、门生、故吏皆斥免禁锢"(《后汉书·陈蕃传》)。

清议中的组织回应了集体行为理论中所说的由不满转化为行动的前两个阶段:动员的潜在者和吸收的网络和动员努力。动员的潜在者包括了士大夫及太学生,还有士大夫的门生、故吏、家族;对于他们的动员和吸收,或通过师友之间建立的道义关系,或通过与故吏的政治关系,或通过与家族的血缘关系。其中,士大夫间松散的组织所形成的师友关系是这次运动的主体,对于社会舆论的形成起着至关重要的作用。

清议者的组织中没有正规的、形式上的领导,主导的参与者对几个所谓领导的服从完全是精神上的,而不是权力上的。为何会采取这样的形式? 如果采取严密的建立在权力基础上的组织形式不是更有效吗? 这里涉及士人的有党和无党的问题。皇帝在打压士大夫群体时,也试图论证自己行为的合法性,对其进行禁锢的重要依据就是结党,称为党锢。自孔子以来,就倡导君子应该"群而不党"(《论语·卫灵公》)。应该说,为皇帝所采取的党锢行为找到了理论上的依据。由此就出现了一个有意思的现象:如果依赖士大夫单个的力量,就无法与皇权相对抗,面对皇帝错误的施政也就无能为力;但如果依赖群体的力量,就会被皇权污为结党。那么士大夫如何应对? 从儒家的理念来看,"党"是不允许的,而"群"是可以得到支持的,"党"与"群"如何区分,先秦与汉代儒家的解释都是相当模糊的,但基本上有两个标准是可以确定的:其一,不能在现有政权之外另组独立的政权,换言之,不能组建一套权力清晰、严密的与皇权不一样的组织,否则"群"就会失去合法性的基础。其二,义与利的区分,结党往往与营私联系在一起,而"群"则与道义相联。依此可以看出,士大夫群体在采取集体行动时,试图把自己的行动解释为"群",即采取道义相连的、松散的组织形式。

四、参与动机的分析

清议的后果是什么? 其实每个清议的参与者都是非常清楚的,尤其是经历了第一次党锢之祸后。不但每个清议者都可能被捕,面临生命危险;而且自己的门生、故吏、家族都要受牵连。既然面临如此大的风险,他们为什么还要参加呢? 换言之,他们的参与动机是什么?

清议中的士大夫群体是重名声的群体,这与汉代的选举体制密切相关。东汉实行的是察举制,分操行与才能两类,举孝廉注重的是操行,而举秀才看重的是才能,但在实践的过程中往往并非如此。唐长孺认为:"当时批评人物的重心实在于操行,才能薄弱与操行不端对于出身都有影响,而轻重却不同。"于是乎,汉代选举中因名求士,导致了人们对名声的追求。[①]对名声的追求可能导致走向两个极端:一是出现作伪的现象,以伪名作为入仕的工具;二是对名的固执与坚守。

判定名声的标准来自于儒家的道义, 对于清议中的士大夫来说君主偏离了正道,士大夫恰恰是"道"的承担者,因此,他们有一种规劝君主归于正道的使命感。在第一次党锢之祸时,陈蕃就上疏,把李膺等人的入狱事件比作焚书坑儒,他向皇帝建议不要学秦始皇,而是应该学习周武王,然后他指出,皇帝偏离"道"的原因在于谗人进言,最后提出了君主"举动不可以违圣法,进退不可以离道规"(《后汉书·陈蕃传》)。可以说,以道匡势是汉末清议的重要动机,儒家的杀身成仁、舍生取义的观念影响着他们,使他们在面临死亡

---

① 唐长孺:《魏晋才性论的政治意义》《魏晋玄学之形成及其发展》,均参见唐长孺:《魏晋南北朝史论丛》,河北教育出版社,2000 年,第 288~289、304 页。

威胁时毫不畏惧。

但是士大夫如何相信自己所坚持的就是"道",即相信他们的行为是正确的呢？除了他们接受儒家的传统教育，按照儒家所描述的道对政权进行评判外，还由于以下几方面的因素。

其一，士大夫群体的互相支持。如上所述，清议中的士大夫是以集体的形式对抗，他们互相褒扬，这样他们坚守的信仰得到了相互的支持，通过相互的交流不断得到强化。

其二，来自外围的赞扬和支持。尽管面临诸多危险，但还是有许多士大夫愿意加入此群体。比如李膺，"膺独持风裁，以声名自高。士有被其容接者，名为登龙门"。李膺遭遇党锢之祸后，史载：

> 时，侍御史蜀郡景毅子顾为膺门徒，而未有录牒，故不及于谴。毅乃慨然曰："本谓膺贤，遣子师之，岂可以漏夺名籍，苟安而已！"遂自表免归，时人义之。（《后汉书·党锢列传》）

而当李膺被罢免回归乡里时，"天下士大夫皆高尚其道，而污秽朝廷"（《后汉书·党锢列传》）。清议者中另一位重要人物郭太也是众人仰慕的对象。"尝于陈梁间行遇雨，巾一角垫，时人乃故折巾一角，以为'林宗巾'。其见慕皆如此。"其病逝时，从四面八方出席葬礼的有一千多人。（《后汉书·郭太传》）

由此形成一股风气，即加入清议的群体是一件光荣的事情，为当时的社会舆论所支持。君主支持的宦官群体与士大夫组成的群体之间善恶两分，人们轻权力重道义，以道义非议权力。如果遭受权力的重压，舆论倾向于道义，同情甚至支持清议者。试举几例：

> 巴肃字恭祖……与窦武、陈蕃等谋诛阉官，武等遇害，肃亦坐党禁锢。中常侍曹节后闻其谋，收之。肃自载诣县。县令见肃，入阁解印绶与俱去。肃曰："为人臣者，有谋不敢隐，有罪不逃刑。既不隐其谋矣，又敢逃其刑乎？"遂被害。
>
> 滂后事释，南归。始发京师，汝南、南阳士大夫迎之者车数千辆。同囚乡人殷陶、黄穆，亦免俱归，并卫侍于滂，应对宾客。滂顾谓陶等曰：

"今子相随，是重吾祸也。"遂遁还乡里。……建宁二年，遂大诛党人，诏下急捕滂等。督邮吴导至县，抱诏书，闭传舍，伏床而泣。滂闻之，曰："必为我也。"即自诣狱。县令郭揖大惊，出解印绶，引与俱亡。曰："天下大矣，子何为在此？"滂曰："滂死则祸塞，何敢以罪累君，又令老母流离乎！"其母就与之诀。

俭得亡命，困迫遁走，望门投止，莫不重其名行，破家相容。后流转东莱，止李笃家。外黄令毛钦操兵到门，笃引钦谓曰："张俭知名天下，而亡非其罪。纵俭可得，宁忍执之乎？"钦因起抚笃曰："蘧伯玉耻独为君子，足下如何自专仁义？"笃曰："笃虽好义，明廷今日载其半矣。"钦叹息而去。笃因缘送俭出塞，以故得免。其所经历，伏重诛者以十数，宗亲并皆殄灭，郡县为之残破。

岑晊以党事逃亡，亲友多匿焉。（以上引文皆出自《后汉书·党锢列传》）

蕃友人陈留朱震，时为铚令，闻而弃官哭之，收葬蕃尸，匿其子逸于甘陵界中。事觉系狱，合门桎梏。震受考掠，誓死不言，故逸得免。（《后汉书·陈蕃传》）

其三，他们的行为甚至赢得了对手的尊重。桓帝曾经派中常侍王甫到狱中谴责范滂，但辩论的结果是："甫愍然为之改容，乃得并解桎梏。"（《后汉书·党锢列传》）

由此可以看出，正是在士大夫之间、士大夫与外部群体之间，甚至他们与对手之间的互动中，士大夫强化了自己以道匡势的信仰。正如我们在介绍集体行动理论时所说，参与的动机一般包括集体性动机和选择性动机，前者包括集体行动的收益以及成功的可能性，后者包括参与人数的多少以及个体参与的得失。具体到清议者来说，他们希望用集体的力量使君主的施政能够符合正道，而且他们本身掌握着大量的道义、政治资源，拥有人数众多的支持者，借此希望这次运动能够获得成功。就每个参与者个体来说，利益的考量在其中是不重要的，考虑最多的还是自己的名声。正如窦武向桓帝上疏所说："臣闻明主不讳讥刺之言，以探幽暗之实；忠臣不恤谏争之患，以畅万端之事。是以君臣并熙，名奋百世。"（《后汉书·窦武传》）他们所希望的是能够名传百世。

我们也可以用社会认同理论对此作出解读。对于当时的士大夫来说,他们与宦官群体的比较显示出道义上的优势,权力上的不足。如果要弥补权力的差距,他们可以离开此群体,加入宦官为首的群体,但这样就会招致社会舆论的攻击。这对于以道义作为精神追求的士大夫来说是不可忍受的。另外一条路径是改变评价的维度,即他们可以运用道义的标准评判双方,以此获得优势。事实上他们也是这样做的,但是为何会与以宦官为首的群体发生冲突呢? 这在于道义与权力的关系,道义是用来修身养性的,修行道义的重要目标在于货卖帝王家,在政治上有所作为。对于中国传统社会的士大夫群体来说,在权力支配社会的条件下,道义不足以维持其社会地位,必须拥有权力。因此,他们必须采用集体行动以弥补权力上的不足。

五、结论和余论

综上所述,把汉末清议归于外戚与宦官群体的争斗失之偏颇,同时,把士大夫群体与宦官群体的争斗归于士大夫群体的自觉,也失之简单,因为仅仅归于精神的力量可能忽略其他因素的作用, 同时也可能夸大对汉末清议者道德的评估:过高评价汉末清议者,而批评历史上其他的士大夫群体的软弱。精神的力量当然是不容忽视的,但是也需要考虑特定的历史条件。

汉末清议始于士大夫群体的不满, 这种不满一来自于对君主施政的不满,君主把决策权委命于宦官,士大夫群体被排斥在核心决策群体之外;二来自于与以宦官为首的群体的比较,道德、才能优于宦官群体,却与对方存在着权力上差距。尽管有所不满,还必须有信心、有能力(即效能感强烈)把不满转化为行动。这种信心和能力来自于士大夫群体松散的组织,3 万余太学生的支持,门生、故吏、家族的支持。同时,他们作为"道"的承担者,也获得了来自外围组织的支持, 甚至对手的尊重。由此导致他们对道义的更加坚守,对自己群体的积极认同,同时,参与者众多也使他们获得了成功的信心,他们相信皇帝不敢与天下士大夫为敌。

但是他们的预期落空了,他们一次次遭到革职、禁锢。为什么会如此? 桓、灵两位皇帝的心理在这里起着很重要的作用。桓、灵两位皇帝都不是以太子身份入继大位的,他们在朝中并没有可以依赖的势力。如我们前面所分析的,一般情况下,太子在未继皇帝位之前,已经有太子太傅、太子少傅等士大夫辅佐,因此在继位后可以作为自己培植势力的基础。这样的基础同样来自于士大夫群体,因此不会形成士大夫群体与宦官为首的群体对抗的局面。皇帝出自旁系,直接导致其名望不著;没有自己培植的势力,导致其执政信心的不足,这样直接导致了皇帝的自卑、敏感。

桓、灵继位之初面临三种选择。一是外戚为首的群体。这是他们即位时面临的现实,桓帝时的梁冀、灵帝时的窦武皆是以外戚的身份辅政,这些外戚均是士家大族出身,拥有雄厚的政治势力,但却不是皇帝依靠的对象。因为与外戚之间并无传统意义上的血缘关系,他们之间的合作仅仅是因为外戚有拥立之功。皇帝忌惮对方的势力,一旦权力稳固,就会把外戚排除在外。二是士大夫群体。清议群体中,有些本身也拥有士家大族的背景,更重要的是士大夫群体良好的声誉、本身的孤傲,让出身不高、自卑的皇帝觉得很难驾驭,是威胁。清议者松散的组织,门生、故吏、家族的支持,外围组织的赞誉等能够增加清议者的信心,因而,主动攻击宦官,向皇帝进谏时毫无顾忌。这一切反而触动了皇帝自卑、敏感的心理,使皇帝觉得清议群体的存在是对自己权力的威胁,而且他们的威望直逼皇帝,影响皇帝的名望。因此,需要把清议者排斥在权力之外。三是宦官群体。他们出身卑微,没有显赫的家族背景,没有雄厚的政治势力,他们的存在本身对皇权构不成威胁。同时,以宦官为首的群体在与清议群体的斗争中,不但名望无法与皇帝抗衡,而且更加依赖于皇帝,这对于皇帝来说,反而是好处。宦官群体在诛梁冀的过程中发挥了重要的作用,由此桓帝更加依赖宦官。灵帝也面临着同样的问题。灵帝时,身为大将军的窦武辅政,虽有诛宦官之意,却遭到皇后的阻拦,其中的原因在于皇后本身"犹豫未忍",可能另外的一个重要原因在于宦官已经成尾大不掉之势,皇后已经无力改变现状。灵帝主政之后,在外戚、士大夫与宦官之间作选择时,自然也依赖宦官。

汉末清议可以说是中国历史上第一次士大夫群体有组织地与权威对抗。汉末清议具有以下特点:群体性,士大夫以群体的形式与权威对抗;不满性,对社会现状的不满,与政府对抗,把不满归于君主及其豢养的宦官,表现为对君主尊宠宦官的不满,同时也表现为对宦官的蔑视;组织性,这种群体反抗不是乌合之众,而是有组织的;行动的合法性,即士大夫群体掌握道义上的优势,他们的行动为社会所认同。

对照这几个特点,我们可以解释以前为何很难出现类似汉末清议的局面。第一,士大夫以群体形式的出现,必须形成共识,比如对社会现状具有共同的看法,否则很难一致行动。第二,士大夫群体的行动必须建立在不满的基础上,如果对现状认可,尽管可能出现一致行为,也不是反抗的行动。第三,群体的不满由君主所引起,否则即使有所不满,也很难把矛头指向当政者。第四,必须有令人信服的领导者,有一个联系各个士人群体的组织,否则依靠单个的个体与权威对抗,既无对抗的信心也无对抗的能力。第五,行动符合道义,道义的判定不仅来自于士大夫群体本身,也来自于外围群体,甚至来自于对手的肯定。

由此,可以解读东汉末年以前为什么没有出现类似的清议:士人阶层在春秋时期才出现,因此春秋以前根本不可能出现士人横议的现象。尽管有时儒墨被称为显学,但很难有一家占据统治地位。士人对当时的社会定位为乱世,但开出的药方各不相同,思想上不统一,也就很难形成一致的行动。秦统一六国后,法家被立为官学,但法家与政权的结合过于密切,具体来说,他们主张道与势合一,士人完全依附于政权体系而生存。主张道势二分的儒家,属于被打击的对象,他们也无力与权威对抗。可以说,秦朝没有出现这样的局面,首先在于士人力量的分散,有一部分依附于政权,比如李斯等,他们不可能表达对政权的不满。儒家的士人尽管有所不满,但力量不足。西汉以来,儒家独尊之后,士人基本属于被收买的阶层,也不可能表达不满。正如班固在写作《儒林传》所慨叹的,皆为利来。西汉末年,王朝衰落,但并没有出现士人群体对抗权威的局面。这在于王莽所实施的许多政策是以笼络士人为核心的,许多士人对王莽的不满在于对其政权合法性的质疑,而对于整个士人阶层来说,利益并没有因此受多大损失。

还有一个需要解释的问题,即为什么是在桓帝时期,而不是在桓帝之前的时期?比如,外戚梁冀专权时期,梁冀时期清流士大夫与外戚阉竖之间已有不可逾越之鸿沟。但为什么没有形成清议的局面?其一,外戚一向居于较高的社会和政治地位。东汉皇帝选择皇后、妃子皆在士家族中选择,换言之,这些外戚原来具有较高的社会地位。这点与宦官存在着明显不同,他们地位的上升并不会如宦官群体那样容易招致人们的不满。其二,这些外戚本身就已经身居官位，他们的提升对士大夫的仕途的影响不如宦官群体的冲击大。其三，当时士大夫的榜样马融依附于梁冀，并不像清议中的榜样那样清高。

对于清议的参与者来说，他们有反抗之意，但并无反叛之心。他们在与宦官的斗争中，希望赢得君主和整个社会的支持。对于后者，他们做得很成功，但对于前者来说，他们的忠心却换来君主的不断打压。或对君主的失望，或遭受党锢之祸，使他们远离政权。可以说，这样的后果对于双方的损害都是巨大的，士大夫群体失去了维持其社会地位的权力；而君主的权力合法性也遭到了质疑，随着一批有才能、有名望的士大夫被杀或禁锢，已经很难有士大夫再为其卖命。当窦武、陈蕃诛宦官失败被杀之后，郭太就曾经慨叹："人之云亡，邦国殄瘁。"(《后汉书·郭太传》)即贤能的人死亡了，国家的危难也来临了。桓、灵两位皇帝饮鸩止渴的做法赢得了暂时的内心平衡，却输掉了未来，丢掉了整个江山。

汉末清议对于魏晋的士大夫影响也很深远。魏晋的士大夫意识到品评朝政给自身所带来的消极后果，因此由品评朝政过渡到品评有无，玄谈自然。同时，他们也清醒地认识到，无论从士大夫群体的团结程度，还是门生、故吏、家族的支持程度，以及社会舆论的营造程度来说，都已经远远不及东汉末年，而他们的对手已经不再是宦官群体，而是魏晋的当政者。因此，两者之间道义的优势在缩小，但权力的差距在拉大。东汉清议尚且不能成功，对于魏晋士人来说，再兴起一场士大夫的群体运动已经是遥不可及的事情了。

▼ 重要思想家与观念研究

孔子仁政、德治、礼范的治国之道

徐大同 *

一、前　言

孔子,名丘,字仲尼,是我国周朝春秋时期著名的教育改革家,私学开创者之一、古文献整理者、历史学家、社会政治思想家。他的生活年代一般认为是鲁襄公二十二年到鲁哀公十六年(公元前 551—前 479 年)与古希腊的苏格拉底(公元前 469—前 399 年)、柏拉图(公元前 427—前 347 年)、亚里士多德(公元前 384—前 322 年)等思想家基本属于同一时代(古代奴隶占有制衰落时期)。他的"正名"思想与柏拉图的"正义"理论有相似之处;[1]而他的全面系统的"治国之道"又可与亚里士多德对政治学理论和国家制度体系的研究相媲美。它们的目的都在于维护现存的政治统治。

孔子的祖先原为周朝属下宋国(国都在今河南商丘)的贵族,后因内讧逃至鲁国(国都在今山东曲阜),其家境亦从此败落。孔子自己就曾说过,"吾少也贱,故多能鄙事"[2]。他自幼"好礼",童年嬉戏时就"常陈俎豆,设礼容"[3]。

＊　徐大同(1928—2019),天津师范大学资深教授。

①　"正名"思想可参见本文第一节的相关论述;柏拉图的"正义"理论可参见徐大同主编:《西方政治思想史》,天津人民出版社,1985 年,第 33 页。

②　《论语·子罕》。

③　《史记·孔子世家》。

他勤奋好学,15岁即"志于学",一生"敏而好学""不耻下问",而且好古、信古。这一切,对他一生托古(改制)守成(尊周)、重周礼行仁政的思想都有极大影响。

孔子的思想除来自于其所受教养以外,根本还是深受时代影响,可以说是适时而生的。周平王东迁以后,中国历史进入春秋时期,社会和国家也进入危机阶段。当时,整个社会秩序紊乱,"礼坏乐崩"——君不君,臣不臣,父不父,子不子;国家则王权衰落,诸侯崛起,五强称霸,轮为僭主,"挟天子令诸侯"。为了挽救周朝"天下"的危机,整顿社会秩序,维护周王朝的统治,孔子提出了一整套完整的治国方案。

孔子一生中,除短暂的4年在鲁国从政外,基本上从事教学、整理古籍和游说诸侯的工作。所以司马迁将他列为"布衣"①,即无官爵的自由职业者。

他一生中主要从事了三方面的活动。

第一,孔子曾携带数名主要弟子周游列国十几年。实际上,他除年轻时曾因鲁国内乱问题而适齐两年外,所谓"周游列国",只是到过今河南、山东一带的宋、蔡、陈、卫几国,还经过匡、叶等几个小国。这是一次艰难之旅,并以失败告终。其间,孔子一行经历了师徒失散、绝粮②等种种困厄。之所以窘迫如此,关键是他的治国主张不合时宜。各国诸侯没有采纳他的主张,也未请他从政。最后,他只好回到鲁国专心整理国故和教学。

第二,孔子在整理古文献上下了很大功夫。他删定《诗》《书》,修订周礼,编写《春秋》,50岁学《易》并作《易传》。③这些工作使我国古代典籍留传至今,贡献极大。

孔子一生中所做的第三个主要活动就是授徒讲学。据记载,他培养了弟子约三千人,其中又有七十二贤人。这个数字在当时来说是非常庞大的。七

---

① 司马迁把孔子传列入"世家",其原因或正如唐张守节撰《史记正义》中所说:"孔子无侯伯之位,而称世家者,太史公以孔子布衣传十余世,学者宗之,自天子王侯,中国言六艺者宗于夫子,可谓至圣,故为世家。"(他说的理由实际上已见于《史记·孔子世家》原文)

② 见于《史记·孔子世家》。

③ 一般认为,孔子编定了《诗》《书》《礼》《乐》《易》《春秋》六经。但其中《乐》经早已失传,后世所推崇的儒家经典主要是《诗》《书》《礼》《易》《春秋》五经。

十二贤人在《论语》中大都可以见到姓名。三千弟子则恐怕还要包括一些临时求教者。

孔子的教育思想是非常值得继承的。在培养人才方面他有教无类，打破了传统的贵族教育，开展私学教育；他教学态度认真，诲人不倦；在教学内容上他涵盖古今，门类广泛，除《诗》《书》等经典文献外，还有"六艺"（礼、乐、射、御、书、数）；在教学方法上，他因材施教，联系实际，提倡学思结合，举一反三，主张启发诱导，教学相长，等等。

孔子的思想主要体现在《论语》一书中。《孔子家语》是否为伪书，学者间向有争论，因而只能作为参考。《论语》是一部语录体的著作，主要为孔子与弟子和一些国君的对话及对一些人物的评价，内容方面涉及甚广。[①]两千多年来，学者们对该书性质的认识、评价颇不一致，可谓仁者见仁，智者见智，但都和他们每个人所处的时代与个人的特质相契合。笔者认为，从孔子所处时代的情况和他的经历、志向来看，《论语》应是一部社会政治思想方面的言论集。全书主要以修身、齐家、治国、平天下为主题，核心是记述孔子关于治国之道的主张，即以周礼为标准规范，推行仁政、德治，以达到稳定社会秩序，维护周朝政权统治的目的。书中提出了大量的对仁、德、政、刑、为政、干政等政治概念、术语的诠释和见解。[②]这既表明了孔子的大智慧，也反映出他的阶级和历史局限。

孔子思想主要讨论了治国之道。"道"是中国古代政治思想史中的一个重要概念。除道家的老子和庄周等把它玄学化，也有些人把它神秘化外，一般的都把"道"解释为"路也"。先秦诸子大都把它作为为人和治国之道。司马谈在《论六家要旨》中说："天下一致而百虑，同归而殊途。夫阴阳、儒、法、道德，此务为治者也。"[③]正如荀况所说，治理国家、天下，要考虑的主要是"何法

---

① 一般认为，春秋时期我国尚无个人著书之风，《论语》据传为孔子的再传弟子所集。

② 据统计，在《论语》中，有 58 章谈"仁"，"仁"字共出现 105 次；"德"字共出现 36 次；"政"字共出现 43 次；"礼"字共出现 74 次；"刑"字共出现 5 次。

③ 《史记·太史公自序》。

之道,谁子之与"①。中国自秦汉以后,直至唐代,道统一直是维护统治权的重要问题。孔子一生无论是周游列国,还是授徒讲学,或是整理古籍,都是在传播、推行他的治国之道,即所谓"志于道,据于德,依于仁,游于艺"②。实现他所提出的治国之道也是他一生的追求。他甚至说出"天下有道则见,无道则隐"③的怨言和"朝闻道夕死可矣"④的心志。

孔子具体的"治国之道",总括起来就是"天下归仁""为政以德""齐之以礼"。

二、"天下归仁"⑤

《论语·子罕》篇第一章就说:"子罕言利,与命、与仁。"这里有三个概念。

一是"利",孔子很少谈及。他还说,"君子喻于义,小人喻于利","放于利而行,多怨"。⑥这是孔子作为一个谦谦君子的一种姿态,也反映了他的时代和阶级局限。其实正如马克思所说:"人们为之奋斗的一切,都同他们的利益有关。"⑦恩格斯也说:"政治权力不过是用来实现经济利益的手段。"⑧可以说利益是人类社会得以连接的纽带,是人类社会得以进步的驱动器。维护一定的阶级利益是一切思想体系所不能回避的。孔子虽说羞于谈"利",但实际上他的整个思想体系都是在维护周王朝的根本利益。

二是"天命"。"天命"是周族夺取殷族政权统治天下的基本依据和口号。孔子尊周,他自然要笃信"天命"。他说,"死生有命,富贵在天"⑨,人的一切事都要顺天知命,所谓"天命不可违",一切只能听天由命。孔子虽然坚信"天命",但是他具体的研究和议论并不多。子贡曾说:"夫子之言性与天道,不可得而闻也。"⑩我们也还应注意到"子不语怪力乱神"⑪。根据这些,我们认为孔子主张的天道观,似乎类似西方的自然法。一切事物都是自然(天)所生成

---

① 《荀子·王霸》。

②⑪ 《论语·述而》。

③ 《论语·泰伯》。

④⑥ 《论语·里仁》。

⑤⑨ 《论语·颜渊》。

⑦ 《马克思恩格斯全集》(第1卷),人民出版社,1995年,第187页。

⑧ 《马克思恩格斯全集》(第4卷),人民出版社,1958年,第246页。

⑩ 《论语·公冶长》。

的,它是人类只能适应、应用,而不能创造、改变和违背的规律(法则)。当时和后来就有些人将天命与神祇结合起来,也就成为神学政治观。

三是"仁"。这是孔子思想中的核心概念。建立仁政统治是孔子社会政治思想的核心主张,也是他所追求的愿景,所谓"天下归仁"。这实际上反映了他是用人的眼光来观察、考虑社会和政治问题的。

任何政权的作用都是按照统治阶级的意志协调矛盾,整合社会,稳定秩序,以促进社会发展。孔子政治思想以"仁"为核心,可谓抓住了政治的关键问题。不过,他的人道观与西方的传统人道观有所不同。西方人道观在政治上的观点在古代是公民个人参与公权力的问题,即"在有共同祖国的公民中间分享社会权力"①,而近代则是每个孤立的个人所享有的与生俱来的天赋权利要受到社会、国家保护的问题。他们着重于公民个人如何参与政权,即政权组织形式(政体)问题,而孔子所代表的中国古代"仁"道观,则着重于如何处理好个人与他人的人际关系问题。这正体现了中国和西方政治思想发展的不同特色。

孔子所强调的"仁",从人,从二。就是说治理国家关键是要处理好人与人之间的关系问题。他的仁政思想首先是要"正名"。《论语·子路》中记载:"子路曰:'卫君待子而为政,子将奚先?'子曰:'必也正名乎!'"就是说治理国家首先要解决"正名"问题。所谓"正名",就是每个人都要摆正自己的位置,根据个人的身份地位,各司其职。

孔子正名思想正是为针砭当时社会秩序的状况而提出的。主要目的是解决当时君不君、臣不臣、父不父、子不子,社会紊乱无序的问题,以维护周朝的社会政治体制,建立稳定的社会秩序。

其次是孝悌、忠恕。《论语·学而》篇中有子曰:"其为人也孝悌,而好犯上者鲜矣;不好犯上而好作乱者未之有也。君子务本,本立而道生。孝悌也者,其为仁之本与!"《论语·里仁》篇中孔子对曾参说:"吾道一以贯之:忠恕而已矣。"这里,把"孝悌"说成"仁之本",把"忠恕"又说成"一以贯之"的主张。可见,这是孔子维护社会秩序处理人际关系的基本原则。

---

① [法]贡斯当:《古代人的自由与现代人的自由》,阎克文、刘满贵译,上海人民出版社,2005年,第40页。

　　至于如何处理人际关系,孔子主张从个体出发,由己及人。他提出"己所不欲,勿施于人"①,主张"修己以安人""修己以安百姓"②,"己欲立而立人,己欲达而达人"③,"躬自厚而薄责于人"④,即要严于律己,宽以待人。孔子的社会政治理想就是建立一个人人各就其位,各尽其职,父慈子孝,兄弟朋友互相尊重敬爱、忠诚宽厚,君明臣贤,尊尊亲亲、秩序稳定的和谐社会。

　　再次是"和谐"。关于和谐问题孔子本人语焉不详,只说"君子和而不同"⑤,即要求人与人之间相互协调,使各种矛盾得到调解,最后取得一致。做出比较详细解析的是他的学生有若。他曾经说:"礼之用,和为贵;先王之道,斯为美。小大由之,有所不行。知和而和,不以礼节之,亦不可行也。"⑥

　　"和"与"同"不同。孔子在处理国家体制上主张"礼乐征伐"一切号令"自天子出"的大一统,⑦以维护周王朝的政权统治。但在人际关系上则主张和谐共处。"和"与"同"不同,它不是要求一致,而是要求人与人之间取得协调,使各种矛盾得到调解。当然,和谐并不是无原则的,其标准就是"周礼",最终仍然是为了维护周王朝的政权统治。

　　最后是处理人际关系的原则。对此,孔子提出了中庸思想。他说:"中庸之为德也,其至矣乎!"⑧子贡曾问孔子:"师与商也孰贤?"子曰:"师也过,商也不及。"子贡又问:"然则师愈与?"子曰:"过犹不及。"⑨可见孔子的中庸之道并非折中调和,而是既不停滞不前也不主观冒进,对事要不偏不倚,处理持中、稳妥。

　　总之,维持"礼乐征伐自天子出"的周王朝一统天下,以周礼为准绳,人人各守其位,各尽其职,和睦相处,不偏不倚的稳定社会秩序,就是孔子仁政思想所追求的美好愿景。

---

① 《论语·颜渊》。

② 《论语·宪问》。

③⑧ 《论语·雍也》。

④ 《论语·卫灵公》。

⑤ 《论语·子路》。

⑥ 《论语·学而》。

⑦ 《论语·季氏》。

⑨ 《论语·先进》。

三、"为政以德"

仁政是孔子治理天下国家的出发点和归宿，德治则是他治理天下国家的具体方案和方法。

孔子曾说："为政以德，譬如北辰居其所，而众星共之。"①又说："道之以政，齐之以刑，民免而无耻；道之以德，齐之以礼，有耻且格。"②这两段话的含义有两层：一是行德政，让人们各就其位，过上安定和谐的生活，就可以得到百姓的拥护，稳定秩序；二是施德教，进行道德教育，引导人们分清善恶好坏，增强荣辱观念，以巩固统治的思想基础。

首先，看行德政。"德"是周族取得政权的依据。但当时周王朝的大势已微，为重振、维护周王朝的统治，孔子提出了许多行德政的具体原则和措施。其要点有：

一是"爱人""重民"。国家是一个由人所组成的群体。在孔子的思想中"人"有两重意义。一方面指"自然人"，指与兽类不同而组成群体的人。对这个意义上的人，孔子认为应该一视同仁地"博爱"。他回答樊迟时说，仁者"爱人"③。所以"厩焚，子退朝，曰：伤人乎？不问马"④。另一方面指"社会人"。对此，他则认为应该各守其分。正如墨翟所批评他的"爱有等差"，广大劳动人民被孔子认为是"小人"，被称为"民"。对民的态度使他提出了重民思想。这也是孔子治国之道的重要部分。

在几千年的中国社会中，国家形式基本都是大一统的君主制度。广大人民群众，主要是农民，从来没有掌握或参加过政权成为统治者，只是被治者而已。历代统治者大都认识到"民"在夺取、维护和巩固统治权中的作用。因此，"民为邦本，本固邦宁""民为水、君为舟，水可载舟也可覆舟"等重民观念，在历朝历代广为流传。

---

① ② 《论语·为政》。

③ 《论语·子路》。

④ 《论语·乡党》。

孔子的重民思想包括有：安民、富民、惠民、恤民、养民、教民等。必须指出的是，包括孔子的主张在内的所有重民思想和措施，最终的目的都是为了"牧民""使民"，统治一切劳动人民。

二是"举贤才"。推举德才兼备的贤良之士为政，是孔子治国思想中的主要观点。这也正反映出中西政治思想的不同特点。古希腊政治思想着重于逻辑推理和思辨，于是产生了一批"智者"（智慧教师），以培养公民参加城邦的政治活动。中国古代政治思想则着重于选拔辅佐君主治理国家的能臣贤相，即所谓"贤人"。在贤的标准上，孔子尤其重视道德修养。他要求包括统治者在内的人们，"见贤思齐焉，见不贤而内自省也"①。

三是足食足兵。一次子贡问政，"子曰：'足食，足兵，民信之矣。'子贡曰：'必不得已而去一，于斯三者何先？'曰：'去兵。'子贡曰：'必不可得已而去，于斯二者何先？'曰：'去食。自古皆有死，民无信不立。'"②这里孔子抓住了治国的对内对外两个基本方面。任何政权为了取得群众拥护，维持社会稳定，首先必须保证人民生活的第一要素——食——的供给；同时要保证国家不受外族侵扰，即要加强军备。孔子曾说一个社会、国家"不患贫而患不安"。这两项确实都是社会、国家安全生存的基础，故说"安无倾"③。

四是实行仁政的方法。这在《论语》中可以看到很多。如要以身作则，处事公正，"季康子问政于孔子。孔子对曰：'政者正也。子帅以正，孰敢不正？'"④又如，子路问政，他提出"先之，劳之"，在子路的追问下，他又补充说："无倦。"⑤再如，"哀公问曰：'何为则民服？'孔子对曰：'举直错诸枉，则民服；举枉诸直，则民不服。'"⑥他还提出了"恭、宽、信、敏、惠"⑦等纲目。他特别强调"信"在治国中的意义，认为只有得到群众的信任、拥戴，统治才能维护、巩固；如果丧失群众的依赖，政权就难以立足，所谓"民无信不立"。这里的

---

① 《论语·里仁》。关于西方出"智者"，中国选贤人的问题，参见侯外庐等：《中国思想通史》（第1卷），人民出版社，1957年，第23~56页。

②④ 《论语·颜渊》。

③ 《论语·季氏》。

⑤ 《论语·子路》。

⑥ 《论语·为政》。

⑦ 《论语·阳货》。

"信"，既包括信任，也包含信心。

其次，看施德教。所谓"施德教"，是因为当时社会"失德久矣"。为挽救社会秩序，就要教育人们对己、待人、处事的基本原则和方法，以"克己复礼"，恢复周礼的统治，实现身修、家齐、国治、天下平的稳定的社会秩序。

四、"齐之以礼"

"礼"是孔子针对当时"礼坏乐崩"的局面，为了挽救社会危机，维护周王朝的统治，推行其仁政、以德治国的政治理念而提出的又一核心思想。他的得意弟子颜回问"仁"时，他的回答为"克己复礼"①，还特别提出"不学礼，无以立"②，强调学礼、知礼、尊礼。他评价人物也是以"礼"为标准。如表彰管仲"九合诸侯""一匡天下"，维护周王朝权威的功绩，说"微管仲吾其被发左衽矣"③，却批评管仲"设反坫"④的行为，认为他不知礼；对季氏"八佾舞于庭"的违背周礼的行为，他气愤得大呼："是可忍孰不可忍！"⑤

所谓"礼"，就是用来"定亲疏、决嫌疑、别同异、明是非"⑥的一套规则。礼的作用是用"以导行"，即引导人们的行为符合规范。

为了维护安定的社会秩序，孔子主张国家和个人都要"以礼为范"。对破坏和违反者可以进行征讨和处罚，即战与刑。但战要"义战"，刑要"慎刑"。关于刑罚问题，他主张要先教后刑，反对"不教而诛"，而且要处理公正恰当，他说："圣人之治化也，必刑政相参焉。太上以德教民，而以礼齐之。其次，以政导民，而以刑禁之。化之弗变，导之弗从，伤义以败俗，于是乎用刑矣。"⑦又说，"刑罚不中，则民无所措手足"⑧。他的目的是以刑罚来震慑人民，使人民能安分守己，不做"犯上作乱"之事。他也愿意参与人们之间讼争的调节，但

---

① 《论语·颜渊》。
② 《论语·尧曰》。
③ 《论语·宪问》。
④⑤ 《论语·八佾》。
⑥ 《礼记·曲礼》。
⑦ 《孔子家语·刑政》。
⑧ 《论语·子路》。

更向往"无讼"的社会,他说:"听讼,吾犹人也,必也使无讼乎!"①孔子最大的愿景就是建立一个"天下归仁"、敬德、遵礼的无刑无讼、安定和谐、天下一统的王国。

五、孔学的流变

公元前475年,中国古代社会历史进入了战国时期。这是中国历史上的第一次大分裂时期。春秋时期诸侯还"尊周攘夷",此时,各路诸侯则各自独立称王,希图由自己统一中华。周天子已完全有名无实,形同虚设。各国为了发展新兴的社会制度,达到各自的目的,都招贤纳士,先后进行改革,形成了诸侯割据、百家争鸣的局面。

孔子就在这一转变的时刻,于公元前479年逝世。他生前一直为自己的主张奔波,但其主张并未被采纳。到战国百家争鸣时期,各家各派"皆自以为至极,而思以其道易天下"②,儒家也不过是百家中的一家。而且出现了所谓"儒分为八"③的局面。这八家中,大部分是他的门徒和后代(如子思即其嫡孙),他们不过是对他的思想进行诠释和传播。只有到孟轲和荀况时,才出现了分野。他们从不同角度发展了孔子的思想。孟子主张性善论,认为人生性善,"恻隐之心,羞恶之心、恭敬之心、是非之心",是人人生而有之的,它们分别是仁、义、礼、智等思想的善"端"。④因此他强调"尽心、知性"。他继承发展了孔子的仁政思想,并区分了王道、霸道,提出"暴君可抗论","政在得民""得民在得民心"和"以不忍人之心行不忍人之政"等主张。⑤从而着重于个人的修身教育,以存心养性。荀子则相反。他克服了孔子听天由命的消极天道观,提出"制天命而用之"的"人定胜天"思想。⑥与孟子不同,他主张性恶论,认为"人之性恶,其善者伪也"⑦。因此,他强调"隆礼""至法",强调以礼规范

① 《论语·颜渊》。
② 章学诚:《文史通义·原道》。
③ 《韩非子·显学》。
④ 《孟子·告子上》。
⑤ 《孟子·公孙丑上》。
⑥ 《荀子·天论》。
⑦ 《荀子·性恶》。

人们的行为,注重教育和国家的作用,以维护社会的安定一统。

在"争于气力"的战国时期,秦国接受法家商鞅的建议进行改革,实现了富国强兵。到嬴政时则进一步灭掉了六国,建立了秦王朝,重新统一了中国。秦始皇推行法家路线,以法为教,以吏为师,焚书坑儒,结果二世而终。

其后,经过楚汉相争,刘邦取得天下,建立了汉王朝。定鼎初期,为了扫除秦政的"烦苛,与民休息"①,在政治上,对内主要是叔孙通定"朝仪"以示王威,萧何修《九章律》以规范人们的行为。文景时代,基本是"萧规曹随",无为而治。因此,当时黄老之学盛行于宫廷上下,成为主流思想。孔子所创儒学则被搁置起来。

经过了文景几十年的治理,到武帝刘彻时,社会国家出现了繁荣安定的景象。这时,为了维护统治,人们开始关注总结秦王朝二世即亡的教训。贾谊认为,秦代夭折的主要原因是"仁义不施"和"取守不分"②。后来,汉武帝更进一步接受了董仲舒的建议"罢黜百家,独尊儒术"。但是董仲舒所尊之儒学,已因时代不同而非孔子之儒学了:其一,他利用阴阳五行、五德始终、天人感应等神秘主义思想解释孔子大一统思想,维护中央集权的君主专制制度;其二,他改造孔子的仁学思想为"三纲五常"并将其神圣化,以维护当时的社会秩序;其三,他吸收了法家思想,强化国家的强制力,提出德刑并举的主张。这正符合当时汉王朝的要求。汉武帝设"五经博士"传诵儒家经典,又兼行霸道。后来汉宣帝则明确说道:"汉家自有制度,本以王霸道杂之,奈何纯任德教。"③此外,由于古文经的发现,形成了儒学经典的"今古文之争",产生了对孔子思想的不同理解,以至于今。

魏晋南北朝是我国历史上又一个大分裂时代。魏晋时,玄学占据了主流地位。玄学是以老庄道家思想为主体的思想体系。其中,宗《老子》一派的社会政治观强调"以道解儒",试图为当时社会的等级名教关系提供理论解释和论证;宗《庄子》一派则提出了无君论思想。④

隋唐时期,中国又重新建立了中央集权的统一大帝国,唐太宗李世民执

① 《汉书·景帝纪》。

② 《过秦论》。

③ 《汉书·元帝纪》。

④ 两晋之际的鲍敬言提出了"无君"的思想。

政时中国历史又进入一次盛世。在思想上，儒学再次复兴。唐中叶时，韩愈贬诋佛老，颂扬儒学，主要是推崇孔子和孟子，对荀况则认为是"择焉而不精，语焉而不详"①。在政治思想上则主张"兴起名教，弘奖仁义"②。这一方面为中央集权的君主专制制度张目，另一方面开创了宋代理学的先河。至此，孔子所创建的儒学，开始由突出治国之道转变为突出个人的修身养性之"新儒学"。

理学是宋明时期的主流思潮。它虽然弘扬孔孟，但实际是儒、道、佛三家合流。他们把个人的道德修养放到核心地位，而对政治思想则无新创。③

到明清之际，随着资本主义经济的萌芽，政治思想也出现批判社会体制和君主专制制度的思潮。李贽甚至提出不以孔子的是非为是非的观点。清王朝建立以后，统治者为了维护统治，大力提倡儒学和六经，并以其为统治者的"修身治国之道"。

六、结　语

在中国古代社会，孔子的"治国之道"被统治者认可经历了一个演变过程。它在开创时并未被人们接受，战国时也不过是诸子百家中的一家，需要与其他各派一样争取各国诸侯的接纳。其后，秦始皇以法家思想治国，而汉初则奉行黄老。直至汉武帝时"罢黜百家，独尊儒术"，孔子所倡导的"治国之道"才上升为官学，其后儒学一直被历代统治者所推崇。中间南北朝时虽被道家所冲击，但道家影响下的玄学的政治主张是"以道解儒"，其内涵在政治思想上还是儒学所倡导的名教思想。④

总的说来，孔子所创立的儒学政治思想在我国从汉代直到清代的两千

---

① 《原道》。

② 《旧唐书·韩愈传》。

③ 正如萧公权先生所说："理学得佛学之助，蔚为中国空前未有之哲学系统，而其对政治思想之贡献则极细微，各家之哲学思想固多新颖分歧之点，其政论大旨则不外搬演《大学》《中庸》之正心诚意，《孟子》之尊王黜霸与乎一治一乱诸陈说而已。"（参见萧公权：《中国政治思想史》，新星出版社，2005年，第295页。）

④ 参见鲁迅：《魏晋风度及文章与药及酒之关系》，载《鲁迅全集》（第2卷），人民文学出版社，2005年，第523~553页。

余年里长期居于统治地位。究其原因,不外乎他提出了以下一些有利于维护统治权的思想,如大一统,人人各守其位、各尽其职,人们要和谐相处,国家要重民恤民、取信于民,足食、足兵才能保证国家安全,重视德教、重教慎刑,等等。当然,孔子思想中的这些观念必定反映出强烈的时代性和阶级性。

今天,我们一方面要珍惜这批文化遗产,另一方面,也必须用马克思主义的科学政治观进行分析和筛选,吸收其有益的成分,为建设中国特色的社会主义政治服务。

梁启超的公民民族主义及其困境

高力克*

梁启超为晚清维新派巨子。戊戌维新失败以后,梁流亡日本,受明治时代新思潮的影响,思想为之一变。通过总结戊戌变法失败的原因,梁的维新思想由变法转向启蒙,主张以国民改革为政治转型的路径。他在日本先后创办《清议报》和《新民丛报》,投身于改革国民思想的启蒙运动。鸦片战争以降,晚清改革志士一直在寻求中国改革与富强之道。从曾、李的洋务运动到康、梁的戊戌变法,西方化的改革相继失利,中国现代化运动遂由技术现代化、制度现代化,而进于启蒙运动的观念现代化。继严复之后,梁启超成为又一位晚清杰出的启蒙思想家。

一、民族主义与公民

《新民说》是梁启超流亡日本期间写作的一部闻名遐迩的启蒙著作,1902年至1906年连载于《新民丛报》。梁深受西方民族主义、斯宾塞社会达尔文主义、严复"鼓民力、开民智、新民德"的启蒙思想,以及福泽谕吉"变革人心"的文明论的影响,其新民说的要旨是:国家由国民组成,国民之文明程度为国家政治之基础。梁相信:"苟有新民,何患无新制度? 无新政府? 无新国家? "[1]

中国维新之道,在于国民之维新。梁的新民说揭示了一个民族主义的主题。

民族是现代的开端。欧洲现代文明的兴起,伴随着一个从天主教统治下解放出来的各民族组成主权国家、以列国体系代替天主教会的天下普世秩序的民族形成过程,民族国家由此而成为新的政治共同体,从而推动了宪政体制、市场经济和工业革命的兴起。现代性始于民族,民族观念的革命性意义在于,从中世纪宗教认同到现代民族认同的认同转变,表征着由前民族主义而民族主义的世界观转型。民族主义是通往现代性的必由之路。民族国家是现代性由以成长的载体,民族认同则是民族建国的基础。

梁启超洞察民族与民族主义之意义,其新民说即以民族主义为主线,以建构现代民族国家为中心主题。去国后,梁目睹日本崛起之神速和世界民族竞争之趋势,深切体认到民族主义及国民为富强之本:"在民族主义立国之今日,民弱者国弱,民强者国强。"①

"民族主义"(nationalism)是形成于 20 世纪初的日本汉语式概念,它由梁启超及留日学生接受并引进中国思想界。②民族主义是以民族国家为认同、归宿、效忠之共同体的思想、感情和运动。民族国家的兴起是近代历史的产物,它是建基于族群共同体和文化共同体的政治共同体,即人类群体之文化单元和政治单元的融合。故民族主义具有族群认同、文化认同、政治认同三种元素,其由此亦具有族裔民族主义、文化民族主义、政治民族主义等形态。

里亚·格林菲尔德认为,民族主义是现代性的文化架构,是现代性的建构因素。③民族主义发轫于 16 世纪的英格兰,在那里"民族"一词脱离了昔日的"精英"含义,而被用来泛指英格兰全体居民,并与"人民"一词同义。这一词义的变更表征着世界上第一个民族出现了,并且还开启了民族主义的时代。在"民族"中,"人民"不再是底层的群氓,而是主权的持有者、政治团结的基础和最高效忠对象。④在英格兰,民族认同意味着人民被提升到"精英"地

---

① 梁启超:《新民说》,第 10 页。

② 参见[日]西川长夫:《Nationalism 与民族主义:以孙文及泰戈尔的民族主义为线索》,李婉容译,《台湾社会科学季刊》,第 75 期。

③ 参见[美]里亚·格林菲尔德:《民族主义:走向现代的五条道路》,王春华等译,上海三联书店,2010 年,中译本前言第 3 页。

④ 同上,导言第 5 页。

位,他们在一个同质的政治共同体中平等地共享主权,此即"人民主权"。因而,人民的民族化,亦即人民的公民化。

民族主义具有不同的历史形态。格林菲尔德在其关于英、法、俄、德、美五国民族主义的杰出研究中,概括了影响世界进程之民族主义的几种主要类型。民族与民族主义起源于 16 世纪的英格兰,在那里发展出一种个体主义的公民民族主义,美国的民族主义与之一脉相承。法国的民族主义则是一种集体主义的公民民族主义。而在俄罗斯与德意志则兴起了一种集体主义的族裔民族主义。①民族主义的不同形态,有着各国政治结构方面的深刻原因。英、美、法的公民民族主义建基于人民主权的政治认同,其民族主义与民主融为一体。而诉诸族裔和传统的俄、德式族裔民族主义,其集体主义则具有威权主义倾向。

作为民族主义的原型,英国式的公民民族主义是民族认同与公民身份的融合。诚如格林菲尔德所言:"英格兰人民表现为一个民族,这象征性地将之提升到精英的地位,使之认为自己理应自治,这也使民族状态与政治上的公民资格相等同。这种象征性的提升意味着人们对社会等级制度和传统阶级结构的观点彻底改变了。"②在英格兰,"民族"意味着精英化的人民,亦即"公民"。因而,民族是一个公民共同体。

哈贝马斯指出:"在欧洲,民族国家由领土国家经民主化进程而形成。……民族国家和民主是作为法国革命的双生子而出现的。在文化上它们都处于民族主义的庇荫之下。"③哈氏指出,"民族"(nation)的古义是血缘共同体,从 18 世纪中期以来,"民族"的血缘共同体和"国民"两种意义发生了交叉。在西耶士和法国大革命那里,"民族"成了国家主权的来源。每个民族现在都应得到政治自主权利。取代血缘结合体的,是民主的意义共同体。④在哈氏看来,现代民族国家是公民民主参与的政治共同体与前政治的血缘共同体、族裔共同体的融合。源于传统承续之血缘共同体和族裔共同体的民族认同是授予性的,而以民主方式构成的公民身份则是获得性的。前者来自种族—文化

① [美]里亚·格林菲尔德:《民族主义:走向现代的五条道路》,导言第 14~15 页。

② 同上,第 24 页。

③ [德]哈贝马斯:《在事实与规范之间》,童世骏译,生活·读书·新知三联书店,2003 年,第 657 页。

④ 同上,第 658 页。

的共同性,后者则建基于民主共同体的公民参与。在现代国家中,每个人都可以受到三重承认:即每个人作为不可替代的个人、作为一个族裔或文化群体的成员、作为公民(即一个政治共同体的成员),都可以得到对其完整人格的同等保护和同等尊重。①

民族主义促进了民族国家的成长,它由于其现代性的观念和植根于人类根深蒂固的族裔与文化认同及主权领土国家的特殊利益,而成为最为强大、持久而深厚的现代思潮。20世纪初,面对一个帝国主义列强争霸的社会达尔文主义世界,梁启超敏锐地认识到,在这一民族主义立国的时代,中国欲达致富强,必须由强大的国民奋起而实行民族主义。1901年,他在《中国史叙论》一文中提出"中华民族"概念,并以中国认同的民族主义观点诠释中华民族史,将其概括为三个时代:"第一上世史,自黄帝以迄秦之一统,是为中国之中国,即中国民族自发达自争竞自团结之时代也。""第二中世史,自秦一统后至清代乾隆之末年,是为亚洲之中国,即中国民族与亚洲各民族交涉繁赜竞争最激烈之时代也。""第三近世史,自乾隆末年以至于今日,是为世界之中国,即中国民族合同全亚洲民族,与西人交涉竞争之时代也。"②自秦以迄清的"亚洲之中国",即中华帝国之华夏中心的朝贡体系的"天下"时代。而晚清"世界之中国",则是中国被卷入现代民族国家体系的时代。梁深刻地概括了中华民族从民族统一到天下秩序、复至民族国家的演进过程,从而揭示了晚清以降中国思想史之从"天下"到"国家"的核心主题。

民族主义的要旨,在于人民的公民化。梁启超的《新民说》围绕民族主义之主线建构其启蒙理论,而将"新民"归为今日中国当务之急。他强调:自内政言,中国的政治发展取决于国民之文明程度,新民为新制度、新政府、新国家的基础。自外交言,在民族主义立国之今日,中国欲行民族主义以抵抗列强,离不开强大的国民。

关于民族主义,梁启超将其归为欧洲与世界进步的引擎。他写道:"自十六世纪以来(约三百年前),欧洲所以发达,世界所以进步,皆由民族主义(nationalism)所磅礴冲激而成。民族主义者何?各地同种族同言语同宗教同

---

① [德]哈贝马斯:《在事实与规范之间》,第660页。
② 梁启超:《饮冰室合集》(第1册),中华书局,1989年,文集第六卷,第11~12页。

习俗之人,相视如同胞,务独立自治,组织完备之政府,以谋公益而御他族是也。"①梁的民族主义概念,包含了族裔认同(同种族同胞)、文化认同(同言语同宗教同习俗)和主权公民的政治认同(公民独立自治和组织政府)。中华帝国的"天下"秩序不同于近代欧洲的民族国家,它是一个以儒家伦理为文化认同之基础的文明体系。中国前民族时代的认同只有"炎黄子孙"(族裔)与"华夏文明"(文化),而完全匮缺民族时代之公民身份的政治认同。这种公民的政治认同,就成为梁氏民族主义的核心元素,而公民资格亦成为《新民说》建构民族认同的中心主题。

梁启超强调,在殖民主义时代,民族主义是抵抗列强的帝国主义而实现民族复兴的武器。19世纪末以来,欧美的民族主义已演变为侵略性的民族帝国主义,其以兵力、商务、工业和教会而求权力的对外扩张。民族帝国主义不同于亚里山大和查理曼时代穷兵黩武的古代帝国主义,它是资本主义民族国家发展的产物,并且已成为当今世界的时势所趋。因而在20世纪,民族主义成为被侵略民族抵抗民族帝国主义的武器。中国欲抵抗民族帝国主义的侵略,必须集合民族全体之能力,而"新民"则是实行民族主义的关键。"故今日欲抵挡列强之民族帝国主义,以挽浩劫而拯生灵,惟有我行我民族主义之一策;而欲实行民族主义于中国,舍新民末由。"②

梁启超"新民"之道,包括文化认同与公民资格两大要义。梁的"新民",其"新之义有二:一曰淬厉其所本有而新之,二曰采补其所本无而新之。"③"淬厉其所本有而新之",即弘扬中国传统的民族精神遗产。"凡一国之能立于世界,必有其国民独具之特质。上自道德法律,下至风俗习惯、文学美术,皆有一种独立之精神,代代相传,然后社会和国家乃成。这种独特的精神实为民族主义的根柢和源泉。中华同胞能数千年立国于亚洲大陆,其所具特质必有宏大、高尚、完美,并独异于各民族之处,我们应当保存和发扬这种民族精神的遗产。"④"采补其所本无而新之",即输入欧美的现代公民精神,此为

---

① 梁启超:《新民说》,第5页。
② 同上,第6页。
③ 同上,第7页。
④ 同上,第8页。

梁氏"新民"之重点。他强调："欲强吾国，则不可不博考各国民族所以自立之道，汇择其长者而取之，以补我之所未及。"①"新民"，即养成公民。民主国家的公民是中国所匮缺的西方现代性的产物，公民的养成则为梁启超民族主义的中心目标。因而，梁的民族主义具有鲜明的公民民族主义的色彩。他以公民的政治认同来建构中国民族主义，其民族主义是自由主义与民族主义的结合。梁的公民民族主义超越了传统的华夷意识，熔民族认同与公民身份于一炉，不同于革命派孙中山的族裔民族主义（汉民族主义）和章太炎的文化民族主义，而更具现代色彩。

二、公民之道

梁启超新民说的要旨是建构民族认同，以现代的民族国家代替传统的"天下"秩序和宗法社会，形成公民的民族政治认同，使民族国家成为中国人效忠的新政治共同体。如果说英、法民族意识的形成经历了一个从宗教认同、封建认同到民族认同的认同转型过程，那么中国民族认同的兴起则有待于从宗法认同、伦理认同到民族认同的转型。所谓"新民"，即现代民族国家的公民，它意味着由臣民而公民的人格转型。《新民说》堪称中国第一部公民教科书，它以公民资格为新人格理想，围绕全书的核心主题为"公民之道"。

洋务运动以降，晚清改革志士一直在艰难地求索中国的救亡富强之道。为什么一个有着五千年文明的泱泱大国会先后败于英国和日本两个蕞尔岛国？从洋务运动到戊戌维新，晚清循"船坚炮利—生光化电—工商经济—议会政治"之阶段以递进的现代化运动，相继失败。梁启超流亡日本后，通过反思晚清改革运动之得失，转而投身启蒙事业，将国民精神归为中国富强之本。

他认识到，中国之富强，不能依赖圣君贤相或一二草野英雄，而有赖于中国四万万人之民德民智民力的提升。而公民美德，正是英国和西方强盛的关键所在。

对于中国民族主义来说，西方是中国民族意识中不可分割的组成部分，中国人通过西方的眼睛反观自己。梁启超正是从西方公民精神中看到了中

---

① 梁启超：《新民说》，第 9 页。

国国民性的缺失。他认识到,公民资格的阙如是中国人之人格结构的重大缺陷,也是中国民族成长的一大障碍。中国问题的要害,在于缺乏民族国家时代的现代国民。中国古来有部民而无国民,这是由中国中心的封闭历史环境所造成的。中国自古巍然屹立于东亚,环列皆小蛮夷,故人民常视其国为天下。中国传统思想,皆使人民有可以为一个人之资格、一家人之资格、一乡人之资格、一族人之资格和天下人之资格,而唯独缺乏可以为一国国民之资格。而在今日列国并立、弱肉强食、优胜劣败之时代,如果缺乏国民资格,则决无以自立于世界。公民资格为现代民族身份认同的基础,梁将此政治认同视为现代民族自立之道和中国文化革新的目标。他尤注重民德、民智、民力,将其视为政治、学术、技艺的本原。

"新民"是一个中西文化交融的过程。梁启超对文化抱持开放的心灵,主张取中西文化调和的方针。在他看来,保守和进取为世界万事之两大主义。对于两种互相冲突的事物,不可偏取其一,有冲突必有调和。善于调和的盎格鲁-撒克逊人是伟大的国民。梁的"新民",亦为传统与欧化相调和的国民。"故吾所谓新民者,必非如心醉西风者流,篾弃吾数千年之道德、学术、风俗,以求伍于他人;亦非如墨守故纸者流,谓仅抱此数千年之道德、学术、风俗,遂足以立于大地也。"①对于梁氏来说,盎格鲁-撒克逊人是西方文明最优秀的代表。

在梁启超看来,现代民族国家是一个自由进取的公民组成的共同体。白人优胜之处,在于其好动、竞争、进取,以区别于他种人的好静、和平、保守。而白人中条顿人之优胜,则在于其人民的政治能力最强。条顿人承袭了早期日耳曼森林蛮族的自由精神,又经罗马文化之熏陶,从而能成为一个有特性之民族,而组织民族国家。"创代议制度,使人民皆得参预政权,集人民之意以为公意,合人民之权以为国权,又能定团体与个人之权限,定中央政府与地方自治之权限,各不相侵,民族全体,得应于时变,以滋发达。故条顿人今遂优于天下,非天幸也,其民族之优使然也。"②

在世界民族之林中,梁启超对称雄世界的英国盎格鲁-撒克逊人尤为推

---

① 梁启超:《新民说》,第9页。

② 同上,第14~15页。

崇备至。他将英国人视为民族的典范,也是中国民族建国的榜样。他强调,欧洲诸民族以条顿人为优胜,而其中尤以盎格鲁–撒克逊人为最。在民族主义立国的时代,国家的强盛取决于国民的强大。以优胜劣败之理,盎格鲁–撒克逊人为世界上最优胜的民族。欲求民族自立之道,不可不求诸盎格鲁–撒克逊人。梁氏所追求的现代民族之公民的典范,即盎格鲁–撒克逊人。其优胜之处在于:"其独立自助之风最盛……其守纪律秩序之念最厚。其常识最富,常不肯为无谋之躁妄举动。其权利之思想最强,视权利为第二之生命,丝毫不肯放过。其体力最壮,能冒万险。其性质最坚忍,百折不回。其人以实业为主,不尚虚荣……其保守之性质亦最多,而常能因时势、鉴外群以发挥光大其固有之本性。"①梁强调,盎格鲁–撒克逊人之所以能以北海区区英伦三岛,殖民北美、澳大利亚两大洲,势力及于五洲四海而成为"日不落帝国",在于其民族之优胜。从 19 世纪到 20 世纪,盎格鲁–撒克逊人独领世界风骚,英国和美国先后成为世界霸主,世界历史从"英国世纪"到"美国世纪"的演变,未脱盎格鲁–撒克逊文明之范围。梁启超主张以英为师,并试图从盎格鲁–撒克逊人之民族特性中寻觅其独步天下的奥秘,体现了他深邃的历史眼光和世界眼光。

梁启超的《新民说》是一部公民启蒙教科书,其要旨在于阐扬公民精神和公民美德。梁的公民概念,以参与公共事务的政治自由为要义。他强调:"公民之资格,可以参与一国政事,是国民全体对于政府所争得之自由也。"②这一公民概念沿袭了共和主义的古义,亚里士多德曾将"公民"定义为"参加司法事务和治权机构的人们"③。梁指出,欧美公民的发展史,经历了一个争政治自由的漫长时代,它由希腊城邦的贵族公民、罗马帝国的拉丁公民,经近代英法革命而渐次普及于平民。

梁启超所呼唤的"新民",将是中西文化的融合,亦即"君子"与"公民"的结合。诚然,《新民说》的言说重点,还在采补中国所缺乏的西方公民精神。在梁看来,与英美公民相比,中国人所最缺乏而亟待采补的,是公德、国家思

① 梁启超:《新民说》,第 15 页。
② 同上,第 56 页。
③ [古希腊]亚里士多德:《政治学》,吴寿彭译,商务印书馆,1996 年,第 111 页。

想、进取冒险精神、权利意识、自由、自治、进步、自尊、合群、生利能力、毅力、义务思想、尚武、私德和政治能力,这些都是现代公民所必备的品德素质。梁氏新民说的要旨,在于改造专制社会奴性的臣民,而培育现代民主国家的公民。《新民说》关于公民精神的讨论,其荦荦大端,有以下九点:

(一)公 德

公德为一团体中人公共之德性,即个人对本团体公共观念所发之德性。公德是一个群体和国家赖以成立的基本品德。中国人最缺乏的是公德,因为中国道德偏于私德,而缺乏公德。而现代伦理则重在个人与团体关系的公德。公德的目的,在于利群。中国之五伦,只有家族伦理较为完整,而缺乏社会伦理和国家伦理。人必备此三种伦理义务,人格才能完成。在伦理史上,私德较稳定而少变动,公德则随社会演化而变迁。公德为中国今日新伦理建设的当务之急。

(二)国家思想

由"部民"而进为"国民",为文明与野蛮的分水岭。部民群族而居,自成风俗;而国民则有国家思想,能自布政治。国民为国家之基础。所谓"国家思想",一是对于个人而知有国家,二是对于朝廷而知有国家,三是对于外族而知有国家,四是对于世界而知有国家。竞争为文明之母,而国家为最高之团体,竞争之最高潮。中国人历来缺乏国家思想,原因在于国人只知天下而不知国家,只知个人而不知国家。中国传统有可以使人为一个人、一家人、一乡人、一族人和天下人之资格,却唯独缺乏可以为一国国民之资格。而以今日列国并立、优胜劣败的时代,若缺乏国民资格,则决无以生存于世界。

(三)权利思想

权利是人类生存之形而上的最重要条件。没有权利,即为禽兽和奴隶。权利意识之强弱,关乎人的品格之高下。而抵抗力的厚薄,即与权利强弱成比例。权利以法律为保障,故有权利思想者必须首先争取立法权。国民由私人结集而成,国权由私人之权利凝聚而成。因而权利思想为国家之树的根。欲使中国与别国之国权平等,必先使我国国民人人固有之权利平等,必先使我国国民与别国国民所享之权利相平等。

(四)义务思想

义务与权利相互对待,人人生而有应得之权利,即人人生而有应尽之义务,权利与义务的平衡是文明社会的特点。中国人缺乏义务思想,纳租税和服兵役为国民义务之两要件,而中国人古来以免征减赋为仁政。相反,西方人不辞国家之义务,在其必以权利为义务之补偿。权利和义务两思想,为爱国心的根源。中国人无权利思想之恶果,源于其无义务思想之恶因。国民与国家关系日薄,以致国家兴亡若与个人漠不相属,此为国人无义务思想的原因。儒教倡忠孝节,中国人义务思想虽发达,但其无权利之义务和无个人对团体之义务,则属于不完全之义务思想。

(五)自　由

自由为现代欧美立国之本原。自由为天下之公理,人生之要具。自由与奴隶相对待。一部欧美自由史,是人民争取政治自由、宗教自由、民族自由和经济自由的历史。自由之义,即人人自由,而以不侵人之自由为界。自由为团体之自由,而非个人之自由。野蛮时代个人之自由胜,而团体之自由亡;文明时代则团体之自由强,个人之自由减。文明自由,即法律下的自由。故服从为自由之母。

(六)自　治

自治为自由的基础。己不能治,则必有他治而代之。不自治则治于人。人无自治力则与禽兽无异。世界上最强大的民族和最富于自治力的民族,是盎格鲁–撒克逊人。今日中国四万万人,皆无法律之人,无法律之人则无以立国。自治,即守法自律。自治之精神,即"有制裁,有秩序,有法律"。中国人将来能否享民主、自由、平等之福,取决于其自治力的强弱大小。

(七)合 群

人类之进化,其优胜劣汰的关键,在于合群的能力。公共观念的强弱,决定了人类群体在进化中的优劣。富有公共观念的人往往不惜牺牲其私益之部分,甚或牺牲现在私益之全部,以换取公益或未来的公益。中国人不能群的原因,在于其公共观念缺乏、对外界说不明、无规则和忌嫉。

(八)私 德

私德与公德不可分割。对于少数之交涉和对于多数之交涉,对于私人之交涉和对于公人之交涉,客体虽异而主体则同,无论中西道德,皆以公安公益为目的。公德为私德之推广,私德为公德之基础。故德育的重点,在养成私德。欲铸造国民,必以培养个人之私德为第一义。中国人的私德堕落已极,原因在于专制、战乱、生计的摧折和学术匡救之无力。

(九)政治能力

国民的政治能力是宪政的基础。北美独立与南美独立之异,在于北美能秩序发达,而其原因在于北美国民政治能力优于南美国民。英国革命与法国革命之异,在于英人能建立完全立宪政体而法人不能,其原因在于英人之政治能力优于法人。中国政治落后的根本原因,在人民无政治能力。英人不满四千之上海,秩序井然如一小政府;而华人逾三万之旧金山,则长年动荡而不能组成有力之团体,其原因在于中国人无政治能力。中国国民无政治能力之原因:

1.专制政体对政治能力之摧残

欧洲封建专制或贵族专制与中国君主专制不同:贵族专制为少数之专制,君主专制为一人之专制。少数专制即少数人自由,由少数人之自由渐进于多数人之自由,比全体人民都无自由而骤进于自由更容易。因而西方之专制,常为政治能力之媒(英国大宪章),而中国之专制,全为政治能力之贼。

2.家族制度的消极影响

欧美统治之客体,以个人为单位;中国统治之单位,则以家族为单位。故欧美人民直接以隶于国,中国人民间接隶属于国。中国社会除了家族以外没有团体。中国过去种种制度,无不以族制为之精神。因而中国有族民资格,而无市民资格。西方自治制度为政治能力之基础;中国自治制度则消解政治能力。在中国,一乡一族中尚或有团体秩序之形,城市中则无有机体的发达。救国的当务之急,是养成政治能力。客体是大多数国民,主体是有思想之中等社会。国民所以无能力,是由于中等社会无能力而造成的。如果中等社会有能力,则国民有能力,则国家有能力。故养成政治能力,必从中等社会始。①

需要指出的是,梁启超的《新民说》以其 1903 年春的美国之行为界,而呈现了前后不同的思想倾向。他于访美归来后所写的《论私德》《论政治能力》等篇,思想具有鲜明的保守主义倾向。在游历美国时,旧金山唐人街的乱象给梁以极大的刺激,使他痛感国人政治能力的匮缺。1919 年,梁在《欧游心影录》中仍持这一观点:中国人最大的缺点,在没有组织能力和法治精神。其原因在于,中国从前的农业社会过的是单调生活而非共同生活,自然缺乏合理的公守规条。②

梁启超的新民说旨在民族认同的建构与公民精神的启蒙,他所倡言的公德、国家意识、权利、义务、自由、自治、合群、政治能力等,皆为现代公民身份之必备元素,而这些都是中国文明中所匮缺的。对于梁来说,公民身份是民族主义的关键要素,它更是建构中国民族认同的中心目标。正是这些民主共同体的公民精神和公民美德,可以成为凝聚亿万中国国民而强化民族国家的有效的政治认同。

梁启超对国家观念的强调,深刻地揭示了中国近代思想史上从"天下"到"国家"这一中心主题。梁敏锐地发现中国人国家观念的阙如,人们往往

---

① 以上诸节内容,参见《新民说》之"论公德""论国家思想""论权利思想""论自由""论自治""论合群""论私德""论义务思想""论政治能力"诸文。

② 梁启超:《欧游心影录》,载《饮冰室合集》(第 7 册),专集第二十三卷,第 28 页。

"知有天下而不知有国家"，而其误认国家为天下者，是由于中国地理平原磅礴之势而自趋于统一，以及先秦诸子之反国家主义的天下统一学说。"天下"是一个以儒家伦理为基础和以中华帝国为中心的古代文明体系，它不同于欧洲近代兴起的民族国家，后者以主权领土国家为基本特征。而西力东侵所导致的中西文明的冲突，本质上即"天下"与"国家"的冲突。诚如列文森所言："社会达尔文主义的进化法则，使国家在生存竞争中成了最高的单位。"自此，"近代中国思想史的大部分时期，是一个使'天下'成为'国家'的过程"①。由"天下"而"国家"，表征着中国由前民族时代而民族时代的认同转型，这正是梁启超新民说的思想主题。

三、在公民民族主义与国家主义之间

20世纪初，梁启超的政治思想最为"流质多变"。他在日本大量吸收西方思想，其新思想资源主要有福泽谕吉的英国式自由主义、中江兆民的法国式民主主义和加藤弘之的德国式国家主义等。在《新民说》中，梁倡言的民族主义，可谓自由主义与民族主义的调和。他吸收了西欧公民民族主义的思想，同时亦深受德国国家主义的影响，这使其民族主义具有深刻的内在张力，而潜藏着公民民族主义和国家主义两个矛盾的思想面向。

梁启超的民族主义深受卢梭民主理论的影响。在《国家思想变迁异同论》一文中，他指出：今日欧美为民族主义与民族帝国主义相嬗之时代，今日亚洲则为帝国主义与民族主义相嬗之时代。以卢梭社会契约论为代表的平权派和以斯宾塞社会进化论为代表的强权派，为今日世界割据称雄的两大学派，二者分别为民族主义和民族帝国主义的原动力。"平权派之言曰，人权者出于天授者也，故人人皆有自主之权，人人皆平等。国家者，由人民之合意结契约而成立者也，故人民常有无限之权而政府不可不顺从民意，是即民族主义之原动力也。"②梁将卢梭的平权派归为民族主义的原动力，揭示了公民

---

① ［美］列文森：《儒教中国及其现代命运》，郑大华、任菁译，中国社会科学出版社，2000年，第83、87页。

② 梁启超：《饮冰室合集文集》（第1册），文集第六卷，第19页。

民族主义的基本旨趣。

另一方面,梁启超对卢梭民主理论亦有所批评和保留,他对平权派和强权派的利弊得失有如下比较:平权派之效,能增个人强立之气,以进人群之进步;其弊则在陷于无政府主义,以破坏国家之秩序。主张政府权力至上的强权派是新帝国主义的原动力,其效在能确立法治之主体,以保团体之利益;其弊则在陷于侵略主义,蹂躏世界之和平。①

尽管斯宾塞的强权论具有侵略主义之弊,但梁启超的民族主义仍贯穿着"优胜劣败"的社会达尔文主义逻辑。《新民说》第四节之题"就优胜劣败之理以证新民之结果而论及取法之所宜"②,揭全书之纲领,其结论是英国独霸世界的原因在其民族的优胜。梁强调指出,从前中国有部民而无国民,中国传统"独无可以为一国国民之资格。夫国民之资格虽未必有优于此数者,而以今日列国并立、弱肉强食、优胜劣败之时代,苟缺此资格,则决无以自立于天壤"③。梁的民族主义之基本逻辑是:在优胜劣败的现代世界,国家之优胜取决于国民之优胜,国民资格为国家竞争力的关键所在。新民说关于"公德""国家""合群""权利""义务""自由""自治""合群""政治能力"等的倡言,无不以优胜劣败之理立论。这些现代公民意识,皆被归为西方国民优胜的必备元素。梁显然窥破了西方文明之内部"平权"与对外"强权"的两面性,《新民说》可谓一曲民主与强权的变奏。

如果说英美公民精神以个人本位和权利观念为基础,那么梁启超的公民理论则具有浓厚的道德主义和集体主义倾向,从而带有鲜明的儒家色彩。梁倡言"公德"最力,他强调道德的本质在于利群,各国道德虽因文野之差等而不同,但无不以能固其群、善其群、进其群为目的。中国道德长于私德而最缺公德,因而亟待发明和提倡公德。"国家思想"是新民说着力阐扬的又一新观念,梁的国家观念具有浓厚的德国国家主义色彩,他批评中国人缺乏国家思想,因而不具备"国民之资格"。在他看来,竞争为文明进化之母,而国家则为进化竞争中的最大团体。"国家为最上之团体","国也者,私爱之本位,而

---

① 参见梁启超:《饮冰室合集文集》(第1册),文集第六卷,第19页。
② 梁启超:《新民说》,第10页。
③ 同上,第8~9页。

博爱之极点"。①进化世界的优胜劣汰,归根结底取决于国民的合群与否,以及其公共观念的强弱。真正富有公共观念的人,常不惜牺牲其部分私益甚或全部私益,以拥获公益。②关于"权利"与"义务",梁主张权利与义务的平衡是文明社会的特点。但他进而强调,权利归根结底源于义务。"权利何自起?起于胜而被择。胜何自起?起于竞而获优。优者何?亦其所尽义务之分量,有以轶于常人耳。"③梁这种进化论式的以义务释权利的权利理论,其群体本位的价值取向显然与西方"天赋人权"的自然法理论大异其趣。此外,梁的自由观亦未脱群体主义倾向,他虽将自由归为"天下之公理""人生之要具",以及欧美立国之本;但其倡言的"真自由"或"文明之自由",则为团体自由而非个人自由,他主张团体自由是个人自由的基础,个人自由离不开团体自由。"身与群校,群大于身,诎身伸群,人治之大径也。"④这种"团体自由",显然不是自由主义之个人"自由"。

尊重个人权利与自由的个人主义,是英国近代文化的基本特质。民初思想家杜亚泉将个人主义归为英国人最优秀的国民性格。与梁启超一样,杜亦将英国近世之隆盛的本原,归为其特有的国民性,如祖传之坚实气质、实际的常识、地方自治之精神、议会政治之模型及于保守中求进步之美风良俗。但杜最推重的是英国之个人主义:"近世以来,英国人之性格,虽大变化,至于尊重个人之权利与自由,则为与大陆诸国不同之特质,英国人自中世以来,实以此点为最优秀也。"⑤梁启超虽则亲英,却对英国式的"个人自由"有所保留,他所推重的"自由"毋宁是"团体自由"。

在《新民说》中,梁启超关于"公德""国家""权利"和"义务"诸概念的诠释,其在国家与个人、权利与义务、团体自由与个人自由之间的紧张,表征着民族主义与自由主义的内在冲突,尽管梁竭力试图平衡个人与国家的关系。由于中国和西方历史语境的差异,梁的中国式公民民族主义不可避免地具有国家与个人、权力与自由调和的倾向。

---

① 梁启超:《新民说》,第25页。

② 参见梁启超:《新民说》,第104~105页。

③ 梁启超:《新民说》,第142页。

④ 同上,第62页。

⑤ 杜亚泉:《英皇之加冕礼》,《东方杂志》,第十四卷9号。

对卢梭和伯伦知理思想的取舍,最深刻地表征着梁启超的思想矛盾。20世纪初,梁的政治思想徘徊于自由主义与国家主义之间。由于受中江兆民的影响,梁一度倾心卢梭的民主学说,并倾向革命。1903年春,梁的美国之旅成为其政治思想的一个重要转折点。旧金山唐人街无序之乱象,彻底颠覆了他在日本新形成的民主革命思想。

在《新大陆游记》中,梁启超的游旧金山中国城观感批评了中国人之严重缺点:1.有族民资格而无市民资格。中国社会之组织以家族为单位,不以个人为单位。西方人之所以能组成一国家而中国人不能,则在彼市制之自治的发达,而非我族制之自治的发达。2.有村落思想而无国家思想。中国村落思想发达过度,为建国的一大阻力。3.只能受专制不能享自由。海外中华会馆之议事,不外寡人专制政体和暴民专制政体之两端。而以中国大多数民众之素质,现在若采自由、立宪、共和式多数政体,无异于民族的自杀。梁不无沉痛的结论是:"自由云,立宪云,共和云,如冬之葛,如夏之裘,美非不美,其如于我不适何。吾今其毋眩空华,吾今其勿圆好梦,一言以蔽之,则今日中国国民,只可以受专制,不可以享自由。吾祝吾祷,吾讴吾思,吾惟祝祷讴思我国得如管子商君来喀瓦士克林威尔其人者生于今日,雷厉风行,以铁以火,陶冶锻炼吾国民二十年三十年乃至五十年,夫然后与之读卢梭之书,夫然后与之谈华盛顿之事。"①此时,梁显然已经放弃了自由民主思想,转而主张开明专制。

20世纪初,梁启超的思想徘徊于卢梭和伯伦知理之间。梁去国后思想一度激进化,而倾心卢梭民主理论并倡言革命。为此,他撰写了《卢梭学案》《论学术之势力左右世界》《释革》等介绍卢梭民主学说和鼓吹革命的文章。另一方面,梁又为德国政治学家伯伦知理的国家主义所吸引。伯氏的国家主义反对卢梭的民主理论,它表征着德国思想与法国思想的深刻对立。伯氏的国家主义理论和德国后来居上的现代化进程,显然对梁产生了更大的诱惑力,使其成为20世纪初兴起的国家主义思潮的核心人物。1899年,梁翻译了伯伦知理的《国家论》,在《清议报》分期刊载。1901年,梁又在《清议报》发表《国家思想变迁异同论》,介绍"德国大政治学者伯伦知理所著国家学",并译录了

---

① 梁启超:《新大陆游记》,载《饮冰室合集》(第7册),专集第二十二卷,第124页。

伯氏关于欧洲中世与近世国家思想变迁的特异之点。

1902年,梁启超发表《论学术之势力左右世界》。文中,他将卢梭和伯伦知理并列为影响世界的两大欧洲理论家,并对卢伯二氏的学说有如下评价:

> 伯伦知理之学说,与卢梭正相反对者也。虽然卢氏立于十八世纪,而为十九世纪之母;伯氏立于十九世纪,而为二十世纪之母。自伯氏出,然后定国家之界说,知国家之性质、精神、作用为何物,于是国家主义乃大兴于世。前之所谓国家为人民而生者,今则转而云人民为国家而生焉,使国民皆以爱国为第一之义务,而盛强之国乃立。十九世纪末世界之政治则是也,而自今以往,此义愈益为各国之原力,无可疑也。①

1903年春,梁启超旅美之后思想发生深刻变化,其思想中伯伦知理的国家主义终于压倒了卢梭的民主主义。是年,梁发表《政治学大家伯伦知理之学说》《克林威尔传》和《新大陆游记》。在《政治学大家伯伦知理之学说》中,梁系统介绍了伯氏国家主义理论,其扬伯抑卢的倾向更为鲜明。对梁来说,这两种相互对立的学说,卢氏理论如药,伯氏理论如粟。药能治病,亦能生病。故用药不可不慎。②在梁看来,中国之大患,在有部民资格而无国民资格。故中国今日最缺乏而最急需的,在有机之统一与有力之秩序,而自由平等则在其次。因为变部民为国民,为国民之幸福的前提。如伯氏言,民约论适于社会而不适于国家。如不善用之,则将散国民复为部民,而不能铸部民使成国民。故民约论决不可移植于散无友纪的中国。③对于伯氏的国家主义,梁主要吸收了其国家有机体论、国家目的论和国家至上论。

国家有机体论是自费希特以迄黑格尔、伯伦知理的德国国家主义的核心理念。梁启超服膺伯氏的国家有机体论,伯氏理论使他相信,18世纪启蒙运动以来之学者,误以国民为社会,以国家为积人而成,如积原子以成物质。其实,"国也者,非徒聚人民之谓也,非徒有府库制度之谓也,亦有其意志焉,

---

① 梁启超:《论学术之势力左右世界》,载《饮冰室合集》(第1册),文集第六卷,第114页。

② 参见梁启超:《政治学大家伯伦知理之学说》,载《饮冰室合集》(第2册),文集第十三卷,第67页。

③ 同上,第69页。

亦有其行动焉，无以名之，名之曰有机体。然国家之为有机体，又非如动植物之出于天造也，盖藉人力之创作，经累叶之沿革，而始乃得成。"①在伯氏的国家有机体论中，国民和国家是一浑然整体，国民是国家的细胞，而非自由主义所谓原子式的个人。

在建基于人民主权论的法国民族主义中，"国民"与"民族"是同一概念。而在伯氏的国家主义理论中，"国民"与"民族"是两个不同概念："民族"为同地、同血统、同面貌、同语言、同文字、同宗教、同风俗、同生计之团体；"国民"则为具有国家有机体的"人格"和生存于国家中的"法团"，国家与国民不可分割。②不同于卢梭的社会契约论，在伯氏的国家有机体论中，"国家"与"国民"是一个不可分割的整体。梁启超以伯氏的"民族"概念，倡言超越汉族"小民族主义"的以汉族为中心的中华民族的"大民族主义"，他强调："伯氏下民族之界说曰：同地、同血统、同面貌、同语言、同文字、同宗教、同风俗、同生计，而以语言文字风俗为最要焉。由此言之，则吾中国言民族者，当于小民族主义之外，更提倡大民族主义。小民族主义者何？汉族对于国内他族是也。大民族主义者何？合国内本部属部之诸族以对于国外之诸族是也……自今以往，中国而亡则已，中国而不亡则此后所以对于世界者，势不得不取帝国政略，合汉合满合蒙合回合苗合藏，组成一大民族，提全球三分有一之人类，以高掌远蹠于五大陆之上。此有志之士所同心醉也。"③中华民族反帝的"大民族主义"和汉族反满的"小民族主义"，正是清末维新派和革命派民族主义的分歧所在。

伯伦知理的国家目的论亦与卢梭的社会契约论大异其趣。关于国家之目的，伯氏以为古希腊罗马以国家自身为目的之理论和近代自由主义以国家为人民之工具的理论，皆是而亦皆非。天下之事物，往往既为器具，又有其目的。"以常理言，各私人之幸福与国家之幸福，常相丽而无须臾离。故民富则国富，民智则国文，民勇则国强，是此两目的不齐一目的也。虽然，若遇变故，而二者不可得兼，各私人之幸福与国家之幸福，不能相容，伯氏之意，则

---

① 梁启超：《政治学大家伯伦知理之学说》，第 70 页。
② 参见梁启超：《政治学大家伯伦知理之学说》，第 72 页。
③ 梁启超：《政治学大家伯伦知理之学说》，第 75~76 页。

谓国家者,虽尽举国家之生命以救济其本身可也,而其安宁财产更何有焉?故伯氏谓以国家自身为目的者,实国家目的之第一位,而各私人实为达此目的之器具也。"①梁进而强调,人类社会自古以来循放任与干涉两途而循环以进,19世纪末以降,物质文明发达至极而导致帝国主义大兴,干涉论再度复活,卢梭之学说无人问津,而中央集权则成大势所趋。"若谓卢梭为十九世纪之母,则伯伦知理其亦二十世纪之母焉矣。"②

1903年,北美之旅和读伯伦知理、波伦哈克的国家主义学说,使梁启超从共和主义转向开明专制。梁对于自己的告别共和,痛心疾首:"吾心醉共和政体也有年……吾今读伯波两博士之所论,不禁冷水浇背,一旦尽失其所据,皇皇然不知何途之从而可也。如两博士所述,共和国民应有之资格,我同胞虽一不具,且历史上遗传性习,适与彼成反比例。此吾党所不能为讳者也。今吾强欲行之,无论其行而不至也,即至矣,吾将学法兰西乎?吾将学南美诸国乎?彼历史之告我者,抑何其森严而可畏也!……呜呼痛哉!吾十年来所醉所梦所歌舞所尸祝之共和,竟绝我耶!吾与君别,吾涕滂沱。"③梁启超这一"以今日之我与昔日之我挑战"的艰难思想逆转,表明其去国后20世纪初的一段亲自由主义的激进思想历程的终结。

梁启超政治思想的德国化转向,还表现为他在《新民说》后半部分对"尚武"精神的倡言。西方现代文明是一个文明与强权的复合体,它兼具国内秩序之文明和对外关系之野蛮的两面性。作为一个饱受列强欺凌的东亚国家的思想家,梁启超无疑认识到西方文明的两重性、尤为其"民族帝国主义"的野蛮性。对他来说,在一个"优胜劣败"的社会达尔文主义世界,文明离不开武力的支撑,唯有武力才是文明的保障。对于中国的复兴而言,文明之知识和野蛮之武力缺一不可。世人所谓"野蛮人尚力,文明人尚智"的观点纯属迂偏之见。梁以古罗马的灿烂文明不敌日耳曼森林蛮族的历史说明:"然柔弱之文明,卒不能抵野蛮之武力。然则尚武者,国民之元气,国家所恃以成立,而文明所赖以维持者也。卑斯麦之言曰:'天下所可恃者非公法,黑铁而已。'

---

① 梁启超:《饮冰室合集》(第2册),文集第十三卷,第88页。
② 同上,第89页。
③ 同上,第85~86页。

宁独公法之无足恃,立国者苟无尚武之国民、铁血之主义,则虽有文明,虽有知识,虽有众民,虽有广土,必无以自立于竞争剧烈之舞台。"①梁进而引征古代斯巴达和现代德国、俄国、日本以尚武而称雄之例,尤对俾斯麦的铁血政策和德国军国主义的武力崛起赞誉有加:"彼德新造之邦,至今乃仅三十年,顾乃能摧奥仆法,伟然雄视于欧洲也,曰惟尚武故。"②梁警告,在此弱肉强食的天演世界,决无柔弱的国民生存之地。令他感到悲哀的是,中国国民不仅缺乏文明之知识,而且缺乏野蛮之武力。这正是他力倡"尚武"精神之原因。"尚武"表征着梁后期新民说的德国色彩。

美国之游是梁启超思想保守化的转折点。在《新大陆游记》中,他痛感旧金山华人政治能力之低下,哀叹中国人只能受专制而不能享自由,并主张中国须先实行克林威尔式铁腕治理三五十年,而后方可读卢梭之书和行华盛顿之事。

1905 年,梁启超发表《开明专制论》,反对同盟会的共和革命,主张以威权主义为帝国政治转型的过渡。这位戊戌维新派巨子在经历了倾向革命的激进化之后,终于复归温和的改良主义路线。关于中国实行开明专制的理由,梁强调:开明专制最有力之时代为:1.当国家民智幼稚之时,人民未有立法知识和自治能力。2.当国家贵族横恣之时,国权不统一而易生破裂。3.当国家外竞剧烈之时,非有强大的中央政府则不能厚集国力以对外。③显然,民智幼稚、国权衰落、外敌环伺这三种情形,在中国无不具备。梁进而警告革命派,按德人波仑哈克的理论,革命决非能得共和而反以得专制。④

梁启超以美国为例,强调共和国家国民资格的养成需经漫长的自治过程。美国国民受之于英国传统数百年,独立生活又逾百年。新英格兰诸州 17 世纪已俨然成一政府之形,早有宪法政府议会。故独立战争可以一举摆脱英国统治而建立共和。⑤梁指出,中国今日万不能行共和立宪制,而君主立宪亦

---

① 梁启超:《新民说》,第 147 页。

② 同上,第 149 页。

③ 参见梁启超:《饮冰室合集》(第 2 册),文集第十七卷,第 30 页。

④ 同上,第 50 页。

⑤ 同上,第 59 页。

尚未能行,原因在于人民程度未及格和施政机关未整备。[1]至此,梁的政治思想已从自由主义转向国家主义和威权主义。其民族主义亦从公民民族主义转向国家主义。

在旅美途中,美国共和政治之独特的地方自治根源、美国政治的中央集权化趋势以及华人政治素质的缺陷,这些无疑都强化了梁思想中的国家主义倾向。《新民说》的宗旨,是以英美为师,实现从臣民到公民的人格转型。而美国之旅则使梁深切体认到"新民"之难,转而倡言国家主义和开明专制。

四、结　语

民族主义的兴起是中国走向现代的一场深刻的观念革命。它使中国人走出自古以来生活于其间的宗法伦理秩序,而以民族时代新型的公民人格代替了前民族时代旧式的臣民人格,并建构了现代国家赖以成立的中国民族认同,从而实现了中国人从"家族"到"民族"、从"天下"到"国家"、从"臣民"到"公民"的认同转型。这一认同转型表征着一场世界观的革命。梁启超正是中国民族主义之观念革命的伟大启蒙者。

公民民族主义以自由主义观念为基底,它以人民的民族化、公民化为旨趣。自由主义与国家主义代表了两条不同的现代化路径:一是自下而上,以自由个人所组成的市民社会为工业化和民主化的基础,此为英美模式;一是自上而下,由中央集权的威权国家主导而推进工业化,但其不能不以军国主义扼杀民主转型为代价,此为后起的德国道路。作为一种后发展的政治理论,德意志国家主义与反启蒙的浪漫主义、历史主义结缘,最终演变为反民主的威权主义。因而,英美的自由主义与德国的国家主义实为两种相互冲突的现代化方案。伯林指出,德国民族主义就像"压弯的树枝",它是受伤害的文化自豪感与一种哲学和历史幻象相结合的反抗。[2]

德国的国家主义属于一种后发展的政治理论,其反西方的价值取向源于德国独特的历史语境。诚如梁的学生及盟友张君劢所言:"德国政治上之

---

① 参见梁启超:《饮冰室合集》(第2册),文集第十七卷,第77~81页。

② 参见[英]以赛亚·伯林:《反潮流:观念史论文集》,冯克利译,译林出版社,2002年,第417页。

安定,民族国家之成立,科学之发展,国民之安富尊荣,皆在英法之后。国家之困苦颠连如此,自然以牺牲个人成就大我为立国要义,自然轻利尚义,自然趋重道德。国家团体尚未臻于巩固,除个人牺牲一己而培养大团体外,别无他法。"① 20世纪初中国国家主义的兴起,亦为晚清国家危机的产物。诚如杜赞奇所言:"20世纪初中国的特点是国家弱,国家主义话语强。梁启超是国家主义的核心人物。"②

中国现代化自始就处于个人自由与国家权力两种目标的冲突之中。一方面,中英鸦片战争以降,中国被强制地纳入以英为师的西方化过程,人们逐渐接受了称雄世界的英伦文明之"自由为体"的自由主义逻辑;另一方面,中华帝国之中央集权的专制主义传统和市民社会的阙如,又在晚清内忧外患的情势中赋予国家以抵御外侮和推动现代化的双重使命,故德意志国家主义道路似更为切近中国问题。正是这种"自由"与"国权"的矛盾构成了中国问题的深刻悖论,使梁启超徘徊于自由主义与国家主义之间。他既倾羡英美自由社会之公民个体的创造活力,又崇尚德国式威权国家之富国强兵的动员能力。

在梁启超的公民民族主义中,自由主义、民族主义与社会进化论熔于一炉。如果说英伦公民民族主义建基于人民主权,它以人民的公民化为民族认同,那么,梁的公民民族主义则以社会进化论为基础,优胜劣汰的竞争成为其联系"公民"与"民族"的纽带。对于梁来说,公民国家最具民族竞争的优势,其公民美德如"国家意识""公德""权利""义务""自由""自治""合群"等,无不为民族竞争进化的必要条件。

梁启超的公民民族主义作为一种后发展的政治理论,其难免具有深刻的内在矛盾。他既倾心英式"自由"之领袖群伦的文明典范,又为德式"国家"之后来居上的强势崛起所吸引。《新民说》之平衡自由主义与国家主义的调和色彩,表征着梁氏民族主义的矛盾性格。而梁从卢梭到伯伦知理、从"自由"到"国家"、从英国到德国、从理想到现实的艰难求索,无不表征着其思想矛盾的深化。

---

① 张君劢:《明日之中国文化》,山东人民出版社,1997年,第55页。

② [美]杜赞奇:《从民族国家拯救历史———民族主义话语与中国现代史研究》,王宪明译,社会科学文献出版社,2003年,第162页。

今日重温《新民说》，梁启超在 20 世纪初关于中国公民社会的呼唤，在今天的转型中国仍不乏深远的启示意义：大国之道，不在经济的富裕，也不在军事的强盛，而首在公民的优胜。中国复兴之道，在于公民的诞生。

公德与对抗力：张东荪对民初共和政治的反思

高　波 *

1912年，中华民国建立，中国正式以共和制取代君主制。不管态度如何，各方均承认此为中国两千年之一大变。新生的共和政治激起了巨大的热情与期待，革命者以此为毕其功于一役、一举解决中国所有问题的良机，甚至心向前清者也认为，此为"数千年一改革之好机会"[①]。然而仅仅一年之后，国民党与北洋系便正式决裂，二次革命发生，随后国会被解散，宪草被废止，短暂的共和试验遭到挫败。此种始料未及的结果引起了当时人多层次的反思。

对民初共和试验失败的研究近年来蔚然有成显学之势。[②]对当时的政治进程、各派力量的关系以及思想争论都已有了一定的分析，总体趋势是纠正既往史学重国民党与国会，轻袁世凯与北洋系的状况，试图展现民初共和试验更为整体性的图景。本文不拟在此着力，而是尝试转换视角，不是从当时的政治参与者，而是从政治评论者与思考者视角，探讨一名政治立场相对中

---

* 高波，中国人民大学历史学院副教授。

① 梁济语。参见梁漱溟：《桂林梁先生遗书》，文海出版社，1969年，第113页。梁济对共和问题的态度及其政治与文化意涵，参见罗志田：《对共和体制的失望——梁济之死》，《近代史研究》，2006年第5期。

② 此处仅列举最具代表性者。整体考察参见徐宗勉：《近代中国对民主的追求》，安徽人民出版社，1996年；张朋园：《中国民主政治的困境：晚清以来历届议会选举述论》，吉林出版集团有限责任公司，2008年；章永乐：《旧邦新造（1911—1917）》，北京大学出版社，2011年。对1913年国会政治的具体考察，参见严泉：《失败的遗产——中华首届国会制宪（1913—1923）》，广西师范大学出版社，2007年。对民初党派政治的考察，参见张玉法：《民国初年的政党》，岳麓书社，2004年，第607页。

立的知识分子——张东荪对这一时段政治的反思。试图挖掘其思想意涵与时代意涵。从而增进我们对于中国近代政治思想以及民初政治实践的理解。

张东荪为崛起于民初的政论家与政治思想家，在 1913—1916 年间，作为主编或自由撰稿人，他在《庸言》《正谊》《甲寅》《中华杂志》《新中华》等刊物上发表了大量政论与政治思想文章，在当时有较大的影响。[①]他虽政治主张与梁启超一派相对接近，但并不具体参加政治活动，态度与实践都相对超然，其思想与主张，在相当程度上可代表当时中立知识分子的思想与关怀。故本文选择以张东荪在 1913 年共和试验失败后的思想与言论为研究对象，尝试探讨当时中立知识分子的政治思想，进而探讨中国近代政治思想的形态与历史脉络。

一、公德与共和制

1913 年，民初共和政治形势急转直下，党派恶斗与革命相继发生，共和政治最终破裂；更进而言之，随着科举制的废除(1905)、君主制的结束(1912)，儒教的制度性支撑基本瓦解，传统政治的道德基础根本动摇。在这一背景下，张东荪开始了对民初共和政治失败的反思。他反思的出发点，是道德与政治的关系。张东荪强调法治国必须以内在的道德为基础。他说："夫法者外形之拘束，道德者内心之拘束。人之初生，本赋有狙与虎之性，必有所拘束焉，然后不敢思畔也。""拘束之力则不外乎法与道德二者而已"，而"法律不

---

① 张东荪这一时期的写作风格，是大名鼎鼎的"甲寅体"。这种文体引证繁多、说理考究，因为著名的《甲寅》杂志而得名，胡适后来虽因为推行白话文，必须否定从清末以来改良古文的各种努力，但也承认"甲寅体""注重论理，注重文法，既能谨严，又颇能委婉"，虽不免有"掉书袋"之嫌，但这种"有点倾向'欧化'的古文""把古文变精密了，变繁复了；使古文能勉强直接译西洋书而不消用原意来重做古文；使古文能曲折达繁复的思想而不必用生吞活剥的外国文法"。胡适一生喜欢清晰明白的风格，自己做文章也要求如同说话般一望见底，自然会觉得这种"做的人非常卖气力；读的人也须十分用气力，方才读得懂"的政论文，"在实用的方面，仍旧不能不归于失败"。但对张东荪来说，此类文章的目标读者就是精英士人群体——政治只由这个群体的负责，自然不必追求通俗。不过，有一点他是会接受胡适的指责，那就是这类政论文根本没能对实际政治发生他期望的那种影响。因为确实"当他们引戴雪、引白芝浩、引哈蒲浩、引蒲徕士来讨论中国的政治法律的问题的时候，梁士诒、杨度、孙毓筠们早已把宪法踏在脚底下，把人民玩在手心里，把中华民国的国体完全变换过了！"胡适：《五十年来中国之文学》，载欧阳哲生编：《胡适文集》(第 3 卷)，北京大学出版社，1998 年，第 201、234、236 页。

能自言,则言者尚矣。言者即执法者,此执法者苟不具道德,则法之执行终不能至公至正,充其害或较甚于无法焉。易言之,执法者苟不为道德所拘束,则法本死物,唯有听其破坏而已。是故吾人既主张法力,则不可不同时而主张道德力也"。①

这种对道德与政治关系的看法,必须放在进化论的视野下理解。张东荪承认自己"对于社会进化说中,最膺服颉德(Benjamin Kidd)之论",具体说来,即"人类之进化在技艺固恃智力,而人类之进化在群道则恃道德","国家之所以立,民族之所以强,皆恃其人民有独至之道德力也"。②此近似于道德群体进化论,但他又认为,道德必须奠基于作为"固有文明之结晶"的宗教——在中国显然只能是儒教。如果共和政治是西方人的特产,在中国传统中毫无基础,儒教能诞生出他需要的"立宪国民之道德"③吗?

张东荪并不这样认为。他主张,宗教与道德的一体只是文明较低阶段的产物,在已达到较高阶段的西方,宗教与道德是分离的。他认为:"在泰西今日,则宗教自宗教,道德自道德,欲以宗教振兴道德,殊属艰难之业。盖道德之关于宗教也尚浅,而关于他种如生计、教育、政治等更较深焉。惟吾国则不然。以所处之时代不同,其道德之与宗教有关乃较泰西为甚……故中国除宗教以外别无道德,非若泰西,二者分立,反足以促道德之进化也。一孔之儒,不知历史,乃仅思效法欧人,殆亦徒自苦耳。故李登堡曰:改良其国民,必改良其信之神,其此之谓欤?"④由此可见,他支持立儒教为国教是有严格限定条件的——并非理应如此,而只是因为中国落后而不得不如此。他对儒教运动的态度也是矛盾的,他不希望它失败,但又同等地不希望它胜利。毕竟,就思想根底而言,他支持的是章太炎对宗教与道德的关系的看法,那就是:"道德普及之世,即宗教消融之世。"⑤

---

① 张东荪:《国教与道德》,《宗圣汇志》,第 1 卷第 5 号。

② 张东荪:《国本》,《新中华》,第 1 卷第 4 号。意味深长的是,颉德认为,社会进化关键在于宗教,西方之所以在天演中遥遥领先于非西方,正在于基督教的力量。张东荪则忽略了这一点。

③ 张东荪强调,这种道德"换言以明之,亦曰:以科学理法组织国家之国民道德也"。参见张东荪:《国本》,第 11 页。

④ 张东荪:《余之儒教观》,《庸言》,第 1 卷第 15 号。

⑤ 章太炎:《建立宗教论》,载姜玢编选:《革故鼎新的哲理——章太炎文选》,上海远东出版社,1996 年,第 212 页。

此处可见美国典范的影响。虽然托克维尔(Alexis de Tocqueville)认为美国民主成功的关键在于清教信仰，并甚至认为共和比专制更需要宗教的支持，①但宗教是道德的基础与必须依靠政治力量定立国教显然是两回事——恰是美国人最早落实了政教分离原则。这给了张东荪特别的启示：宗教立于政治之外才有力量，与政治结合反而会削弱这种力量。因此，他不能不对在共和国中定立国教心存疑虑。

大致可以说，在宗教问题上，他的立场与詹姆士(William James)一致：如果宗教对道德是必须的，那么宗教就不仅是善的，而且应被视为是真的。②正是出于这种认识，他多少有些犹疑地主张儒教入宪。但不管他在儒教问题上与乃兄(张尔田)有多少表面的共识，一个倾向性的不同仍清晰可见：与更关心共和可以为儒教做些什么的兄长相比，他明显更关心儒教可以为共和做些什么——对他来说，道德问题才是根本的，任何能增进道德的办法他都不会反对，儒教当然也不例外。

以下我们转向论述张东荪的公民道德观。他对道德问题的关注始终与对"革政"问题的整体思考联系在一起，认为："无道德而能立国，亘古今、遍大地，未之见也"③，"共和国以道德而立。夫共和国者，必其国民皆有完美之道德，然后国体得以巩固，政治足以进行，否则共乱而已"④。不管在何种程度上主张法治国，他都不是制度主义者，决不相信只要有了完备的法律与政治制度，共和体制就能正常运转。在他看来，公民道德才是共和的基础。

不过，与其说他这段文字(发表于1914年初)是在对整体的"国民"说法，不如说是要对之前两年掌握民国前途的"新人物"提出批评。在他看来，这些"手造共和"的人之所以失败，就在于他们率皆不守道德(不管是旧道德还是新道德)。他坦言："疏于自律者，必言行不一致，为一切恶德之根源也。"最直接表现则为一反"有诸己而后求诸人，无诸己而后非诸人"，"身修而后国治，正人先必正己"的传统道德，"严于责人，宽于镜己"。问题在于"不能束服自己，安能范围他人"，而前清以来，"当世之士大夫，鲜有一人而有自律之

① 参见[法]托克维尔：《论美国的民主》(上卷)，董果良译，商务印书馆，1996年，第337、341页。
② 参见张东荪：《余之孔教观》，《庸言》，第1卷第15号。
③ 张东荪：《自忏》，《中华杂志》，第1卷第7号。
④ 张东荪：《正谊解》，《正谊》，第1卷第1号。

精神者;新学之士,其放弛更甚;革命诸公,亦不自修养,乃较甚于常人。故其失败实早于其未成功之先已种有萌芽矣"。①

但这些"新学之士"也有可以自辩的道德学说,那就是梁启超著名的公德—私德说。梁启超将中国传统道德大部归入私德,以"公"的原则将之整体负面化;共和体制又被新派普遍认为是"天下为公"原则的实现(即使反对共和革命的康有为与梁启超也持此看法),公德自然就成了共和的道德。正如章太炎早在清末已一针见血地指出的,这使得革命者几乎总可以"公德不踰闲,私德出入可也"②来为自己开脱。公德成了梁启超所谓"劫持多数人之良心"的"所假之名"。③问题在于,正如梁启超以"与昨日之我战"的精神反省道:"公云私云,不过假立之一名词,以为体验践履之法门。就泛义言之,则德一而已,无所谓公私;就析义言之,则容有私德醇美,而公德尚多未完者,断无私德浊下,而公德可以袭取者!孟子曰:'古之人所以大过人者,无他焉,善推其所为而已矣。'公德者,私德之推也。知私德而不知公德,所缺者只在一推;蔑私德而谬托公德,则并所以推之具而不存也。"④换言之,在章太炎与梁启超看来,绝非做好革命者有时就不能再做好人,而是说如果不能做好人,则绝不能做好革命者。

以上言论或多或少都暗含着对革命党人(尤其是重目的过于手段的孙中山一派)的指责。事实上,张东荪虽然承认孙中山的革命精神,但他对南京临时政府"都不是做事的人"的评价,已经隐含着对孙中山一派的不满。不过,吊诡的是,虽然胡适一直认为《新民说》最重要的就是点明了中国缺乏且需要西方的公德,但梁启超本人,却并不是这种公德—私德二分的真正实践者。在某种程度上,倒正是孙中山做到了这一点——以致连傅斯年

① 张东荪:《自忏》,第3页。革命党人也有类似反省。熊十力当时正投身革命,他后来痛陈:"吾党人绝无在身心上作工夫者,如何拨乱反正?"参见熊十力:《黎涤玄记语》,载《熊十力全集》(第4卷),湖北教育出版社,2001年,第425页。
② 章太炎:《革命之道德》,载张枬、王忍之:《辛亥革命前十年间时论选集》(第2卷上册),生活·读书·新知三联书店,1963年,第511页。
③ 梁启超:《伤心之言》,载梁启超:《饮冰室合集》(第4册),文集之三十三,中华书局,1989年,第57页。
④ 梁启超:《新民说》,载梁启超:《饮冰室合集》(第6册),专集之四,第119页。

这样激烈反传统的五四青年都承认，自己"在安身立命之处""仍旧是传统的中国人"，而孙中山"在安身立命处却完全没有中国传统的坏习气，完全是一个新人物"。①

公德—私德二分的影响对象尚不止此，它还塑造了革命的敌人——清廷官员理解外国政治的方式。戴鸿慈等人看到美国议员"恒以正事抗论，裂眦抵掌，相持未下，及议毕出门，则执手欢然，无纤芥之嫌。盖由其于公私之界限甚明，故不此患也"。公事和私谊完全分开，让他们十分惊奇与叹服。②这一叹服的背后，却是政治观念与价值的根本转变：公德的要害在于超出个人的情感与利益，以旁观者的立场行事，这是一种对个人生活与政治生活的关系的全新理解——个人德性不再是政治德性的基础，政治生活也不再是个人生活的自然延伸，而是两个互相独立的领域。③

反过来，虽然梁启超将私德理解为个人与家庭的德性，但当阶级话语在五四时期兴起后，"私"又日益被理解为阶级之私。陈独秀将空前的一战所暴露的资本主义弊病归罪于私有制下的旧道德，④梁启超在《新民说》中所列举的"公德"（如国家思想与进取冒险精神）此时都被陈独秀视为是资本主义道德——晚清时期的"公德"变成了新的"私德"。不过，这却绝不意味着恢复传统道德与公德的关联，因为它不过是比资本主义道德更不如的"封建道德"。

追述公德—私德的起源与流变的意义在于，它可以为我们理解张东荪对道德问题的看法提供合适的坐标。如前文所述，他始终将个人道德视为共和政治的基础，并从1914年开始不断强调必须以自治为共和重新奠基。他认为，"夫人不贵能治人，而贵乎能自治"，"吾所谓自治者……包涵修身齐家治国平天下而言"，"故自治者，小自一己之身，大至邦国之事，依同一之原则以处理之者也。此同一原则，即道德上之要求，故有政治义务（political obligation）者出焉"。"一己之身"与"邦国之事"按同一原则处理——在这种对修

---

① 曹伯言整理：《胡适日记全编》（第5卷），安徽教育出版社，2001年，第404页。

② 戴鸿慈：《出使九国日记》，湖南人民出版社，1982年，第85页。梁启超有类似描述。清末宪政考察团成员大都受梁氏影响与指导，戴鸿慈的看法也可能来自于他。

③ 参见廖申白：《论公民伦理——兼谈梁启超"公德—私德"问题》，《中国人民大学学报》，2005年第3期。

④ 参见陈独秀：《调和论与旧道德》，《新青年》，第7卷第1号。

齐治平的义务伦理学表述中,不会有公德、私德二分的位置,而由此,我们也可以理解在道德领域他为什么会将最高的赞扬留给孔子与康德。

与民初共和试验更相关的是,在他看来,公德—私德二重道德观不仅是个革命与道德的关系问题,或"道德革命"引起的中西文化冲突问题,而且已经变成了中国内部政治、社会与文化诸层面"两个世界"的问题。他直截了当地说:"吾尝于现代发见有最矛盾之现象,此现象为何物? 曰:政府中之人才多不齿于乡里是也。""夫不容于地方者而容于中央,则中央能为地方所信用者亦罕矣。"①换言之,民初中央与地方的争斗并不简单是权力之争,而是有着潜在的道德与文化断裂。也因此,他在这一时期所主张的地方自治以至联邦,都不简单是通过调整中央与地方的权限挽救国家的政治分裂,也是为了在文化与社会层面打通中央与地方,以缓解由中西冲突引起的多层面的"两个世界"②问题。

显而易见,这种从个人"自治"开始为共和政治奠基的主张,包含着他对美国共和政治成功之谜的思考。正如托克维尔所说,美国民主能维持,是因为"人们的精神不论有什么革新,事先都必须接受一些早已为它规定下来的重要原则","在道德即精神方面,一切都是事先确定和决定了的,而在政治方面,则一切可任凭人们讨论与研究"。③道德一致性使共和政治成为可能。问题是,对清末民初的中国来说,道德一致性已被公德—私德说引发的道德革命彻底破坏,那么,新的道德一致性该如何重建? 中国共和政治失败,是否表明共和政治需要道德一致性,但又绝对无法自己创造它? 这个尖锐的问题将张东荪自然地引向了对创建新"社会"的可能性的反思。

二、反思:政治与社会

辛亥革命胜利后,张东荪一度相信可以借"革政"一举解决中国所有问

---

① 本段及上段引文,参见张东荪:《地方制之终极观》,《中华杂志》,第 1 卷第 7 号。

② 这一提法来自张灏。参见罗志田:《科举制的废除与四民社会的解体——一个内地乡绅眼中的近代社会变迁》,载罗志田:《权势转移——近代中国的思想、社会与学术》,湖北人民出版社,1999年,第 174 页。

③ [法]托克维尔:《论美国的民主》(上卷),第 338 页。

题,"社会"自然淡出了他的思考。不过,在中央政治日益走入死局的 1914
年,他又重新开始思考社会与政治的关系。这也并不是新问题,改良社会与
刷新政治孰先孰后,在清末已是新派论争中的一个焦点。各派激辩社会革
命问题,以及社会学被视为"万学之首",都说明了"社会"这一新概念的重
要性。

这并不是他个人的趋向,而是趋新中上层读书人解决中国问题思路的
整体转向。如前文所述,在他们看来,袁世凯专制使以中央层面的"革政"一
举解决所有问题变得不可能,国会与省议会的取消又使得他们的政治活动
空间基本消失。在被迫退出实际政治后,"社会"问题重新进入了他们的思考
与言说。①他们关心的中心问题,仍为社会与政治的关系。

在这一时期,张东荪对"社会"问题的思考,深受章士钊的影响。章士钊
为坚持自己的政治理念,不惜辞去《民立报》主编一职,并与自己的国民党老
友闹翻。这种公开反抗党派舆论的做法,令张东荪深感投契;他 19 世纪英伦
政治学的背景,尤其是对白芝浩(Walter Bagehot)与布赖斯(James Bryce)的
推崇,也令张东荪颇感亲切——在某种意义上,章士钊的"政本论"就是在中
国语境下对白芝浩"商谈政体"(government by discussion)的重新表述。②张东
荪主张商谈是"共和之真精神"③,对此显然很容易产生高度应和。④

张东荪此时的社会构成的主张是"对抗论"。他的根本关怀,是希望民国
的共和政治能够走上正轨。而正如黄远庸所说,当时的最要害问题在于"全
国之有力分子不能依和平秩序竞争之轨道以相与进行,而各含有不平之意
思以相龃龉",更严重的是,"又非仅国之有力分子各有不平之意思已也,此

---

① 在 1912 年与 1913 年,"社会"问题虽非无人提及(如江亢虎等人就提倡"社会主义",且激起
了一些争论),但对当时主流读书人影响不大,并没有全国层面的意义。

② 白芝浩认为,宽容精神与商谈政体是一体两面。一方面,"人们在商谈中也学会了宽容,而且
正如历史所显示的,宽容只能如此学习";另一方面,"成功的商谈需要宽容",而"一个民族能够经得
起持续的商谈,我们就知道它能够沉着持续地实践宽容"。参见[英]白芝浩:《物理与政治》(Physics
and Politics),金自宁译,上海三联书店,2008 年,第 114 页。

③ 张东荪:《造民时代与讨论时代》,《大共和日报》,1913 年 4 月 24 日。这是白芝浩在《物理与
政治》中的观点。

④ 直到几十年后,张东荪仍认为,最把握民主宪政精髓的就是章士钊的"政本论"。参见张东
荪:《"国民无罪"》,《再生》,第 1 卷第 8 期,第 9 页。

理乃互有绝对不能相容之意思"。①张东荪则将此种"有力分子"直呼为"不入正轨之对抗力"。②

"对抗力"是张东荪借自梁启超的表述,后者在1913年初即强调民国政治要走上正轨,关键即在于发育出"行乎政治之间"的"强健正当之对抗力",否则革命相续的局面就不可避免。③这是直接针对民初激烈党争的立论。张东荪则以该概念为基础,发展出一整套对共和政治良善化的思考,更颇有些自负地将这一理论视作"捉摸近世文明国之根本意味者",只有章士钊的"政本论"可相提并论。④

这一"近世文明国之根本意味"仍以对世界的达尔文主义式理解为基础。他将对抗理解为分化主体间的竞争,同意"社会人文之演进也,全恃互异之二势力以为对抗","政治之演进也,全恃互异之二党以为对抗",并断言:"泰西各国之所以优越于吾国也,未尝不以常保持此对抗之现象以演进之。"⑤简言之,对抗是促成进步的"理法",说得更明确一点,对抗论"固非纯指内部之道德",而是针对社会,是"社会上政治作用之理法"。⑥

最后一个界定阐明了张东荪的目的,对抗论是试图重新厘定社会与政治的关系。在他看来,社会与国家都是"各相异之势力、互反之分子相反相和,以激而成之者也。此相异相反之势力与分子各本其爱憎二力相拒相引,以演成自然之势。苟有一分子一势力藉事势之潮流,得并吞其他分子与势力而压倒之,则自然之势破矣"。换言之,要靠"对抗"达成"各力平衡"这一自然科学化的"理法"。具体说来就是:"于法治国之下,设有一定之范围。于此范围之下,使各势力分子相拒相引,任其自然,不加强迫。各势力各分子于是知力皆相等,而不能相克也,乃演为调和之局:或轮替以进行,或并驾而齐驱。

---

① 黄远庸:《政局之险恶》,载《黄远生遗著》(第1卷),文海出版社,1987年,第58页。

② 张东荪:《乱后政治经营之主张》(上),《大共和日报》,1913年8月20日。

③ 参见梁启超《政治上之对抗力》一文。张东荪相当赞同这一主张,称之为"今日救国之不二法门"。参见张东荪:《读章秋桐政本论》,《正谊》,第1卷第4号。

④⑥ 张东荪:《中国之将来与近世文明国立国之原则》,《正谊》,第1卷第7号。

⑤ 张东荪:《对抗论之价值》,《庸言》,第1卷第24号。

竞争之结果,不使一势力为之专制,而国家社会得莫大之利焉。"①

那么承载对抗力的主体是什么?张东荪认为:"夫对抗之发生也,由国内有一部分清流人士,惟服从一己所信之真理,而不肯曲服于强者之指命,威不可得而劫也,利不可得而诱也。既以此自励,复以此号召于社会,而成一无形之团体。团聚众,则力绷于中而申于外,遇有拂我所信者,则起而与之抗。"②此处将清流人士视为对抗力的主体,与他在另一处将"对抗"视为"社会上各分子、各要素各固守其正当之部分,保存固有之势力,维持平均之利益"③有着歧异。后者显然更像构成"市民社会"的那些团体,而清流之士虽也可以看作在这一社会之中,但他们结合的基础显然不是势力或利益(近于上文中的"威"与"利"),而是道德与信仰。事实上,虽然他一般性地承认"社会上各分子各要素"的作用(包括商人等团体追求自身利益的正当性),但心目中对抗力的主体,并非社会上散布的各小群,而是一个特定的群体——那些"从道不从势"的读书人。

这种对抗的图景有些类似社会静力学意义上的各力平衡,让我们很容易想到斯宾塞(Herbert Spencer)。但是,一个背景性的差异是难以忽视的——民初中国是在趋向失衡而非平衡。斯宾塞式的社会静力学将社会与政治视为如物理学般的自然过程,因此,他反对任何意义上的人工干涉——不管是作为社会工程还是政治救济,是出于现实的利益考量还是崇高的伦理动机。斯宾塞式的道德只意味着要顺应自然演化,除此之外则空无一物。也因此,在他的世界中,知识分子与其他人同样被动——虽然他们有能力发现社会运作的内在机制,但结果却是为了让自己心安理得地什么都不做(或者说只做一件事:去劝说别人相信这种自然和谐并放弃行动)。张东荪并不接受这样的图景。在他看来,作为对抗主体,读书人不应只是发现社会政治运行奥秘的旁观者,更是它的外部推动者,必须主动介入到恢复社会政治平衡的过程中。

张东荪认为,对抗论意义上的"对抗"就是士人代表整体社会与政治对

---

① 张东荪:《用人与守法》,《中华杂志》,第 1 卷第 6 号。

② 张东荪:《正谊解》,第 7~8 页。

③ 张东荪:《读章秋桐政本论》,第 4 页。

抗，即"社会执最后之威权，以驱政治入乎正轨"①。他仍抱持传统观念，那就是士人作为四民之首天然具有代表其他三民的资格。但是，即使不提新的士人德性与西学关系紧密，不管他心目中的士人形象仍多么合于传统，一个根本的变化仍发生了。这些新的士人，立足点已不在政教一体格局下的"政"，而是在"社会"——作为"社会"一员，他们又必须能在某种意义上居于"社会"之外。

在袁世凯专制日益加强的 1914 年，这种"对抗"的政治意味很明显。此时张东荪合作的谷钟秀与杨永泰等人，都是国民党人（不过相对较温和）。国会的解散让这些前国会议员趋向反袁，远离北洋统治中心又是租界与国民党势力集中地的上海，成了他们的落脚点。这也让张东荪在评论国会一年多后，第一次与国会议员有了直接接触。多少是受此时的交往与共办杂志的影响，他开始改变对民二国会的整体看法，认为它整体素质并不差，甚至可以说是个"贤人会议"。②

不过，不可由此将对抗论看作仅是为了反袁——他真正要反对的是革命与专制的循环。针对孙派国民党人，他说："中国当辛亥之际，诸公发动之过度亦几不亚于法兰西，至秋桐所谓好同恶异之一念误之也；而今目睹反动之状态，诸公当亦可以自省矣。"③他的规箴则是："平时一举一动都有容人立己的意思，方足以形成民主的社会。"④即使面对袁世凯专制，他也不改对二次革命的反对态度，如同美国联邦党人般认为："再也没有比各种政党一向具有的不能容忍的精神更不明智的了。因为在政治上，如同在宗教上一样，要想用火与剑迫使人们改宗，是同样荒谬的。两者的异端，很少能用迫害来消除。"⑤

后来，张东荪更进一步认为对抗论出自价值多元论，革命与专制的循环则出自独断一元论，他说："人若抱了我是替天行道的意见，则决不会承认他

---

① 张东荪：《三年中政治经验之大暗示》，《中华杂志》，第 1 卷第 11 号。

② 事实上，民初政治的不良程度远较英国早期代议政治为轻。问题是，虽然读书人从晚清以来就鼓吹以"争"图存，但并没有见过真正的"争"，对此不免有些叶公好龙。

③ 张东荪：《读章秋桐政本论》，第 5 页。

④ 张东荪：《理性与民主》，商务印书馆，1946 年，第 153 页。

⑤ [美]汉密尔顿等：《联邦党人文集》，程逢如等译，商务印书馆，2006 年，第 4~5 页。

的'道'以外尚另有别的'道'存在,于是唯我独尊起来,便不能不与宪政相抵触。"①换言之,孙中山的革命与袁世凯的专制在精神上是相似的,革命不过是新的精神专制。

但他也承认,中国不仅没有对抗与调和的思想传统,且没有与之相应的经济与社会结构。他说:"革命既认为是自然的,则对抗的思想便无由十分发达。因为只有周期性(periodicity)的思想。而虽有各种变化却不是同时的而是轮替的。这种周期性的思想只能助长革命,而不能发为'并存'……且中国因为常常革命,所以政治上的阶级不甚固定,以致社会上的富贫之分亦不甚固定。大抵在工业未发达的社会,其中富者之所以致富大部分是靠政治,即藉政治的力量而发财。如政治上常常变化,则富贫阶级便亦常常变化。富贫既不固定,则社会对抗的形势便不易形成。"②

需要指出的是,他虽然意识到对抗是以财产的阶级分化为前提的,但自己探讨对抗问题仍局限于政治层面。他并不准备以对抗论消融经济上的"争"——对他来说,经济自由竞争仍是正面的,象征着活力与力量,而非混乱与危险。事实上,此时他仍在发展实业话语笼罩下,认为资本主义正是中国之所需,甚至因此认为,只有妄人才会在产业如此不发达的中国主张社会主义。③

那么是否如吴炳守所认为的那样,张东荪的对抗论是一种市民自治论?④毕竟,尊重财产权与工商业,主张舆论自治与法律独立,这些都明显是市民自治的主张;且他此时对社会主义也没有任何兴趣与热情。要回答这个问题,就要探讨张东荪的国家观。确实,在1913年后的几年中,他几乎不再提之前曾满怀热情主张的"强有力之政府",甚至转而认为此时中国需要一个"守夜人"式的政府,但是除了这一短暂时期,他从不认为强有力的国家就一定会与市民社会或个人自由发生冲突。

事实上,如李猛所说,国家与市民社会的关系并非一定是简单地此消彼

① 张东荪:《"国民无罪"》,第9页。

② 张东荪:《知识与文化》,商务印书馆,1946年,第81页。

③ 参见张东荪:《中国之社会问题》,《庸言》,第1卷第16号。

④ 参见吴炳守:《民初张东荪国家建设构想的形成》,载复旦大学历史系编:《近代中国的国家形象与国家认同》,上海古籍出版社,2003年,第87~117页。

长,完全有可能是同时增强或减弱,且"现在要对中国近代社会的国家权力与市民社会(如果存在的话)强度的关系属于哪一种类型做出准确的判断为时尚早"①。郭绍敏也强调,清季中国的国家与市民社会关系并非一定是对抗的,因为"一个社会要想维系高水平的共同体,政治参与的扩大必须伴随着更强大的、更复杂的和更自治的政治制度的成长"(亨廷顿语);晚清的问题在于,虽然"一个更为强大的、依赖理性的负责任的国家应该更能与市民社会沟通"(芮玛丽语),但"在清末,这样的一个国家显然还不存在"。②民初仍是如此。与其说袁世凯政府过分强大,结果激起社会的反抗,不如说它根本未能建立起现代意义上的强大中央政权(或至少无法将社会运动有效制度化),结果阻碍了社会的发展。因此,它对社会一方面太过强大,一方面又太过弱小,结果既过分干涉社会,又无法提供后者发展必需的外部保障。

事实上,在张东荪看来,此时的关键问题是"乃将藉社会之力以发展政治乎? 抑将藉政治之力以发展社会乎? "③他明显倾向于前者,但问题在于,对民初中国,这是否可能?

政治与社会之分本是西人政教的基础所在, 与中国传统政教体系存在着根本的对立。如罗志田所说,科举制"充分体现了'政必须教、由教及政'这一具有指导意义的传统中国政治理论",它又是"中国上升性社会变动(social mobility)的主要途径","在传统的士农工商四民社会中,士为四民之首的最重要政治含义就是士与其他三民的有机联系以及士代表其他三民参政议政以'通上下',而科举制正是士与其他三民维持有机联系的主要渠道"。④简言之,科举保证了学政一体,是实现贤人政治理想的最重要制度载体;它"通上下"的社会功能又保证了政教一体。在此背景下,很难发生与"政治"对等意义上的"社会"。

————————

① 李猛:《从"士绅"到"地方精英"》,载邓正来主编:《〈中国书评〉选集》,辽宁大学出版社,1999年,第 688 页。

② 郭绍敏:《清季十年的国家创建与社会运动—— 一个政治社会学视角的分析》,《社会科学评论》,2009 年第 2 期。

③ 张东荪:《中国之社会问题》,第 2 页。

④ 罗志田:《科举制的废除与四民社会的解体》,第 161~162 页。

事实上,不管是作为思想范畴还是存在样态,"社会"的产生都与科举制废除所导致的传统"上升性社会变动"被阻断有密切联系。晚清以来对政治与社会关系的讨论,在一定程度上便反映了读书人在这一断裂后重新探寻国家前途与个人命运的努力——也正是由于科举的废除从根本上打断了学政、政教间的联系,才使张东荪得以思考"社会"与"政治"对抗的问题。

但是西式契约论下的"社会",明显是基于由经济关系界定的"力"的。这样一个甚至不能为自身奠定道德基础的"社会",如何能为政治重新奠基呢?毫不意外,张东荪再次将问题的关键归结到士人这里。他虽然同意公民道德必须以公民具有职业(也即经济基础)为前提,但他同样相信"无恒产而有恒心唯士为能",因此又在某种程度上将士人看作例外——他们将是"社会"的"教化者"。这样,"政治"由于政教联系被打断而变成纯粹的力的争斗,"社会"却成了新的"教化"场所——这种"教化"已不是传统的"化民成俗",而是要涤清旧俗以兴西式的"民德"。

但这只是将矛盾进一步转移了。如果"社会"真的只是力的集合,那么这些"从道不从势"的士人又该如何产生?这一矛盾显然不是张东荪将道德理解为一种特殊的"力"——道德力①所能解决的,因为他必须说明的不是这种道德的性质与作用,而是它产生的社会可能性。在这里,马克思的话十分刺耳:"教育者本人一定是受教育的",不能"把社会分成两部分,其中一部分高出于社会之上"。②

张东荪也部分意识到了这个问题。因此,当他后来阐述以社会刷新政治的主张时,越来越多将希望寄托于"中等社会"——清末指学生、士绅或商人,张东荪则用来特指有政治之外职业的读书人。在他看来,奉行"士者仕也"的士人纵可以"无恒产而有恒心",却无法成为以经济关系为基础的新式"社会"的一员,而有恒业且有恒心的读书人却正是这一"社会"的构成者。

为了这个群体,他甚至愿意执行一种与共和时代的平等原则截然相反的差别教育,主张:"吾人宜亟改善中上社会之教育方法。至于下等社会之教

---

① 张东荪:《国本》,第 10~11 页。
② 《马克思恩格斯全集》(第 3 卷),人民出版社,1960 年,第 4 页。

育普及尚非当务之急,容于异日图之。"理由则是:"一国内之民虽为平等,然对于国家之担负,则视其能力而有等差。故担负国家之责任,中上社会之人较下等社会为多也;则改良中上社会自较改良下等社会为供献于国家者多。"①虽然梁启超在清末就认为开民智必先开绅智,但这种"先"讲的是思想启蒙的条件,而绝非准备对不同人群实行不同的教育制度,而张东荪却正是要对社会精英施以特别教育。在他看来,在教育问题上,一定程度的不平等并无大碍,关键在于内容与方式要适于现代国家的要求(尤其是对精英阶级的要求),毕竟,不管外在政治形式是君主还是民主,政治从来都是少数人的事业。

多少可以说,张东荪赋予自己这个群体最大的责任,却并没有很好地考虑它是否仍有能力担此重任。毕竟,正是在这时,传统的士阶级日趋分化,整体认同也日益削弱。甚至可以说,士人作为对抗力的代表,与其说是对抗论的逻辑要求,不如说是张东荪作为士人必须持有的主张——这是他对自己的期望。因此,必须区分学说与信仰。对抗论对他首先不是一种学说,不管他可以对"社会"持有多么自然主义的观点,他都不会也不能将其贯彻于读书人群体,因为"从道不从势",并不是他以逻辑的方式得出的结论,而是作为士人所必须的认同与信仰。这也体现了张东荪对共和政治反思的界限。

三、余 论

对共和政治的思考贯穿了张东荪漫长的一生,共和政治在中国的可能性与基础一直是他思考的基点。面对辛亥革命后共和试验的挫折,他认为,问题在于道德与社会。中国传统的士人政治的理想型以及18世纪自然哲学与19世纪进化论的双重影响,促使他提出了对抗论的主张,作为新道德与新社会的共同构成原则。

这并不是纯粹书斋性的思考。自晚清到民国所发生的社会与政治巨变,构成了理解张东荪对抗论思想的历史背景。科举制的废除使得传统的士人政治走向结束,道德—教化—政治一体结构开始瓦解,而君主制的废弃则使

---

① 张东荪:《司法问题与教育问题》,《庸言》,第1卷第23号。

得政治正当性原则与担当群体都面临根本调整。邹谠在谈到这一变化时,曾说:"在科举制度完全确立以后, 中国的统治阶级就不是一个单纯的经济阶级……它是经济阶级、官僚阶级和知识阶层联合而成的统治阶级。联合的机构是一个政治的机构,联合的机制则是科举制度。""二十世纪中国所面临的全面危机,其中最重要的一个内部因素是,在外来的冲击下,这个统治阶级完全解体了",而"要找到一个有同样巩固的社会基础、有同样的稳定性、延续性的统治阶级,并建立一套与之相适应的政治、经济、社会制度,是件非常困难、非常需要时间的事"。①张东荪的思考,便是这一"非常困难、非常需要时间的事"的一部分,他对共和政治道德基础的探寻,对"对抗论"思想的阐发,皆面临着新世界观下道德与政治、社会与政治间的紧张,而其探索的价值与限度,也恰在于此。

---

① 邹谠:《二十世纪中国政治与中国文化》,载邹谠:《二十世纪中国政治》,香港牛津大学出版社,1994 年,第 47、49、52 页。

▼ 经典作品研究

帝国的政治哲学

——《春秋繁露》的思想结构与历史意义

陈　明*

周秦之变意味着由邦国时代向帝国时代的历史性转折。从政治学上说，分封制的周王朝是一种社会本位主导的治理模式，郡县制的秦帝国则是国家本位主导的治理模式；政治重心一个在下，一个在上。因此，第一代帝国执政者必然面对转型阵痛：社会异质多元，没有中央集权，帝国必瓦解；强化中央集权，改造社会，治理成本又必然高企难以为继（外部性的匈奴问题使这一矛盾进一步强化）。秦始皇采用的是李斯"以法为教，以吏为师"的方案，现实与历史断裂，国家与社会对峙，结果二世而亡。

汉承秦制，雄才大略的汉武帝不可能回避这一问题。这一关切和思考，体现在三次贤良对策中。第一次，提问是基础性的，"欲闻大道之要，至论之极"；第二次，可能与事务繁难而收效甚微有关，"虞舜之时，游于岩廊之上，垂拱无为，而天下太平。周文王至于日昃不暇食，而宇内亦治。帝王之道，岂不同条共贯欤？何逸劳之殊也？"第三次，应该是在认同董仲舒此前对策的前提下表达自己的渴望，"既已著大道之极，陈治乱之端矣，其悉之究之，熟之复之？"（《汉书·董仲舒传》）

这实际也正是董仲舒在《春秋繁露》中思考的问题。综合《汉书·董仲舒传》记载的"天人三策"，董仲舒认为有汉"承秦之敝"导致的问题有三：不敬信上天、不尊重社会和不任用儒士。与汉以来反思秦帝国其兴也勃其亡也忽

---

*　陈明，首都师范大学哲学系教授。

的儒家思想家们如陆贾、贾谊等不同，董氏不仅找到了问题及其所以然之故，而且从基础理论到制度论、治理论提出了系统完整的替代方案。"罢黜百家，独尊儒术"之后，历史与现实得到贯通、国家与社会得到整合，不仅很快稳定了汉帝国深根固本，而且两千年的中国文明也由此得以奠基。

一、基础理论：以天为信仰

董仲舒把武帝所欲听闻的"大道之要，至论之极"理解为"求天命与情性"（《汉书·董仲舒传》）。可见董氏本人就以"天命与情性"作为其思想的"大道之要，至论之极"。确实，他正是以天这个标示最高存在的概念作为自己理论的核心和基础。

《春秋繁露》为《春秋》"作义"，属于"春秋公羊学"一脉，但与公羊学传统的一个显著不同就是对天的重视。《史记·太史公自序》谓："夫《春秋》，上明三王之道，下辨人事之纪，别嫌疑，明是非，定犹豫，善善恶恶，贤贤贱不肖，存亡国，继绝世，补敝起废，王道之大者也。"是也只是历史学和政治学的内容，因为"《公羊传》除了把周王称为'天王'以外，没有出现一个宗教性或哲学性'天'字①。但是，董仲舒在"对策"中则说："孔子作《春秋》，上揆之天道，下质诸人情，参之于古，考之于今。"（《汉书·董仲舒传》）在《春秋繁露·楚庄王》②中也说："春秋之道，奉天法古。"历史学和政治学的内容，被统摄在以天为中心的神学系统之内："天者，百神之大君也。事天不备，虽百神犹无用也。"（郊语》）

一般论者都将董仲舒有关天的观念与阴阳家联系在一起，实际未必如此。《汉书·五行志》："周道敝，孔子述《春秋》，则《乾》《坤》之阴阳，效《洪范》之咎徵，天人之道灿然著矣。汉兴，承秦灭学之后，景、武之世，董仲舒治《公羊春秋》，始推阴阳，为儒者宗。"这里提示了一条理解董仲舒之天论的线索，那就是《易传》的乾坤、阴阳观念。虽然孔子《春秋》以及《春秋公羊传》本身关于天、阴阳的思想隐而不显，但我们通过简单直接的文字排比，即可清楚看

---

① 徐复观：《两汉思想史》（卷二），华东师范大学出版社，2001年，第202页。

② 苏舆撰：《春秋繁露义证》，钟哲点校，中华书局，1992年。下引该书，简注篇名，如《春秋繁露·楚庄王第一》写作《楚庄王》。

到《春秋繁露》的天论与《易传》的思想究竟是否相通相合,是否存在传承、应用或拓展的关系?

> ——《乾·象传》:"大哉乾元,万物资始";
> 《玉英》:"元者为万物之本"。
> ——《系辞上》:"易有太极,是生两仪,两仪生四象,四象生八卦";
> 《五行相生》:"天地之气,合二为一,分为阴阳,判为四时,列为五行"。
> ——《序卦》:"有天地然后有万物……"
> 《观德》:"天地者,万物之本,先祖之所出也"。

这是天的本体论,或者世界的发生论。

> ——《蛊·象传》:"终则有始,天行也";
> 《阴阳终始》:"天之道,终而复始"。
> ——《说卦》:"帝出乎震,齐乎巽,相见乎离,致役乎坤,说言乎兑,战乎乾,劳乎坎,成言乎艮。万物出乎震,震,东方也。
> 齐乎巽,东南也……"
> 《阴阳位》:"阳气始出东北而南行,就其位也。西转而北入,藏其休也……"

这是天地运行的时空关系,由东南而西北、春夏而秋冬。

需要多说几句的是董仲舒对五行次序的修改。《尚书·洪范》以及《尚书·大禹谟》记载的五行次序都是水、火、木、金、土,但在《春秋繁露》的《五行之义》中却是:"天有五行:一曰木,二曰火,三曰土,四曰金,五曰水。木,五行之始也;水,五行之终也;土,五行之中也。此其天次之序也。"为什么将元素性的五行提升为"天次之序",并且是以木为起始? 因为《易传》中的天乃是一个生生不息的宇宙大生命,显现为春生、夏长、秋收、冬藏的生命过程,与《文言》对元亨利贞作为四德的诠释相对呼应。董仲舒甚至进一步将其人格化:"春气爱;秋气严;夏气乐;冬气哀。爱气以生物;严气以成功;乐气以养生;哀气以丧终。天之志也。"(《王道通三》)这种修改并不只是在《尚书·洪范》原命题论域内的次序改动,而是整体的生命化、宗教化,是董仲舒根据《易传》的儒教世界模式对前《易传》时代各种五行观念的替代和覆盖。①当然,也是对该理论开创性的落实,善莫大焉。

　　——《乾·彖传》:"云行雨施, 品物流形";《坤·文言》:"坤至柔而动也刚,至静而德方。后得主而有常,含万物而化光";《系辞上》:"乾知大始,坤作成物";

　　《人副天数》:"天德施,地德化,人德义"。

　　——《中庸》:"唯天下至诚,为能尽其性。能尽其性则能尽人之性;能尽人之性,则能尽物之性;能尽物之性,则可以赞天地之化育;可以赞天地之化育,则可以与天地参矣";

　　《天地阴阳》:"苟参天地,则是化矣"。

　　——《乾·文言》:"大人者,与天地合其德,日月合其明";《楚庄王》:"圣者法天,贤者法圣"。

　　这是天人关系。《易传》主要讲天施地化,所谓三才之道是就卦之爻位而言,"人"的定位尚不明晰。《春秋繁露》拓展出"人成",而这跟"演《易》之书"《中庸》可谓若合符节。

　　——《系辞下》:"天地之大德曰生";

　　《王道通三》:"天,仁也。天覆育万物,既化而生之,又养而成之。人之受命于天也,取仁于天而仁也。……天常以爱利为意,以养长为事"。

　　《仁义法》又说:"仁者,爱人之心也。"②

　　这是讲天的德性。《俞序》说:"仁,天心。"宋儒进一步说:"仁者天地生物

---

①　桓宽:《盐铁论·论菑篇》:"始江都相董生推言阴阳,四时相继,父生之,子养之,母成之,子藏之。故春生,仁;夏长,德;秋成,义;冬藏,礼。此四时之序,圣人之所则也。"也是从《易传》角度理解,无涉于所谓阴阳家。

②　二者结合,生生之德成为一种神圣之爱,对于儒教天论,显然是一大贡献。

③　黎靖德编:《朱子语类》(卷四),中华书局,1986 年,第 63~64 页。

之心。"③

这些资料及分析应该足以证明,《春秋繁露》中关于天的论述乃是对《易传》之天的继承、应用和拓展。《易传》作为孔子所撰之儒教正经正典,超越了巫觋之筮和史官之数的传统,而进入了精神与伦理的层次。①在那里,阴阳家之流的思想元素早已被《易传》"天地之大德曰生"的系统吸纳消化,成为儒教信仰系统的构成性元素。明确《春秋繁露》与《易传》的这一关系,不仅有学术史和思想史意义,更重要的是作为一个信仰支点,经由制度结构和治理方式的设计,落实渗透于汉帝国的政治实践中,使政治得到规训和提升,文明得以传承和发展。②

对董仲舒自己来说,则是获得了建构其政治方案的价值标杆和逻辑依据。下面就是他提出的一系列命题。

(一)王权源于天

《楚庄王》:"受命之君,天之所大显也。"君主权力的获得,是天意的显现。

《尧舜不擅移汤武不专杀》:"其德足以安乐民者,天与之;其恶足以贼害民者,天夺之。王者,天之所与也。其所伐,皆天之所夺也。"权柄授予的对象,是"德足以安乐民者"。而"恶足以贼害民者",上天会将其权柄收回。

《郊祭》:"天子不可不祭天也,无异人之不可以不食父也";《四祭》:"已受命而王,必先祭天,乃行王事,文王伐崇是也。"正因此,受命之君得登大位之后,首先要做的就是郊祭告天,表示自己心领神会,然后"改制以明天命"等。

其中最重要的一项,即改正朔,也由此获得了新义。"《公羊传》发'大一统'之说,其意在尊王。至董仲舒,则将'元年春'与'王正月'结合起来,突出

---

① 参见陈明:《从自然宗教到人文宗教——〈易经〉到〈易传〉的文化转进述论》,《北京大学学报》(哲学社会科学版),2018 年第 4 期。

② "秦为诸侯,杂祀诸祠。始皇并天下,未有定祠。"(《南齐书·礼志上》)汉高祖时,下诏对故秦"上帝之祭,及山川诸神当祠者,各以其时祀祠之如故"(《汉书·郊祀志上》)。邦国时代,各种神灵地方色彩比较强,伦理性、精神性却比较弱。董仲舒对《易传》中儒教之天的阐扬,在纯粹宗教发展的意义上也功不可没。

了'大一统'说之'奉天'义。"①就此,"改正朔'一统于天下'者,不仅是天子与臣民的关系,而且首先是天子与天的(受天命)的关系"②。

(二)制度出于天

> 《基义》:"仁义制度之数,尽取之天";"君臣父子夫妇之义,皆取诸阴阳之道。……王道之三纲,可求于天。"

甚至行政,也受到天的制约:"灾者天之谴也。异者天之威也。"(《必仁且智》)这些灾异"生于国家之失",而天则是出于仁爱之心据以救人君施政之过失。

(三)民性禀于天

> 《为人者天》:"天为人之曾祖父。"
> 《玉杯》:"人受命于天,有善善恶恶之性。"
> 《王道通》:"人之受命于天也,取仁于天而仁也。"

但是,这个"性"却只是一种质料("性者质也"),须"待教而后为善"。这正是圣王应予承担的工作。

(四)政治的起点与目标皆据于天

《王道通三》谓:"三画者,天地与人也,而连其中者,通也。取天地与人之中而参通之,非王者孰能当是?"这里说的不是个人性的宗教特权或责任,而是王者的神学政治使命。它后面紧接着的就是:"是故王者唯天之施,法其命

---

① 曾亦、郭晓东:《春秋公羊学史》(上),华东师范大学出版社,2017年,第238页。
② 刘家和:《史学、经学与思想》,北京师范大学出版社,2005年,第374页。

而循之诸人，……治其志而归之于仁，仁之美者在于天。"天是王者之治的起点、根据和目标。

《仁义法》："先饮食而后教诲，谓治人也。"这是王者的为政次第，也就是孔子著名的"先富后教"论，不同的是已经被整合镶嵌在一个整体性的神学政治系统之中。

《深察名号》："天生民性有善质而未能善，于是为之立王以善之，此天意也。民受未能善之性于天，而退受成性之教于王。王承天意，以成民之性为任者也。"这区别于现代政治的以肉身性权利个体为基础，以人的德性甚至神性为基础，即不是以自然主义而是以某种形上学为基础。这里的"成民之性"正是追求某种道德或人性的善。"性者质也"（《深察名号》），但还只是一种如"禾"（谷）一样的"质料"，在此基础上将其变成"米"，正是王者的工作——"天所为，有所至而止。止之内谓之天，止之外谓之王教。"（《实性》）

安全的提供、秩序的维持及饮食的保障，都只是作为实现人性的条件或环节。虽然实际的情形并非如此，但政治而进于文明，这样一种论述，必不可少。

二、制度论：以圣人为中心

从与汉武帝一问一答的天人三策可知，董仲舒对秦之崩溃、汉之艰辛的原因诊断有三：不信天、不尊重社会和不行教化。他对症下药的解决方案正是重建天道信仰，并以此为前提提出了自己的制度论与治理论。

制度论以圣人为中心。

上古尧、舜、禹、汤敬敷五教，巫君合一，王权和教权合一成为传统。在这种结构关系中，王权一直维持着主导位置（不像犹太社会王权疲弱，形成对教权的依赖，教权得以发展壮大），基于神灵沟通的巫觋权力、基于血缘关系的祭祀权力，则随着历史进程日趋衰落。秦灭六国，嬴政自称始皇，"独任执法之吏"（《汉书·董仲舒传》），文化上回归自己的自然宗教①，对中原主流的儒教

① 《史记·封禅书》载："（刘邦）问：'故秦时，上帝祠何帝也？'对曰：'四帝，有白、青、黄、赤帝之祠。'高祖曰：'吾闻天有五帝，而有四，何也？'莫知其说。"这里的四帝是空间方位意义上的自然神，相对于刘邦所知的东西南北中五方帝似有所不足，可见其粗糙。

信仰则加以排斥。董仲舒重建儒教之天后，既要肯定君主的政治地位，又要在君权神授的关系架构中落实儒家的价值理念，于是将圣人嵌入天与王的关系架构之内，而以"天意"和"名教"（制度）作为支点或根据。

他的论证步骤：确立天的地位，对权力—秩序系统重新设计，在人间之"王"的上面设立位格更高的"天"；制度是天意的显现、落实，天意难知而圣人通天，于是又在天与王的纵轴之间或之外设立一个圣人的角色或位置；最后，以"治国之端在正名"（《玉英》）将教化之责委托给圣人。

由天子到皇帝，最高统治者名称变化的背后，是不同的职官序列。[1]这一序列又意味着不同的制度结构和不同的中央地方的关系、主权治权的形式，分别与分封制和郡县制对应。

周代分封制下的权力—秩序系统是：天子—诸侯—天下；秦朝郡县制的则是：皇帝—百官—四方。区别在于，前一序列中，天是无形的在场者甚至主宰者；后一序列中，天没有地位，因此也就没有了作为信仰内容和教化形式的"教"之位置。"天子一词表明，权力受到了天意的约束，并且对道德正确性保持依赖。但是，皇帝这个新词似乎并无此种限制之意。它所指向的权力不受神性或世俗考量的制约。"[2]

下面的材料是董仲舒铺就的圣人回归、素王落实之理论通道。排列次序为"天意难知，唯圣可通""制度乃天意显发""天生之，地载之，圣人教之"。

> 《郊语》："天地神明之心，与人事成败之真，固莫之能见也，唯圣人能见之。圣人者，见人之所不见者也。"
>
> 《玉英》："唯圣人能属万物于一，而系之元。"
>
> 《随本消息》："天命成败，圣人知之。"
>
> 《度制》："圣者象天所为，为制度……"
>
> 《深察名号》："名号之正，取之天地。古之圣人，謞而效天谓之号，鸣而施命谓之名。名号异声而同本，皆鸣号而达天意者也。天不言，使人发

---

[1] 相关讨论参见[日]杉村伸二：《秦汉初的"皇帝"与"天子"——战国后期到汉初的政治局势变化与君主号》，https://www.douban.com/group/topic/119719069/。

[2] 转引自[美]桂思卓：《从编年史到经典：董仲舒的春秋诠释学》，朱腾译，中国政法大学出版社，2010年，第224页。

奇意;弗为,使人行其中。名者圣人所发天意,不可不深观也。……事各顺于名,名各顺于天。天人之际,合二为一。"

《官制象天》:"尽人之变,合之天,唯圣人者能之,所以立王事也。"

《保位权》:"圣人之治国也,因天地之性情,孔窍之所利,以立尊卑之制,以等贵贱之差……圣人之制民,使之有欲,不得过节;使之敦朴,不得无欲。"

《玉杯》:"简六艺以赡养之:诗书序其志,礼乐纯其美,易春秋明其知。"

由此可以看到,对于天,圣是通天意者;对于君主,圣是立法者①;对于民,圣是教化者。

随着圣人的回归,素王的落实,从制度上来说,秦所确立的"皇帝—百官"的单向关系,"独制天下而无所制"的权力金字塔已经被重新设计为以天为顶端,圣与王分侍的等边三角形关系:天是最高存在;天意托圣人;权柄授君主。这一权力—秩序关系很像是"天子—诸侯—天下"和"皇帝—百官—四方"两个系统的折中,而上天信仰的恢复、社会系统的尊重、儒学教化的启动三大对症之药,全部蕴含其间。

有意思的是,董仲舒在《春秋繁露》如《玉英》《顺命》等文本中,主要采用的是"天子—诸侯—天下"系统,②在"天人三策"中采用的则是"皇帝—百官—四方"系统。③这说明《春秋繁露》写作在前,"对策"在后,说明他在理论联系实际的时候,做出了理论上的调整。对此,将儒学道德化、先秦儒家标准化,进而对董仲舒加以批评嘲讽不仅是不公平的,也是肤浅的。

首先要指出,这两个序列所代表的权力—秩序系统,在政治功能或目标上是一致的,即都是为了实现对领土疆域的整合和管理。分封制的"封建亲

---

① 《深察名号》:"天人之际,合二为一",载苏舆撰:《春秋繁露义证》(第10卷),第288页,后有注曰:"圣人因天以制名,后王循名以责实。"

② 《奉本》:"人之得天德众者,莫如受命之天子。下至公、侯、伯、男,海内之心悬于天子。"参见苏舆撰:《春秋繁露义证》(第9卷),第278页。

③ 《汉书·董仲舒传》:"故为人君者,正心以正朝廷,正朝廷以正百官,正百官以正万民,正万民以正四方。"

戚",目的在于"以藩屏周",巩固周这个国家东征的军事成果。之所以选择分封制,是因为王室力量有限,不足以直接掌控新获取的大片土地,故将利益和情感关系密切的同姓或异姓盟友实土实封,建立邦国同盟。其次,分封制内部,君统与宗统并存,但君统的地位和意义是高于宗统的。这应该从政治而不是道德或信仰的角度解读。"《春秋》之义,国有大丧,止宗庙之祭,而不止郊祭,不敢以父母之丧,废事天之礼也。"(《郊祭》)这实际是把天子作为天之子的政治身份置于作为父母之子的肉身之上。既然郊祭是一种确认国家(权力)与上天之关系的祭祀,天子专享祭天之权乃是一种职务行为,所体现的主要是义务而不是特权。

《尚书大传》:"诸侯之义,非天子之命,不得动众起兵杀不义者,所以强干弱枝,尊天子,卑诸侯也。"孔子把"礼乐征伐自天子出"(《论语·季氏》)视为"天下有道"的标志,可见其"道"有着确定具体的政治内涵。

所以,那种"三代以上公天下,三代以下私天下"的说法想象超过实际,似是而非。正如柳宗元所说,秦之失,"失在于政,不在于制"(柳宗元:《封建论》)。这里的"制"是指中央集权的郡县制。其正当性《封建论》已有充分论证。这里只说两点,更大的国家规模意味着更高的生存几率,以及发展出更高层次文明形态的更多可能。[1]当然,我们作为这一政治遗产的继承者选择这样一个建构主义的视角也是自然且必然的。

"治国之端在正名"显然是名教之治的滥觞,到《白虎通义》完全成熟。魏晋时代名教被司马氏集团用作"诛夷名族,宠树同己"的工具,受到嵇康、阮籍的批判。但是,作为其最终成果,"三纲六纪"的名教秩序及其治理系统,在中国社会发挥作用两千余年,是非得失不论,其历史意义难以抹杀。陈寅恪认为:"吾中国文化之定义,具于白虎通三纲六纪之说,犹希腊柏拉图之所谓Idea者。"[2]

---

[1] "小型社会似乎经受的暴力很多",这样的常识在《暴力与社会秩序——诠释有文字记载的人类历史的一个概念性框架》的宏大架构里获得了理论意义。参见[美]道格拉斯·G·诺斯、约翰·约瑟夫·瓦利斯、巴里·R·温格斯特:《暴力与社会秩序——诠释有文字记载的人类历史的一个概念性框架》,杭行、王亮译,格致出版社、上海三联书店、上海人民出版社,2017年,第48页。

[2] 陈寅恪:《王观堂先生挽词序》,载刘桂生、张步洲编:《陈寅恪学术文化随笔》,中国青年出版社,1996年,第3页。相关研究参见张造群:《礼治之道:汉代名教研究》,人民出版社,2011年。

它的奠基者即是董仲舒。

三、治理论：以君主为枢轴

由于宋明儒学以心性论为特征，先秦儒学又以对春秋战国时期诸侯力征、礼崩乐坏的道德谴责和政治批判令人印象特别深刻，加上五四以来东西方文化比较成为热点，儒学就被想当然地塑造成了伦理之学、心性之学。其实"为天地立心"是宗教情怀，"为生民立命"是政治担当。今天，《春秋学》尤其《春秋公羊学》凸显出对于国家主题的关注，虽然与很多人的认知冲突，实际却不过是对儒门理论初衷的回归。

先讨论一下天子、王和君三个概念。

天子，宗教属性较重，政教合一制度模式中的概念。《三代改制质文》："天佑而子之，号称天子，故圣王生则称天子。"《礼记·王制》："天子祭天地，诸侯祭社稷，大夫祭五祀。"《春秋繁露·王道》："春秋立义：天子祭天地，诸侯祭社稷。"祭天，是与天之关系的确认与强化，意味着权力和责任，但分封制时代，权力重心在下，共主的象征性意义较大。

王，天地人之贯通者，政治哲学意味较浓，是对天子、君主职能意义之规定，兼圣与君的意义，表达一种期待。《天地阴阳》："王者参天地矣。苟参天地，则是化矣。"《王道》："王者人之始也"；"明王视于冥冥，听于无声。天覆地载，天下万国，莫敢不悉靖其职受命者，不示臣下以知之至也"。《灭国》："王者民之所往。"作为治理方式，与霸相对之王，亦与此有关：皆本于仁心，只是多寡而已，"春秋之道，大得之则以王，小得之则以霸。霸王之道，皆本于仁。仁，天心"。（《俞序》）为霸王道杂之以及肯定秦与时王打开通道，扫除障碍。如前所述，这是一种妥协，也是一种成全。

君，"君者，不失其群也"（《灭国》），"君，掌令者也"（《尧舜不擅移汤武不专杀》），接近行政学概念，与所治理的对象相对应。天子、诸侯乃至卿大夫，也有自己的治理对象，某种意义上也可称君。《玉杯》："春秋之法，以人随君，以君随天。曰：缘民臣之心，不可一日无君。"因为君意味着群，而群意味着秩序和效率。"不可一日无君"的判断，即是基于这样的常识，再没有比"乱"（无序）

更大的恶了。①

董仲舒清楚，天子的时代是回不去了，能做的是把天子概念所蕴含的宗教信仰、对天的虔诚经由圣人的角色承接下来，注入实际的政治运作；君主必须承认肯定，但应该引向"王"的定位。这应该是真正意义上"寓封建之意于郡县之中"（顾炎武：《郡县论》）的工作。②当然，一切都是围绕天这个轴心运思展开。

首先，肯定君这一角色的重要性，"国以君为主"（《通国身》）。

虽然王与圣分离，但在上天的意志里，作为行政中枢，天意的实施者，从制度理性的角度出发，君主享有某种特殊权利，如"君之立不宜立者，非也。既立之，大夫奉之是也"（《玉英》）；"忠臣不显谏，枉正以存君"（《玉杯》）。

> 《立元神》："君人者，国之元。发言动作，万物之枢机。……君人者，国之本也。"
>
> 《保位权》给出理由："国之所以为国者，德也。君之所以为君者，威也。故德不可共，威不可分。德共则失恩。威分则失权。失权则君贱，失恩则民散。民散则国乱，君贱则臣叛。"

其次，君主也应该自觉"法天之象以行事"，"兼利天下"，因为"天之生民，非为王也。而天立王以为民也"。（《尧舜不擅移汤武不专杀》）《五行五事》甚至给出了修炼法门："五事：一曰貌，二曰言，三曰视，四曰听，五曰思。夫五事者，人之所受命于天也，而王者所修而治民也。"

> 《天地之行》："为人君者，其法取象于天。故贵爵而臣国，所以为仁也；深居隐处，不见其体，所以为神也；任贤使能，观听四方，所以为明也；……是故天执其道为万物主，君执其常为一国主。一国之君，犹一体之心也。"

---

① 因为所欲解决的远不只是一个郡县制"其专在上"与分封制"其专在下"的权力分配问题。

② 《荀子·礼论》："人生而有欲。欲而不得，则不能无求。求而无度量分界，则不能不争。争则乱，乱则穷。先王恶其乱也，故制礼义以分之，以养人之欲，给人之求。"

《诸侯》："古之圣人,见天之意厚于人也,故南面而君天下,必以兼利之。"

《立元神》："夫为国,其化莫大于崇本,崇本则君化若神,不崇本则君无以兼人。无以兼人,虽峻刑重诛而民不从。何谓本?曰天地人,万物之本也。天生之,地养之,人成之。"

从理想讲,从传统讲,从角色讲,这可谓周全圆通。但是,从"时王"即出任这一角色的具体之人来说,又是否成立呢?譬如说,商纣王、秦始皇如何处理?按照"受命之君,天之所大显"(《楚庄王》)的逻辑,所有时王都应该是权柄受之于天。董仲舒认为确实如此。他不否认桀纣均为圣人之后,不否认"秦与周俱得为天子"(《郊语》),只是说秦不敬天,因此得不到天的加持("善之")而已。此外,还有"天夺之"的补救理论。

即便如此,昏聩的时王对"君权神授"乃至天的信仰本身都构成挑战,无法弥缝。从实践理性出发进行解释,即"虽李煜亦期之以刘秀"或"死马当活马医",通过提醒"与天同者大治,与天异者大乱"勉力为之,应该不无小补,至少不会更坏吧。对比保罗在《罗马书》中对掌权者的无限迁就[1],董仲舒这里的良苦用心似乎更加合乎情理,也更应获得理解接受。周公的"皇天无亲,惟德是辅"(《尚书·蔡仲之命》)是论证天命转移的理论,而董仲舒要做的则是说服汉承秦制的武帝"复古更化",此一时彼一时,非妥协无以合作。[2]

总体看,应该还是双赢吧。

四、意义略说

历史学和政治学领域有所谓"帝国转向"。[3]从帝国角度研究明清史的美

---

① 《圣经·罗马书》:"在上有权柄的,人人当顺服他。因为没有权柄不是出于神的,凡掌权的都是神所命的。所以,抗拒掌权的,就是抗拒神的命,抗拒必自取惩罚。"

② 班固《白虎通·爵篇》:"帝王之德,有优有劣,所以俱称天子何?以其俱命于天而王。"同样的问题,在章帝钦定版本里的表述简单决绝,不知董氏复生会有何感慨。

③ 参见[美]简·伯班克、弗雷德里克·库珀:《世界帝国史——权力与差异政治》,柴彬译,商务印书馆,2017年。

国哈佛大学教授欧立德指出："以政治结构而不是经济形式的角度研究帝国,它更感兴趣的是主权和文化,是帝国内部的心态和结构的构成。"①研究董仲舒的政治哲学,不能不重视继秦而起的汉朝之帝国属性。

虽然分封制与郡县制对称并举,但严格讲二者并非同一序列概念。分封制是一种建立国家的方式,即通过"授民授疆土"而"封侯建国",所成就的是一个个独立国家。"封建亲戚,以藩屏周"(《左传·僖公二十四年》)说明了这一行为的军事性,通过国家联盟建立以自己为中心的区域秩序。与此不同,郡县制所表示的乃是一种中央与地方关系的国家结构,所谓国家结构即"国家的整体与部分,中央政权机关与地方政权机关组成关系的性质和方式"②。

这也符合历史事实。周代不是"一个"国家,而是奉周天子为共主的国家联盟,而那些由"授民授疆土"所形成的国家,是实行宗法制的邦国或王国。对今天的我们来说秦是统一者,但对当时的"六国",秦却是征服者,因为战国时期的列国已经堪称主权国家(虽然它们属于同一文明体,曾经渊源深厚,用征服一词稍显过度)。③当然,由统一或征服而建立的秦王朝,在性质上也就不再是作为七雄之一的王国或邦国,而成为高于王国或邦国的政治存在,即帝国了。④姑不论秦始皇、李斯所标榜的"殄息暴悖,乱贼灭亡",(《史记·秦始皇本纪》)终结"争城以战杀人盈城,争地以战杀人盈野"(《孟子·离娄下》)的战国时代之道德追求或标榜是否为真,仅仅从军事成果之维持巩固看,他们也必然选择郡县制,由中央集权控制地方,而不可能是权力重心在下的分封

---

① 欧立德:《当我们谈'帝国'时,我们在谈些什么——话语、方法与概念》,《探索与争鸣》,2018年第6期。

② 王松、王邦佐主编:《政治学》,高等教育出版社,2002年,第46页。

③ "春秋时代的列国,并不是国家的初型,而是西周国家瓦解后的残余。"春秋列国间的战争和内部冲突,使"……西周瓦解后列国不完整的国家功能及结构,转变为完整的主权国家"。战国时代则"循着同一方向发展,……转变为充分具体的国家"。(参见许倬云:《东周到秦汉:国家形态的发展》,《中国史研究》,1986年第4期。)

④ "六合之内,皇帝之土","皇帝并宇,兼听万事,远近毕清","禽灭六王,阐并天下,甾害绝息,永偃戎兵"(《史记·秦始皇本纪》)等充分说明了这点。而在秦二世被杀后赵高说,"秦故王国,始皇君天下,故称帝。今六国复自立,秦地益小,乃以空名为帝,不可。宜为王如故"(《史记·秦始皇本纪》),更可以清楚看出帝与王的区别:帝与天下对应,王与特定区域对应。这也正是 emperor(皇帝)与 king(王)之别。

制。任由六国自治,结果必然是各自独立,重回战国。①

汉朝的帝国化也有迹可循:高祖起兵时只能说是一种地方武装,然后被楚王封为武安侯,因先入关中而称王,"始得天下"(《史记·季布列传》)。

《史记·秦楚之际月表》云:"杀项籍,天下平,诸侯臣属汉。"《史记·叔孙通列传》云:"汉五年,已并天下,诸侯共尊汉王为皇帝于定陶。"《史记·高祖本纪》云:"正月,诸侯及将相相与共请尊汉王为皇帝。"只是由于经过文景二帝无为而治休养生息的过渡,到汉武帝时,他开始具备条件,在郡县制的架构之下来解决现实与历史断裂、国家与社会对峙的问题,使帝国获得文明的属性和品质。

正如秦始皇与李斯合作提出"以法为教,以吏为师"一样,汉武帝与董仲舒合作决定"罢黜百家,独尊儒术"也具有历史必然性。关于董仲舒的政治哲学,目前学界观点大致有如下几种。

池田知久的专制辩护士说。这其实是现代以来比较主流的说法。徐复观作为现代新儒家,认为董仲舒是民本政治主张者,明显是与前者对话或打擂台。②二者一正一反,都是权力中心范式的研究,并且共享现代价值预设和道德评价视角。

从帝国角度研究的有冯友兰和马勇。冯友兰认为,董"将汉帝国理论化"③,马勇则认为,董是"帝国设计师"④。这是一个内在的视角,但冯氏所谓汉帝国的理论化只是就董氏思想本身做描述,马勇的"设计"一词则稍显夸张,因为无论秦还是汉,对董仲舒来说乃是一个无法选择的现实,其缔造者采用的主要是李斯的方案。本文以"帝国的政治哲学"为题,自然是以帝国为研究视角。

秦帝国意味着秦以边陲王国控制中原,因此必然遭遇文化上现实与历史的断裂、政治上国家与社会的对峙这种深层矛盾。⑤汉武帝困惑的,董仲舒

---

① 中原动荡时,作为远征军将领的赵佗就独立称王,建南越王国。

② 参见[美]桂思卓:《从编年史到经典:董仲舒的春秋诠释学》,代译序。

③ 冯友兰:《中国哲学简史》,北京大学出版社,2012年,第十七章。

④ 马勇:《帝国设计师:董仲舒》,东方出版社,2015年。

⑤ 《史记·秦始皇本纪》载"偶语诗书弃市",是因为李斯意识到了《诗》所记载的六国文化记忆和《书》所记载的先王治理经验与帝国的政治体制与目标不兼容,甚至排斥冲突。

解决的，正是这两大问题。从这一角度解读《春秋繁露》，不仅意味着从周秦之变、汉承秦制的时代转换去理解董仲舒所抱持之文化立场和价值理想及其意义，而且也意味着从这一切与我们今天的处境存在某种内在联系的认定去解析其内在思路、历史成就和现实启示。

首先，从现实和历史的关系说，董仲舒通过对天的论证、阐释和应用，将三代正统的儒家信仰体系重新确立为汉代社会主流意识形态，不仅使政治系统获得义理的基础，也使天地人生获得道德上的统一性，确立起帝国的文明属性。秦所完成的统一只是军事和政治意义上的，国家尚且不稳，文明无从谈起。汉初郡国并建，休养生息，也只是将矛盾悬搁，并非长久之计。董仲舒所确立的天的信仰（以及相应的尚仁崇德的价值观）、大一统的国家观念、霸王道杂之的治理模式（兼顾国家与社会），不仅贯通了历史、整合了社会，也塑造了中国人的思维模式、行为模式。这是文明的成果甚至文明的内涵本身。在后来的历史中，这一"道统"不仅没有随政权的转移而消亡改变，反而作为土壤和基础，很大程度上塑造着历代政治、社会的具体样态，使之呈现出不同于其他文明形态的特色。

其次，在社会整合上，由于儒家思想原本就是三代和中原地区主流的文化传统，对它的尊重就是对社会的尊重、对文化情感与社会组织系统的尊重。"五经博士"以及郎官制度等举措的实施，为社会基层开辟了一条向上流动的通道，不仅使国家和社会的对峙从根本上化解，政府对儒学的提倡同时也反过来使社会的文化水准和文化同质性得到大幅提升。结果则不仅是政治的稳定、经济的发展，国家、国族的建构与认同也凝聚成型。如果说秦人还只是一个与楚人、齐人相对的族群（ethnic）概念，那么汉人之名则已经初步具有了整合齐、楚、秦、晋诸族群的国族（nation）的含义了。[1]这显然与有汉一朝的文治武功密不可分。

最后，董仲舒用"圣"和"王"区分了"开国之君""主权者"与"立法者"，[2]同时承认二者的地位和作用，使超验和经验、信仰和政治维持着均衡的张力，在世界文明谱系中表现出东方的特征。秦始皇和汉武帝只能说是军事、

---

[1] 今天汉族成为 ethnic（族群）意义上的概念当然又是另一回事了。

[2] 参见［法］卢梭：《社会契约论》，何兆武译，商务印书馆，2003 年，第一卷第七章、第二卷第七章。

政治意义上的开国之君和"主权者",而孔子(包括董仲舒自己)才是宗教、文明意义上的"立法者"。某种程度上说这也就是王夫之所谓政统、道统论的本质。①费孝通在对绅权的考察中曾注意到董仲舒思想的宗教属性和意义。他说,"师儒的理想是王道,王道可以说就是政统加道统";"如果董仲舒再走一步,也许可以到宗教的路子上去,就是由师儒来当天的代表,成为牧师或主教。师儒再加组织,形成一个教会,获得应归于上帝的归之于教会的权柄,发展下去,可以成为西方的政教关系"。②但中国的王权稳定,社会组织牢固,儒教作为宗教(religion)在组织和权力维度没有多少发展机会和空间。③董仲舒能做的只是通过对"圣"这一角色的设计和论证,将其作为"道统"重新嵌入现实的政治运作过程,并不否定或挑战作为治理者的"王"的地位。④或许可以说,正是自觉接受"素王"的定位,尧舜禹汤文武周孔的道统才能绵延数千年。⑤

王充的《论衡·超奇》说,"文王之文在孔子,孔子之文在仲舒",不只是一种描述,也是一种评价,更是一种洞见:文王奠定周朝基业;孔子升华神圣理念,董仲舒将其落实于延续两千年的秦汉帝国。从政统的角度说,这是对国家的完善;从道统的角度说,这是文明的定型。

---

① 参见王夫之:《读通鉴论》(卷十三),中华书局,2004 年。

② 参见费孝通:《论师儒》,载吴晗、费孝通等:《皇权与绅权》,天津人民出版社,1988 年。桂思卓的《从编年史到经典:董仲舒的春秋诠释学》也强调董仲舒思想的宗教维度。该书第 228 页即指出了董仲舒后汉代宗教观念由自然之天向德性之天的回归。

③ 董仲舒认为,教化的权力理论上属于圣人,君主只是实施者。如果说这里暗含着教权与治权的潜在竞争的话,那么到《白虎通义》,治权已经获得了对教权的优势或控制,天子(君主)自己可以在"明堂"直接体察天意,圣人的独特或独立地位被解构。当然,这并不意味着矛盾就此解决,或者董仲舒的工作失去了意义。

④ 这一传统的新的存在形式和功能,笔者倾向于用"公民宗教"概念进行描述定位。参见蒋庆、陈明、康晓光等:《中国必须再儒化——"大陆新儒家"新主张》,新加坡世界科技出版公司,2016 年,《儒教与公民社会》诸篇章。

⑤ 董仲舒在"对策"中引孔子"凤鸟不至,河不出图"语,谓孔子"身卑贱"而以"天子"称"武帝",显然是对孔子"有德无位"之素王地位的接受和承认。

推原治道

——程伊川《尧典》解引义

任文利 *

伊川注释《五经》，唯《周易》有专书，《尚书》则《程氏经说》卷二载有四篇文字，其一为《书解》，其四为《改正武成》，乃订定《武成》篇之文本。解释《尚书》经文的则有《尧典》《舜典》二篇，《舜典》未完，唯《尧典》通释全篇。据语录，伊川生前曾欲与关中弟子合解《五经》，除《易》亲撰外，"诸经则关中诸公分去，以某说撰成之"，其事当初似乎只有《礼》初见分晓，其他未知了局。①从解《尧典》之行文看，专为解经文而发，当非后人辑录语录等文献而成。吕祖谦《东莱书说》释《尧典》，多遵其说。朱子论伊川解"允恭克让"云："程先生说得义理亦好，只恐《书》意不如此。程先生说多如此，《诗》尤甚，然却得许多义理在其中。"②无论如何，伊川解经，确以发挥义理为长，《书》亦如此。

伊川之《书解》有似于一篇序文，于此探讨孔子编《书》何以断自《尧典》。他说：

> 盖古虽已有文字，而制立法度，为治有迹，得以纪载，有史官之职以志其事，自尧始。③

---

* 任文利，北京青年政治学院东方道德研究所副研究员。

① 《河南程氏遗书》（卷十八），载程颢、程颐，王孝鱼点校：《二程集》，中华书局，2004年，第240页。

② 黎靖德编，王星贤点校：《朱子语类》，中华书局，1986年，第1989页。

③ 《河南程氏经说》（卷二），载程颢、程颐：《二程集》，第1032页。

此中所云"制立法度",正称之为"典"的意义所在：

> 典，典则也。上古时淳朴，因时为治，未立法度典则。至尧而始著治迹，立政有纲，制事有法，故其治可纪，所以有书而称典也。①

所云"上古"，可上溯至尧以前之伏羲。伊川引述扬雄"法始乎伏羲，成乎尧"之语而申之云：

> 盖伏羲始画卦，造书契，开其端矣；至尧而与世立则，著其典常，成其治道，故云成也。②

综合上述，伊川以为，"治道"之成，始于尧。其突出表现在于政治治理之有法度、制度、典则、典常可以遵循。而非单纯的与"时"消息，因时、因事而为治。"因时为治"，犹今之所言摸着石头过河。这是伊川为我们呈现的，孔子编《书》断自《尧典》的意义所在。我们知道，尧舜为儒家之圣王，伊川既以"治道"始成于尧，他在诠释《尧典》时为我们呈现的尧之"治道"又是怎样的情形呢？本文尝试于此有所发明。

《尧典》本文不足 500 字，伊川析为四层意思，其一，言"尧之德"；其二，言"尧治天下之道"；其三，"尧立治之法"；其四，"尧之圣明能知人"。下面尝试分别引而申之。

一、"尧之德"

伊川以《尧典》言"尧之德"者即起首数句，据其所解之义，句读如下：

> 《尧典》曰，若稽古帝尧，曰放勋。钦明文思，安安。允恭克让，光被四表，格于上下。

---

①② 《河南程氏经说》（卷二），载程颢、程颐：《二程集》，第 1033 页。

伊川之时，解《尚书》所流行者为孔安国传。伊川于其亦有所参照，然无论训释、立意，皆有所不同。试以两者为参照，于文义有所疏通。

"若稽古帝尧"，伊川以为"古史之体如此"①，翻译而言，则为"若考古之帝尧"，体现的是"史氏追纪前世之事"的口吻，由此而引出"曰放勋"以下的叙事。其中，"若"为发语词，与孔传训"顺"不同。"若"之训释不同，则此句文义完全不同，孔传释此句为"能顺考古之道而行者帝尧"②，则"稽古"者为帝尧，而非史官。

由此，二者对"放勋"字义训释虽相同，意义理解则不同。孔传以"放"为仿效，顺前文而言，释之为"放上世之功"。伊川以"放"为"依"，差别不大，然释"放勋"二字则为"依循法则，著见功迹"。此中所发挥的，正是我们开篇所述伊川以"治道"之成始于尧的意思。他再度如此申说：

> 上古淳朴，随事为治，未立法度。至尧始明治道，因事立法，著为典常。其施政制事，皆依循法则，可为典常也。不惟圣人随事之宜，亦忧患后世而有作也。

"典常""法则"云者，在于"随事之宜"。以"随事"而言，则非凿空杜撰。"宜"训"应当"，言其正当性，与"义"通。"随事为治"，"事"乃孤立性的事件，行于此者不必通于彼，用于此一时者未必合于彼一时。"随事之宜"则因事见"宜"，探寻的是普遍性原则，由此普遍性原则而立为法度，著为典常。"忧患后世"，则尧之"著为典常"，非仅出于一时一世之宜，且足以垂宪后世。

"放勋"而后则具体言尧之德，其中"光被四表，格于上下"为形容词，于"德"无直接指涉。实言尧德者，则"钦明文思，安安"，"允恭克让"。"安安"，孔传释为"安天下之当安者"。伊川则承"放勋"而言，释为"安于义理之安"。③"义理"云者，所当然之理也，与前言"宜"字相通，乃法度所从出者。伊川以

---

① 《尧典》，载程颢、程颐：《二程集》，第 1033 页。以下引文出于是篇者不再标注。

② 孔安国传，孔颖达正义：《尚书正义》（卷二），北京大学出版社，1999 年，第 29 页。以下所引孔传释义皆出是篇，不再标注。

③ 伊川此处有取于王安石，引王安石之言曰："理之所可安者，圣人安而行之。"

为,尧之所以能"安安",在于"钦明文思"四德。

古语之"德",涵容较今语之"道德"为广,如指人而言,则为人所具有之素质、气质,发于外为仪容、气象,以及见于事为者。"钦明文思","钦,敬慎;明,聪明;文,文章;思,谋虑"。其中,"明""思",皆指智慧,"文"指发于外之气度、仪容,"钦"则为行事之态度。伊川云:"立事则钦慎为大,举德则聪明为先。"我们知道,"钦""敬"是儒家强调人之行事——特别行政治理之事的首要态度。伊川言修身之两大端,亦云,"涵养须用敬,进学则在致知",可见"敬"之重要性。

"钦明文思",既指尧个人之德而言,伊川所谓"取其德美之焕发者而称之"①,有个性化的特征,当然亦可足为后世人君之所取法者。而"允恭克让",则由尧之德而言普遍的君之所以为君之德。孔传训"允恭克让"为"信恭能让",以孔颖达疏,则四者为并列关系。伊川则不同,"允"与"恭"相对,"克"与"让"相对,释之云,"其所为至当,而能钦慎;其才至能,而不自有其能",重心则落在"恭"与"让"上。伊川以为,恭、让看似平实,常人皆知假借于此,而尧之"光被四表,格于上下",亦在于此。

> 圣人之公心,如天地之造化生养万物,而孰尸其功?故应物而允于彼,复何存于此也?故不害钦慎之神能。亦由乎理而已,故无居有之私。……盖一出于公诚而已。

此以天地之造化生养况尧,"应物而允于彼",即物各付物的意思,物各有其所宜,合宜处,据其所宜而成就之,成就者何居功之有?"由乎理","理"即物宜、事宜,与前所言"随事之宜""义理之安"一脉相承。

以上即《尧典》首段伊川以为言"尧之德"者,尧作为圣王所具有的"德",亦为后世人君所当效法者,"尧之德"即君之所以为君之德。由"放勋""安安""恭让",所体现的核心意思则在于顺乎"理"以为治。我们知道,"理""天理"云者,乃理学家特有话语,其开创者正是二程兄弟,所云"自家体贴出来"者是。"理"较于"道",与"物"、与"事"有直接的关联,如文路,有轨辙之可循。成

---

① 语出[日]伊川释:《舜典》,载程颢、程颐:《二程集》,第1040页。

就"治道",树典常,立法度,终究以"理"为归,这是伊川借"尧之德"向我们阐释的。

二、"尧治天下之道"

《尧典》续上文而来的以下数句,则伊川以为言"尧治天下之道"者:

> 克明峻德,以亲九族。九族既睦,平章百姓。百姓昭明,协和万邦,黎民于变时雍。

伊川的解释包括两个层面的问题:其一,"克明峻德",言"治天下之道"的先决条件;其二,"以亲九族"以下,言治理的内容与目的。下分述之。

(一)治天下之道以"克明峻德"为先、为本

"克明峻德",孔传释之为"能明峻德之士任用之"。伊川认同其说,释之云:"俊德,俊贤之德也,尧能辨明而择任之。"这一点与后来的理学家有很大不同。我们知道,宋明儒家推崇《大学》,《大学》文本于《尧典》此语有征引,联系于《大学》三纲领之"明明德",则自《大学》之引述理解此语,很容易得出蔡沈的结论:"明,明之也。俊,大也。尧之大德……"①伊川亦重《大学》,与其兄均曾订正《大学》文本,然于《大学》引《尧典》此语的理解,似仍取义于任俊德之人。

> "克明峻德",只是说能明峻德之人。凡为天下国家有九经,曰修身也,尊贤也,亲亲也。盖先尊贤,然后能亲亲。夫亲亲固所当先,然不先尊贤,则不能知亲亲之道。《礼记》言:"克明峻德,顾諟天之明命,皆自明也"者,皆由于明也。②

---

① 蔡沈:《书集传》(卷一),凤凰出版社,2010年,第2页。
② 程颢、程颐:《二程集》,第257~258页。

末段引述《大学》语,语意稍显模糊,然承上而来,仍当解为"明峻德之士任用之"。伊川以为,"治天下之道"之本即在于此。

> 帝王之道也,以择任贤俊为本,得人而后与之同治天下。

君臣"同治天下",乃后世儒者之所常论,而尧之所以为圣王,亦不外于是。不徒"治天下如此",就《尧典》本文"克明俊德,以亲九族"而言,伊川以为,"以王者亲睦九族之道,岂不赖贤俊之谋乎?"如上引语录所示,伊川经常将其与《中庸》治天下国家之"九经"中修身、尊贤、亲亲的次序联系起来。他说:

> 且如《中庸》九经,修身也,尊贤也,亲亲也。《尧典》"克明峻德,以亲九族"。亲亲本合在尊贤上,何故却在下?须是知所以亲亲之道方得,未致知,便欲诚意,是躐等也。①

与上则语录相同,即如"亲亲""亲九族"而言,亦须通过尊贤而明道、致知,所云贤者,师、傅、保之类是也。"亲亲"如此,治天下更不待言。伊川尝代其父上英宗皇帝书,其中强调治天下之先、之本有三:"一曰立志,二曰责任,三曰求贤。"②所云"责任"特指"责任宰辅",可与"克明峻德"相发明。伊川云:

> 所谓责任者,夫海宇之广,亿兆之众,一人不可以独治,必赖辅弼之贤,然后能成天下之务。自古圣王,未有不以求任辅相为先者也。在商王高宗之初,未得其人,则恭默不言,盖事无当先者也。及其得说而命之……③

成天下之务,以求任辅相为先。亦如伊川释《尧典》言尧之治理,"其事有

---

① 程颢、程颐:《二程集》,第187页。
② 程颐:《为家君应诏上英宗皇帝书》,载程颢、程颐:《二程集》,第520页。
③ 同上,第522页。

次序,始于明俊德"。此段语录则以商中兴之高宗为例,高宗未得傅说之前,则唯有"恭默不言",无所可为。

求辅相、明峻德既如此关键,则任之亦有其道。

> 夫图任之道,以慎择为本。择之慎,故知之明;知之明,故信之笃;信之笃,故任之专;任之专,故礼之厚而责之重。择之慎,则必得其贤;知之明,则仰成而不疑;信之笃,则人致其诚;任之专,则得尽其才;礼之厚,则体貌尊而其势重;责之重,则其自任切而功有成。是故推诚任之,待之以师傅之礼,坐而论道,责之以天下治,阴阳和;故当之者,自知礼尊而任专,责深而势重,则挺然以天下为己任,故能称其职也。①

"择之慎""知之明",自"知人"层面而言,由此而能"信之笃",进而责任之。"责任"云者,"任之专""责之重"是也。具体到"责任"之内容而言,坐而论道、治天下、和阴阳,皆宰辅之事也。"任之专",是从权力的赋予层面而言。"责之重",与权力之专相对应,其责任亦必重大。无其权则不应承担相应的责任,有其权则必然承担相应的责任,如此,受此责任之人必"挺然以天下为己任"。在伊川看来,人臣的政治治理责任是没有禁区的。说者或以为"周公有人臣不能为之功业",伊川驳之为妄,他说:

> 人臣岂有不能为之功业,有借使功业有大于周公,亦是人臣所当为尔。人臣而不当为,其谁为之?②

末后反诘语甚为明晰,政治治理的责任在于臣,而不在于君。君仍然是政权、最高权力的拥有者,以周公为例,即使成就非常之功业,而鲁国用天子之礼乐仍属僭越。君作为最高权力拥有者,通过委任、责任宰辅而将治理的权力出让,这就是政权与治权的分离。"克明峻德"表面上看只是任人,而伊川将其上升至"治道"的高度,视之为"先"、为"本",则政治治理的原则首先

---

① 程颐:《为家君应诏上英宗皇帝书》,载程颢、程颐:《二程集》,第 523 页。

② 《河南程氏遗书》(卷十八),载程颢、程颐:《二程集》,第 235~236 页。

存于此、基于此。自儒家所尊圣王尧始，即奠立了此"治道"之格局，以后降及三代，莫不如是。勿论君主贤否，"治道"本当如此。伊川释"蹇"卦九五爻辞"大蹇，朋来"云：

> 自古圣王济天下之蹇，未有不由贤圣之臣为之助者，汤、武得伊、吕是也。中常之君，得刚明之臣而能济大难者则有矣，刘禅之孔明，唐肃宗之郭子仪，德宗之李晟是也。虽贤明之君，苟无其臣，则不能济于难也。故凡六居五、九居二者，则多由助而有功，蒙、泰之类是也；九居五、六居二，则其功多不足，屯、否之类是也。盖臣贤于君，则辅以君所不能；臣不及君，则赞助之而已，故不能成大功也。①

伊川释《易》，多以五、二为君臣之位。此中言其通例，六居五，九居二，则多能成就功业。九居五，六居二，功多不足。九、六此中所指示的为治理的才能。"蹇"卦即九五与六二相对，六二虽所居中正，然才能不足，于九五而言虽有"朋来"之象，然不足以与有为而济蹇难。所谓"天下治乱系宰相"，端的在此，于政治治理而言，"臣贤于君"，在伊川看来是题中应有之意。如此则必然对君"德"提出相应的要求，即便有其"明"，亦不得自用其"明"。伊川释"晋"卦六五爻云：

> 六以柔居尊位，本当有悔，以大明而下皆顺附，故其悔亡也。下既同德顺附，当推诚委任，尽众人之才，通天下之志，勿复自用其明，恤其失得，如此而往，则吉无不利也。六五，大明之主，不患其不能明照，患其用明之过，至于察察，失委任之道，故戒以失得勿恤也。夫私意偏任不察则有蔽，尽天下之公，岂当复用私察也？②

《易》本随时取义，以"晋"卦而论，六五虽以柔居君位，因在"离"体之中，"离"主"明"，六五则为"大明之主"。下体为"坤"，乃"顺"之象，故为"下既同

---

① 程颐：《周易程氏传》（卷三），载程颢、程颐：《二程集》，第899页。
② 同上，第877页。

德顺附"。当此之时,人君不可自用其明,"当推诚委任,尽众人之才,通天下之志",如此"则可以成天下之大功",《象》所云"往有庆"是也。①反之,自用其明则必失"委任"之道。如此,前面所述尧之德,既"钦明文思",又能"允恭克让",恭、让则不止于简单的谦德,也是"责任""委任"大臣以达成治理的前提。

(二)治天下核心在于"正家"

"克明峻德"之后,则引出治天下的具体内容,"以亲九族。九族既睦,平章百姓。百姓昭明,协和万邦,黎民于变时雍"。"百姓",伊川训为"庶民",与孔传释为"百官"不同。"百姓"于此特指王畿之庶民,后之"黎民"则针对万邦、天下而言。伊川以《大学》修齐治平之模式对其加以诠释。他说:

> 天下之治,由身及家而治,故始于睦九族也。

又说:

> 九族既已亲睦,以至于平治章明。百姓,庶民也。……王国百姓既已昭明伦理而顺治矣,则至于四方万国,皆协同和从。天下黎庶,化成善俗而时雍。

自尧始,"治天下之道"的核心即在于"治家""正家""齐家"。伊川所论之"家",非封建时代的"家",而是后世"家庭""家族"之"家"。王者于自家亦莫能外,如"以亲九族"所指示的。伊川释"家人"卦九五爻云:

> 夫王者之道,修身以齐家,家正则天下治矣。自古圣王未有不以恭己正家为本,故有家之道既至,则不忧劳而天下治矣。②

---

① 程颐:《周易程氏传》(卷三),载程颢、程颐:《二程集》,第877页。
② 同上,第887页。

"治天下"，也无非是自王者而下，由公卿大夫以至庶民，各正家道，如"昭明伦理"所指示者，由此最终"化成善俗"。于《尧典》所申明者如此，伊川释《诗》，释《易》，莫不发明此意。《诗》自《周南》《召南》始，二南所言，在伊川看来，即为齐家、正家之道。

> 二南之诗，盖圣人取之以为天下国家之法，使邦家乡人，皆得歌咏之也。有天下国家者，未有不自齐家始。①

又云：

> 天下之治，正家为先，天下之家正则天下治矣。二南，正家之道也。陈后妃、夫人、大夫妻之德，推之士、庶人之家一也。故使邦国至于乡党皆用之，自朝廷至于委巷莫不讴吟讽诵，所以风化天下。②

《易》除上引"家人"卦专言"家道"而外，自上下经之编排序次而言，上经首乾坤，下经首咸恒，伊川如此申说其意：

> 天地，万物之本；夫妇，人伦之始。所以上经首乾坤，下经首咸继以恒也。天地二物，故二卦分为天地之道。男女交合而成夫妇，故咸与恒皆二体合，为夫妇之义。③

二南所咏，男女夫妻之事，咸恒所象，夫妇之义。"家道"首重夫妇，所谓"夫妇，人伦之始"，其意本于《序卦》"有天地然后有万物，有万物然后有男女，有男女然后有夫妇，有夫妇然后有父子，有父子然后有君臣，有君臣然后有上下，有上下然后礼义有所错"而为言。《尧典》末段尧之试舜，首先是嫁二女于舜，以"观厥刑于二女"，"刑"，仪则、法度也。也体现了这一层意思。《舜

---

① 程颢、程颐：《二程集》，第72页。按，此语未标注伊川抑或明道所言，勿论谁言，其意合于伊川。
② 《河南程氏经说》（卷三），载程颢、程颐：《二程集》，第1046页。
③ 程颐：《周易程氏传》（卷三），载程颢、程颐：《二程集》，第854页。

典》言舜之历试诸政,亦以"慎徽五典,五典克从"为首。"五典"如孔传所言,即"五常之教",然孔传之以"父义、母慈、兄友、弟恭、子孝"言"五常之教",则甚为伊川所不取,他说:

> 五典谓父子有亲,君臣有义,夫妇有别,长幼有序,朋友有信。五者人伦也,言长幼则兄弟尊卑备矣,言朋友则乡党宾客备矣。孔氏谓父义、母慈、兄友、弟恭、子孝,乌能尽人伦哉? 夫妇,人伦之本,夫妇正而后父子亲,而遗之可乎? ①

以上所论,乃"齐家""正家"是治天下的核心,"家道"所涵内容,则是以"夫妇"为首的五伦、五常。至此,我们再回头审视《大学》所云"家齐而后国治、国治而后天下平"的意义,"而后"云者,并非是先去"齐家"再去"治国",而是"家齐"了,"国治""天下平"也就是水到渠成的事了。《尧典》之"以亲九族。九族既睦,平章百姓。百姓昭明,协和万邦,黎民于变时雍"所言序次,也体现了这一点。伊川所云"家正则天下治矣""天下之家正则天下治矣",其意在此。

此中肯綮,在于"齐家""正家"而化成的善俗,所谓"家齐俗厚"。他说:"关雎之化行,则天下之家齐俗厚,妇人皆由礼义,王道成矣。"②自历史而言,勿论善否,中国古典政治治理的核心皆在于"家齐俗厚"。理学自其兴起之初,理学家们无不探索重构"家道",再兴"家礼"。与伊川同时的张横渠,即特重"宗法"。伊川专门论"礼"的文字,载在文集卷十,所涉有"婚礼""葬礼"和"祭礼",皆属"家礼"范畴。当然,最终代表性的撰著则为朱子《家礼》,形塑了此后千年的中国社会形态。他们订正"家礼"的原则,不外乎在"经义"与"时义"之间比量权衡、斟酌损益,以期既能行于当下,又不悖于"善俗""厚俗"。

于"治天下"而言"齐家""五典",此中必然涉及"政教"问题。伊川释《尧典》其下分任四方之官时,于南方之官则言其"主夏时之政教",推之四方,莫不如此。就古典政治而言,"政教"一体化,这一点是没有问题的。政治治理寓

---

① 《河南程氏经说》(卷二),载程颢、程颐:《二程集》,第 1040 页。
② 同上,第 1048 页。

"教化"于其中,可不待言,所谓"家齐俗厚"是也。然发为"政教",须有所因顺。《尧典》"主夏时之政教"的南方之官,当"顺夏时所施政教",此中关键在于此"顺"字,此言顺于"时","时"于此特指"时节",展开言之,亦包括风土、风物、风俗之宜。伊川释"观"卦象辞"风行地上,观,先王以省方观民设教"于此有所申明:

> 风行地上,周及庶物,为由历周览之象,故先王体之,为省方之礼,以观民俗而设政教也。天子巡省四方,观视民俗,设为政教。如奢则约之以俭,俭则示之以礼是也。省方,观民也。设教,为民观也。①

"观民俗""设政教",二者是循环往复的关系。"省方观民俗"是设政教的先决条件,抛开此一先决条件,妄而发为"政教",必是悖逆之政。所设政教,又为民之所观,以成就化民成俗的善治。"民俗"与"政教""观民"与"为民观",二者之间自然有所不同,然此不同并非是质的差异,所谓"奢则约之以俭,俭则示之以礼",只是一种补其偏弊的适当调适。《礼记·王制》所云"修其教不易其俗,齐其政不易其宜"的政治治理原则,正体现了这一点。因此,华夏文明虽沿革数千年,仍然形成了"五里不同俗"的社会格局,而不同的风俗则从不同维度体现了华夏文明所共有的价值。

三、"尧立治之法"

《尧典》以下数段,乃伊川以为言"尧立治之法"者。

> 乃命羲、和,钦若昊天,历象日月星辰,敬授人时。
>
> 分命羲仲,宅嵎夷,曰旸谷。寅宾出日,平秩东作。日中星鸟,以殷仲春。厥民析,鸟兽孳尾。
>
> 申命羲叔,宅南交。平秩南讹,敬致。日永星火,以正仲夏。厥民因,鸟兽希革。

---

① 程颐:《周易程氏传》(卷二),载程颢、程颐:《二程集》,第799页。

分命和仲，宅西，曰昧谷。寅饯纳日，平秩西成。宵中星虚，以殷仲秋。厥民夷，鸟兽毛毨。

申命和叔，宅朔方，曰幽都。平在朔易。日短星昴，以正仲冬。厥民隩，鸟兽氄毛。

帝曰："咨，汝羲暨和，期三百有六旬有六日，以闰月定四时成岁。允厘百工，庶绩咸熙。"

"钦若昊天，历象日月星辰，敬授人时"，从表面上看，与历法相关。下面的"日中星鸟，以殷仲春""日永星火，以正仲夏""宵中星虚，以殷仲秋""日短星昴，以正仲冬"，乃至"期三百有六旬有六日，以闰月定四时成岁"，所言莫非如此。伊川云："而事之最先最大者，在推测天道，明历象，钦若时令以授人也。"所云"推测天道"，此"天道"当指日月星辰运行之轨辙而言，犹今所云"天象"。所云"尧立治之法"，"历法"固其一端，与"律度量衡"等可归于一类，伊川以其为"无不顺天时法阴阳者"。由此而言，则所云"创制立度"，即如历象、律度量衡等，亦莫不有其客观标准，不可任意而为。所云"顺天时法阴阳者"，正指此也。

这是一层意思，然伊川之解析并不拘泥于此。就其核心意思而言，伊川如此加以申述：

此复言立政纲纪，分正百官之职，以成庶绩。……圣人治天下之道，惟此二端而已。治身齐家以至平天下者，治之道也；建立治纲，分正百职，顺天时以制事，至于创制立度，尽天下之事者，治之法也。

又云：

言尧分官设职，立政纲纪，以成天下之务。首举其大者，是察天道，正四时，顺时行政，使人遂其生养之道，此大本也。

此中所云"立政纲纪""分官设职"，所言意思大抵相当，犹今日言政府之组织架构，相应的政府官员须履行的政治职责、承担的政治责任。此职责、责任何在呢？依伊川所言，在于"顺天时以制事"，"察天道，正四时，顺时行政"。此处所云"天时""天道"，与前面所言已有所不同。前所言历象固为"天时""天道"所体现的一端，但不止于此，"天时""天道"，亦泛指超越性的客观标准。

以春时居东方之官的羲仲为例，其政治职责在于"寅宾出日，平秩东作"，所谓"主敬导出日之政，犹春气之生，举岁首之事，平均次序东作耕种之事"。如何"平秩东作"呢？当深察当此之时，民人、鸟兽之状态，如"厥民析，鸟兽孳尾"所指示的。这就是"察正其时，举其时政"，如此方能"使人遂其生养之道"。春时、东方之官如此，四时、四方之官莫不如此，各因其时，以施其"政教"。此即伊川解"大有"卦象辞所云："君子亨大有之盛，当代天工治养庶类。"①政治职责、政治责任在于"代天工治养庶类"。

四时、四方之官乃举其大者而言，百官之任用，莫不如此，所谓"允厘百工，庶绩咸熙"。"允厘"，孔传以"信治"训之，并以此语承上而来，"言定四时成岁整，以告时授事，则能信治百官，众功皆广"，其意主于以"信"治百官。伊川亦以"允厘"为"信治"，然意思全不同，乃信用百官，使百官各成其治。他说：

> 其他庶事，无不备言，故统云"允厘百工"，言百工之职各分命也，各授其任，使行其治，是信使治也。允厘，信治也。百工各信治其职，故庶工皆和。史载尧治天下之事，尽于此矣。"庶绩咸熙"，治之成也。

如此，则"允厘百工"，仍是承上文而言"分官设职"之事，由此而达到尽天下庶务、成天下之治的目的。"信"，不仅仅是指上对于下的"信用""信任"。"信"本与"实"相通，百官实有其相应的职责、责任，这一点与前所言"责任宰辅"并无不同。授予其官，就是要使其能确实履行其政治职责，以承担相应的政治责任，此为"信治"。职责、责任则有其客观的超越依据，所谓"天道""天时""天工"，指此而言，"治道"之大本，于此而在。

以中国古典政治架构而言，官员任命，从科举之遴选，至官员的任命、升

---

① 程颐：《周易程氏传》（卷一），载程颢、程颐：《二程集》，第 769 页。

迁、降黜，莫不以君主之名义总其权。但官员行使职权，并非单纯对君主负责，而有其客观责任之所在。或者换言之，君主作为"天子"，是代天理民，百官同样是代天理民的直接责任者，《皋陶谟》所云"无旷庶官，天工人其代之"是也。正因为如此，权力就不再是私相授受的私器，体现权力所有者的意志，而是天下之"公器"。孟子所云"官守"，正体现了这一点。"有官守者，不得其职则去"，在现实政治中，权力的赋予和职责的履行二者之间是有紧张关系的。为官者不能有效地履行其政治职责时，须将权力还予其君。

伊川曾为官，于为官职事，可谓不苟。初任崇政殿说书，即上札子三道，言经筵职事之所在，并云："所言而是，则陛下用臣为不误，臣之受命为无愧；所言而非，则其才不足用也，固可听其辞避。"①此非关其才之足与不足，实则预言经筵职责所在，如蒙认可，自当依此履职，所谓"臣闻古之人见行可而后仕"②，即指此而言。如不蒙认可，自不能履行相关职责，也就可以辞避了。

四、"尧之圣明能知人"

于伊川而言，既然尧治天下之道，以"克明峻德"为先，治天下之法，则须"允厘百工"以分官设职，那么，"知人"就尤显重要了。这正是《尧典》最后一部分所言"尧之圣明能知人"。

> 帝曰："畴咨若时登庸？"放齐曰："胤子朱启明。"帝曰："吁！嚚讼，可乎？"
>
> 帝曰："畴咨若予采？"驩兜曰："都！共工鸠僝功。"帝曰："吁！静言庸违，象恭滔天。"
>
> 帝曰："咨，四岳，汤汤洪水方割，荡荡怀山襄陵，浩浩滔天。下民其咨，有能俾乂？"佥曰："于，鲧哉！"帝曰："吁，咈哉！方命圮族。"岳曰："异哉！试可乃已。"帝曰："往，钦哉！"九载绩用弗成。
>
> 帝曰："咨，四岳。朕在位七十载，汝能庸命，巽朕位？"岳曰："否。德

---

① 程颐：《乞再上殿论经筵事札子》，载程颢、程颐：《二程集》，第536页。

② 程颐：《再辞免状》，载程颢、程颐：《二程集》，第541页。

忝帝位。"曰:"明明扬侧陋。"

　　师锡帝曰:"有鳏在下,曰虞舜。"帝曰:"俞! 予闻,如何?"岳曰:"瞽子。父顽,母嚚,象傲。克谐以孝,烝烝乂,不格奸。"帝曰:"我其试哉!"女于时,观厥刑于二女。厘降二女于妫汭,嫔于虞。帝曰:"钦哉!"

　　此"知人"如伊川所论,乃"尧老将逊帝位,博求贤圣"之事,然亦蕴含了一般所言"知人"之事。此段大意尚属清晰,不一一诠释,择伊川所释一二关节处申言之。以禅位而言,如伊川所云:

　　　　夫将以天下公器授人,尧其宜独为之乎? 故先命之大臣百官,以至天下,有过于己者,必见推矣。递相推让,卒当得最贤者矣。

　　首先申明天下乃公器,无论是禅有天下之君位,抑或求治天下之贤才,均不能以君主之意志"独为之",故有《尧典》所载之广泛咨询,这就是伊川所言"王者任人之公"。他说:

　　　　夫王者之取人,以天下之公而不以己,求其见正而不求其从欲,逆心者求诸道,巽志者察其非,尚孜孜焉惧或失也。此王者任人之公也。①

　　大而言之,人之贤否,有道、有是非作为评判的标准,而不在于君主之心志、意志,此即所谓"天下之公"。落实下来而言,则有所谓"公议","好恶取舍一以公议,天下谓之贤,陛下从而贤之"②。此由伊川辨尧之委任鲧"治水"事可见:

　　　　当时之人,才智无出其(指鲧)右者,是以四岳举之也。虽九年而功不成,然其所治,固非他人所及也。惟其功有叙,故其自任益强,咈戾圮类益甚,公议隔而人心离矣,是以恶益显而功卒不可成也,故诛之。当其大臣举之,天下贤之,又其才力实过于人,尧安得不任也?

---

①② 程颐:《代吕公著应诏上神宗皇帝书》,载程颢、程颐:《二程集》,第530~531页。

在伊川看来，"治水"乃"天下之大任"，尧虽以鲧为"方命圮族"，在"大臣举之，天下贤之"的情形下，亦不得不以天下大任委任之。由此可见，于知人、任人而言，"公议"有其决定性作用。

知人、任人，落实于政治制度上而言，则为选举制，选贤与能之制。以"取士"而论，于伊川的时代，则有科举。首先须申明一点的是，科举制并非"公议"的制度性落实，而是作为评判人之贤否的客观性标准的制度性落实，至于它是否充分体现了客观性标准，或者说体现了何种客观性标准，则是另外一个问题。伊川于其时代的科举制屡有所言，并不以之为"取士"的善制。他说：

> 国家取士，虽以数科，然而贤良方正，岁止一人而已，又所得不过博闻强记之士尔。明经之属，唯专念诵，不晓义理，尤无用者也。最贵盛者，唯进士科，以词赋声律为工。词赋之中，非有治天下之道也。人学之以取科第，积日累久，至于卿相。帝王之道，教化之本，岂尝知之？居其位，责其事业，则未尝学之。譬如胡人操舟，越客为御，求其善也，不亦难乎？[1]

伊川时，科举主于明经、进士。明经则专念诵，不及义理，进士则以词赋声律为工。二者倒是能够体现"取士"之客观标准，但求治国之士，则如以胡人操舟，用越人驾车，不啻缘木求鱼。后世理学既盛，科举取士情况有所改观，考核以"经义"（包括《四书》《五经》之义理）、"策论"为主，辅以各种应用文体，而取消了经典背诵和词赋的考核，此制起于宋末，至明而趋于成熟。

"经义"主于"道"，"策论"主于史、事，与伊川所论当时之科举相较更具合理性。然"经义"最终之沦为"八股"，亦其法之弊。大致而言，有其法则必有其弊，此不具论。

就伊川之论尧之圣明能知人而言，我们只要知道，无论就君位之禅代而言，还是就"克明峻德""允厘百工"而言，选贤与能有其客观性标准，所谓道，所谓是非是也。同时，亦有"公议"原则相资为用。尧之广泛咨询，"明明扬侧陋"，是此标准、原则的一种体现。以后世之制度而论，科举，包括官员考察制

---

[1] 程颐：《上仁宗皇帝书》，载程颢、程颐：《二程集》，第213页。

度,则是此类标准、原则的制度性落实的尝试。就人类历史而言,中国的科举制、西方的民选制,是迄今为止曾经长期实行的最为成熟、有效的两种选举制度,则是毋庸置疑的。其间利弊,自有可说,然当审慎视之。

五、结　语

伊川通过《尧典》的阐释,为我们道出了尧作为"治道之成"之始的意涵,同时,也为我们展现了儒家所诉求的"治道"的基本图景。略需说明的一点是,伊川于"治道"一词的使用上,其意义上是较为繁复的,而非单一的。要而言之,不外两端:"道"训为"大道","治道"指政治治理的普遍性原则而言,这一层意思即伊川释《尧典》"尧治天下之道"所侧重申言者。另一层意思,"道"相对而言比较具体,指方法、法度、具体的规则而言。伊川释《尧典》"尧治天下之法",侧重于此一层而言。至于《书解》所云,"治道"之成始于尧,亦侧重于法度、规则而言。

当然, 这两者并非截然分开的, 普遍性原则必然落实于具体的治理规则、法度,具体的治理规则、法度亦当本于普遍性原则。故伊川于此语的使用上,这种分野并不是非常清晰的,而是往往浑融一处而为言。析言之,"治道"涵此两端。合言之,此两端所共同成就者为"治道"。以后者之综合的意义而言,我们可以说,伊川解《尧典》通篇所体现的正是"治道"的一个完整架构。

以"尧之德"而言,假"放勋""安安""允恭克让",所强调的是政治治理当循"理"而为。这既是政治治理的普遍性原则,也是人的一切活动的普遍性原则。"尧治天下之道",则专门论政治治理的普遍性原则。其先在于"克明峻德",体现的是政权、治权的分离。治理天下在于"克明峻德""责任宰辅""信治百官",而并非在于君主。这并非是说君不重要,恰恰在于君很重要,然其权别有所寄,所以"治理天下"之任于君权中剥离。如我们文中引述的伊川所云,"尽众人之才,通天下之志",此乃天下重任,非君则无所寄。其次,"治天下之道"的核心在于"家齐俗厚",立足家道,本于风俗,发为政教。

伊川所释"尧治天下之法",具体涉及法度、制度层面,如历象、律度量衡等,本于"天时""天道"。其核心则在于"分官设职",建立政府组织架构。百官分官设职,关键在于明确政治职责、政治责任。二者本应是合一的,责任所在,即职责所在,体现的是"天工人其代之"。臣之"治理天下"的权力虽为君所授,但他所应当履行的政治责任并不取决于君,而是代天"治养庶类"。至于"尧之圣明能知人",于尧而言,则须广泛咨询,"明明扬侧陋",取于"公议"。落实于后世选举制度,则有科举、考察等制度,可供考量。

这就是伊川《尧典》解所尝试勾勒的"治道"的全景轮廓,比较有代表性地体现了儒家对于"治道"的理解。就历史上的政治治理而言,在儒家士大夫的努力下,历代政治治理实践从不同面向或多或少地体现了此"治道"原则,构建了延绵不绝的华夏天下共同体。

重塑"不变之道":甲午战后严复四篇时评研究

胡其柱 *

光绪二十一年(1895 年)春夏间,严复先后在《直报》发表了《论世变之亟》《原强》《辟韩》《救亡决论》四篇时评。这四篇时评层层递进,系统阐释了作者不同于时人的救亡逻辑和实践技艺,因而颇受学界关注。但是,已有研究多引用个别语句或分析其单篇文章,并没有将四篇时评作为一个思想整体来看待,更没有将其置于明清以来的思想史中予以讨论。[①]本文通过详细分析严氏文本,指出严复撰写四文的根本目的,在于探求真正的"不变之道"及其实践路径,而非单纯地批评某人或求富求强。严复对"不变之道"的重新阐释,不仅拓展了明清以来儒家学者的思考深度,而且呼应了近代西洋"自

---

* 胡其柱,山东省聊城大学历史文化与旅游学院副教授。

① 相关的代表性论著有李泽厚:《论严复》,载《中国近代思想史论》,人民出版社,1979 年;[美]史华慈:《寻求富强:严复与西方》,叶凤美译,江苏人民出版社,1996 年;丁伟志、陈崧:《中体西用之间》,中国社会科学出版社,1999 年;吴展良:《严复早期的求道之旅:兼论传统学术性格与思维方式的继承与转化》,(台湾)《台大历史学报》,1999 年总第 23 期;王宪明:《解读〈辟韩〉——兼论戊戌时期严复与李鸿章张之洞之关系》,《历史研究》,1999 年第 4 期;皮厚锋:《严复大传》,福建人民出版社,2003 年。史华慈和皮厚锋都指出了严复四文的重要性,但是没有分析四篇时评的整体逻辑及严复思想主旨。王宪明通过深度挖掘《辟韩》背后的人事关系,揭示了历史的诸多隐微之处,但是未从思想史角度进行分析。

由"学说,在思想史上具有极为重要的意义。①不过,由于未能摆脱传统思维框架,严复所提出的救亡路径在实践中面临着诸多难以化解的困境。

一

甲午战后严复发表的《论世变之亟》《原强》《辟韩》和《救亡决论》四文,不是一般的时评文章。它是严复有感于士大夫学问与心术之非,对秦汉以来的儒家意识形态所进行的一次系统和彻底批判,同时阐释了自己对于"不变之道"的独特理解。若想准确把握这四篇时评的主旨,必须先了解当时严复批评的是哪些人,以及严复为何认为他们学问和心术皆"非"。

众所周知,严复进入北洋水师学堂之后,并没有找到得心应手的感觉。他一直对顶头上司李鸿章抱有颇多怨气,而且愈到后来怨气愈大。光绪二十年(1894 年)阴历八月二十四日,甲午海战期间,严复在致陈宝琛的信中,明确表达了对李鸿章的不满:

> 合肥用人实致偾事,韩理事信任一武断独行之袁世凯,则起衅之由也;信其□(壻)张蕢斋□浸润招权,此淮军所以有易将之失,欲同邑之专功,所以有卫汝贵之覆众;任其甥张士珩,所以致军火短给,而炮台皆不足以毙敌。以己一生勋业,徇此四五公者,而使国家亦从以殆,呜乎,岂不过哉! 今然后知不学无术私心未净之人,虽勋业灿然之不足恃也。②

不过,大敌当前,严复并非仅仅对李鸿章等主和派不满。10 余天后,他在致友人信中又批评了主战的清流士大夫:"而内里建言诸公, 所议论最可笑

---

① 李强和吴展良都注意到了严复思想与传统文化之间的关联性,可惜皆未确切指出严复对于儒学传统或传统道德主义的继承到底体现于何处。详见吴展良:《严复早期的求道之旅:兼论传统学术性格与思维方式的继承与转化》,第 239~276 页;李强:《严复与中国近代思想的转型——兼评史华慈〈寻求富强:严复与西方〉》,载刘桂生、林启彦、王宪明编:《严复思想新论》,清华大学出版社,1999 年,第 361~404 页。本文拟在上述研究基础上,深入分析严氏四文的写作主旨,进而探讨严复思想对于传统的承接和突破到底体现于何处。

② 严复:《与陈宝琛书·一》,载王栻主编:《严复集》(第 3 册),中华书局,1986 年,第 498 页。

者,其弹劾北洋,类毛举风听,无一语中其要害。"①甲午海战期间,以翁同龢为首的清流士大夫猛烈抨击李鸿章等人,指责其备战不利、临战无方,因此,这里的"内里建言诸公"应该即指翁同龢等人。

相对而言,严复对清流士大夫的意见更大。阴历九月初五日,严复致信陈宝琛,指出李鸿章应负的失利责任后,迅即转而斥责清流士大夫:

> 本日于友人处得见九月初七日科道诸公弹劾合肥一折,闻系张季直、文芸阁二人笔墨,其欲得合肥甘心,可谓不遗余力。大致谓倭寇不足为中国患,事势危殆,皆合肥昏庸骄蹇,丧心误国,若□□而用湘楚诸人,则倭患计日可弥。呜呼,谈何容易耶?十月以来,淮人用事者渐渐剪落,闻俟刘岘庄到直,则合肥以原品休致去矣。若凭事实而言,则朝廷如此处置合肥,理不为过。但言者所论,则不足以服其心。②

在此,严复已经明确点名批评张謇、文廷式等清流士大夫,而且认为他们的观点并不比李鸿章合理。

接下来,严复矛头直指翁同龢、文廷式、张謇等清流代表:

> 京师士大夫于时务懵然,绝不知病根所在,徒自头痛说头,脚痛说脚,而上则纷滑颠倒,愈觉莫□□□,事急则驱徒手袒裼以斗于每分钟发四百弹之机器炮下,呜乎,尚有幸耶!③

次日,致儿子信中再度批评翁氏等人:

> 翁同龢及文廷式、张謇这一班名士痛参合肥,闻上有意易帅,然刘岘庄断不能了此事也。大家不知当年打长毛、捻匪诸公系以贼法子平贼,无论不足以当西洋节制之师,即东洋得其余绪,业已欺我有余。

---

① 严复:《与陈宝琛书·二》,载王栻主编:《严复集》(第3册),第499~501页。
② 同上,第501页。
③ 同上,第502页。

严复进而认为，"中国今日之事，正坐平日学问之非，与士大夫心术之坏，由今之道，无变今之俗，虽管、葛复生，亦无能为力也。"①在这封信里，严复通篇指责翁同龢等盲目无知，甚至斥其学问和心术皆坏。可见，他对于清流士大夫的怨气，远超对李鸿章的不满。

据此便可推知，严复在《原强》中没有明确点名的批评，实际上针对的即翁同龢、张謇等人：

> 至所谓天子顾问献替之臣，则于时事时势国家所视以为存亡安危者，皆茫然无异瞽人之捕风。……有所弹劾，则道听涂说，矫诬气矜。②

"天子顾问"应指帝师翁同龢，"献替之臣"意指臧否时事的言官，两者合起来恰构成清流派士大夫的主要来源。再联系甲午战争期间翁同龢等人对李鸿章的弹劾，可确定严复在此批评的是清流派士大夫无疑。接下来的问题是，在严复看来，翁氏等士大夫的学问和心术到底出现了什么问题，以致严复如此不屑，连续发文批驳？答案就隐含在四篇时评之中。

严复在《论世变之亟》中，严厉批评了士大夫的自大和自欺：

> 夫与华人言西治，常苦于难言其真。存彼我之见者，弗察事实，辄言中国为礼义之区，而东西朔南，凡吾王灵所弗届者，举为犬羊夷狄，此一蔽也。明识之士，欲一国晓然于彼此之情实，其议论自不得不存是非善否之公。而浅人怙私，常詈其誉仇而背本，此又一蔽也。③

又在《原强》中批评道：

> 使今有人焉，愤中国之积贫积弱，攘臂言曰：曷不使我为治？使我为治，则可以立致富强而厚风俗。然则其道何由？曰：中国之所不振者，非

---

① 严复：《与长子严璩书》，载王栻主编：《严复集》（第3册），第779~780页。

② 严复：《原强》，载王栻主编：《严复集》（第1册），第8页。

③ 严复：《论世变之亟》，载王栻主编：《严复集》（第1册），第2页。

法不善也,患在奉行不力而已。祖宗之成宪有在,吾将遵而用之而加实力焉。于是督责之政行,而刺举之事兴。如是而期之十年,吾知中国之贫与弱犹自若也。何则?天下之势,犹水之趋下,夫已浩浩然成江河矣,乃障而反之使之在山,此人力之所不胜也。①

据此,严复虽然批评部分士大夫自私自利,置国家危亡于不顾,但是主要还是不满于他们自高自大,固守祖宗成宪,不识天下大势,不能认识西方富强的本源。

除清流士大夫外,严复还严厉批评了当时所谓的"西学名流"。他在《原强》开篇就质疑西学名流说:"今之扼腕奋舌,而讲西学,谈洋务者,亦知五十年以来,西人所孜孜勤求,近之可以保身治生,远之可以利民经国之一大事乎?"②答案自然是否定的。在严复看来,这些西学名流不仅未得西洋大体,而且徒取西洋皮毛,扰乱君主视听,甚至从中取利:"至其中趋时者流,自命俊杰,则矜其浅尝,夸为独得,徒取外洋之疑似,以乱人主之聪明。而尤不肖者,则窃幸世事之纠纷,又欲因之以为利。"③西学名流未得西洋大体,其提出的救亡主张自然亦属肤浅之论:"乃又有人焉曰:法制者,圣人之刍狗也,一陈而不可复用。天下之势已日趋于混同矣,吾欲富强,西洋富强之政有在也,何不踵而用之。于是其于朝也,则建民主,开议院;其于野也,则合公司,用公举。练通国之兵以御侮,加什二之赋以足用。"④在严复看来,这种照搬西洋的救亡方案未能考虑中国民众的接受程度,实际上是一种不讲政治技艺的幻想。它根本无助于弥补中西之间的巨大差距。

在《救亡决论》中,严复再次批评西学名流的救亡言论:

晚近更有一种自居名流,于西洋格致诸学,仅得诸耳剽之余,于其实际,从未讨论。意欲扬己抑人,夸张博雅,则于古书中猎取近似陈言,

---

① 严复:《原强》,载王栻主编:《严复集》(第1册),第12~13页。
② 同上,第5页。
③ 同上,第8页。
④ 同上,第13页。

谓西学皆中土所已有,羌无新奇。①

　　尤可笑者,近有人略识洋务,著论西学,其言曰:"欲制胜于人,必先知其成法,而后能变通克敌。彼萃数十国人才,穷数百年智力,掷亿万赀财,而后得之,勒为成书,公诸人而不私诸己,广其学而不秘其传者,何也?彼实窃我中国古圣之绪余,精益求精,以还中国,虽欲私焉,而天有所不许也。"有此种令人呕哕议论,足见中国民智之卑。②

据笔者查阅,严复在此引用的文字来自郑观应《盛世危言·学校》。至此可以确定,严复在甲午战后四文中所谓的"西学名流",实隐指郑观应。他认为,西学自有其本末,与中国学术迥异,郑氏坐井观天,将西学纳入中国古圣门下,实属无知。

概言之,严复在甲午战争初期,鉴于北洋水师失利和长期以来的怨气,对李鸿章确实颇有微词。但是及至翁同龢等人一再弹劾李鸿章,将中国失利归结于北洋系统,严复的不满又转向了清流士大夫。同时,甲午战后,随着政治改革言论蜂起,郑观应《盛世危言》等西学著作受到追捧,严复又开始批评西学名流之浅薄与自大。就整体来看,严复对清流士大夫和西学名流的不满,远远超过了对李鸿章的怨气。因为,清流士大夫和西学名流都没有洞见中国与西洋差距的根源,名为救国,实为误国。严复撰写四文的目的,就是以西洋立国之本为参照,深入剖析和反思传统所谓的"不变之道",指出新的"大经大法"和实践路径。

二

《论世变之亟》是甲午战后严氏发表的第一篇时评。其时,战事尚未彻底结束,但已显示出中国必败的走向。这篇时文的主题,乃是分析中国"今日之世变"的根源。不过,与当时主流看法不同,严复不是从技术、制度角度反思,

---

① 严复:《救亡决论》,载王栻主编:《严复集》(第1册),第52页。
② 同上,第53页。严复在此引用的郑氏文字,见郑观应:《盛世危言》,王贻梁译注,中州古籍出版社,1998年,第62页。

而是将问题转到了儒家立国原则——"圣人"与"圣人之治"上。

该文第一段提出,世变是由"运会"造成的,与圣人没有关系。圣人不过能"知其所由趋,逆睹其流极","而置天下于至安"而已。他们根本不可能转移"运会"。①据此逻辑,中国在甲午海战中的失败,应该是"运会"之结果,而非圣人之治的产物。但是严复接下来分析的重点,却是圣人之治的"恶果"。该文第二段指出,中国圣人认为,天地物产有限,生民嗜欲却无穷,所以治民之道便在于"止足""平争","使各安于朴鄙颛蒙";秦代焚书和宋代制科,都是这种治道的体现。圣人牢笼天下和平争泯乱的结果,是"民智因之以日窳,民力因之以衰",最终不能与外国相争。导致中国日渐衰弱的根源,便是大家奉行两千年的圣人之治观念。

严复思考中国衰败根源时,胸中时刻有一个西洋的参照。因此,他在点出中国衰敝的根源后,随即转而分析西方富强之道。该文第三段指出,华人常常视西人为犬羊夷狄,认为他们仅善会计和机巧,其实是大错特错。西方的命脉不在于"汽机兵械"和"天算格致",而是在于学术上黜伪而崇真,刑政上屈私以为公。不过,严复指出,黜伪崇真和屈私以为公仍然不是西洋之"体",其真正的"体"为"自由"。黜伪崇真和屈私以为公不过是西洋自由的一种表现或结果。在此,严复是从圣人定分止争的对立面理解西洋"自由"的,同时也是从西洋"自由"角度反思中国衰败根源的。

该文第四段以中国圣人之治为参照,解释了西方"自由"的内涵。严复指出,西方思想家认为:"唯天生民,各具赋畀,得自由者乃为全受。故人人各得自由,国国各得自由,第务令毋相侵损而已。侵人自由者,斯为逆天理,贼人道。"②在这里,严复虽然自称引用西人之言,但实际上并没有从西洋角度理解"自由",而是始终抱有一种中国心态,或者说一种中国视角。在其笔下,西

---

① 据笔者查阅,《论世变之亟》开篇一段话来自于《天演论·忧患第二》第三自然段。另外,严复在《天演论》译文中,对"运会"进行了解释:"自递嬗之变迁,而得当境之适遇,其来无始,其去无终,曼衍连延,层见迭代,此之谓世变,此之谓运会。运者以明其迁流,会者以指所遭值,此理古人已发之矣。但古以谓大运循环,周而复始,今兹所见,于古为重规;后此复来,于今为叠矩,此则甚不然者也。自吾党观之,物变所趋,皆由简入繁,由微生著。运常然也,会乃大异。"参见严复译注:《天演论》,冯君豪注解,中州古籍出版社,1998年,第57页。据此,"运"指推动世事变迁的力量,"会"指世事变迁的结果。

② 严复:《论世变之亟》,载王栻主编:《严复集》(第1册),第3页。

方"自由"与其着力批评的中国圣人之治形成鲜明对照:西洋人人自由自主,充满无限活力,故而国家富强;中国人人不敢越雷池一步,死气沉沉,所以国家衰敝。祸灾到来时,"中国委天数","西人恃人力"。①这样的"自由"与其说是西洋自由,不如说是严复所探求的解救中国危亡的"自由"。

根据行文逻辑来看,《论世变之亟》应该是严复一时的激愤之作,没有经过反复、仔细推敲。其中多处文字自相矛盾,不能自圆其说。而且严复对西方"自由"概念,也没有进行较为严谨和深入的论述。他仅仅指出了西方之本源,以及此一本源与中国本源的区别,并没有论及中国到底应该如何学习西方,以及如何看待"自由"。当然,其文末也指出,这些事情还有待于深言。

《论世变之亟》发表一个月后,严复发表了《原强》。其时,中日甲午海战基本结束,李鸿章正忍气吞声地与日本进行谈判。

在《原强》一文中,我们可以更明显地感觉到,严复的批评对象是那些讲西学、谈洋务的人。该文开篇即质问:"今日之扼腕奋舌,而讲西学,谈洋务者",真能通晓西人"保身治生"和"利民经国"之道吗?显然没有。接下来,他详细解释了西方"保身治生"和"利民经国"的根本之道,即达尔文和斯宾塞学说。严复认为,达尔文学说的大旨,在于指出了"物类之繁,始于一本",但是由于所处事势和努力程度不同,各种物类之间的差异越来越大;善于竞争者才能得以保存,不善于竞争者皆消磨歇绝。②斯宾塞(锡彭塞)之学,就是阐发群体如何得以竞存的学问。中国虽然有荀学、《大学》,但是都引而未发,语而不详,"至锡彭塞之书,则精深微妙,繁富奥衍。其持一理论一事也,必根柢物理,征引人事,推其端于至真之原,究其极于不遁之效而后已"③。

———————————

① 多数既有研究都将严复此语单独列出,分析其"自由"概念的内涵。实际上,如果脱离原文的整体语境,这种分析很容易出现偏差。只有将此"自由"与严复上文批评过的"圣人之治"对照思考,才能较为准确地把握它的内涵。

② 相关研究早已指出了严复与达尔文思想的差异。王文仁认为,达尔文的《物种起源》主要从"生物"和"物种"角度立论,很少涉及"民"的进化问题。在其学说中,既没有"群"和"国"的概念,也没有"弱肉强食""愚者智役"的明确表示。严复的认识主要来自于斯宾塞。详见王文仁:《严复与〈天演论〉的接受、翻译与转化》,(台湾)《成大中文学报》,2008 年总第 21 期。李强亦指出,严复所谓的"天"与达尔文的"自然"概念有所不同。详见李强:《严复与中国近代思想的转型——兼评史华慈〈寻求富强:严复与西方〉》,载刘桂生、林启彦、王宪明:《严复思想新论》,第 361~404 页。

③ 严复:《原强》,载王栻主编:《严复集》(第 1 册),第 6 页。

　　严复在指出西方学问的精妙后，又转而批评清流士大夫和西学名流昧于时势，没有能够掌握西学之本。继而，他感叹说士大夫阶层如此，在下者亦不容乐观：

> 意者沈废伏匿于草野闾巷之间，乃转而求之，则消乏彫亡，存一二于千万之中，即竟谓之无，亦蔑不可审矣。神州九万里之地，四百兆之民，此廓廓者徒土荒耳，是熙熙者徒人满耳。①

　　西洋人人自由、充满活力，中国却人才凋零、万马齐喑，严复因而断定民智已下，民德已衰，民气之已困。②

　　接下来，严复以答客问形式批评了国人安于现状不求进取的心态，指出往昔侵袭华夏之异族，断不能与今日西洋同日而语。往昔异族虽然屡胜中原，但是由于文化落后，在中原建立政权以后，仍不得不袭取中原法度，遵循中国传统。而现在的西洋，则"无法与法并用而皆有以胜我者也"，迥异于传统蛮夷。他们不仅在有形的章程上胜过中国，而且在无形的法度上远超华夏；不仅以"力"取胜，更是靠"法"取胜。西洋之"法"是什么？严复将其概括为"以自由为体，以民主为用"。通俗言之，即以自由为立国之道，以民主为实践途径。

　　既然西洋以"自由"和"民主"取胜，那么，中国要想走向富强，应该怎么办？严复列出了两种有待批评的观点：一种是墨守祖宗成宪；另一种是照搬西方政制。他重点批评了后一种。严复认为，中国民众已成病夫，不能骤然采用善政："善政如草木，置其地而能发生滋大者，必其天地人三者与之合也，否则立槁而已。"③而且严复认为，人能宏道，非道宏人，民主不过是实现自由的手段之一。中国问题的关键不在于废除君主制，而在于是否能够抛弃秦汉以来的愚民之治，利用西洋知识，根本上提升国人的体质、知识与道德。具体言之，就是开民智、鼓民力、新民德，其中又以开民智最为急切。民能自治始

---

① 　严复:《原强》，载王栻主编:《严复集》(第1册)，第8页。

② 　同上，第9页。

③ 　同上，第13页。

能自由,民能自由始能自利,民能自利始成利民之政。

当然,严复在文末也提出了收大权和练军实两条治标之策。结合这两条,可知严复并不希望中国照搬西洋政治,像西洋那样以民主之用践行自由之体。相反,在现阶段,他认为朝廷只有集中权力,强力推行鼓民力、开民智、新民德之策,才能从根本上疗疾起痼。出于这种考虑,他对管仲、诸葛亮等法家人物颇为推崇。接下来的一个问题是,既然严复不主张放弃君主制度,为何还在《辟韩》中猛烈抨击圣人之治?

三

光绪二十一年(1895 年)阴历二月十七日,《原强》发表不过五六日,严复就推出了更具思想震撼性的《辟韩》篇,对作为"愚民之治"本源的"圣人之治"进行了理论上的彻底解构。既而,又在此基础上发表《救亡决论》一文,提出了较为系统的救亡方案。

《辟韩》一文是对韩愈《原道》篇的系统批判。韩愈撰写《原道》的本意,是驳斥佛老学说,建立以孔孟为代表的儒家"道统",进而为削除藩镇割据提供依据。[①]可以说,韩愈写作此文,有着极为现实的考虑和指向。不过,对于后世儒家来说,《原道》的主要意义,则是提出了一种代表儒家主流看法的"传道"系统。据其叙述,只有孔孟才代表着儒家精髓,其他人皆属旁门左道。这一精髓即以仁义为本,以圣人之治、君臣相维为用的天下大道。严复所要批判的,就是韩愈所讲的圣人之治和君臣相维。他认为,欲从根本上挽中国于既倒,就必须开启民智、使民自由,而要达到这一目的,必须首先破除掉圣人之治所隐含的牢笼天下观念。

圣人之治是以圣人的神圣光环为根基的。在《原道》篇中,韩愈描绘的"圣人"法力无边,是救民于水火的君主,"害至而为之备,患生而为之防",如果没有圣人,人类早已灭绝。但是严复开篇就提出质疑:如果圣人真如韩愈

---

① 关于韩愈《原道》的写作背景,参见陈寅恪:《论韩愈》,载《金明馆丛稿初编》,上海古籍出版社,1980 年,第 285~297 页;王永兴:《述陈寅恪先生〈论韩愈〉之作的重大意义》,《上海师范大学学报》,2003 年第 3 期;蒋凡:《韩愈〈原道〉篇新证》,《学术月刊》,1985 年第 8 期。

所说，那么他们肯定不是"人"；而如果是人，恐怕早就遭虫蛇、禽兽、寒饥、木土之害而夭折，又何谈拯救民众于水火？经此一问，圣人成了凡人，君主成了民主，圣人之治的根基不攻自破。

该文第二段对以圣人之治为根基的君主制度进行了解构。韩愈原文说，君主是制定命令者，臣下是行使命令者，民众是供养君臣者，三者以君主为中心，相维相资，臻于大治。严复则反问道，既然如此，为什么会有桀、纣、秦政与尧、舜、三王之别？如果万事都待君主来教，民众早就灭绝，圣人又怎能充当其君主？进而，严复指出君主制度的出现，并不是因为君主圣明，而是源于民众需要：人民既需要劳作谋生，又需要保护个人性命财产，无法两者兼顾，"于是通功易事，择其公且贤者，立而为之君。……此天下立君之本旨也"①。如此一来，民众成为主人，君主则变成了民举代表。中国秦汉以来的君主，完全背离君主原意，乃是窃国于民的"大盗"。②

既然秦代以来的君主皆属"大盗"，没有一个履行应有义务，中国现在要不要抛弃君主制度？严复的答案是不可以，因为"其时未至，其俗未成，其民不足以自治也"。西洋之国尚且不能抛弃，何况中国？不过，如果仔细分析，可知这个说法与前文存在矛盾。在前文，严复认为，君主源于民众不能兼顾生产与保卫，没有说民众因不能自治而选择君主；在这里，又称君主的意义在于帮助民众实现自主自治，这显然是一种不同的逻辑。因此，如果说严复界定君主制度本旨之时，多少借鉴了西方社会契约论，那么在申述君主之必要性的时候，似乎又回到了儒家立场。

---

① 严复：《辟韩》，载王栻主编：《严复集》（第 1 册），第 33~34 页。

② 史华慈认为，严复对君主制度的重新阐释，受到了斯宾塞思想的启发。林启彦认为，严复《辟韩》篇中的"立君为不得已"思想源于卢梭的社会契约论。周志文则认为，严复对于秦汉以来"君"的指责，极似黄宗羲《明夷待访录》中的观点；《辟韩》批评的不是韩愈《原道》的主旨，而是仅仅批评其有关君道、君权的观点；在写《辟韩》时，严复思想尚未成熟，所以此文不能代表严复后期或比较成熟的政治思想。笔者倾向于认为，严复此处所论确实带有西方"社会契约论"的意味，至于是否源于卢梭的社会契约论，则有待继续讨论。不过，他对"君"之合法性的解释，确实与孟子、黄宗羲一脉相承，可谓仍在传统"民本"范畴之内。相关研究参见［美］史华慈：《寻求富强：严复与西方》，第 43 页；林启彦：《卢梭〈民约论〉与近代中国民主共和思想之兴起》，香港大学文学院哲学专业博士学位论文，1983 年，第100~104 页；周志文：《论严复的〈辟韩〉》，载台湾政治大学文学院主编：《中国近代文化的解构与重建》，（台北）政治大学文学院，1996 年，第 73 页。

当然，严复的回归仍具有一定创新意义。传统儒家强调的，是对民众德性的培养；严复在此强调的，则是民智、民力和民德的综合提升，而且"智""力"排在"德"之前，居于首要地位。由此可见，严复并非反对君主制度，而是要求君主牢记自己的真正使命，借助西方格致之学培养民众的自治能力。他对于传统的抨击，是为了从理论上正本清源，赋予君主制度以新的意义。不过，问题的关键在于，如何能确保君主放弃私心，由"窃国大盗"变为民众启蒙者？此前，历代名臣都建议皇帝修身养性，以正风俗人心，最后都化为了泡影；现在，严复希望皇帝开民智、鼓民力、新民德，又如何能确保不再重蹈覆辙？严复似乎没有意识到这个问题。

从其改革方案可以看出，严复实际上隐含着一定程度的法家倾向。他幻想某政治强人能够明了君主制的本旨，切实遵行君主应尽之义务，开民智、鼓民力、新民德。《救亡决论》一文的宗旨，即在于向君主提出建议，说明如何开启民智。在文中，严复开篇就指出，中国已到了不变法必亡的地步，若变法则必须自废八股始，因为八股锢智慧、坏心术、滋游手，致使天下荒格致而无人才。严复指出："夫科举之事，为国求才也，劝人为学也。求才为学二者，皆必以有用为宗。而有用之效，征之富强；富强之基，本诸格致。不本格致，将无所往而不荒虚，所谓'蒸砂千载，成饭无期'者矣。"①当然，严复这里所谓的"格致"，不是传统的格物致知之学，而是西洋格致之学。

行文至此，严复恐怕也意识到，以格致求富强的逻辑，肯定会遭到士人质疑："夫格致何必西学，固吾道《大学》之始基也，独其效若甚赊，其事若甚琐。朱晦翁《补传》一篇，大为后贤所聚讼。同时陆氏兄弟，已有逐物破道之讥。"既然朱子格致不能"见道"，西学格致又如何必定"见道"，且有助于国家富强？严复回答说，自南宋以来，中土学术政教之所以日渐衰败，归根结底是学术出现了大问题："盖学术末流之大患，在于徇高论而远事情，尚气矜而忘实祸。"程朱与陆王之学，恰恰好高骛远、流于空谈，成为了"无实之学"。汉学则又过于琐碎，成为了"无用之学"。在严复看来，西洋格致之学完全相反，"实""用"兼备："一理之明，一法之立，必验之物物事事而皆然，而后定之为不易。其所验也贵多，故博大；其收效也必恒，故悠久；其究极也，必道通为

---

① 严复：《救亡决论》，载王栻主编：《严复集》（第1册），第42~43页。

一,左右逢原(源),故高明。"①因此,朱子格致不能使民富强,西方格致却能实现。

既然西学格致可达富强,为何中国师法西人20余年,仍然不敌狭小的日本?这是严复面临的又一诘难。他的回答是,中国问题不在于师法西洋,而恰恰在于没有一件事真正师法西洋:"夫盗西法之虚声,而沿中土之实弊,此行百里者所以半九十里也。"②西法之所以能够达致富强,是因为它们与中学迥然不同。本来,中国以学为"明善复初",西人以学为"修身事帝",两者主旨相距不远,但是西学以明物理之明昧作为前提,以安生利用作为根基,中国则往往将旱干水溢、饥馑流亡归于天意,结果中西学术渐趋分离,一个走向衰敝,一个日渐兴盛。

严复进而论述说,中学之所以不能以安生利用为根基,主要在于其坚持的"道"存在问题:"道固有其不变者,又非俗儒之所谓道也。"那么,真正的"道"是什么? 严复认为,传统所谓的君臣之相治、刑礼之为防、政俗之所成、文字之所教等,皆为因时制宜之策,并非天下大道。真正的"道"是永恒不变的:

> 有实而无夫处者宇,有长而无本剿者宙;三角所区,必齐两矩;五点布位,定一割锥,此自无始来不变者也。两间内质,无有成亏;六合中力,不经增减,此自造物来不变者也。能自存者资长养于外物,能遗种者必爱护其所生。必为我自由,而后有以厚生进化;必兼爱克己,而后有所和群利安,此自有生物生人来不变者也。此所以为不变之道也。③

就社会层面来说,不变之道即"为我自由""兼爱克己"。

"道"不明,则"学"必惑。严复指出,由于不明"不变之道",即使主张学习西学的名流,也不过"仅得诸耳剿之余,于其实际,从未讨论"。据笔者对照,严复所指"名流"即郑观应。郑观应在前一年刊刻的《盛世危言》中,一方面主

---

① 严复:《救亡决论》,载王栻主编:《严复集》(第1册),第44~45页。
② 同上,第48页。
③ 同上,第49~50页。

张学习西方格致之学,另一方面又坚持"西学中源"论,认为西学不过窃取中国古圣贤之绪余。严复认为,"西学中源"论实在大错特错。中国古圣贤所追求的"道"都存在问题,或者说都没有把握住"不变之道",何来西人窃取我古圣贤绪余之说?因此,郑观应的"西学中源"论不但无助于引进西学,反而会阻碍国人对西学的准确认识。至此,严复在破立之间,最终完成了借助西学以开民智的理论征程。

四

通观严复四文,可知其批评对象并不局限于某一人,而是包括清流士大夫和西学名流在内的整个文化群体;其宗旨也并非仅仅为了发泄私愤,而是探求真正不变的天下大道。这四篇文章的逻辑虽然略显杂乱,但是总体上仍呈现出一定的层次性和系统性。《论世变之亟》旨在破题,指出中国之所以衰、西洋之所以强的根本原因,进而引出中国圣人之治和西洋自由之理;《原强》详细论述西洋"保身治生"和"利民经国"的根本之道——自由为体、民主为用,强调中国只有放弃愚民之治,开民智、鼓民力、新民德,才能摆脱沉疴;《辟韩》以韩愈的《原道》学说为靶子,深入分析传统中国对"圣人之治"观念的误信及恶果;《救亡决论》则在对照中西的基础上,指出"为我自由""兼爱克己"才是真正不变的天下大道,并提出了改革科举、废除八股等实践路径。

严复的救亡之道实际上包含三个层次:不变之道、实践路径和现实目标。"为我自由"和"兼爱克己"是不变之道;依赖明君改革科举、废除八股,以西方格致之学启蒙民众,是实践路径;人民自治、自利和自由是现实目标。其中,"为我自由"和"兼爱克己"是严复救亡之道中的灵魂,决定着实践路径和现实目标。就此而言,这四篇时文所呈现出的严氏终极宗旨,不是批评某人或某派,甚至也不是单纯追求富强,而是探求真正不变的天下大道。严复对清流派和西学名流充满不屑,就是因为他觉得两者皆未识西洋大体,言不及"道"。

探求和实践天下大道是中国士大夫始终坚持的一项志业。自秦汉以降,几乎每个有志向的士大夫,都以探求不变之道作为终生的追求。严复执着于"不变之道",务求从根本上解决问题,与中国士大夫的这一思维传统完全吻合。换言之，就甲午战后四文来看，严复思想尚没有脱离中国传统思维的大框架。不仅如此，严复所要解决的思想课题，实际上也承接自明清传统而来。

自秦汉至明清，各家思想皆视"道"为现象背后的本真，将"得道"当作终极的追求目标。道家认为世界的本原是"无"，追求抱朴守真；佛教认为世界的本原是"空"，追求清净寂灭。宋儒斥责道、释两家所论皆属私言，主张"道"乃天地间最高的力量，是人们必须遵从的真理。明清时期的少数思想家不满宋儒脱离人生的"道"论，强调"道"寓于人的生活之中："百姓日用即道"①，"人即道，道即人也，人外无道，而道外亦无人"②，"人道，人伦日用，身之所行皆是也"③。但是，他们完全着眼于批驳宋儒的言论，将注意力都集中到了恢复"道"的人性上，未能进一步阐释"道"与"人"之间的应然关系：一种什么样的百姓日用才算"有道"？对于每个人来说，"道"到底意味着什么？当然，在社会未发生根本性变化之前，这些问题似乎也不亟需回答。

鸦片战争以后，中国在西洋面前毫无还手之力，无论军事技术还是社会文明，都呈现出极度的劣势。三千年未有的大变局，迫使士大夫不得不重新审视"天下大道"，思考如何挽救国家于危亡。同时，来华传教士为了改善和提高西洋形象，也极力阐释西洋立国之道。早在 1838 年，他们就在《东西洋考每月统记传》发文指出，西洋各国所操的"自主之理"乃天下之正道、天下之定理。④此后数十年，裨治文、林乐知、艾约瑟、傅兰雅、李提摩太等在华传教士，纷纷传播西洋的人人自主（自由）观念。甲午战争前夕，李提摩太甚至断言，欧美富强源自人人拥有自主之权，中国衰败源于人人缺乏自主之权。⑤然而晚清士大夫囿于传统教化，始终不能接受西洋的"不变之道"。多数人都认为西学源于中土，其教化乃中国上古三代的余绪。即使"往游泰西，佐辑群

---

① 黄宗羲：《处士王心斋先生艮》，载《明儒学案》，沈芝盈点校，中华书局，1985 年，第 710 页。

② 李贽：《明灯道古录》，载张建业、刘幼生主编：《李贽文集》（第 7 卷），中国社会科学文献出版社，2000 年，第 372 页。

③ 戴震：《孟子字义疏证》，汤志钧校点：《戴震集》，上海古籍出版社，1980 年，第 311 页。

④ ［英］爱汉者等编，黄时鉴整理：《东西洋考每月统记传》，中华书局，1997 年，第 339~340 页。

⑤ 参见胡其柱：《道咸年间来华传教士与"自由"概念之传入》，（香港）《二十一世纪》，2011 年总第 126 期；《同光年间来华传教士与晚清中国"自主"概念之形成》，高全喜主编：《大观》（第 4 卷），法律出版社，2010 年，第 205~227 页。

书"的王韬,亦只能重复几百年来"人外无道,道外无人"的论调。①康有为曾依据佛学和西学,推导出"人人自主之权"的公法,可惜未能充分展开论述,且没有公开发表。

严氏四文可谓是对明清以来何谓"不变之道"的一种最新回应,亦可以说是对明清以来"不变之道"的一种全新开拓。此前,儒家学者仅仅强调"道在人中",没有明确"道中之人"是一种什么状态。严复则不仅延续明清以来"人即道,道即人"的思想理路,而且明确指出人人为我自由、兼爱克己,才是社会"不变之道"。在严复笔下,"人"变成了"人人(个人)","人伦日用(百姓日用)"变成了"为我自由、兼爱克己"。经此转换,"道"不再是虚无缥缈的阴阳之道,也不再是严密刚硬的纲常之道,而是以个体为中心的人性之道。而且,严复是在对照中西、剖析传统的基础上,经彻底否定圣人之治观念后提出这一观点的,其间所蕴含的思想突破不可以道里计。如果以丸之走盘来比喻,严复思想可谓已经走到了中国传统这个盘子的边缘。

边缘亦属盘内。严复思想在很多地方仍然未脱离传统思维框架。首先,他指出"不变之道"处处闪烁着诸子学说的影子。在某种意义上,可以说其"不变之道"就是对杨朱"为我"、庄子"逍遥"、墨子"兼爱"、孔子"克己"的一种重新组合。②其次,严复称,"必为我自由,而后有以厚生进化;必兼爱克己,而后有所和群利安",其中所体现出的思维完全吻合"本立而道生""个人为天下之本"的传统精神。③但是严复对诸子百家思想的组合,绝不是毫无意义

① 王韬:《原道》,载楚流等选注:《弢园文录新编》,辽宁人民出版社,1994 年,第 3 页。

② 严复对杨朱、庄子和孔子思想皆有赞赏之语,笔者不再赘述,在此仅举一则严复肯定墨子学说的史料。他在翻译《法意》时,曾对孟子"毁墨"表示过异议:"吾译此章,不觉心怦怦然,汗浃背下沾衣也。夫孟子非至仁者欤?而毁墨,墨何可毁耶?且以其兼爱为无父,又以施由亲始为二本,皆吾所至今而不通其说者也。夫天下当腐败否塞,穷极无可复之时,非得多数人焉?如吾墨,如彼斯多噶者之用心,则熙熙攘攘者,夫孰从而救之。"参见严复:《法意按语》,载王栻主编:《严复集》(第 4 册),第1013 页。

③ 此种思维遍见先秦各家文字之中,如有子曰:"君子务本,本立而道生。"(《论语·学而》)杨朱曰:"人人不损一毫,人人不利天下,天下治矣。"(《列子·杨朱》)孟子曰:"天下之本在国,国之本在家,家之本在身。"(《孟子·离娄上》)至《礼记·大学》篇,更是形成了"身家国天下的系统哲学"。(参见傅斯年:《与顾颉刚论古史书》,雷颐点校:《史学方法论》,中国人民大学出版社,2004 年,第 66~67 页。)严复文中称,"必为我自由而后有以厚生进化,必兼爱克己,而后有所和群利安",实际上遵循的也是此种思维逻辑。

的重复。他将"为我自由"置于"不变之道"的首要位置，完全颠覆了传统儒家伦理观念，呈现出一种全新的逻辑架构。在这个逻辑架构中，个人而非秩序成为了不变之道的主体。如果说此前学者多以释、道补儒，那么严复四文呈现出来的选择则是以儒补道。①因此，我们才可以说，严复思想实已走到了中国传统这个盘子的边缘。

更为重要的是，严复深知仅仅依靠中国传统的"兼爱克己"，是无法真正保障个人实现自由的。他认为，中国学问或"无用"或"无实"，根本不足以帮助个人确立群己之间的合理界限，进而形成合理的"为我自由"理念。只有借助本诸物理的西洋格致，才能从根本上改善民众体魄、丰富智识、提高德性，帮助他们实现合理的自治、自利和自由。②西学对于严复思想的影响，应该体现于此处。据此可进一步推论，严复所谓的"为我"和"自由"颇受杨朱和庄子思想启发，③但又非杨朱和庄子思想的简单相加，而是融合了西洋"自由"学说，成为一种新观念。与杨朱和庄子思想相比，这种观念的独特之处在于，它是现实、具体、有界限的，是针对群体而言的，也是以西洋实证知识为基础的。这种意义上的"为我"和"自由"不是纯粹个人之事，而是必然要涉及教育

---

① 严复评点《庄子》《老子》时，更明显地体现了以儒补道的思想取向。他在致熊纯如的信中说："平生于《庄子》累读不厌，因其说理，语语打破后壁，往往至今不能出其范围。……庄生在古，则言仁义，使生在今日，则当言平等、自由、博爱、民权诸学说矣。"参见王栻主编：《严复集》（第2册），第648页。在《庄子评语》中说："挽近欧西平等、自由之旨，庄生往往发之，详玩其说，皆可见也。"参见王栻主编：《严复集》（第4册），第1146页。而且严复甚至认为，杨朱与庄子即为一人："颇疑庄与杨为叠韵，周与朱为双声，庄周即孟子七篇之杨朱"；"庄周吾意即孟子所谓杨朱，其论道终极，皆为我而任物"。参见王栻主编：《严复集》（第4册），第1125~1126页。这些私下里的断语，足可说明严复对于杨朱、庄子学说的青睐。

② 严复否定了中国传统学问，但是始终坚持传统格物致知的理路。他晚年在《王阳明集要三种序》尚称："内之身心，外之事变，精察微验，而所得或超于向者言词文字外也。则思想日精，而人群相为生养之乐利，乃由吾之新知而益备焉。此天演之所以进化，而世所以无退转之文明也。知者，人心之所同具也；理者，必物对待而后形焉者也。是故吾心之所觉，必证诸物之见象，而后得其符。"参见严复：《王阳明集要》，载王栻主编：《严复集》（第2册），第238页。

③ 严复在《庄子评语》中说："郭注云，人皆自修而不治天下，则天下治矣！故善之也。此解深得庄旨，盖杨朱学说之精义也。何则？夫自修为己者也，为己学说既行，则人人皆自修自治，无劳他人之庖代。世之有为人学说者也，以人类不知自修自治也。使人人皆知自治自修，则人人各得其所，各安其性命之情。孟子诋杨，其义浅矣。"参见严复：《庄子评语》，载王栻主编：《严复集》（第4册），第1125页。

甚至政治改革。严复的救亡方案落脚于改科举、废八股，乃是由其思想逻辑所决定的。

<h1 style="text-align:center">五</h1>

《论世变之亟》等文撰写于国难当头之际，其救亡目的极为明显。在这一点上，严复与其他士大夫没有根本差异。他们都在思考如何挽救国家于危亡。他们的差异，主要在于严复是从"道"的角度思考中国衰败，并提出相应方案的。在严复看来，无论清流士大夫还是西学名流，皆未能把握中国衰败的根源。西洋之所以富强，在于以民主之用践行自由之体；中国之所以衰败，在于自私之君奉行愚民之治，定分止争、牢笼天下。挽救国家危亡的根本之道，应该是依靠明君改革科举制度，以西洋格致、儒家内修替代八股取士、词章考据，使人人能够在自治的基础上达致自由、自利。人人能自治、自由和自利，而后必有所厚生进化、和群利安。这种主张当然隐含着追求富强的成分，但是"求道"、"践道"的倾向无疑更为明显。

若以西方个人/国家二元论来审视，严复救亡逻辑中的个人确有工具意味，但是问题的关键在于，据此四文，严复思想其实是本于中国传统思维逻辑而立论的。这个传统思维逻辑就是个人为国和天下之本，天下和国为个人之末，本立而道生。在此逻辑中，个人是天下的根基，天下是个人的延伸，两者本为一体，实难作主体与客体、本位与工具之分。在平常社会中，若论何者为本，自然是个人为本；但是在民族国家危亡之际，若论何者最为重要，则又舍群体莫属。因此，严复有时强调个人自由，有时又强调群重己轻，乃是本于不同的逻辑立论，并不存在自我冲突。我们不能纯然以西方价值和工具二元论的思维评定严复。当然，这并不意味着严复思想未受西学影响。甲午前后，达尔文和斯宾塞学说刺激严复深入思考，促使他意识到了个体对于社会、自由竞争对于个体的意义，进而对中国传统思想框架进行了伤筋动骨式的修正。

从学理上来说，严复的"见道之论"意义非凡。它将"道"落实于个体和人性，不仅突破了几百年来困扰儒家士大夫的思想瓶颈，而且呼应了近代西洋各国奉为圭臬的"自由"学说，代表了国人探求"普世之道"的最初尝试。这些尝试足以令严复跻身近代中国第一流思想家之列。不过,以后见之明来看,严复"见道之论"进入实践层面后,实际上会面临着诸多难以化解的困境。

首先,严复认为,"必为我自由,而后有以厚生进化",但是没有详细论述为什么个人自由自利必然会促进厚生进化。个人自由自利属于私,厚生进化属于公,合众私并不必然会走向公。严复幻想每个人能"恕"、能用"絜矩之道",便能确立群己之间的界限,便可化私为公,这种想法显然过于理想化。其次,严复的"必兼爱克己,而后有所和群利安",仍然隐含着传统"思想决定社会"的路数。中国士大夫坚持此路数上千年而无所实质性收获,近代中国又如何能避免重蹈覆辙?纯粹凭借内修是否真的能解决社会问题?这些问题似乎并没有引起严复重视。以笔者之见,即使当时中国能够以西洋格致代替中国旧学,恐怕也难以确保人人"兼爱克己",更遑论和群利安。最后,即使西洋格致之学能够引导人人确立群己权界,严复又如何确保专权君主在不改变政体的前提下,能够放弃私心而推行自治、自主、自由教育?即使能够推行,又如何能确保它在短期内改变颓局,挽救国家于危亡?

事实上,反对严复的革命派就是针对上述问题而去的。他们通过体制革命,不知不觉地回答了严复所忽略的上述问题。但是革命派也忽略了严复所强调过的问题,即政体形式必须与民智程度相吻合。结果,民初革命党人坚决维护共和,抵制强人政治,到头来却落得国家分裂、军阀混战。如何汲取严复思想与革命派思想的合理之处,从中提炼出一种"文武兼备"的现代国家建设理论,仍是困扰我们的一道思想难题。